Heinz Pürer ist Professor am Institut für Kommunikationswissenschaft und Medienforschung der Universität München. Er war Mitbegründer des österreichischen Kuratoriums für Journalistenausbildung und von 1978 bis 1986 dessen erster Leiter.

Meinrad Rahofer leitet das österreichische Kuratorium für Journalistenausbildung / Österreichische Medienakademie in Salzburg. Davor hat er als Journalist sowie als Werbe- und PR-Fachmann gearbeitet.

Claus Reitan ist Chefredakteur der Tiroler Tageszeitung in Innsbruck. Er was zuvor u. a. Redakteur bei »Welt am Sonntag«, »Hamburger Abendblatt«, »Bild« und dem Wochenmagazin »News«.

Heinz Pürer
Meinrad Rahofer
Claus Reitan (Hg.)

Praktischer Journalismus

Presse, Radio, Fernsehen, Online

Inklusive CD-ROM mit journalistischen Beispielen

5., völlig neue Auflage

UVK Verlagsgesellschaft mbH

Praktischer Journalismus
Band 9

Diese Publikation wurde gefördert durch:

Österreichisches Bundeskanzleramt / Bundespressedienst
Österreichische Nationalbank
Österreichisches Kuratorium für Presseausweise
Literar-Mechana, Wahrnehmungsgesellschaft für Urheberrechte GmbH

Bibliografische Information Der Deutschen Bibliothek
Die Deutsche Bibliothek verzeichnet diese Publikation in der Deutschen Nationalbibliografie; detaillierte bibliografische Daten sind im Internet über <http://dnb.ddb.de> abrufbar.

ISSN 1617-3570
ISBN 3-89669-458-8

Einband: Tina Koch / Annette Maucher, Konstanz
Satz: Elisabeth Wasserbauer, Salzburg
Druck: Legoprint, Lavis

UVK Verlagsgesellschaft mbH
Schützenstr. 24 D-78462 Konstanz
Tel.: 07531-9053-0 Fax: 07531-9053-98
www.uvk.de

Inhalt

Journalistisches Handwerk

Berufskunde

Vorwort

Mit der fünften Auflage des 1984 von Heinz Pürer erstmals geschaffenen und seither wiederholt aktualisierten Handbuches "Praktischer Journalismus in Zeitung, Radio und Fernsehen" liegt nun eine völlig überarbeitete Fassung dieser Publikation vor. Die Herausgeber haben diese Berufs- und Medienkunde für Journalisten in Österreich, Deutschland und der Schweiz im Aufbau neu strukturiert und um aktuelle Entwicklungen im Journalismus, insbesondere im Online-Journalismus, erweitert. Als Autoren für die Beiträge konnten renommierte Vertreter aus Theorie und Praxis des Medienwesens in Österreich, Deutschland und der Schweiz gewonnen werden. Damit soll dieses Standardwerk über den praktischen Journalismus und seine theoretischen Grundlagen den zeitgemäßen Anforderungen der Praxis ebenso entsprechen wie der enormen, teils geradezu umbruchartigen Entwicklung in Technik und Ökonomie der Medienbranche. Als Stichworte dazu lassen sich etwa Digitalisierung, Konvergenz, Liberalisierung, Konzentrationen sowie der Wandel am Medienmarkt und in der Erlösstruktur der Medienunternehmen nennen.

Autoren aus Österreich, Deutschland, Schweiz

Eine Reihe von Überlegungen war für die Erarbeitung der fünften Auflage des Handbuches ausschlaggebend.

Die Kommunikations- und die Politikwissenschaft bieten hinsichtlich der Massenmedien - Zeitungen und Zeitschriften, Radio und Fernsehen sowie zunehmend auch der Online-Dienste im Internet - zwei grundsätzliche, empirisch belegte und unstrittige Befunde an:

Zum Einen: Massenmedien konstruieren Wirklichkeit, strukturieren den Alltag und tragen dazu bei, Gesellschaft zu konstituieren. Zum Anderen: Nachrichtliche, seriöse und qualitativ anspruchsvolle Massenmedien sind konstitutiv für die Demokratie. An der Schnittstelle von Politik und Öffentlichkeit entfalten sie ihre Wirkung für die Aufrechterhaltung des demokratischen Diskurses.

Massenmedien konstitutiv für Demokratie

Damit ist der Journalismus mehr denn je ein Schlüsselberuf in modernen demokratischen Staatsgebilden. Massenmedien schaffen einerseits die unverzichtbare Bühne für das öffentliche Gespräch, dessen die

Information, Kritik, Kontrolle

Demokratie bedarf. Andererseits erfüllen die Journalisten in diesen Massenmedien zugleich eine wichtige Kritik- und Kontrollfunktion. Im Grundrecht der Pressefreiheit ist nicht nur ein Abwehrrecht des Bürgers gegen den Staat zu sehen, das stellvertretend für ihn von den Journalisten wahrgenommen wird; in der Informationsfreiheit ist vor allem auch ein Recht der Gesellschaft auf möglichst umfassende und vielfältige Information über sämtliche Vorgänge in Politik, Wirtschaft, Kultur und Gesellschaft zu sehen.

Qualität im Journalismus

Qualität im Journalismus und damit in der Auswahl und Aufmachung von Themen ist bestimmend für die Qualität der Demokratie, weiters mitentscheidend für das Verhalten oder Schicksal sowohl von Gesellschaften als auch des Einzelnen. Daher bedürfen Staaten mit freien Medien eines Journalismus, der mit der Mediatisierung der Politik ebenso sicher und kompetent umzugehen versteht wie mit der Ökonomisierung des Medialen. Eine demokratische, pluralistische und marktwirtschaftlich verfasste Gesellschaft bedarf einer Publizistik, die sich gegenüber allen ihren Geschäfts- und Gesprächspartnern als unabhängig, eigenständig und solcherart emanzipiert zu behaupten vermag. Nur so kann sie ihre unersetzbare Orientierungsleistung für den Einzelnen wie für die Gesellschaft erfüllen.

Die breite qualitative Auffächerung der Medien und der Medienberufe sowie die enorme quantitative Verbreitung und tägliche Nutzung des massenmedialen Angebots durch Rezipienten und Konsumenten erfordern zudem zweierlei: eine Besinnung auf die wesentlichen Kategorien des Journalismus und dessen Weiterentwicklung in der praktischen Ausbildung und konkreten Ausübung dieses Berufes.

Ökonomisierung

Die Ökonomisierung zahlreicher Vorgänge in Politik und Gesellschaft, die strikten Kosten-Nutzen-Erwägungen von Individuen und Organisationen, die Konvergenz aller Ebenen des Massenmedialen (Kapital, Sende- und Empfangstechnik, Inhalt) sowie nicht zuletzt die Globalisierung der Märkte stellen den praktischen Journalismus auf eine neue Grundlage und seine alten Tugenden vor neue Herausforderungen. Diese haben sich in einem Umfeld zu behaupten, welches von vertikalen und horizontalen Konzentrationsprozessen und ebensolchen Wertschöpfungsketten gekennzeichnet ist.

Die technische, politische und wirtschaftliche Entwicklung in der Medienbranche hat den Unterschied zwischen öffentlich-rechtlichen und privaten Medien in starkem Ausmaß vermindert. Das konkrete massenmediale Angebot sowie seine Produktion, Produzenten und Produktionsbedingungen bedürfen zwar jeweils einer ausreichenden sachlichen Differenzierung; doch meinen Medienkritiker, der Dualismus von öffentlich-rechtlich und privat, von Fernsehen und Zeitung, von gebühren- und anzeigenfinanziert ende letztlich in Kommerz und Konvergenz.

Die grundsätzliche Frage, ob mit Massenmedien politische und wirtschaftliche Macht verbunden ist, ist damit nicht beantwortet. Sie ist aber insoweit Gegenstand dieses Handbuches, als es den in Theorie und Praxis hoch entwickelten und ausdifferenzierten Journalismus wegen seiner Unersetzbarkeit als geistige Dienstleistung einer demokratisch-pluralistischen Gesellschaft in den Mittelpunkt der Darstellungen setzt. Der Journalismus, vor allem der politische, bedarf daher mehr denn je einer Klarstellung, worin er besteht, und damit einer ständigen (selbst-)kritischen Reflexion durch Wissenschaft und Praxis.

Journalismus unersetzbare Dienstleistung für Demokratie

Das vorliegende Handbuch greift diese und zahlreiche andere Aspekte auf. Es soll die gedruckte Mitte eines dreiteiligen Werkes darstellen:

- Der praktische Journalismus, seine theoretischen Grundlagen sowie die Berufskunde einschließlich medien- und arbeitsrechtlicher Themen ist Gegenstand der gedruckt vorliegenden Fassung.
- Geschichte und konkrete Beispiele für die praktische Arbeit in Journalismus und Massenmedien werden auf einer CD präsentiert, da eine Anthologie des Journalismus die Möglichkeiten und den Umfang eines Handbuches bei weitem überschreiten würde.
- Aktualisierungen der einzelnen Kapitel und Themen, insbesondere auch weiterführende Literaturhinweise, Adressen und Homepages einschlägiger Institutionen und Organisationen sowie Linksammlungen sind im Internet abrufbar (Internetadresse und Passwort sind der beiliegenden CD zu entnehmen. Via Internet

Aktualisierung via Internet

werden auch Hinweise und Links zu aktuellen Entwicklungen im Medienwesen, zur aktuellen Gesetzgebung und Rechtsprechung im Medienbereich sowie beispielsweise auch zur Spruchpraxis von Presseräten angeboten.

Adressaten dieses Handbuches sind Journalistinnen und Journalisten sowie Personen, die aus Beruf und Funktion oder persönlichem Interesse heraus mit Massenmedien und Journalismus zu tun haben.

Wo die entsprechenden Hinweise fehlen sollten, ist die Textierung als geschlechtsneutral zu verstehen.

Die Herausgeber danken allen Autorinnen und Autoren für die Mitarbeit an diesem Buch, Elisabeth Wasserbauer für Satz und Gestaltung. Dank gilt auch dem ORF, der den Herausgebern die Nutzungsrechte für Hörfunk- und Fernsehbeiträge des ORF auf der dem Buch beigegebenen CD unentgeltlich überlassen hat.

Salzburg, im Januar 2004

Heinz Pürer
Meinrad Rahofer
Claus Reitan

Medien, Massenmedien

Medien, Märkte und Journalisten

Claus Reitan

Zur Einführung

Es gibt nichts Praktischeres als eine gute *Theorie*. Das gilt auch und gerade für den *Journalismus*, obwohl die Dinge auf den ersten Blick anders zu liegen scheinen.

Der Journalismus, vielfach noch als Begabungsberuf betrachtet und verstanden, versucht ja etwa, sich wissenschaftlich-theoretischer Reflexion zu entziehen. So wird es zumindest an den Instituten und in der Fachliteratur der Publizistik und der Kommunikationswissenschaft beklagt. Journalismus widersetzt sich zudem aus dem Grundsatz der *Meinungsfreiheit* und aus seinem Selbstverständnis heraus einer zwingenden gesetzlichen Reglementierung der Berufsausbildung und Berufsausübung. Er wehrt sich gegen eine Akademisierung und Professionalisierung im klassischen Sinne. Diese Haltung teilen Praktiker des Berufes, aber auch Kommunikations- und Rechtswissenschafter.

Beruf Journalist

Die Berufung der Journalisten auf *Freiheitsrechte* ist berechtigt und begründet, wie ein Blick auf die Europäische Menschenrechtskonvention und auf die Verfassungen demokratischer Staaten zeigt. Dies auch und eben gerade dann, wenn Journalisten - wie es unstrittig ist - die Meinungsfreiheit nicht nur für sich, sondern stellvertretend für die Gesellschaft ausüben, aber eben beruflich. Denn sowohl die Gesetze demokratischer Staaten wie vor allem die Rechtsprechung des Europäischen Gerichtshofes für Menschenrechte und der nationalen Höchstgerichte betonen die Aufgabe der Presse (gemeint sind alle klassischen Medien), Nachrichten und Ideen über Angelegenheiten von öffentlichem Belang und Interesse zu verbreiten. Der *praktische Journalismus*, der sich mit der Information und weniger mit der Unterhaltung befasst, erfordert daher einiges an *Qualifikation* und *Kompetenz*, um den enormen Anforderungen des Berufes und der außerordentlichen Bedeutung von Medien zu entsprechen.

Die Medien

Was ist ein Medium?

Es ist kaum zu glauben, wie schwierig es sein kann, den Begriff Medium ("Mittel" oder "Vermittelndes") dingfest zu machen. So schreibt etwa Heinz Pürer: "Im Zusammenhang mit dem Medien-Begriff ist zu erwähnen, dass die Kommunikationswissenschaft de facto über keinen eindeutigen Medien-Begriff verfügt und sich trotz mancher Bemühungen schwer tut, zu einer klaren Begrifflichkeit zu finden." (Pürer 2003, S. 208ff). Werner Faulstich vertritt unter Berufung auf Ulrich Saxer folgende Definition: "Ein Medium ist ein institutionalisiertes System um einen organisierten Kommunikationskanal von spezifischem Leistungsvermögen mit gesellschaftlicher Dominanz." (Faulstich 2000, S. 27).

Faulstich nennt vom Brief über den Film und das Fernsehen bis zur Diskette 18 Einzelmedien. Der Journalismus konzentriert sich auf vier von ihnen: Fernsehen, Radio, Zeitungen bzw. Zeitschriften und Online-Dienste. Warum? Weil Medien "als technische, professionelle und organisatorische Kommunikationsmittel für öffentliche und gesellschaftliche Kommunikation verstanden werden" (Schanze 2001, S. 41). Es geht um die *Massenmedien*, also Trägermittel, die mitsamt ihren Inhalten den Kriterien der *Aktualität* (gegenwartsbezogen), *Publizität* (allgemein zugänglich), *Universalität* (thematisch umfassend) entsprechen, und um Einweg-Kommunikation von Einzelnen zu einem dispersen Publikum.

Bezüglich des Begriffes *Kommunikation* ist auf die zuletzt von Wolfgang Frindte erwähnte, von Klaus Merten vor 25 Jahren erstellte Liste der 160 wissenschaftlichen Definitionen von Kommunikation und schließlich auf jene von Frindte selbst zu verweisen: "Kommunikation ist ein sozialer Prozess, in dessen Verlauf sich die beteiligten Personen wechselseitig zur Konstruktion von Wirklichkeit anregen." (Frindte 2001, S. 17). Hinsichtlich der begrifflichen Abgrenzung zu Interaktion sei erwähnt, dass Kommunikation auf Verständnis von einer Sache und Verständigung zwischen Menschen abzielt, Interaktion hingegen auf deren soziales Handeln (vgl. Pürer 2003, S. 59f.). Der heute verwendete Begriff Kommunikation leitet sich ab von communicatio, der lateinischen Abwandlung eines ursprünglich griechischen Wortes, das für Mitteilung, Verkehr, Verbindung, Übertragung stand.

Was leisten Medien?

Die Kommunikations- und die Politikwissenschaft bieten hinsichtlich der *Massenmedien* - Fernsehen, Radio, Zeitungen und Zeitschriften sowie zunehmend auch der Online-Dienste (selbst wenn das Internet eher als Werkzeug denn als Medium sui generis gilt) - grundsätzliche, belegte und unstrittige Befunde:

Drei Funktionen der Massenmedien

- Massenmedien *konstruieren Wirklichkeit*, denn die über das Private und das Individuelle hinausgehende Wirklichkeitswahrnehmung ist die massenmedial vermittelte.
- Massenmedien *strukturieren Alltag*, denn es gehört zu den festen Lebens- und Alltagsgewohnheiten, morgens Nachrichten im Radio zu hören und die Zeitung zu lesen, abends im Fernsehen die Nachrichten zu sehen oder im Netz zu surfen, zusätzlich das Angebot an Unterhaltung zu nutzen.
- Und Massenmedien tragen dazu bei, *Gemeinschaft zu konstituieren*, denn sie bilden die Bühne des öffentlichen Gespräches und der öffentlichen Ereignisse in einer hochgradig arbeitsteiligen Wirtschaft und pluralistischen Gesellschaft, deren Subsysteme überwiegend durch die Massenmedien voneinander erfahren. Das ist einer der Gründe, weswegen die Meinungsfreiheit nicht den Medien und den Journalisten alleine gehört, sondern auch den Empfängern, die ihrerseits ein Recht auf Information haben.

Diese Massenmedien erbringen somit für den Einzelnen eine unverzichtbare *Orientierungs-* und *Nutzungsleistung*, für die Gesellschaft eine notwendige *Integrations-* und *Sozialisationsleistung*. Dies alles jedoch mit dem Risiko der Überforderung des Mediensystems, das klassische Sozialisationsinstanzen wie Elternhaus, Schule, Peer-Group und Partnerbeziehungen etc. nicht ersetzen kann.

Nachrichtliche, seriöse und qualitative Massenmedien sind zudem ***konstitutiv für die Demokratie.*** Diese bedarf des informierten Bürgers und der öffentlich geführten Debatte. Da dem Bürger in aller Regel die Möglichkeit fehlt, Politik - abgesehen von ihren Auswirkungen - unmittelbar zu erfahren, bedarf es ihrer massenmedialen Vermittlung. An der *Schnittstelle von Politik und Öffentlichkeit* entfalten Journalismus und Massenmedien ihre Funktion als *Gatekeeper* (was gelangt durch die 'Pforte' Medium an die Öffentlichkeit?), durch das *Agenda Setting* die Thematisierungs-Kompetenz und durch den *Priming Effekt* die Verstärkung von Themen, Bewertungen und Emotionen.

Qualität der Demokratie

Unstrittig ist die Qualität einer Demokratie mitbestimmt von der Qualität ihrer massenmedialen Vermittlung. Selbst wenn die Massenmedien nur den sichtbaren, überwiegend inszenierten Teil der Politik vermitteln und den unsichtbaren, etwa jenen in Gremien, naturgemäß ausblenden. Und obwohl die politische Kommunikation nur einen Teil der politischen Prozesse und Entscheidungen bildet und zu erklären vermag, hat die Bedeutung massenmedial vermittelter politischer Kommunikation außerordentlich zugenommen.

Fernsehen, Radio und Printmedien sind für die Mehrheit der Bürger die primäre Quelle politischer Information. Die Gesetzmäßigkeiten der Medien wirken auf die Politik zurück. Fritz Plasser spricht von "Mediatisierung" der Politik (Plasser 1997, S. 480), Thomas Meyer sogar von "Mediokratie", also von Kolonisierung der Politik durch die Medien (Meyer 2001, S. 92). Vereinfacht ausgedrückt: Politiker brauchen Wähler, und die erreichen sie durch und über die Medien. Daher unterwerfen sich Politiker und Parteien - mangels der Steuerbarkeit von außen - der Logik des Mediensystems, folgen dem Prinzip der Personalisierung von Nachrichten und der mediengerechten Inszenierung von Politik in Wort und Bild. Politiker versuchen so erst recht, Medien zu instrumentalisieren.

Jener Journalismus, der die redaktionellen Inhalte der Massenmedien, also *Information* herstellt, ist jedenfalls ein *Schlüsselberuf* moderner Staatswesen und ihrer zunehmend fragmentierten Gesellschaften. Daraus resultiert zudem die *Gemeinwohlverpflichtung* der

Informations- und Meinungsfreiheit, für Will Teichert übrigens eher eine Zielvorstellung als eine Realität (Teichert 1996, S. 752).

Medien als Güter

Obwohl Massenmedien Information und Unterhaltung öffentlich bereit- und damit auch Öffentlichkeit herstellen, sind sie keine öffentlichen, sondern meritorische Güter.

Meritorische Güter

Den Definitionen der Ökonomen zufolge zeichnen sich öffentliche Güter durch Nicht-Rivalität im Konsum und Nicht-Ausschließbarkeit vom Konsum aus. Einen Leuchtturm kann jeder Seefahrer nutzen und keinen anderen davon ausschließen. Bei einem Kabinenplatz am Schiff hingegen herrscht Rivalität im Konsum und Ausschließbarkeit vom Konsum.

Von den meritorischen Gütern meint der Staat, ein lediglich privates Angebot davon würde nicht im allgemein gewünschten Ausmaß bereitgestellt und genutzt werden, weswegen der Staat etwa Schulen betreibt und Schulpflicht vorschreibt.

Da Medien einen Beitrag zur kulturellen und allgemeinen Bildung leisten, gelten sie als meritorisches Gut (Beck 2002, S. 12, 54). Das und die zitierten positiven externen Effekte reichen, um Eingriffe des Staates in die Medienmärkte zu rechtfertigen, selbst wenn eine differenzierte betriebswirtschaftliche Darstellung die meisten Medien eher öffentlichen Gütern zuordnet, da etwa öffentlich-rechtliche Fernsehanstalten jene Haushalte, die keine Gebühr bezahlen, nicht vom Konsum des TV-Programmes ausschließen können (Schumann/ Hess 2002, S. 22; siehe dazu insbesondere den Beitrag "Grundlagen der Medienökonomie" in diesem Band). An der tatsächlichen Wirkung und grundsätzlichen Bedeutung der Massenmedien vermag dies ohnedies nichts zu ändern. Abgesehen davon haben sich diese auf Märkten zu behaupten, und das ist schwierig.

Der Wandel am Markt

Die Märkte für Medien verdienen besondere Aufmerksamkeit durch Journalisten und Redakteure sowie Planer und Verantwortliche für Programme und Sendungen, und zwar auch abseits der betriebswirtschaftlichen Betrachtungsweise und der Rezipienten- sowie Wirkungsforschung.

Medien sind Unternehmen

Selbst wenn die Medien durch Information und Unterhaltung eine geistige und kulturelle Dienstleistung erbringen, so sind die Radio- und Fernsehanstalten sowie Verlage und Internet-Provider schlicht *Unternehmen.* Als Wirtschaftskörper unterliegen sie daher ebenfalls deren faktischen Gesetzmäßigkeiten: Die Kosten dürfen die Erlöse auf Dauer nicht übersteigen. Außer es handelt sich um ein Medienunternehmen, welches aus anderweitigen Gründen oder von einer Interessengruppe betrieben wird und daher Zuwendungen erhält, die seinen Bestand gewährleisten.

Das Erfordernis, Gewinne zu erzielen, gilt insbesondere für unabhängige Medien, denn die *politische Unabhängigkeit* hat die *wirtschaftliche Unabhängigkeit* zur Voraussetzung. Diese wiederum ist nur bei Überschuss oder Gewinn gegeben, wenn ein Unternehmen also aus eigener Kraft alle seine Kosten deckt und zusätzlich seine Investitionen verdient. Wenn ein Medienunternehmen in seinem wirtschaftlichen Bestand unverzichtbar auf finanzielle Zuwendungen aus öffentlichen oder privaten Kassen angewiesen ist, ist das zwar im Einzelfall legal und legitim, aber das Prädikat unabhängig ist - außer in den Fällen öffentlich-rechtlicher, dem Objektivitätsgebot und keiner Außensteuerung der Inhalte unterliegender Medienanstalten - wohl kaum zulässig. Aber dann hat das Medienunternehmen einen - in der Regel deklarierten - Zweck.

Egal, ob es sich hinsichtlich der Eigentümerstruktur um ein privates oder ein öffentlich-rechtliches, also durch gesetzliche Grundlage geschaffenes Medienunternehmen handelt, in allen werden Kosten und Erlöse bilanziert. Diese Erlöse werden in den meisten Fällen überwiegend auf *Märkten* erzielt, und die haben sich gewandelt.

Das *Angebot* an Massenmedien, deren quantitative und qualitative Auffächerung sowie die Mediennutzung durch Konsumenten, haben sich enorm gesteigert (siehe dazu insbesondere den Beitrag "Publikumsmärkte in Österreich" in diesem Band). Die Medienbranche erlebt daher einen *Strukturwandel* (Bird et al. 2003, S. 29), der an drei Merkmalen erkennbar ist. Für sehr viele Medienprodukte besteht, erstens, ein mehr oder weniger entsprechendes Substitut. Medien sind eine *commodity*, also für den Konsumenten leicht austauschbare Produkte. Zweitens, so die zitierten Autoren, stößt das auf Anzeigenerlösen beruhende und auf Aufmerksamkeit zielende Geschäftsmodell eines Medienproduktes an strukturelle *Wachstumsgrenzen*. Und drittens verfällt in der Kundenbasis die Produktloyalität, nimmt also die Kundentreue ab. Die Märkte für Medien werden weniger von den Anbietern als vielmehr von den Nachfragern gesteuert. Oder, um nochmals Bird et al. zu zitieren: "*Der Medienmarkt ist ein Käufermarkt.*"

Konvergenz

Die *Konvergenz* bedeutet die Digitalisierung des Informations- und Datenflusses. Darauf beruht die Vervielfältigung der Möglichkeiten, diesen Fluss - etwa auf Bildschirmen und Displays aller Art - zu empfangen. Das erhöht die *Substituierbarkeit* (Ersetzbarkeit) der klassischen Massenmedien. Neue Technologien zur Herstellung und Verbreitung eines massenmedialen Angebotes machen die Medienunternehmen nur mehr beschränkt produktiver. Die technologische Entwicklung orientiert sich vor allem an Konsumenten. Neue Technologien dienen weniger der Produktion, sondern vor allem der Distribution. Sie machen die Empfangsgeräte vielfältiger, billiger sowie komfortabler und damit die Rezipienten autonomer, die Konsumenten souveräner. Diese haben die Entscheidungsmacht. Sie treffen wählerisch und überlegt Kosten-Nutzen-Entscheidungen.

Auf den Medienmärkten gilt dem Prinzip der "Ökonomie der Aufmerksamkeit" folgend heute jenes von der Ökonomie in der Mediennutzung. Medienunternehmen stellen sich darauf ein. In den Unternehmen prägen *Kostenbewusstsein* und *Rentabilitätsüberlegungen* das strategische Planen und operative Handeln. Darauf beruhen vertikale und horizontale *Wertschöpfungsketten*. Das sind Strategien, eine geistig-kulturelle Schöpfung und Dienstleistung über alle Produktionsstufen von der Kreation beim Urheber bis zum Konsum durch den Endverbraucher (vertikal) in einem Unternehmen zu erbringen und zugleich in einem dann multimedialen Medienunternehmen (horizontal) über alle möglichen Distributionskanäle zu vertreiben. Aus diesem Grund erfolgen vertikale und horizontale, vorwärts (zum Kunden) und rückwärts (zum Urheber oder Lieferanten) gewandte *Konzentrationsprozesse* in der Eigentümerstruktur der Medienunternehmen. Zur Begründung von Cross-Media-Strategien schreibt Insa Sjurts: "Das strategische Handeln (eines Unternehmens; Anm. C. R.) muss also darauf gerichtet sein, die Bedrohung durch neue Konkurrenten, die Rivalität in der Branche, die Lieferanten- und die Abnehmermacht sowie die Bedrohung durch Substitutionsprodukte zu begrenzen." (Müller-Kalthoff 2002, S. 13).

Inhalt zählt

Am Ende dieser Entwicklung von der Digitalisierung über die Konvergenz bis zur Konzentration stehen einige Content Companies. Diese sind in der Striktheit ihrer Konzeption fragwürdig geworden, teils wieder zerfallen. Geblieben sind Medienunternehmen, die sich zumindest zu einem Teil als Content Companies verstehen. Das Wesentliche daran ist nicht, dass es Companies, also Unternehmen sind, sondern dass es beim Geschäftsgegenstand um *Content*, also Inhalte geht, was übrigens für alle Arten von Medienunternehmen gilt. In der betriebswirtschaftlichen Betrachtungsweise meint Content die Kreation, die Produktion und den Lizenzhandel mit Medieninhalten (Bird et al. 2003, S. 68). Bei steigendem Angebot an Medien werden die *Inhalte* immer wichtiger, weswegen Inhalte und Rechte als das Gold des 21. Jahrhunderts gelten (Beck 2002, S. 334). Content ist die zentrale Ressource der Medienbranche (Müller-Kalthoff 2002, S. 16). In unserem Zusammenhang befassen wir uns hinsichtlich des Contents nicht so sehr mit der Unterhaltung, sondern vor allem mit der *Information*, also mit Nachrichten, verstanden als Mitteilungen, nach denen man sich richten kann. Nachrichten stellt in den Massenmedien der Journalismus her.

Journalismus als Beruf

Ein freier Beruf

Die Geschichte des Journalismus, in dessen vielschichtiger und von zahlreichen Brüchen gekennzeichneten Tradition wir heute stehen, beginnt im deutschen Sprachraum in der ersten Hälfte des 17. Jahrhunderts in Leipzig mit den "Einkommenden Zeitungen" (Wilke 2000, S. 57). Eines der Dilemmata, welches diesen Beruf ständig begleitet, wurde von Max Weber im Revolutionswinter 1919 in seiner Legende gewordenen Vorlesung "Politik als Beruf" treffend formuliert: Es ist für den Journalisten "keine Kleinigkeit, über alles und jedes, was der 'Markt' gerade verlangt, über alle denkbaren Probleme des Lebens, sich prompt und dabei überzeugend äußern zu sollen, ohne nicht nur der absoluten Verflachung, sondern vor allem der Würdelosigkeit der Selbstentblößung und ihren unerbittlichen Folgen zu verfallen" (Weber 1992, S. 37; Reprint). Aus der Praxis des Journalismus sind die von Schmeichelei bis zu Verachtung reichenden Meinungen des Publikums über Journalisten bekannt. Die Reaktionen der Kollegen auf journalistisches Schaffen reichen ja auch von Ermunterung bis zu Häme. Wer das kennt, kann sich zu obigem Zitat noch mehr vorstellen, als Max Weber gemeint haben mag. Unter anderem damit lassen sich jedenfalls die *Kernfragen* des praktischen Journalismus ansprechen, nämlich jene nach der *Definition von Journalismus*, der *Qualifikation* und den *Kompetenzen* von Journalistinnen und Journalisten.

Was ist Journalismus?

Der Zugang zum Journalismus und anderen Medienberufen ist auch heute noch offen: Nirgends ist formal geregelt, welche Ausbildung man haben und was man können muss, schreibt Karin Gavin-Kramer (Gavin-Kramer 2003, S. 21) einleitend im Studienführer Journalistik, Kommunikations- und Medienwissenschaften. Der Journalismus wird daher im Wesentlichen über die praktische Ausübung des Berufes definiert. Diese besteht darin, Sachverhalte, also ein Geschehen in Raum und Zeit, sowie Personen, Gegenstände und Vorgänge aller Art zu beobachten und zu erfassen, also zu *recherchieren* und aus dem so beschafften Material Beiträge für Massenmedien zu gestalten, also zu *redigieren* (siehe dazu insbesondere den Beitrag "Ebenen des Journalismus" in diesem Band). Die Berufstätigkeit wird zudem über die Stufen definiert, auf denen sie ausgeübt wird - die Bandbreite reicht von Reportage über Redaktion bis zu Präsentation.

Journalistische und redaktionelle Tätigkeit bedeutet daher, zu *selektieren*, also eine Auswahl darüber zu treffen, was massenmedial vermit-telt wird. Die journalistischen *Selektionskriterien*, also die Kriterien der Nachrichtenauswahl, richten sich nach der Gattung und der grundlegenden Richtung des Mediums, nach der *Art* des Journalismus - vom Wissenschafts-Journalismus bis zum investigativen Journalismus -, und nicht zuletzt nach dem *Markt*, also den Rezipienten und Konsumenten mit ihren spezifischen Informationsinteressen. Diese Kriterien umfassen daher auch die *Relevanz*, also die Antwort auf die Frage nach der Bedeutsamkeit einer Mitteilung für den Sender oder den Empfänger. Das Grundmuster journalistischer Nachrichtenauswahl - *nah, neu, nützlich* - ist nach wie vor hilfreich und in der Praxis bewährt, reicht erfahrungsgemäß aber nicht aus, um alle mit der Auswahl und Aufbereitung von Nachrichten und Mitteilungen verbundenen Fragen zu beantworten. Dazu sind die oben erwähnten Kriterien hilfreich und notwendig.

Nah, neu, nützlich

Objektivität und Ethik

Damit untrennbar verknüpft sind die Fragen der Objektivität und der journalistischen Ethik. Objektivität setzt voraus, dass es eine Wirklichkeit und damit nur ein Bild von ihr gibt, dass dieses zweitens erfassbar und drittens vermit-telbar ist. All dies gilt als teils unwahrscheinlich, teils unmöglich. Die - zwangsläufig wissenschaftliche - Fachliteratur dazu ist reichhaltig und vielfältig. Die Publizistik, für welche die Annäherung an Objektivität zugleich eine an die Qualität ist, kommt zur Schlussfolgerung, die Objektivität nicht am journalistischen Endprodukt zu messen, sondern sie zu einem Merkmal der Vorgangsweise in der Erkenntnisgewinnung zu machen (Kunczik/ Zipfel 2001, S. 282). Gemeint sind damit professionelle Recherche (etwa Quellenkritik, Gegen-Check etc.) und ebensolche Berichterstattung (Sachlichkeit, Vollständigkeit, Zitate, Quellenvielfalt etc.)

In der Ethik-Debatte greift der Journalismus stets zurück auf die Weber'sche Unterscheidung von *Gesinnungs-* und *Verantwortungsethik*. Diese Unterscheidung stellt darauf ab, dass die Handelnden *entweder* einer Überzeugung folgen und danach vorgehen (Gesinnungsethik) *oder* eben ihr Handeln an dessen möglichen Folgen bestimmen (Verantwortungsethik). Die Wirkungsforschung hat umfangreiche, aber wenig eindeutige Ergebnisse hervorgebracht: Die empirische sozial- und politikwissenschaftliche Forschung in Österreich bestätigt, dass nach Aussagen befragter Wähler etwa das Erscheinungsbild, das Verhalten und die Aussagen eines Politikers in einem Massenmedium - wenngleich nur beschränkt und abgestuft - Auswirkungen auf das tatsächliche Wahlverhalten haben (Plasser/ Sommer/Scheucher 1996, S. 100). Aber ist dies ursächlich eher dem Medium oder vielmehr dem Politiker zuzurechnen?

Journalistische Verantwortung

Ähnlich der Befund in Deutschland: Die Beziehung zwischen den Berichten über politische Skandale und der Politikverdrossenheit fällt weniger deutlich aus, als allgemein angenommen wird (Meier 2002, S. 238). Berichte über Skandale können das Image betroffener Parteien schädigen. Zugleich erhöht sich jedoch in der Öffentlichkeit - wegen der erwiesenen Kraft zur Selbstreinigung - die Unterstützung der politischen Eliten und der Demokratie, wie Meier anhand einer außerordentlich differenzierenden Untersuchung der Wirkung von TV-Beiträgen öffentlich-rechtlicher und privater Fernsehanstalten herausfand. Auf einen in der Wirkungsforschung vernachlässigten Aspekt verweist Klaus Schönbach. Das Erschrecken über einen Skandal könne ja durchaus vom Skandal verursacht worden sein. Die gelegentlich ins Treffen geführte Korrelation, wonach das darüber berichtende Fernsehen dem Politiker geschadet habe, könne eine medienintendierte Wirkung, sprich: Absicht der Journalisten, kaum geltend machen (Schönbach 1998, S. 125).

In der - gesellschaftlich sehr wesentlichen - Frage der Legitimierung von Gewalt durch massenmediale Darstellungen kommt die Wissenschaft nur zu einem Zwischenbefund. Diesem zufolge gestatttet es die gegenwärtige Forschungslage nicht, empirisch abgesicherte Aussagen über die Konsequenzen einer gewaltlegitimierenden Berichterstattung zu machen, die Journalisten als Entscheidungshilfe dienen könnten (Kunczik/Zipfel 2001, S. 239).

Ethische Dilemmata, also etwa die Abschätzung der Folgen eines Berichtes, sowie die kaum erfüllbare Forderung nach Objektivität stellen an Journalisten Anforderungen und normieren für deren Tätigkeit Kriterien, wie sie in Ethik-Codices festgelegt werden (siehe dazu insbesondere den Beitrag "Ethik und Verantwortung im Journalismus" in diesem Band). Erfahrungsgemäß ist es tunlich, die journalistisch-personellen Ressourcen auf die Qualität der Recherche und der Berichte eher zu konzentrieren denn auf eine Diskussion über die Abschätzung möglicher Folgen. Denn naheliegenderweise können Berichte negative Folgen haben. Etwa berufliche für den Journalisten (Prozess- und Existenzrisiko) oder wirtschaftliche für dessen Medienunternehmen (Verlust von Anzeigen), allerdings auch für jene, über die berichtet wurde (Personen, Parteien, Organisationen, Unternehmen). Aber gerade negative Folgen sind nur im Ausmaß der Qualität von Recherche und Berichterstattung verantwortbar.

Externe und interne Konkurrenz

Zu diesen beruflichen Anforderungen kommen der intra- und der intermediäre Konkurrenzdruck, zu dem sich die zahlreichen Ungewissheiten gesellen, mit denen die Recherche und die Platzierung eines redaktionellen Beitrages behaftet sind. Mit all dem lässt sich bewältigbarer umgehen, werden die Fragen nach den journalistischen Kompetenzen beantwortet.

Katalog der Kompetenzen

Die beruflichen Qualifikationen und Voraussetzungen für den praktischen Journalismus sind, wie gesagt, nirgends rechtlich oder gesetzlich zwingend geregelt. Zudem wandelt sich die Berufsausübung mit den konkreten massenmedialen Darstellungsformen, weswegen Pürer von einer *Entgrenzung* des Journalismus spricht (vgl. Pürer 2003, S.

160ff.). Die Unterscheidung in Nachricht und Meinung, in Bericht und Kommentar reicht nicht mehr, wenn neue Formen und Formate gesucht werden, wenn die Trennung von Redaktion und Anzeigenabteilung fällt sowie Erfordernisse des Marketing hinzutreten. Dann entstehen neue Formen, etwa die Vermischung von Information und Unterhaltung durch *Infotainment*, die Verwischung von Diskurs und Unterhaltung durch *Confrontainment*, die Herstellung eines redaktionellen Umfeldes für Werbung durch Advertainment.

Fähigkeiten und Fertigkeiten

Dennoch gibt es feste und gesicherte praktische Erfahrungs- und theoretische Erkenntniswerte, worin die wesentlichen Kompetenzen in der beruflichen Praxis von Journalisten in den informierenden Medien beziehungsweise Formaten bestehen. Sie gliedern sich - nach Siegfried Weischenberg - in eine *Sachkompetenz*, welche die Grundlagen für ein Ressort oder Themengebiet meint; in eine *Fachkompetenz*, welche von der Recherche über das Redigieren bis zur Medien- und Berufskunde reicht; und in eine *Vermittlungskompetenz*, welche die praktischen, handwerklichen, sprachlichen und technischen Fertigkeiten zur Herstellung medienspezifischer Beiträge (für Fernsehen, Radio, Print und Online) umfasst.

Dazu gesellen sich weitere Anforderungen, die über wesentliche *Persönlichkeitsmerkmale* wie Neugierde, Unvoreingenommenheit, Einfühlungs- und Unterscheidungsvermögen sowie stete Lernbereitschaft noch weit hinausgehen. Journalisten bedürfen als Einzelne der Fähigkeit, sich Ziele zu setzen und sich selbst zu organisieren, benötigen weiters kommunikative und soziale Kompetenzen, um in einem redaktionellen Team zu bestehen sowie mögliche Konflikte mit der Kollegenschaft und mit den Kunden des jeweiligen Medienunternehmens lösungsorientiert bewältigen zu können.

Literatur

Beck, Hanno (2002): Medienökonomie - Print, Fernsehen und Multimedia. Berlin und Heidelberg.

Bird, Adam; Künstner, Thomas; Vogelsang, Gregor (2003): Customer Centrity - Die neue Chance für die Medienindustrie. Frankfurt/Main.

Faulstich, Werner (2000): Grundwissen Medien. Konstanz.

Frindte, Wolfgang (2001): Kommunikationspychologie. Weinheim und Basel.

Gavin-Kramer, Karin (2003): Studienführer Journalistik Kommunikations- und Medienwissenschaften. Würzburg.

Kunczik, Michael; Zipfel, Astrid (2001): Publizistik: Ein Studienhandbuch. Köln, Weimar, Wien.

Maier, Jürgen (2002): Politische Skandale - Quelle der Politikverdrossenheit? In: Schatz, Heribert; Rössler, Patrick; Nieland, Jörg-Uwe (Hrsg.): Politische Akteure in der Mediendemokratie. Wiesbaden, S. 223-244.

Meyer, Thomas (2001): Mediokratie. Die Kolonisierung der Politik durch die Medien. Frankfurt am Main.

Plasser, Fritz; Ulram, Peter A.; Ogris, Günther (Hrsg.) (1996): Wahlkampf und Wählerentscheidung. Wien.

Plasser, Fritz (1997): Massenmedien und Politikvermittlung. In: Dachs, Herbert (Hrsg.) (1997): Handbuch des politischen Systems Österreichs. Wien, S. 463-482

Pürer, Heinz (2003): Publizistik- und Kommunikationswissenschaft. Ein Handbuch. Konstanz.

Schanze, Helmut (2001): Handbuch der Mediengeschichte. Stuttgart.

Schumann, Matthias; Hess, Thomas (2002): Grundfragen der Medienwirtschaft. Berlin und Heidelberg.

Schönbach, Klaus (1997): Zeitungen in den Neunzigern: Faktoren ihres Erfolgs. Bonn.

Sjurts, Insa (2002): Cross-Media Strategien in der deutschen Medienbranche. In: Müller-Kalthoff, Björn (Hrsg.): Cross-Media Management. Berlin und Heidelberg, S. 3-18.

Teichert, Will (1996): Journalistische Verantwortung: Medienethik als Qualitätsproblem. In: Nida-Rümelin, Julian (Hrsg.): Angewandte Ethik. Stuttgart, S. 750-777.

Weber, Max (1992): Politik als Beruf (Reprint). Stuttgart.

Wilke, Jürgen (2000): Grundzüge der Medien- und Kommunikationsgeschichte. Köln.

Medienangebot in Österreich

Thomas Steinmaurer

Einleitung

Die österreichische Medienlandschaft ist nicht zuletzt von der Kleinstaatlichkeit des Landes mit seiner unmittelbaren Nähe zu einem gleichsprachigen großen Wirtschaftraum geprägt. Die dafür charakteristischen Merkmale, d. h. die Abhängigkeit, Ressourcenknappheit, Marktgröße und der Korporatismus (vgl. Fabris 1991) spielen auch im Medienbereich eine große Rolle.

Konzentration, Monopol

Speziell auf dem Printmedienmarkt nahm über die Jahre die Konzentration und das Beteiligungsausmaß vorwiegend bundesdeutscher Verlagsunternehmen immer mehr zu und erfasste nunmehr auch den Magazin- und Zeitschriftensektor. Die voranschreitenden Verflechtungen führten zu deutlichen Marktasymmetrien mit stark wettbewerbsverzerrenden Effekten. Der Rundfunkbereich war dagegen über eine lange Zeit von einer Monopolstruktur geprägt, in der sich eine Angebotsvielfalt - über die Radio- und Fernsehprogramme des ORF hinaus - zunächst nur über den Umweg der terrestrischen Einstrahlung v. a. aus dem deutschsprachigen Ausland und in der Folge über die Kabel- und Satellitenverbreitung herausbilden konnte. Die innerösterreichische Marktöffnung für private Radio- und Fernsehanbieter wurde im europäischen Vergleich erst äußerst spät, nämlich ab 1995 verwirklicht. Auf dem Buch- und Verlagsmarkt ist die Angebotsstruktur klar von der Marktdominanz des größeren deutschen Nachbarn geprägt. Die Liberalisierung des Telekommunikationssektors mit dem rasanten Anstieg der Mobilfunk- und Internetverbreitung war wiederum eng an den Beitritt Österreichs zur Europäischen Union und der damit verbundenen Marktliberalisierung geknüpft. Im Folgenden wird das Medienangebot in Österreich unter besonderer Berücksichtigung der Printmedien und des Rundfunks dargestellt (vgl. Steinmaurer 2002).

Printmedien

Tageszeitungen

Geringe Vielfalt

Die Tageszeitungslandschaft kann mit den derzeit 15 (da aus wissenschaftlicher Sicht U-Express und medianet nicht als Tageszeitungen mitgezählt werden) Titeln bzw. "publizistischen Einheiten" als ein Markt mit eher schwach ausgeprägter tagespublizistischer Vielfalt gelten. Von ihnen erscheint ein sehr großer Teil (39%) in der Bundeshauptstadt Wien. Niederösterreich und das Burgenland verfügen über keine eigene Tageszeitung, sie werden mit Tageszeitungen aus Wien bzw. mit jeweils starken lokalen Wochenzeitungen versorgt. Drei der 15 Tageszeitungen sind noch reine Parteiblätter, deren Anteil an der Druckauflage im Verlauf der letzten Jahrzehnte beständig sank und im Jahr 2000 nur noch bei 2,5% lag.

Tageszeitungen in Österreich:

Titel	Druckaufl. 2002 in T.	Reichweite in %
Neue Kronen Zeitung	1.018	43,4
Kleine Zeitung	295	12,4
Kurier	258	11,1
O.Ö. Nachrichten	133	5,3
Die Presse	124	5,3
Tiroler Tageszeitung	119	5,1
Der Standard	111	5,7
Salzburger Nachrichten	98	4,5
Vorarlberger Nachrichten	72	3,1
Wirtschaftsblatt	52	1,4
Neue Kärntner Tageszeitung (SPÖ)	k.A.	1,2
Neues Volksblatt (ÖVP)	k.A.	1,0
Wiener Zeitung	k.A.	k.A.
Neue Vorarlberger Tageszeitung	12	0,9
Salzburger Volkszeitung (ÖVP)	12	k.A.

Quellen: VÖZ, ÖAK, Media Analyse

Als besonders ausgeprägt kann der Markt der Boulevard-Zeitungen gelten, der seit vielen Jahren von der Neue Kronen Zeitung dominiert wird. Auf dem deutlich kleineren Sektor der oftmals als Qualitätszeitungen bezeichneten Blätter konkurrieren v. a. Die Presse und Der Standard um Leser und Reichweiten, und in den westlichen Bundesländern können sich - mit abnehmender Marktdurchdringung der Neue Kronen Zeitung in Richtung Westen - jeweils starke Bundesländerzeitungen behaupten. Zum größten Verlag in diesem Sektor zählt der Styria-Konzern, der u. a. die Kleine Zeitung (Graz, Klagenfurt) herausgibt und auch Eigentümer der Qualitätszeitung Die Presse ist.

Wie die Daten zeigen, weist der Tageszeitungssektor durch die Vorherrschaft der Neue Kronen Zeitung mit über 43% der Reichweite sehr deutliche Marktdominanzen auf. Dies wird durch die Tatsache noch verschärft, dass dieser Titel gemeinsam mit dem Kurier (mit knapp über 11% Reichweite) im Unternehmen Mediaprint zusammengeschlossen ist, das Druck, Anzeigenaquisition und Vertrieb der beiden Zeitungen organisiert. Der Zusammenschluss dieser beiden Titel in der Mediaprint erfolgte im Jahr 1988, nachdem sich der Verlag der Westdeutsche Allgemeine Zeitung (WAZ) zunächst mit 45% an der Neue Kronen Zeitung (heute 50%) und in der Folge mit ebenso 45% am Kurier (heute 49,41%) beteiligt hatte. Bezogen auf das Verhältnis von Reichweite (43,4%) und Bevölkerung (8 Mio. Einwohner) ist die Neue Kronen Zeitung eine der größten Tageszeitungen der Welt.

Ausländische Beteiligungen

Weitere wesentliche Beteiligungen ausländischer Printmedienunternehmen halten der Süddeutsche Verlag (mit 49% an der Tageszeitung Der Standard, im Buchsektor 74% am Wirtschaftsverlag und 100% am Ueberreuter-Verlag), der Springer-Verlag (mit 51% beim Sportmagazin-Verlag), Bertelsmann (mit 25% an Tele) der schwedische Bonnier-Konzern (50% am Wirtschaftsblatt) sowie Gruner+ Jahr (mit 63,75% an NEWS) (vgl. Steinmaurer 2002, S. 20)

Insgesamt stellt sich damit der Tageszeitungssektor in Österreich als ein hochkonzentrierter Markt mit großer Auslandbeteiligung und geringer Titelvielfalt dar, der von der Neue Kronen Zeitung und der Mediaprint dominiert wird (vgl. Melischeck/Seethaler 1999). Auch das 1975 eingeführte und 1984 reformierte System der Presseförderung war nicht in der Lage, die voranschreitende Pressekonzentration hintan zu halten und verfehlte damit ihr Ziel der Vielfaltsicherung (vgl. Schmolke 1991). Eine entsprechende gesetzliche Regelung war geraume Zeit in Diskussion und wurde erst Ende 2003, nach Redaktionsschluss dieses Buches beschlossen.

Wochenzeitungen und Magazine

Beachtliche Stärken sind auf dem Wochenzeitungsmarkt in den Bundesländern zu verzeichnen. Insgesamt gibt es 214 Titel (2002). Besonders Niederösterreich, mit den 27 Ausgaben der Niederösterreichische Nachrichten, und Oberösterreich, mit der Oberösterreichische Rundschau in 13 Ausgaben und einer Sonntags-Gratisausgabe, sind in diesem Bereich zu den größten Märkten zu zählen. Auch in Salzburg konnte sich die von den Salzburger Nachrichten herausgegebene Salzburger Woche und das Gratisblatt Salzburger Fenster gut auf dem Markt behaupten. In den letzten Jahren waren es neu hinzugekommene Gratisblätter, die auf dem Wochenzeitungsmarkt für Dynamik sorgten. Darunter sind die im Burgenland und in Salzburg neu hinzugekommen Bezirksblätter zu erwähnen, an denen die Tiroler Tageszeitung mit 50% beteiligt ist.

Gratis-blätter

Auf dem Magazinmarkt, der im Jahr 2002 auf insgesamt 60 Titel anwuchs, kam es in den letzten Jahren - nach einer langen Phase der erfolgreichen Diversifizierung der Titel in unterschiedliche Produktnischen - durch die Neugründung der Verlagsgruppe NEWS zu einer nachhaltigen Marktdynamisierung. Der 1992 gegründeten Nachrichten-Illustrierten NEWS, die zunächst durch eine Beteiligung des Springer-Konzerns möglich wurde, folgte 1995 die TV-Programmzeitschrift tv-media. 1998, nach dem Rückzug von Springer und der Neu-Beteiligung von Gruner+Jahr mit damals 75% brachte die Verlagsgruppe das Nachrichtenmagazin Format und im Jahr 2000 E-Media neu heraus. Zu einer weiteren Verschärfung der bis dahin bereits erworbenen Marktdominanz der NEWS-Gruppe kam es durch die Anfang September 2000 neu eingegangene Kooperation des NEWS-Verlags mit der Kurier-Zeitschriftengruppe, zu der u. a. das ursprüngliche Konkurrenzprodukt profil und das Wirtschaftsmagazin

Vielfalt

trend gehörten. Diese medienpolitisch bedenkliche und wettbewerbsrechtlich höchst umstrittene Verflechtung führte zu einer - selbst vom Kartellgericht als solche bezeichneten - weiteren "Verstärkung einer schon bisher marktbeherrschenden Stellung" (Kartellgerichtsbeschluss vom 26. 1. 2001, S. 51f). Die Medienpolitik sah sich jedoch nicht dazu veranlasst, die daraus resultierende Marktkonzentration zu unterbinden und beließ es - wie schon im Fall der Mediaprint-Gründung - dabei, jeweils erst nach erfolgter Fusion die Kartellgesetzgebung für den Medienbereich zu verschärfen. Über die Beteiligung an der Verlagsgruppe NEWS gingen auch der zum Bertelsmann-Konzern zählende Gruner+Jahr-Verlag (und zwar im Ausmaß von 63,75% über die NEWS Beteiligungsges.) und die WAZ-Gruppe (über 49,41% der Kurier-Magazine) auf dem österreichischem Aktionsfeld eine enge Kooperation ein. Insgesamt kann damit der österreichische Printmedienmarkt mit seiner hohen Pressekonzentration zu Recht als "konzentriert und verflochten" (vgl. Steinmaurer 2002, S. 29) gelten.

Konzentriert und verflochten

Rundfunk

Radio

Verglichen zur europaweit bereits vollzogenen Implementierung dualer Rundfunksysteme blieb Österreich in zweifacher Hinsicht auf diesem Sektor die Rolle eines Schlusslichts. Sowohl die Marktöffnung für private Hörfunk- als auch für kommerzielle Fernsehanbieter erfolgte mit beträchtlicher Verzögerung und wurde nicht zuletzt erst über das Einklagen der Liberalisierung - auf der Basis einer vom EuGH festgestellten Verletzung des Art. 10 EMRK, dem Recht auf freie Meinungsäußerung - vorangetrieben. So gelang erst im Jahr 1993 mit dem damaligen Regionalradiogesetz ein erster konkreter Schritt in Richtung einer Marktliberalisierung im Hörfunkbereich. Auch dort bedurfte es aber aufgrund unzureichend festgelegter gesetzlicher Rahmenbedingungen in der Folge weiterer Anpassungen des Gesetzes, bis 1995 die ersten beiden Anbieter (am 22. 9. 1995 in Graz

Späte Liberalisierung

Art. 10 EMRK

die Antenne Steiermark und in Salzburg am 17. 10. Radio Melody) und schließlich am 1. 4. 1998 weitere 15 Privatradios (darunter nichtkommerzielle) - also nicht weniger als fünf Jahre nach der Beschlussfassung des Gesetzes - auf Sendung gehen konnten. Während das 1993 beschlossene Regionalradiogesetz noch Beteiligungsbeschränkungen für Printmedienunternehmen (im Ausmaß von ein Mal 26% und je 10% an zwei weiteren Radioanbietern) vorsah, wurden mit dem aktuell gültigen Privatradiogesetz diese Begrenzungen weitgehend aufgehoben und sogar die Möglichkeit einer bundesweiten Lizenz eingeräumt. (Die Realisierung stieß jedoch wegen der Besonderheiten in der Topographie Österreichs und wegen der Belegung der Kapazitäten durch den ORF auf frequenztechnisch nicht überwindbare Hürden.). In der Phase des verzögerten Starts der Privatradios gelang es wiederum dem ORF, sein Hitradio Ö3 mit seinem vorwiegend für das breite jugendliche Publikum ausgerichtete Programm und in der Folge die neun Lokalradioprogramme des ORF auf die kommende Konkurrenzsituation mit neuen Formaten sehr gut einzustellen.

Denn wie im Tageszeitungssektor die Neue Kronen Zeitung, auf dem Magazinmarkt die Verlagsgruppe NEWS, zählt im Rundfunkbereich der ORF auch vier Jahre nach der vollen Marktöffnung im Hörfunksektor zu den bestimmenden Anbietern:

Neben dem Klassiksender Ö1, dem Jugend- und Szeneradio FM 4 gelang es dem ORF v. a. mit seinen neun Regionalradios und mit dem Hitradio Ö3 gemeinsam (im Jahr 2002) einen Marktanteil von 81% (10+) bzw. 77% in der so genannten werberelevanten Zielgruppe der 14-49-Jährigen auf sich zu vereinen. Die kommerziell orientierten Privatradios erreichten (2002) zusammen dagegen 17 bzw. 21% der Marktanteile, wobei einzelne Anbieter in bestimmten Bundesländern (darunter Wien und Steiermark) diese Werte überschritten. Die seit 2001 neu errichtete Regulierungsbehörde RTR-GmbH veranlasste die derzeitige Situation zu der Feststellung, dass "acht Jahre nach dem Start des ersten österreichischen Privatradios 1995 und nach der flächendeckenden Versorgung aller Bundesländer mit privaten Hörfunkprogrammen 1998, in Österreich noch nicht von der Etablierung eines ausgewogenen 'dualen Rundfunkmarktes' im

Hörfunkbereich gesprochen werden kann" (RTR 2003, S. 30). Vgl. www.media-analyse.at.

Über diesen Bereich hinaus leisten mittlerweile 13 (2002) nicht-kommerzielle und freie Radios abseits des programmlichen Mainstreams einen wichtigen Beitrag zur publizistischen Vielfalt auf dem Radiomarkt. Ihre Existenz ist allerdings vor dem Hintergrund einer unzureichenden Finanzierungssicherheit zunehmend bedroht, da in den letzten Jahren die Bundesförderungen empfindlich gekürzt bzw. zur Gänze eingestellt wurden (vgl. Brugger 2003).

Fernsehen

Ähnlich wie im Radiobereich kam es auf dem Fernsehsektor mit großer Verzögerung erst 2001 durch Inkrafttreten des im Jahr 2000 beschlossenen Privatfernsehgesetzes zu einer längst überfälligen Marktöffnung und damit zur endgültigen Dualisierung des Rundfunksystems, eine Entwicklung, die - wie oben bereits angesprochen - schon 1993 durch den EuGH in Straßburg eingefordert wurde. Waren ausländische Fernsehprogramme neben dem ORF über Jahre hinweg nur über terrestrische Sender in grenznahen Gebieten oder in der wachsenden Zahl der Kabel- und Satellitenhaushalte zu empfangen, ging erstmals im Jahr 2003 mit ATVplus ein terrestrisch über Hausantenne empfangbarer privater TV-Anbieter auf Sendung. Das neue Privatfernsehgesetz sieht darüber hinaus auch den Betrieb von drei Ballungsraumsendern - und zwar in Wien, Linz und Salzburg - vor. ATVplus, der aus dem Wiener Kabel-TV-Sender ATV hervorging, eröffnete am 1. 6. 2003 den Programmbetrieb. Die Wiener Ballungsraum-Frequenz erhielt Puls City TV; in Linz wurde die Lizenz an den Sender LT1 vergeben; und in Salzburg ging die Lizenz an Salzburg TV. Von den Ballungsraum-Sendern feierten bereits am 6. 12. 2002 Salzburg TV und am 10. 4. 2003 der Linzer Sender LT1 den Programmstart. Allgemein wird den neuen Privat-Sendern in Österreich seitens der Experten nur eine geringe Chance auf wirtschaftlichen Erfolg eingeräumt, da diese Anbieter nicht nur gegen den Marktleader ORF zu bestehen haben, sondern sich auch noch der Konkurrenz aus der Kabel- und Satellitenverbreitung ausgesetzt

Späte Liberalisierung

Private Anbieter

sehen. Darüber hinaus betreiben die Privatfernsehsender aus Deutschland in den Kabelhaushalten für Österreich ausgelegte Werbefenster, die mittlerweile (2002) 5% des TV-Werbekuchens auf sich vereinen können.

Trotz dieser für Österreich strukturell doch wichtigen rundfunkpolitischen Strukturveränderungen konnte das zeitgleich dazu diskutierte und beschlossene neue ORF-Gesetz wesentlich höhere mediale Aufmerksamkeit für sich verbuchen. Alleine schon darin zeigte sich, welche hohe Priorität das Thema einer Gestaltungs- und Einflussmöglichkeit auf bzw. über den großen nationalen Broadcaster noch immer auf der Agenda der politischen Parteien besitzt. Das am 5. 7. 2001 im Nationalrat beschlossene neue ORF-Gesetz führte die bis dahin öffentlich-rechtliche Anstalt in eine Stiftung öffentlichen Rechts über, spezifizierte in bestimmten Bereichen den Programm- und Leistungsvertrag des ORF neu und brachte eine neue Struktur in den Leitungsgremien des Unternehmens (vgl. dazu im Detail den Beitrag "Medienrecht in Österreich" in diesem Band). Neben einer Reihe von organisatorischen Umgestaltungen sollte v. a. die Neukonstruktion eines Stiftungsrats den direkten politischen Einfluss über das bis dahin agierende Kuratorium als oberstes Lenkungsgremium des ORF hintan halten. Auch wenn es im Stiftungsrat im Unterschied zum Kuratorium keine politischen Mandatare gibt, sind Zweifel an der politischen Unabhängigkeit angebracht, denn die Stiftungsräte werden von politischen Gremien entsandt (vgl. Steinmaurer 2002, S. 54f.).

Neues ORF-Gesetz

Ähnlich wie im Radiobereich gelang es dem ORF auf dem Fernsehmarkt sich gegenüber seinen Mitbewerbern gut zu positionieren und zu behaupten. Denn anders als in den meisten anderen europäischen Staaten lukriert in Österreich die große nationale öffentlich-rechtliche Rundfunksanstalt (im Jahr 2002) immerhin 37,3% (324,8 Mio. Euro) seiner Einnahmen aus Werbegeldern, weitere 45,7% (388,7 Mio. Euro) aus Gebühren und den restlichen Anteil aus Lizenzverkäufen und sonstigen Erlösen.

Mit seinen beiden TV-Kanälen (ORF1 und ORF2) konnte der ORF trotz zunehmender Konkurrenz den überwiegenden Anteil auf dem

Publikumsmarkt (54% der Marktanteile in allen TV-Haushalten, 48% in den Kabel- und Satellitenhaushalten) halten (Details dazu im Beitrag "Publikumsmärkte in Österreich" in diesem Band). Dem zunehmenden Wettbewerb versuchte man in den letzten Jahren mit einer klaren Programmformatierung der beiden TV-Kanäle zu begegnen. Während das Fernsehprogramm ORF1 vorwiegend publikumsattraktive Programmangebote für eine werberelevante Zielgruppe der 14- bis 49-jährigen Zuseher anbietet, ist das zweite TV-Programm ORF2 klar auf öffentlich-rechtliche Kernthemen ausgerichtet und versorgt eine eher ältere Zielgruppe mit stark österreichbezogenen Programmanteilen. In den Bundesländern sendet der ORF auf dem TV-Kanal ORF2 täglich je eigene, rund 20-minütige regionale bzw. lokale TV-Informationssendungen.

Neben diesen Kernaktivitäten verfügt der ORF als trimedialer Medienanbieter (seit 25. 7. 1997) zudem über ein umfangreiches Online-Angebot (www.orf.at) und seit 1. 12. 1997 über ein digitales Spartenprogramm TW1; es ist dies ein Tourismus- und Wetterkanal, den der ORF in einer 50-Prozent-Partnerschaft zusammen mit der Sitour-Gruppe betreibt. Neben einer Beteiligung an 3sat und einem Programmfenster am bayerischen Bildungskanal BRalpha sendet der ORF seit 31. 8. 2000 seine Programme auch digital und verschlüsselt über Satellit aus, ein Verbreitungsweg, über den er in Österreich (im Juni 2003) immerhin 170.000 Haushalte erreichen konnte.

Sparten des ORF

Mit einer Beteiligung des ORF ist im übrigen auch im Projekt des digitalen terrestrischen Fernsehens in Österreich zu rechnen, das derzeit von der Regulierungsbehörde KommAustria implementiert wird. Im Rahmen der Digitalen Plattform Austria waren in Graz und in Linz für 2003 Pilotprojekte geplant, in denen unterschiedliche Anbieter mit ihren Programmen bzw. Daten- und Kommunikationsdiensten teilnehmen können. Das Ziel des Digitalisierungskonzepts, das im neuen Privatfernsehgesetz verankert ist, besteht im Aufbau eines sogenannten Multiplex-Betreibers, der alle Angebote diskriminierungsfrei zu transportieren hat und den Übergang in die Ära des digitalen Fernsehens - mit der darin implizierten Abschaltung des analogen Fernsehens - mit betreiben soll.

Telekommunikation, Mobilkommunikation und Internet

Liberalisierung, Dynamik

Die Liberalisierung der Märkte, die besonders in diesen Sektoren seit einigen Jahren eine große Dynamik entfaltet hat, ist eng mit dem Beitritt Österreichs zur Europäischen Union im Jahr 1995 verbunden. Mit der Öffnung in Richtung Europa war die Auflösung des staatlichen Telekommunikationsmonopols und die Ausgliederung der Regulierungshoheit aus dem unmittelbaren Einflussbereich der Ministerien notwendig geworden. Nach der Gründung der neu dafür zuständigen Regulierungsbehörde Telekom Control im Jahr 1997 wurde diese 2001 mit der neu etablierten Medienregulierungsbehörde KommAustria zusammengelegt, deren gemeinsame Geschäftsstelle, die RTR-GmbH, nunmehr als eine konvergente Regulierungsstruktur gelten kann. Neben der Marktöffnung im Bereich der Festnetz-Telefonie, die für eine große Zahl von neuen Anbietern ein Operationsfeld in Österreich eröffnete und eine starke Senkung der Preise für die Konsumenten mit sich brachte, war es v. a. der Sektor der Mobiltelefonie, der auf eine äußerst dynamische Marktentwicklung zurückblicken kann. Mit einer Marktdurchdringung von über 80% kann dieser Markt bereits als gesättigt gelten und neue Geräte- und Verteilertechnologien aufnehmen. Bezogen auf den Marktanteil der vier Anbieter verfügte Anfang Juni 2003 der Anbieter A1, das Tochterunternehmen des Ex-Monopolisten Mobilkom Austria über 44%, T-Mobile über 29%, Connect 20% und telering über 6% (Quelle: RTR-GmbH, vgl. www.rtr.at). Ähnlich hohe Werte wie im Bereich der Handy-Verbreitung kann Österreich bezüglich der Internet-Nutzung verzeichnen, die im europäischen Vergleich unter den Top-Ten-Ländern zu finden ist.

Insgesamt kann damit der österreichische Medienmarkt und seine Angebotsstruktur als ein sehr dynamischer Sektor gelten, der sich - abgesehen von den Konzentrationserscheinungen auf dem Printmedienmarkt und anhaltenden Marktdominanzen im Rundfunkbereich - zunehmend dem Wettbewerb geöffnet hat. Eine zusätzliche Belebung des Marktes ist aus der weiteren Entwicklung der Verschmelzung (Konvergenz) von Medien, Computertechnologie und Telekommunikation auf verschiedenen Ebenen zu erwarten.

Literatur

Brugger, Sepp (2003): Freie und nichtkommerzielle Radios - Das Salz in der Suppe der Radiolandschaft Österreichs. In: RTR, Rundfunk & Telekom Regulierungs-GmbH (Hrsg.): 5 Jahre Privatradios in Österreich. Wien, S. 79-85.

Fabris, Hans Heinz (1991): Österreich und die europäische Medienentwicklung. In: Trappel, Josef (Hrsg.). Medien, Macht, Markt. Medienpolitik westeuropäischer Kleinstaaten. Wien, S. 11-18.

Melischek, Gabriele; Seethaler, Josef (1999): Zur Pressekonzentration in Österreich nach 1945. In: Diess. (Hrsg.): Die Wiener Tageszeitungen. Eine Dokumentation, Bd. 5: 1945-1955. Frankfurt a. Main u.a., S. 97-158.

RTR, Rundfunk & Telekom Regulierungs-GmbH (2003): Kommunikationsbericht 2002/1. Wien.

Schmolke, Michael (1991): Von der "schlechten" Presseförderung in Österreich. In: Wirtschaftspolitische Blätter, 15. Jg., H. 3, S. 337-346.

Steinmaurer, Thomas (2002): Konzentriert und verflochten. Österreichs Mediensystem im Überblick. Wien, Innsbruck.

Publikumsmärkte in Österreich

Petra Golja

Ziele der Medienforschung

Quantitative Daten

Diese grundlegenden Informationen über den Medienmarkt stammen aus einer Reihe verschiedener Medienuntersuchungen, wie sie in fast allen Ländern und in durchaus vergleichbarer Form durchgeführt werden. Das Hauptziel dieser meist sehr großen und fundiert angelegten Studien ist die Messung der Medienreichweiten durch Zuseher, Hörer, Leser und seit einigen Jahren Besucher des Internets auf quantitativer Basis. Dabei stehen zwei Fragen im Zentrum:

1. *Wie viele* Personen nutzen ein (bestimmtes) Medium?
2. *Wer* sind die Nutzer eines (bestimmten) Mediums?

Diese zwei Fragen sind von zentralem Interesse für die werbetreibende Wirtschaft, die anhand der Medienforschungsergebnisse Entscheidungen über Einsatz und Verteilung von Werbebudgets trifft. Medienstudien, wie sie hier gemeint sind und von kommerziellen Marktforschungsinstituten durchgeführt werden, treffen mit der auch üblichen Bezeichnung Werbeträger-Studien deren Zielsetzung besser. Darüber hinaus bilden die Reichweitendaten für die Medienanbieter eine wichtige Basis für die Tarifgestaltung ihrer Preise für Werbeeinschaltungen von Anzeigen, TV- und Radiospots.

Journalisten und Programmplaner wiederum können aus den Daten wesentliche Informationen über Größe und Struktur ihres Publikums gewinnen.

Schließlich sind Medienforschungsdaten für alle, die mit Medien befasst sind, interessant: Durch die, in der Marktforschung nur selten in ähnlichem Ausmaß vorhandenen, Längsschnittanalysen und Zeitreihen ist es möglich, zu beobachten, ob und wie sich das Medienverhalten generell und die Nutzung bestimmter Medienangebote verändern. Bei allen Möglichkeiten, die diese Studien bieten, ist jedoch festzuhalten, dass es sich nahezu nur um quantitative Daten handelt, sie lassen keine Aussagen über die qualitative

Mediennutzung und über die Wirkung von Medien auf den einzelnen Konsumenten oder die Gesellschaft - sei es redaktionell oder im Bezug auf Werbung - zu.

Jede Reichweitenstudie umfasst inhaltlich zwei Teile:

- Erhebung der *Mediennutzung*: Die Bestimmung der Nutzerschaft "wann gilt jemand als Leser, Hörer oder Zuseher" folgt methodisch einem Erhebungsmodell, das in hohem Maße standardisiert ist. Fragestellungen, Reihenfolge der Fragen, Erhebungszeitraum, Nutzerdefinitionen etc. sind eindeutig festgelegt.
- *Zielgruppenmerkmale*: Um das Publikum eines Mediums beschreiben und dessen Charakteristika analysieren zu können, werden neben der Mediennutzung eine Vielzahl von Zielgruppenmerkmalen erhoben, die weit über soziodemografische Variable, wie Geschlecht, Alter, Beruf, Einkommen hinausgehen. Besitz- und Konsumdaten, persönliche Interessen und Freizeitaktivitäten, Life-Style und persönliche Werthaltungen bilden einen wesentlichen Bestandteil jeder Medienstudie.

Finanziert werden die Medienuntersuchungen zum Großteil von den Medienanbietern, die einerseits die Daten für ihre Strategien und Programmplanung benötigen und die andererseits die Studien der Werbewirtschaft als Service für die Mediaplanung zur Verfügung stellen, um so einen Leistungsnachweis über die Nutzerschaft ihrer Medien zu erbringen.

Der Stellenwert der Medien

An einem durchschnittlichen Tag hört der Österreicher über 3 Stunden Radio, sieht mehr als 2,5 Stunden fern, liest eine halbe Stunde eine Tageszeitung und verbringt etwa 25 Minuten im Internet.

Nutzungsdauer

In Summe beträgt der tägliche Medienkonsum somit bereits rund 7 Stunden, allein für diese vier Medien. Vor zehn Jahren waren es - ohne Internet - 5,5 Stunden. Interessant ist, dass der Medienkonsum in den letzten zehn Jahren kontinuierlich, aber relativ langsam gestiegen ist.

Diese Entwicklung steht in kaum einem Verhältnis zur enorm gestiegenen Angebotsvielfalt. Speziell beim Fernsehen hat gerade in jenen Jahren, in denen die höchsten Zuwachsraten bei Satellitenanlagen, aber auch Kabelanschlüssen zu verzeichnen waren, die Nutzungsintensität nur leicht zugenommen (1990 - 1995). Am relativ stärksten hat sich der Fernsehkonsum von 2001 auf 2002 entwickelt, von 152 auf 162 Minuten pro Tag.

Fernsehnutzung

Ähnliches gilt für den Radiomarkt. Der Start des Privatradios in Österreich, der im April 1998 für rund 25 Sender gleichzeitig (!) erfolgte und eine Verdreifachung des Angebots bedeutete, brachte nur eine etwas höhere Nutzungsdauer mit sich.

Radionutzung

Im Vergleich zu westeuropäischen Ländern sind die Österreicher eher Radiohörer als Fernsehkonsumenten. Während Österreich bei der Hördauer im oberen Drittel zu finden ist (führend ist Irland, Schlusslichter sind die südlichen Länder), liegt es bei der Fernsehnutzung im unteren Drittel (hier führen die südlichen Länder und Großbritannien). Die Fernsehdauer ist in Österreich zwar niedriger als in anderen Ländern, der subjektive Stellenwert allerdings besonders hoch. Fernsehen rangiert an zweiter Stelle der beliebtesten Freizeitbeschäftigungen. Nur das Beisammensein mit der Familie ist noch wichtiger.

In den Top Ten der Freizeitaktivitäten manifestiert sich - seit Jahren unverändert - die grundsätzlich hohe Wertigkeit der klassischen Medien Fernsehen, Radio und Print.

Top Ten Freizeitaktivitäten

Der Printmedienmarkt hat sich in den 90er Jahren sowohl bei den Tageszeitungen als auch bei den Zeitschriften und Magazinen (nicht zuletzt durch die Einführung neuer österreichischer Magazine, wie z. B. Format, TV-Media, E-Media, Woman, Sportwoche) positiv entwickelt. In den letzten zwei Jahren verzeichnen die Printmedien tendenziell Auflagen- und Leserverluste.

Tageszeitungsmarkt

Die Ursachen für den leichten Einbruch im Printmarkt lassen sich noch nicht eindeutig nachvollziehen. Zwei Hypothesen werden in diesem Zusammenhang als relevant diskutiert: Der Einfluss der äußerst dynamischen Entwicklung des Internet, das Printmedien (oder auch andere Medien) substituieren könnte und die generell schwierige Wirtschaftssituation beziehungsweise das pessimistische Wirtschaftsklima, das den Konsumenten veranlasst, auf den (spontanen) Kauf von Printmedien zu verzichten.

Entwicklung der Internetnutzung

Das Internet hat in Österreich, wie in anderen westeuropäischen Ländern auch, aber bei weitem nicht in allen, eine Dynamik entwickelt, die in dieser Form bei keinem anderen Medium beobachtet werden konnte. Innerhalb von sechs Jahren hat sich die Anzahl der Nutzer verfünffacht: Von 9 Prozent im Jahr 1996 (wo es nahezu nur Studenten und Wissenschaftler waren) auf 50 Prozent im Jahr 2002. 1999 hat die private die berufliche Nutzung deutlich überholt. Seit 2001/2002 verflacht die positive Entwicklung, die dennoch kontinuierlich weitergehen wird.

Europakarte Internet

Mit einer Internet-Nutzerquote von 52% zu Beginn des Jahres 2003 positioniert sich Österreich, wie Schweiz und Deutschland, in Europa im obersten Viertel, nur, allerdings deutlich, von den skandinavischen Ländern übertroffen. Schwächere Penetrationsraten verzeichnen die südlichen Länder, während die sogenannten ehemaligen Oststaaten - relativ gesehen - teilweise beachtliche Entwicklungen auf dem Gebiet der neuen Medien vorweisen können (z. B. Slowenien oder Kroatien).

Medienkonsum steigt

Keine der am Anfang des Internet diskutierten Hypothesen - "Das Internet ist eine vorübergehende Erscheinung ohne Bedeutung" und "Das Internet wird die klassischen Medien, insbesondere Fernsehen und Print, verdrängen" - haben sich bisher bestätigt. Die erste Hypothese schon gar nicht, aber auch nicht - zumindest nicht als globaler Trend - die zweite Hypothese, wie die oben dargestellten Entwicklungen der klassischen Medien belegen.

Das Faktum des im Verhältnis zur extrem gestiegenen Angebotsbreite relativ langsam gestiegenen Medienkonsums lässt den Schluss zu, dass Medienmärkte nur bedingt angebotsgesteuert funktionieren, sondern in erster Linie von der Nachfrage bestimmt werden.

Der Mehrkonsum hat primär mit mehr und besseren Möglichkeiten, Medien zu nutzen, zu tun: Mehr Freizeit, mehr (freies) Einkommen,

Ausstattung mit Zweit-, Dritt- etc. -Geräten, mobile elektronische Geräte. Darüber hinaus spielt ein verändertes Medienverhalten eine Rolle. Mediennutzung erfolgt (auch) parallel zu anderen Aktivitäten in allen Lebensbereichen, während der Arbeit, bei Erledigungen, in der Freizeit. Medien haben stärker als früher eine Begleitfunktion im Alltag. Und bis zu einem Grad nimmt die Doppelnutzung, z. B. Internet und Radio zu. Auch die Tagesreichweiten, die angeben, wie viele von den 6,747 Millionen Österreichern ab 14 Jahren im Durchschnitt an einem Tag die vier Medien überhaupt nutzen, belegen nochmals deren Bedeutung im Alltagsleben.

Tagesreichweiten Medien 2002

Ein zusammenfassender Befund über die Publikumsmärkte in Österreich im Jahr 2003 lautet: Stabile und tendenziell wachsende Märkte sowohl für die klassischen als auch die neuen Medien. Dies gilt allerdings nur bei globaler Betrachtung der durchschnittlichen Entwicklung in der Gesamtbevölkerung. Denn, abgesehen von gewissen Affinitäten zwischen den verschiedenen Mediengattungen und bestimmten Bevölkerungsgruppen, die es schon immer gegeben hat - konsequentes Tageszeitungslesen erfolgt primär in der berufsaktiven Lebensphase, Ältere sehen länger fern als der Durchschnitt, Radio kennt keine soziodemografisch relevanten Schwerpunkte und Zeitschriften segmentieren durch ihre unterschiedliche Themenorientierung - sind Anzeichen erkennbar, dass das Internet bei den sehr jungen Altersgruppen der 14- bis 29-Jährigen, insbesondere bei den 14- bis 19-Jährigen, einen Stellenwert einnimmt, der mittelfristig sehr wohl grundlegende Auswirkungen auf das Medienverhalten und somit auf die Medienmärkte haben könnte. Voraussetzung dafür ist, dass diese Jugendlichen ihr stark internetorientiertes Verhalten in die Erwachsenenphase mitnehmen. Und das ist zum derzeitigen Zeitpunkt seriös noch nicht vorhersagbar.

Altersspezifische Mediennutzung

Das Medienforschungssystem

Wir schreiben das Jahr 1965. Das Brancheninteresse an einheitlichen und standardisierten Mediendaten in Österreich ist groß, die Lösung relativ einfach. Alle Interessensgruppen - ORF, Verlage und Werbeagenturen - konstituieren sich zu einem Verein, dessen Ziel es ist, gemeinsam eine Medienstudie zu beauftragen, in der die gesamte Mediennutzung erhoben wird und die ermittelten Reichweiten von Fernsehen, Radio und Print als Leitwährung anerkannt werden. In Anbetracht des Medienangebots (1 Fernsehsender, 2 Radioprogramme und etwa 40 relevante Printtitel) war es marktforscherisch unproblematisch, alle relevanten Medien und die Zielgruppenmerkmale in einem Face-to-face-Interview zu erheben.

Diese sogenannte All-Medien-Untersuchung, als *Media Analyse/MA* bekannt, wurde mit nur geringen Modifikationen mehr als zwei Jahrzehnte durchgeführt. Mit dem steigenden Medienangebot war Ende der 80er Jahre nicht nur der Fragebogenumfang der Media Analyse beträchtlich, die Studie konnte das Informationsbedürfnis nach genaueren Daten auch nicht mehr abdecken.

1991 wurde mit dem *Teletest* die elektronische Messung des Fernsehens eingeführt, 1993 wurde für die Radiomessung ein eigenes Instrument etabliert, der sogenannte *Radiotest.* Die Media Analyse konzentrierte sich auf Print. So entwickelte sich für jede der drei Mediengattungen - Fernsehen, Radio, Print - eine Spezialstudie, die den Anforderungen des jeweiligen Medientypus besser gerecht wird.

Medien-
forschung

So zielführend die Spezialisierung in drei Instrumente ist, gibt es gleichzeitig ein großes Interesse (insbesondere in der Mediaplanung), Media-Cross-Analysen, also Auswertungen über verschiedene Mediengattungen, vorzunehmen. Dies ist nur in Single-Source-Studien, das heißt bei Studien, bei denen alle Mediendaten von einer Person stammen, möglich oder man bedient sich der Methode der Fusion. Das statistische Verfahren der Fusion ermöglicht es, voneinander unabhängige Studien so zusammenzuführen, dass alle Daten wie aus einer Single-Source-Studie auswertbar sind. Mitte der 90er Jahre begann man die Ergebnisse des Radiotests in die Media Analyse zu fusionieren, 2001 folgten die Fernsehdaten aus dem Teletest. Zusätzlich wurde die sogenannte *Konsumanalyse* entwickelt, deren Verbraucherdaten ebenfalls in die Media Analyse fusioniert werden:

Die Medienforschung entwickelte sich in drei Jahrzehnten von einer All-Medien-Untersuchung zu Spezialstudien, die schließlich wieder zusammengeführt wurden. Österreich verfügt somit neben den Spezialstudien auch über ein umfassendes Instrument, in dem (fast) alle Mediendaten und Zielgruppenmerkmale inkludiert sind.

Die Instrumente

Medieninstrumente in Österreich (1) und (2)

Neben den Reichweitenuntersuchungen für die klassischen Medien Teletest, Radiotest und Media Analyse haben sich auch spezifische Studien für Print (LAE-*Leseranalyse Entscheidungsträger*, Regioprint) und für die neuen Medien entwickelt (AIR-*Austrian Internet Radar* und AIM-*Austrian Internet Monitor*). Einen Überblick über die wichtigsten Instrumente mit ihren methodischen Eckdaten finden Sie auf der beiliegenden CD-ROM.

Zusätzlich zu den Medienuntersuchungen sind noch die ÖAK-*Österreichische Auflagenkontrolle* (www.oeak.at), die geprüfte Zahlen über Auflage und Verbreitung von Printtitel liefert, sowie die ÖWA-*Österreichische Webanalyse* (www.oewa.at), die auf Basis von Log-Daten elektronisch Protokolle über die Nutzung von Websites bereitstellt, zu erwähnen. Auch diese Instrumente dienen Medienanbietern und Mediaplanern als wesentliche Entscheidungsgrundlagen.

Der Fernsehmarkt

Kabel- und Satellitenhaushalte

2002 verfügten 37,7% der 3,71 Millionen TV-Haushalte über einen Kabelanschluss, 45% über eine Satellitenanlage und 18% konnten Programme nur terrestrisch empfangen.

340.000 Haushalte, das sind 10%, verfügen über einen digitalen TV-Empfang, wobei der größte Anteil auf Satellitenhaushalte entfällt.

Die hohe Durchdringung mit Kabel und Satelliten brachte auch eine gewisse Verschiebung der Marktanteile zwischen den beiden öffentlich rechtlichen Sendern ORF1 und ORF2 und den ausländischen Sendern mit sich. 1997, als noch 29,3% der TV-Haushalte nur terrestrisch empfangen konnten, entfiel durchschnittlich 62% der gesamten Fernsehnutzung auf den ORF und 38% auf ausländische Programme, 2002 beträgt dieses Marktanteilsverhältnis 54% für den ORF zu 45% für ausländische Sender in Summe. In Kabel-/Satelliten-Haushalten beträgt 2002 das Verhältnis 48% für den ORF und 52% für ausländische Programme.

Mit einem Marktanteil von 6% ist RTL der relativ stärkste ausländische Sender, gefolgt von Sat1 (5%) und Pro7 (5%).

Der Radiomarkt

Marktanteilsentwicklung TV/Radio

Seit der flächendeckenden Versorgung aller österreichischen Bundesländer mit Privatradios 1998 (in Salzburg und in der Steiermark konnten zwei regionale Privatsender bereits 1995 on air gehen) erweist sich der Radiomarkt als relativ stabil. Es hat zwar die Hördauer insgesamt etwas zugenommen, das Marktanteilsverhältnis zwischen den öffentlich-rechtlichen ORF-Sendern (die mit ihren Programmen Hitradio Ö3, den neun regionalen Sendern, Ö1 und FM4 unterschiedliche Zielgruppen ansprechen) und den Privatanbietern (die sich primär an die werberelevante Zielgruppe der 14- bis 49-Jährigen richten) hat sich kaum verändert. 81% der gesamten Hördauer entfallen auf ORF-Sender, 17% auf alle Privatsender gemeinsam, der Rest auf ausländische Programme.

Tagesreichweiten Radio

Eine wichtige Währung für die Radionutzung ist auch die Tagesreichweite, die angibt, wie viele Personen durchschnittlich an einem Tag zumindest eine Viertelstunde Radio oder bestimmte Sender hören. 84,3% Tagesreichweite für "Radio hören" dokumentieren, dass das Radio das am häufigsten genutzte Medium ist. Die vier ORF-Sender in Summe führen in allen neun Bundesländern den Markt an, je nach Angebot, Konkurrenzsituation und Zielgruppenansprache positionieren sich die Privatsender unterschiedlich. Während die Privatradios gesamt in Wien eine Tagesreichweite von 29,3% erzielen, liegt dieser Wert in Kärnten nur bei 13,8%.

Der Printmarkt

Reichweiten Tageszeitungen

Der Tageszeitungsmarkt ist seit Jahrzehnten von einer unvergleichlich hohen Marktkonzentration bestimmt, die mit der Spitzenposition der Neue Kronen Zeitung zusammenhängt: 2002 erzielte die Neue Kronen Zeitung eine bundesweite Reichweite von 43,4%. Keine andere Tageszeitung kommt nur annähernd an diesen nationalen Wert heran, allerdings verfügen die großen Bundesländerzeitungen über hohe Nutzungswerte in ihrem regionalen Hauptverbreitungsgebiet.

Reichweiten Magazine

So wie der Tageszeitungsmarkt in den letzten zwei Jahren gewisse Einbußen verzeichnen musste, sind auch im Magazin- und Zeitschriftensektor die Reichweiten und Auflagen leicht gefallen. Die größte Reichweite von den in der MA erfassten Wochen-Magazinen erzielt erstmals NEWS mit einer Reichweite von 17,8%. Die ganze Woche, die in den letzten Jahren die erste Position gehalten hat, liegt nunmehr mit 17,1% an zweiter Stelle.

Im Zusammenhang mit dem Printmedienmarkt wird gerne auf die regionalen Zeitschriften vergessen, da sie zumeist gratis vertrieben und daher als minder betrachtet werden. Bei der Bevölkerung erfreuen sie sich allerdings oft großer Beliebtheit. Die in der Medienstudie Regioprint 2002 erhobenen Regionaltitel erzielen in ihren Hauptverbreitungsgebieten bis zu 80% Reichweite.

Der Markt der neuen Medien

Insgesamt nutzen 66% der Österreicher ab 14 Jahren zumindest gelegentlich und 55% regelmäßig einen PC. 64% verfügen zu Hause über einen PC und 46% über einen Internetzugang. Diesem Status quo von

Ende 2002 ist eine äußerst dynamische Entwicklung vorangegangen. Im Privatmarkt sind noch weitere Zuwächse zu erwarten, wobei der Internetanschluss zu Hause dem PC-Besitz folgt.

Internet zu Hause

Der Anteil der Breitbandnutzung beim privaten Internet ist im internationalen Vergleich durchschnittlich, allerdings sind im letzten Jahr deutliche Steigerungen zu verzeichnen. Der Trend zu den schnellen Internetverbindungen Kabelmodem und ADSL dokumentiert die hohe Wertigkeit des Internet, auch im privaten Lebensbereich.

Internetnutzung nach Alter

Kein anderes Medium wird so stark durch das Alter segmentiert. Während man bei der Altersgruppe der 14- bis 19-Jährigen mit einer Nutzerquote von 87% praktisch von einer Vollpenetration sprechen kann, sinkt die Nutzung ab dem 50. Lebensjahr signifikant ab. Dies bedeutet jedoch, dass gerade in den höheren Altersgruppen derzeit die größten Zuwachsraten zu verzeichnen sind.

Anwendungsgebiete des Internet

Charakteristisch für die Entwicklung des Internetmarktes sind nicht nur die extremen Zuwächse, sondern auch Veränderungen von Verhalten und Einstellungen zu diesem neuen Medium. Waren die ersten Jahre von Euphorie und Emotionen geprägt, stellt sich nunmehr eine vergleichsweise rationale Handhabung des Internet ein. Ein Vergleich der wichtigsten Anwendungsgebiete im Jahr 2000 mit dem Jahr 2002 dokumentiert, dass mit Ausnahme von E-Mails, E-Banking und Onlineshopping alle Funktionen weniger häufig eingesetzt werden.

Dies bedeutet nicht, dass das Internet weniger intensiv genutzt wird oder seinen Stellenwert verliert. Dieser Trend signalisiert, dass man gelernt hat, mit dem Internet umzugehen und sich auf jene Angebote und Möglichkeiten zu konzentrieren, die von persönlichem Interesse und realem Nutzen sind. Nicht nur im beruflichen Bereich und in der Aus- und Weiterbildung, sondern auch im persönlichen Bereich ist das Internet unverzichtbar geworden. Das Internet erfüllt drei Funktionsebenen: Publikation (*Content*), *Kommunikation* zwischen Personen, Institutionen und Unternehmen und *Marktplatz* für Transaktionen des eCommerce. So sehr das Internet, speziell für bestimmte (junge) Zielgruppen, ein Unterhaltungsmedium sein kann, überwiegt in der Summe der Bedarf an Information und Service. Dies gilt zumindest für das Jahr 2003.

Eine Beurteilung und Analyse der Zusammenhänge zwischen Mediennutzung und neuen Angeboten in allen Medienmärkten bleibt eine noch offene Frage für die Zukunft. Immer raschere Veränderungen und mögliche Umbrüche im Medienverhalten, speziell durch die jüngeren Generationen, charakterisieren die aktuelle Situation des Medienmarktes.

Adressen und Links im www

www.forummediaplanung.at Der österreichische Verein Forum Mediaplanung bietet auf seiner Website einen umfassenden Überblick mit kurzer Beschreibung jener Online-Angebote, die für die österreichische Medien- und Medienplanungsbranche von Interesse sind.

Aus der Sicht der Medienforschung sind folgende Adressen interessant:

www.media-analyse.at (Verein Media Analysen, mit Beschreibung und Daten der Studie Media Analyse mit Schwerpunkt Print)

http://mediaresearch.orf.at (Die Medienforschung des ORF bietet Untersuchungen und Daten zu den Studien Teletest (Fernsehen), Radiotest (Radio) und zum Thema Internet)

http://enterprise.orf.at (Der Werbevermarkter des ORF bietet werberelevante Daten zu Fernsehen, Radio, Internet)

www.focusmr.com (Das Institut für Werbebeobachtung informiert über Werbeausgaben)

www.oeak.at (Daten der Österreichischen Auflagenkontrolle)

www.oewa.at (Daten zur Österreichischen Webanalyse)

www.rms-austria.at (Radio Marketing Service, der Vermarkter der Privatradios bietet Informationen über die Privatsender und den Radiotest)

Neue Medien: Internet und Online-Zeitungen

Heinz Pürer

Die Bezeichnung "neue Medien" ist in Wirklichkeit schon recht alt. Immer nämlich, wenn neue Medien oder auch nur neue Medientechniken aufkamen, tauchte der Begriff "neue Medien" auf. Das war schon so, als Anfang der 1920er Jahre in vielen Ländern Europas das Radio öffentlich eingeführt wurde oder als sich ab Mitte der 1950er Jahre das Fernsehen verbreitete. In den ausgehenden 1970er Jahren und später wurde die Bezeichnung "neue Medien" erstmals regelrecht inflationär gebraucht. Damals fanden das Kabelfernsehen, der Direktsatellitenrundfunk sowie die sog. Teletexte (Videotext, Bildschirmtext und Kabeltext) allmählich öffentliche Verbreitung. De facto handelte es sich bei diesen neuen Medien nicht wirklich um neue Medien, sondern um neue Medientechniken - richtiger: um neue Verteiltechniken für schmal- und breitbandige Rundfunkdienste. Allenfalls kann man sagen, dass Videotext, Bildschirmtext und Kabeltext neue Medienanwendungen darstellten. Richtig freilich ist, dass durch Kabel- und Satellitenrundfunk der UKW-Frequenzknappheit im terrestrisch verbreiteten Rundfunkwesen (Radio wie Fernsehen) ein Ende bereitet wurde: Via Kabel und Satellit war es möglich geworden, neben terrestrisch ausgestrahlten Rundfunkprogrammen zahlreiche weitere Radio- und Fernsehprogramme in technisch recht guter Qualität zu verbreiten und in die Haushalte einzuspeisen (vgl. Ratzke 1984).

Kabel und Satellit als neue Verteiltechniken

Multimedia, Digitalisierung, Datenkompression

Mit "Multimedia" erfährt der Begriff "neue Medien" auch eine neue Bedeutung. Es handelt sich dabei um die Verschmelzung (Konvergenz) von Telekommunikation, Computer, Unterhaltungselektronik und Rundfunk (i. S. von Radio und Fernsehen). Technische Voraussetzung dafür ist die Digitalisierung, also die Verschlüsselung elektronischer Signale in Form binärer Zeichen anstelle analoger Übertragung (elektrische bzw. elektronische Transformation der

Digitalisierung als Voraussetzung

Schwingungsanzahl bzw. -breite von Licht- und Schallwellen). Die mit der Digitalisierung verbundene elektronische Datenkompression verringert den Kapazitäts- und Speicherbedarf elektromagnetischer Signale beträchtlich, sodass die eingesparte Kapazität zur Vermehrung elektronischer Dienstleistungen und Programmangebote genutzt werden kann (vgl. Pape 1997, S. 113ff).

Folgen der technischen Konvergenz

Durch die einheitliche digitale Codierung können bislang getrennte Endgeräte wie Computer, Telefon, Faxgerät, Radio- und TV-Apparat sowie CD-Player zusammenwachsen. Aus dieser technischen Konvergenz ergibt sich eine mannigfaltige inhaltliche Konvergenz, die neue Informations- und Kommunikationsmöglichkeiten zur Folge hat. Um diese Möglichkeiten voll nutzen zu können, sind a) entsprechende Übertragungswege erforderlich wie hochleistungsfähige Glasfaserkabel mit ISDN-Fernmeldenetz (Integrated Services Digital Network) und digitale Satelliten. Ebenso benötigt man b) multimedial taugliche Endgeräte. Zum Teil können herkömmliche Geräte entsprechend auf- bzw. umgerüstet werden. So benötigt man beispielsweise für den Empfang digitaler Fernsehsignale einen Decoder (auch: Set-Top-Box), der die digital übermittelten Signale in analoge zurück verwandelt. Die etappenweise Umstellung von analoger auf digitale Technik ist sowohl im Telekommunikationsbereich wie auch bei Radio und Fernsehen im Gange und soll in Deutschland bis zum Jahr 2010 abgeschlossen sein. Ab diesem Zeitpunkt soll es - gegenwärtigen Planungen zufolge - auch keine analog ausgestrahlten Radio- und TV-Programme mehr geben.

Analoge Technik nur noch bis 2010?

Kommunikationsplattform Internet

Multimedia eröffnet neue Anwendungs- und Nutzungsformen verschiedener Informations- und Kommunikationstechniken. Die wichtigsten sollen im Folgenden kurz vorgestellt werden (vgl. Kaiser 1996, Plate 1997, Kreuzberger 1997, Musch 1997).

Internet

Das Internet ist de facto kein Medium im klassischen Sinn des Wortes. Es stellt vielmehr eine neue technische Plattform für eine ganze Reihe von neuen kommunikationsbasierten Anwendungs- und Nutzungsmöglichkeiten dar. Dieser "interconnected set of networks" ist ein weltweiter, dezentraler Verbund von Computern, Workstations und Servern, die per Telefon oder über andere Datenleitungen zusammengeschlossen sind (vgl. Kaiser 1996). Die Rechner kommunizieren miteinander über ein standardisiertes, elektronisches Datenübertragungsprotokoll. Dieses TCP/IP-Protokoll (Transmission Control Protocol/Internet Protocol) bildet zugleich die Basis, auf der die unterschiedlichen Anwendungen bzw. Dienste des Internets aufsetzen (vgl. Kaiser 1996). Keimzelle des Internets war ursprünglich ein in den 1960er Jahren von der US-Regierung geschaffenes, atombombensicheres militärisches Netzwerk mit dezentral aufgestellten, miteinander kommunizierenden Rechnern: fällt ein Rechner aus, übernimmt ein anderer dessen Funktion. In den darauf folgenden beiden Jahrzehnten kamen universitäre Netze hinzu, wobei die dezentrale Struktur der Rechnerverbünde gewahrt blieb. Seither haben sich unzählige weitere universitäre, staatliche, kommerzielle und private Netzwerke diesem Rechnerverbund angeschlossen und sind so selbst ein Teil des Internets (vgl. Kreuzberger 1997). Das geradezu explosionsartige Wachstum des Internets hat Anfang der 1990er Jahre begonnen, und zwar mit der Entwicklung massenattraktiver Anwendungen wie WWW, E-Mail, Datentransfer, Newsgroups und Chats (vgl. w. u.). Im Herbst 2003 soll es weltweit rund 550 bis 600 Millionen Internet-Nutzer gegeben haben; das entspricht etwa 9,2 bis 10% der Weltbevölkerung Die Mehrheit der Nutzer befindet sich in den USA, Europa, Japan und Australien - so gesehen ist das Internet eine von westlichen Usern dominierte Kommunikationsplattform, deren Nutzerzahl rapide zunimmt. Die wichtigsten Anwendungen des Internet sind (vgl. Kaiser 1996, Plate 1997, Kreuzberger 1997, Musch 1997):

Technische Plattform für neue Anwendungen

600 Mio. Internet-Nutzer

World Wide Web

Das WWW ist der populärste Teil des Internets - ein Dienst, dessen Funktionsweise auf der Hypertextstruktur basiert, über die

WWW populärster Teil des Internets

Dokumente miteinander verlinkt werden können. Eine einfach zu bedienende graphische Benutzeroberfläche ermöglicht dem User, quasi von Link zu Link, von Dokument zu Dokument zu surfen und im Web-Angebot sorglos zu wühlen. Zu den besonderen Kennzeichen des WWW gehört neben seiner Hypertextstruktur vor allem auch seine Multimedialität, also die Integration von Texten, Tönen, Bildern, Graphiken und Animationen innerhalb eines Dokuments. Innerhalb des WWW gibt es eine unübersehbare Anzahl kommerziell wie nicht-kommerziell nutzbarer Onlinedienste und anderer Angebote und Dienstleistungen. Zahlreiche Zeitungen und Zeitschriften, Radio- und TV-Sender sind mit Online-Auftritten im WWW vertreten (vgl. w. u.). Kommerziell genutzte Anwendungen des WWW sind u. a. im Teleshopping (elektronischer Einkauf), im Electronic Commerce (elektronischer Handel) sowie im Homebanking (Abwicklung von Bankgeschäften, Konto- und Umsatzabfragen etc.) zu sehen.

Electronic Mail

Elektronische Post kann im Internet weltweit an jede Person mit Internet-Anschluss rasch, bequem, preiswert und umweltfreundlich übermittelt werden. Dabei lassen sich nicht nur kurze Botschaften, sondern ganze Dateien (samt Bildern und Tönen) als sog. Attachments versenden.

File Transfer Protocol (FTP)

Datentransfer

Über den FTP-Dienst ist es möglich, Dateien von weit entfernten Rechnern (Servern) auf den eigenen PC herunterzuladen (Download) und umgekehrt vom eigenen PC auf einen Server hinaufzuladen (Upload).

Newsgroups, Bulletin Boards

Elektronische "Schwarze Bretter"

Unter Newsgroups versteht man die elektronische, weltweit verbreitete Version von Schwarzen Brettern, auf denen die Internet-Nutzer lesen und schreiben (posten) können. Für Newsgroups findet man auch die Bezeichnung Usenet-News. Sie dienen zur Diskussion sowie zum Informationsaustausch und zur Verteilung von Daten.

Internet Relay Chat (IRC)

Der IRC-Dienst ermöglicht es, mit unzähligen Gesprächspartnern per Tastatur in Echtzeit zu chatten (plaudern). Die Nachrichten werden dabei nicht direkt zwischen den Gesprächsteilnehmern ausgetauscht, sondern laufen über gemeinsame Vermittlungsrechner (Relay), in die sich die Chatter einloggen müssen.

Plaudern im Netz

Multi User Dungeons

Das Internet wird auch zum Spielen verwendet. Dabei erfreuen sich Rollenspiele großer Beliebtheit. Unter Multi User Dungeons (kurz: MUDs) versteht man virtuelle Welten, in denen sich Spieler mit selbst definierten Spielfiguren in Echtzeit bewegen können. MUDs haben ihren Ursprung im Gesellschaftsspiel Dungeons&Dragons, von dem sich auch der Name ableitet.

Rollenspiele im Netz

Internet-Telefonie

Über das Internet lassen sich weltweit auch Gespräche von PC zu PC führen, was äußerst kostengünstig ist. Allerdings ist die Tonqualität noch mäßig und es gibt zeitliche Verzögerungen. Mit der Optimierung der Übertragungstechnik und der wachsenden Leistungsfähigkeit von Personalcomputern ist jedoch auch auf diesem Feld mit wesentlichen Verbesserungen zu rechnen.

Das Internet eignet sich auch für die Organisation von Teleworking, Teleteaching und E-Learning. Der technische Aufwand für Teleteaching beispielsweise ist jedoch beträchtlich, zumal in aller Regel aus Gründen der Lehrdidaktik breitbandige - und damit kostenintensive - Übertragungswege (Satellit/Kabel) erforderlich sind.

Online-Dienste im WWW

Im World Wide Web gibt es eine nach wie vor täglich wachsende, nur noch schwer quantifizierbare Fülle von Online-Auftritten. Für die einen stellt das Web folglich ein Informationsparadies dar, für die anderen droht es zur Weltmüllhalde zu verkommen. Qualitativ hoch-

Informations-
paradies,
Weltmüll-
halde?

wertige Angebote sind nur einen Mausklick von wenig bis nicht brauchbaren Homepages entfernt. Neben den vielen nicht-kommerziellen Angeboten gibt es kommerzielle Onlinedienste, die gegen Entgelt Nachrichten, Reiseinformationen, Unterhaltungsangebote, Spaß, Spiele, Sport, Lexika u. a. m. zur Nutzung bereitstellen. Zu den bekanntesten zählen in Deutschland T-Online (Deutsche Telekom, früher btx) sowie die seit 1997 fusionierten Anbieter America Online (AOL) und CompuServe. AOL zielt dabei eher auf den privaten Unterhaltungsmarkt, CompuServe setzt mehr auf Geschäftskunden. Ein großer Vorteil der kommerziellen Onlinedienste ist in der nutzerfreundlichen Strukturierung ihrer Angebote zu sehen, wofür zu bezahlen ist. Daneben werden Onlinedienste auch von Presseverlagen und Rundfunkanstalten bereitgestellt. Generell ist in diesem Kontext festzuhalten, dass sich viele Online-Auftritte von Medienunternehmen in zunehmendem Maße zu großen Online-Portalen entwickeln, über die nicht nur aktuelle Nachrichten und Informationen abgerufen, sondern über die auch Waren eingekauft, Reisen gebucht und beispielsweise kommunale Dienstleistungen online in Anspruch genommen werden können (vgl. w. u.). Im nicht-kommerziellen Bereich helfen dem User Suchmaschinen (wie Google, Yahoo, Alta Vista oder Lycos) durch den Informations-, Unterhaltungs-, Waren- und Geschäftsdschungel beim Surfen durch das WWW (vgl. Eimeren, Gerhard, Frees 2001, S. 387).

Online-Zeitungen und -Zeitschriften

btx-
Zeitungen
als
Vorläufer

Online-Ausgaben von Zeitungen und Zeitschriften gibt es bereits seit Anfang der 1990er Jahre. Vorläufer dieser elektronischen Ausgaben sind in den btx-Zeitungen zu sehen, wie sie zu Beginn der 1980er Jahre aufkamen, aber nicht erfolgreich waren (vgl. Bär 1997, S. 229 bzw. Tonnemacher 1999, S. 64). Eine wichtige technische Voraussetzung war die in Deutschland ab 1975 erfolgte Einführung elektronischer Redaktionssysteme (vgl. Weischenberg 1975, Weischenberg 1982), mit deren Hilfe es möglich war, die elektronisch erfassten Texte auch elektronisch zu speichern und zu archivieren (wofür Computer mit extrem hohen Speicherkapazitäten eingesetzt werden mussten). Die Digitalisierung schließlich stellte den zweiten wichtigen Entwicklungsschritt dar.

Online-Ausgaben von Zeitungen gab es zunächst bei Internet-Providern, fast zeitgleich folgten aber eigenständige Online-Ausgaben unterschiedlicher nationaler Provenienz. 1995 waren 78 US-amerikanische Zeitungen mit Online-Ausgaben im Web vertreten, in Deutschland haben im gleichen Jahr Die Welt, der Berliner Tagesspiegel, die Schweriner Volkszeitung, die tageszeitung (taz) und Der Spiegel erste Online-Ausgaben ins WWW gestellt (vgl. Bär 1997, S. 231). Heute gibt es kaum eine Tageszeitung und fast keine Zeitschrift mehr, die nicht mit einer Online-Ausgabe im Web vertreten ist. Viele Zeitungen wählen die Form des Einzelauftritts, andere wieder schließen sich zu Gemeinschafts- bzw. Verbundauftritten zusammen (sind dabei aber in aller Regel wieder einzeln abrufbar). Mit der Netzeitung ist seit Herbst 2000 in Deutschland auch eine Online-Zeitung vertreten, die kein Printprodukt im Rücken hat. Die Tageszeitungen stehen mit ihren Online-Engagements zum Teil zumindest in Konkurrenz zu den gleichfalls tagesaktuellen Online-Auftritten von Zeitschriften (wie Spiegel, Focus oder Stern) und Rundfunkanstalten. Letztere haben oftmals den Vorteil, dass sie auf digitalisierte Audio- und Videodokumente zurückgreifen und damit leichter als die Zeitungen Möglichkeiten der Multimedialität in ihren Online-Ausgaben ausschöpfen können.

Konkurrenz für Zeitungen

Die Zeitungs- und Zeitschriftenverleger haben rasch erkannt, dass ihnen in den kommerziellen wie nicht-kommerziellen Online-Diensten beträchtliche Konkurrenz erwächst: Viele dieser Dienste bieten Nachrichten, (zugekaufte) redaktionell gestaltete Inhalte sowie Service-Leistungen an - Domänen, die bislang von Printprodukten wahrgenommen und angeboten wurden. Zudem versuchen viele Online-Anbieter, sich über Werbung zu finanzieren. Aus diesen und den folgenden weiteren Gründen engagieren sich Presseverlage mit Online-Auftritten im Web (vgl. Riefler 1995, Gutting 1997 bzw. Breyer-Mayländer 1999, S. 171) :

Online-Auftritte von Presseverlagen

- Zunächst geht es um den Erhalt und den Ausbau des Stammgeschäftes, nämlich die Bereitstellung von Inhalten und deren Mehrfachverwertung u. a. für andere Online-Anbieter, um zusätzliche Erträge zu erwirtschaften (vgl. Gutting 1997, S. 180).

- Es geht des weiteren auch um die Sicherung des Kerngeschäftes, nämlich den Anzeigenmarkt. In Gefahr sind vor allem Rubrikenanzeigen wie der Stellen- und Arbeitsmarkt, der Kraftfahrzeugmarkt sowie der Immobilienmarkt. Im Internet entstehen Angebote branchenfremder Anbieter (wie Jobagenturen, KFZ- und Immobilienringe), die dieses Angebot ins Web exportieren. Es ist daher zu befürchten, dass Werbegelder vorbei ins WWW fließen. Die Intention der Verlage ist es daher, diese Gelder über Online-Ableger des Printproduktes abzufangen (vgl. Riefler 1996, S. 159).

- Drittens geht es um neue Werbe- und Anzeigenformen. Online-Auftritte eröffnen die Möglichkeit und Notwendigkeit, neue Werbung zu erschließen. Solche neuen Werbeerlöse werden nach wie vor primär durch Bannerwerbung erzielt (und decken übrigens die den Verlagen entstehenden Kosten für ihre Online-Präsenzen bei weitem nicht - vgl. w. u.; vgl. Gutting 1997, S. 180 bzw. Breyer-Mayländer 1999, S. 171).

- Ziel der Verlage ist es viertens, junge Leser für das Printprodukt über den Online-Auftritt zu gewinnen, zumal nachgewiesen ist, dass vor allem junge Menschen zunehmend weniger Zeitung lesen, aber starke Online-Nutzer sind. Es liegt folglich nahe, junge Menschen über das jugendadäquate Online-Medium für die Printausgabe zu begeistern und beispielsweise über (kostenlose) Schnupper-Abonnements das Printprodukt zu bewerben (vgl. Gutting 1997, S. 179 bzw. Höflich 1998, S. 114).

- Nicht zuletzt sind es aber auch Image-Gründe gewesen, die die Presseverlage dazu bewogen haben, Online-Ausgaben herauszubringen. Sie wollten damit unter Beweis stellen, dass auch sie moderne Medien sind. Es ging und geht ihnen um die symbolische Präsenz der Zeitung in einem neuen elektronischen Umfeld, das sich auch für Marketing-Zwecke eignet und über das vielleicht auch die Leser-Blatt-Bindung verstärkt werden kann. Zweifellos ist es ein eminenter Vorteil für die Zeitung, Image und Kernkompetenz der Printausgabe auf das Online-Produkt übertragen zu können (vgl. Höflich 1998, S. 114 bzw. Riefler 1996, S. 159f).

Vorteile von Online-Zeitungen

Online-Zeitungen können für sich übrigens Vorteile nutzen, die generelle Merkmale und Möglichkeiten des World Wide Web darstellen wie: Globalität, Multimedialität, Hypertextualität, Interaktivität, Aktualität und unbegrenzte Speicherkapazität. Übertragen auf Online-Zeitungen heißt dies konkret: Sie können (das technische Equipment freilich vorausgesetzt) von jedem Ort der Welt ins Netz gestellt und abgerufen werden (*Globalität*). Es ist möglich, die Texte der Online-Zeitungen multimedial, also mit Text, Bild, Ton, Video, Graphik und Animation, zu gestalten (*Multimedialität*) und mit anderen Texten und Dokumenten im Web zu verlinken (*Hypertextualität*). Die Online-Zeitungsnutzer haben die Möglichkeit, von den interaktiven Elementen des Webs wie E-Mail, Newsgroup, Chat etc. Gebrauch zu machen und auf die Kommunikatoren der Zeitung spontan zu reagieren (*Interaktivität*). Die Online-Zeitung kann jederzeit aktualisiert werden, es gibt keinen Redaktionsschluss und keine Andruckzeiten (*Aktualität*). Nicht zuletzt gibt es im World Wide Web keine Platzprobleme: der geradezu unendliche Speicher der WWW-Server hebt die quantitative Beschränkung aller bisherigen Medien auf (*unbegrenzte Speicherkapazität*). Weder der druckbare Umfang der Zeitung noch der Papierpreis spielen beim Webauftritt eine Rolle. Dies bedeutet, dass in Online-Zeitungen Inhalte Platz finden können, die in der gedruckten Ausgabe nicht enthalten sind, und dass alte Online-Ausgaben problemlos gespeichert und (gegen Entgelt) weiter verwertet werden können (vgl. Gutting 1997, S. 180).

Problem Finanzierung

Zu den bislang nicht zufriedenstellend gelösten Problemen gehört die Finanzierung von Online-Zeitungen. Von wenigen Ausnahmen abgesehen sind sie in der großen Mehrzahl immer noch (und voraussichtlich auch noch für lange Zeit) Zuschussbetriebe. Es liegt dies daran, dass Einnahme- und Geschäftsmodelle, wie sie sich im Printgeschäft über Jahrzehnte entwickelt haben - im wesentlichen Vertriebs- und Werbeerlöse - im WWW nicht (oder noch nicht) funktionieren (vgl. Breyer-Mayländer 1999, S. 171). Vor allem gibt es den Vertriebserlös nicht; in aller Regel herrscht im WWW nämlich immer noch weitgehend das Marktprinzip "content is free" (vgl. Breyer-Mayländer 1999, S. 171). Gleichwohl versuchen die Presseverlage, allmählich auch diese Einnahmequelle zu nutzen (vgl. Riefler 2001b).

Auf insgesamt vier Erlösquellen ist zu verweisen, die in je unterschiedlicher Weise von den einzelnen Zeitungsverlagshäusern erschlossen werden (vgl. Riefler 2000):

Vier Erlösquellen

- *Erlöse aus Inhalten*: Dies können Gebühren in Form eines Abonnements für das Online-Angebot einer Zeitung sein wie z. B. bei der Online-Ausgabe des Wall Street Journals (wjs.online); Gebühren für den Zugang zu Archiven und Datenbanken (wie dies etwa der Spiegel versucht); individualisierte Informationsservices (wie es sie in Form des "Daily Me" beim Düsseldorfer Handelsblatt oder bei der Süddeutschen Zeitung gibt); sowie das Weiterverkaufen bzw. Lizenzieren von Inhalten (Syndication) an Online-Auftritte von Handelsunternehmen oder Markenartiklern (vgl. Riefler 2000, S. 185 bzw. Riefler 2001b, S. 194; vgl. auch Nogly 2003).

- *Erlöse aus E-Commerce*: Darunter versteht man Erlöse, die ein Verlag als "Intermediär" in Form von Provisionen einnimmt. Dies kann auf dreifache Weise erfolgen, nämlich: a) indem der Verlag die eigene Site an Online-Handelsunternehmen für einen festen Betrag untervermietet; b) indem ein Verlag für Online-Einkäufe, die von seiner Site aus getätigt werden, Provisionen erhält; sowie c) über eigene Shopping Malls im Rahmen des eigenen Online-Auftritts (vgl. Riefler 2000, S. 177).

- *Erlöse aus Internet-Services*: Damit sind Erlöse aus Dienstleistungen gemeint, die ein Zeitungsverlag für andere erbringt wie Access-Providing und Service-Providing (vgl. Ziegler/ Becker 2000, S. 166). Beim Access-Providing stellt der Zeitungsverlag gegen Entgelt für (Privat-)Kunden den Internet-Zugang her (womit er Kundenbeziehungen aufbauen und Nutzerstrukturen entschlüsseln kann). Beim Service-Providing tritt der Verlag insofern als Dienstleister auf, als er beispielsweise für Unternehmen, Behörden, Ämter und andere Institutionen in der

Region gegen Entgelt den Eintritt in die Internet-Welt ermöglicht und für externe Kunden den Webauftritt entwickelt, gestaltet und laufend betreut (Homepage-Hosting). Zu den Internet-Services gehört auch das Angebot bzw. die Möglichkeit, E-Mails und SMS über den Online-Zugang zu realisieren. Freilich ist die Konkurrenz diesbezüglich durch Freemail- und Free-SMS-Anbieter groß (vgl. Riefler 2000, S. 176 bzw. Riefler 2001a, S. 81).

- *Erlöse aus Werbung*: Obwohl es inzwischen auch andere Werbeformen im WWW gibt, steht die sog. Banner-Werbung vorerst immer noch im Vordergrund. Allerdings ist die Konkurrenz hier groß, da sich auch zahlreiche andere Websites über Banner-Werbung zu finanzieren versuchen und die verfügbaren Werbeplätze bei weitem nicht verkauft werden können. Zudem werden nur wenige Websites als hochwertige Werbeumfelder angesehen, so dass Markenartikelwerbung im WWW kaum stattfindet. Gleichwohl weist die Online-Werbung überdurchschnittlich hohe Zuwachsraten (bei allerdings niedrigem Gesamtniveau) auf. Wie zurückhaltend sich die Werbewirtschaft bei Online-Werbung dennoch verhält, ist daraus ersichtlich, dass vom gesamten Werbeaufkommen Deutschlands im Jahr 2000 bei insgesamt 22,5 Mrd. Euro der Betrag von nur 150 Mio. Euro - und damit nur 0,6 Prozent - auf Online-Werbung entfiel (vgl. Zimmer 2001, S. 298). Neben der Banner-Werbung ist des weiteren auf Erlöse aus dem Website-Sponsoring zu verweisen. In Entwicklung befindlich sind auf einzelne Nutzer themenspezifisch- oder lokalspezifisch zielgerichtete Werbeformen (sog. Targeting); ebenso die Schlüsselwort-Werbung, die am Computerbildschirm nur auftaucht, wenn der User in eine Suchmaschine bestimmte Suchbegriffe eingibt.

Neue Werbeformen

Die Online-Auftritte der deutschen Tageszeitungen nahmen sich zu Beginn der Entwicklung sehr unterschiedlich aus. Da das Web generell einer ungewöhnlichen Dynamik unterliegt, sind Typenbildungen aber kaum möglich und auch wenig sinnvoll (obwohl durchaus ernst zu nehmende Versuche dazu unternommen wurden; vgl. Riefler 1995 und 1996, Klettke 1998, Rada 1999, Vogel 2001). Dass die Printausgabe im Verhältnis 1:1 ins Web übernommen wird, kommt nur noch selten vor (dies ist bei den ePapers der Fall - vgl. w. u.).

Einzelauftritte, Verbundauftritte

Verständlicher Weise unterscheiden sich die Online-Auftritte der großen, überregional verbreiteten Tageszeitungen und die der national verbreiteten Zeitschriften von jenen regionaler und lokaler Tageszeitungen (vgl. Rada 1999). Außerdem gibt es, wie erwähnt, Einzelauftritte und Verbundauftritte. Im Bereich der Online-Auftritte der regionalen und lokalen Tageszeitungen ist eine unübersehbare Tendenz zu sog. regionalen und lokalen Informationszentren festzustellen: das sind Online-Auftritte, die inzwischen großen Portalen vergleichbar sind und die dem User neben topaktuellen Nachrichten und Informationen vielfältige kommunale Service-Leistungen, Spaß, Spiel-,

Online-Kiosk

Sport- und Freizeitangebote sowie zahlreiche Online-Buchungs- und Online-Einkaufsmöglichkeiten sowie interaktive Elemente (E-Mail, Newsgroups, SMS etc.) anbieten. Die Entwicklung von der Online-Zeitung zum Online-Kiosk ist also längst im Gange, und das zum Multimedia-Unternehmen mutierte Zeitungsverlagshaus gleicht im Web einem großen virtuellen Konsumtempel, der Informations-, Unterhaltungs-, Bildungs-, Dienstleistungs- und Warenangebote aller Art bereithält (vgl. Klettke 1998, S. 272 bzw. Wagner 1998, S. 209 bzw. Riefler 2000, Vogel 2001).

Digitale Ausgabe der gedruckten Zeitung - das ePaper

Faksimile-Zeitungen am Bildschirm

Eine neue Entwicklung bei der Präsentationsform von Zeitungen im Internet ist im ePaper (auch E-Paper) zu sehen. Es handelt sich dabei um faksimilierte Zeitungen, die im Internet abrufbar sind und die auch als Digital Editions bezeichnet werden (vgl. Bucher et al. 2003, S. 434; siehe auch Riefler 2003): "Dabei wird der Ansatz verfolgt, die komplette Zeitungsseite, wie man sie als klassische Druckversion kennt, im Maßstab verkleinert originalgetreu in das Onlinemedium zu

überführen und dort mit den spezifischen Navigations- und Erschließungsmöglichkeiten zu verknüpfen. ePaper verbindet auf diese Weise die Präsentationsmöglichkeiten der gedruckten Zeitung und der Onlinezeitung. (...) Online lesen wie gedruckt und blättern per Mausclick - so lässt sich der Doppelcharakter der ePaper-Version zusammenfassen" (Bucher et al. 2003, S. 434).

Bei ePapers kann zwischen zwei Ausgabevarianten unterschieden werden: "Die Ausgabe als PDF-Datei, die nur mit entsprechender Zusatzsoftware (z. B. Acrobat-Reader, Erg. H. P.) darstellbar ist und eine Ausgabe auf Basis von HTML bzw. XML-Dateien, die direkt im Browser angezeigt werden. Beiden Verfahren ist gemeinsam, dass Daten aus dem Produktionsprozess der klassischen Printzeitung direkt weiterverarbeitet und die dazu erforderlichen Arbeitsschritte entweder voll automatisiert oder nur mit geringem personellen Aufwand umgesetzt werden können" (Bucher et al. S. 434). ePapers sind also journalistische Produkte, die nur auf Basis einer technischen Transformation und damit ohne Online-Journalisten recht kostengünstig produziert werden können (vgl. Bucher ebd.). Gegenwärtig bieten diesen Service, gewissermaßen eine verkleinerte eins-zu-eins Abbildung der gedruckten Zeitung am Bildschirm, bereits zahlreiche Zeitungen an - in der Mehrzahl übrigens kostenpflichtig. Vorreiter in Deutschland waren u. a. die Rheinzeitung und die Sächsische Zeitung. Ob sich ePapers allerdings bei den Lesern auch durchsetzen, bleibt abzuwarten. Nachteile gegenüber der Online-Zeitung sind u. a., dass onlinespezifische Möglichkeiten des Internet wie Multimedialität und Hypertextualität bei ePapers bisher nicht oder nur sehr eingeschränkt eingesetzt werden. Auch die Aktualität bleibt beim ePaper gegenüber der Online-Zeitung auf der Strecke.

PDF-Datei, HTML-Datei

Eine erste Nutzerstudie in Deutschland (vgl. Bucher et al. 2003) ergab, dass sich Nutzer von ePapers in einem (Bildschirm-)Angebot mit Zeitungsoptik einerseits rasch zurechtfinden. Andererseits erwarten sie, wie Katja Riefler mit Bezugnahme auf die Studie von Hans-Jürgen Bucher und seinen Mitarbeitern zusammenfasst, vom "E-Paper als einem Online-Medium wesentlich mehr Interaktivität, Suchmöglichkeiten und Zusatzinformationen - alles Anforderungen, die an ein Printprodukt überhaupt nicht gestellt würden" (Riefler 2003, S. 219; vgl. Bucher et al. 2003). Bemühungen, dies zu bewerkstelligen, gibt es (vgl. Riefler 2003, S. 211ff; siehe auch http://www.risolutions.de). Vorerst ist in der Mehrzahl der ePapers kein neues Medium zu sehen, sondern eher (nur) ein neuer Zugang zur Zeitung - und freilich auch eine neue Marketing-Strategie der Zeitungsverleger. Und so bleibt wohl auch abzuwarten, wie sich ePapers, Online-Zeitungen und gedruckte Zeitungen auf längere Sicht nebeneinander entwickeln.

Neuer Zugang zur Zeitung

Literatur

Bär, Oliver (1997): Online-Zeitungen und elektronisches Publizieren. In: Wilke, Jürgen; Imhof, Christiane (Hrsg.): Multimedia. Voraussetzungen, Anwendungen, Probleme. Berlin, S. 225-234.

Breyer-Mayländer;, Thomas (1999): Zeitungen online - woher kommen die Umsätze? In: Zeitungen '99. Hrsgeg. vom Bundesverband Deutscher Zeitungsverleger (BDZV). Bonn, S. 169-179.

Bucher, Hans-Jürgen et al. (2003): Digitale Zeitungen als ePaper: echt Online oder echt Print? In: Media Perspektiven Heft 9/2003, S. 434-444.

Gutting, Doris (1997): Multimedia. Neue Chancen und Anforderungen für die Zeitung. In: Ludes, Peter; Werner, Andreas (Hrsg.): Multimediakommunikation. Theorien, Trends und Praxis. Opladen, S. 179-190.

Höflich, Joachim: http://www.zeitung.de. Perspektiven der Online-Aktivitäten lokaler Tageszeitungen - oder: Das Wagnis Internet und der Verlust des Lokalen? In: Publizistik 43:1998, S. 111-129.

Kaiser, Ulrich (1996): Stichwort Internet. München.

Klettke, Sascha (1998): Der digitale Zeitungskiosk. Eine Typologisierung von Online-Tageszeitungen. In: Neverla, Irene (Hrsg.): Das Netz-Medium. Kommunikationswissenschaftliche Aspekte eines Mediums in Entwicklung. Opladen, S. 263-276.

Kreuzberger, Thomas (1997): Internet. Geschichte und Begriffe eines neuen Mediums. Wien, Köln, Weimar.

Latzer, Michael u.a. (Hrsg.) (1999): Die Zukunft der Kommunikation. Phänomene und Trends in der Informationsgesellschaft. Innsbruck.

Meier, Klaus (1998): Internet-Journalismus. Ein Leitfaden für ein neues Medium. Konstanz. (3.,überarb. Aufl. 2002).

Musch, Jochen (1997): Die Geschichte des Netzes: ein historischer Abriß. In: Batinic, Bernd (Hrsg.): Internet für Psychologen. Göttingen.

Neuberger, Christoph (2000): Massenmedien im Internet 1999. In: Media Perspektiven 3/2000, S. 102-109.

Nogly, Christoph (2003): Welcher Inhalt zu welchem Preis? Zur Refinanzierung von Online-Angeboten. In: Zeitungen 2003. Hrsg. vom Bundesverband Deutscher Zeitungsverleger. Berlin, S. 227-238.

Pape, Martin (1997): Wörterbuch der Kommunikation: Geschichte, Technik, Medien, Sprache, Gesellschaft, Kultur. Berlin

Plate, Jürgen (1997): Internet glasklar: Einführung für Studenten. München, Wien.

Rada, Holger (1999): Von der Druckerpresse zum Web-Server. Zeitungen und Magazine im Internet. Berlin

Ratzke, Dietrich (1984): Lexikon der Medien. Elektronische Medien. Frankfurt/Main.

Riefler, Katja (1995): Zeitungen Online. Neue Wege zu Lesern und Anzeigenkunden. Bonn.

Riefler, Katja (1996): Tanz auf dem Vulkan - Sollen sich Zeitungen online engagieren? In: Zeitungen `96. Hrsgeg. vom Bundesverband Deutscher Zeitungsverleger (BDZV). Bonn, S. 158-179.

Riefler, Katja (1998). Zeitung Online. Was fasziniert Printmedien am weltweiten Computernetz? In: Dernbach, Beatrice et al. (Hrsg.): Publizistik im vernetzten Zeitalter. Opladen, S. 109-122.

Riefler, Katja (2000): Was ist das Kerngeschäft? Content-Strategien für Verlage. In: Zeitungen 2000. Hrsgeg. vom Bundesverband Deutscher Zeitungsverleger (BDZV). Berlin, S. 195-205.

Riefler, Katja (2001a): Content-Cooperation - Der Weg zu neuen Inhalten. In: Breyer-Mayländer, Thomas; Fuhrmann, Hans-Joachim (Hrsg.): Erfolg im neuen Markt. Onli-ne-Strategien für Zeitungsverlage. Berlin, S. 79-91.

Riefler, Katja (2001b): Geld verdienen mit Inhalten? Geschäftsmodelle für regionale Zeitungsverlage. In: Zeitungen 2001. Hrsg. vom Bundesverband Deutscher Zeitungsverleger (BDZV). Berlin, S. 23-24.

Riefler, Katja (2003): Neues Geschäftsfeld "E-Paper". In: Zeitungen 2003. Hrsgeg. vom Bundesverband Deutscher Zeitungsverleger. Berlin, S. 216-225.

Schmid, Ulrich; Kubicek, Herbert (1994): Von den 'alten' Medien lernen. Organisatorischer und institutioneller Gestaltungsbedarf interaktiver Medien. In: Media Perspektiven Heft 8/1994, S. 401-408.

Schönbach, Klaus (1995): Zur Zukunft der Zeitung. In: Schneider, Beate et al. (Hrsg.): Publizistik. Beiträge zur Medienentwicklung. Festschrift für Walter J. Schütz. Konstanz, S. 337-347.

Tonnemacher, Jan (1999): Wege zur Online-Zeitung. In: Neuberger, Christoph; Tonnemacher, Jan (Hrsg.): Online - die Zukunft der Zeitung? Opladen, S. 88-123.

Vogel, Andreas (2001): Online-Strategien der Pressewirtschaft. Bestandsaufnahme des Onlineengagements der großen Zeitungs- und Zeitschriftenverlage. In: Media Perspektiven Heft 12/2001, S. 590-601.

Weischenberg, Siegfried (1978): Die elektronische Redaktion. Publizistische Folgen der neuen Technik. München.

Weischenberg, Siegfried (1982): Journalismus in der Computergesellschaft. München.

Wilke, Jürgen (1999): Zukunft Multimedia. In: Wilke, Jürgen (Hrsg.): Mediengeschichte der Bundsrepublik Deutschland. Köln, Weimar, Wien, S. 751-774.

Journalismus

Journalismus als Beruf

Roman Hummel

Wer ist Journalist? Grundsätzlich ist das kein geschützter Berufstitel. Prinzipiell kann sich jeder "Journalist" nennen - wie etwa auch "Direktor". Dennoch gibt es spezifische Verpflichtungen, aber auch Privilegien der Angehörigen dieser Profession, die in Österreich an bestimmte Kriterien der Berufsausübung geknüpft sind - und die letztlich von der wie auch immer vage umschriebenen "öffentlichen Aufgabe" der Medien abgeleitet sind (vgl. dazu Berka 1989, S. 75 ff.; vgl. auch den Beitrag "Medienrecht in Österreich" in diesem Band) Dennoch gibt es nicht den Journalisten, sondern unterschiedliche Spielarten dieses Berufes, je nachdem für welches Medium er ausgeübt wird, welche Stellung innerhalb der Redaktion bekleidet wird oder in welchem fachlichen Zusammenhang (Ressort) die konkrete Tätigkeit erfolgt.

Das führt uns zur Frage der Definitionsmöglichkeiten: Grundsätzlich kann und wird nach einer Vielzahl von Kriterien differenziert.

Formaldefinition

Berufsprofil

Das österreichische Journalisten- wie auch das Mediengesetz gehen von einem rein formalen Berufsprofil als Definitionsgrundlage aus: Journalisten sind demnach "alle mit der Verfassung des Textes oder mit der Zeichnung von Bildern betrauten Mitarbeiter (eines Medienunternehmens, Anm. R. H.), die mit festen Bezügen angestellt sind und diese Tätigkeit nicht bloß als Nebenbeschäftigung ausüben" sowie mit der Herstellung der Inhalte "über aktuelles Tagesgeschehen betraut" sind (Journalistengesetz 1999, §1). Sinngemäß gilt diese Journalistendefinition auch für jenen, der als ständiger freie Mitarbeiter "ohne in einem Arbeitsverhältnis zu stehen - in einem Medienunternehmen oder Mediendienst (...) an der inhaltlichen Gestaltung eines Mediums oder der Mitteilungen eines Mediendienstes journalistisch" mitwirkt, sofern der Betreffende "diese journalistische Tätigkeit ständig und nicht bloß als Nebenbeschäftigung ausübt, im wesentlichen persönlich erbringt und über keine unternehmerische Struktur verfügt" (ebd., § 16).

Das Mediengesetz definiert Medienunternehmen als "ein Unternehmen, in dem die inhaltliche Gestaltung des Mediums besorgt wird und seine Herstellung und Verbreitung besorgt oder veranlaßt werden", wobei ein "Medium" "jedes Mittel zur Verbreitung von Mitteilungen oder Darbietungen mit gedanklichem Inhalt in Wort, Schrift, Ton oder Bild an einen größeren Personenkreis im Wege der Massenherstellung oder der Massenverbreitung" ist. "Medienmitarbeiter" ist "wer in einem Medienunternehmen oder Mediendienst an der inhaltlichen Gestaltung eines Mediums oder der Mitteilungen des Mediendienstes journalistisch mitwirkt, sofern er als Angestellter des Medienunternehmens oder Mediendienstes oder als freier Mitarbeiter diese journalistische Tätigkeit ständig und nicht bloß als wirtschaftlich unbedeutende Nebenbeschäftigung ausübt" (Mediengesetz 2000).

Journalist ist jemand, der hauptberuflich in einem periodischen Medium Inhalte mit aktuellem Bezug aufbereitet und produziert, unabhängig davon, ob es sich um ein Anstellungsverhältnis oder eine "freie Tätigkeit" handelt.

Zahlreiche offiziöse Institutionen, wie etwa das Kuratorium für Presseausweise, folgen dieser Definition. Dennoch erlaubt sie es in der Praxis nicht immer, mit der gewünschten Klarheit zwischen journalistischen und sonstigen Kommunikationsberufen zu unterscheiden - vor allem dort, wo sich etwa Informations- und Unterhaltungsaufgaben zum Infotainment verwischen oder Grauzonen zwischen Pressereferenten bzw. Betriebszeitungsjournalisten und Öffentlichkeitsarbeitern entstehen.

Definition nach Hierarchie und Tätigkeitsprofil

Wie in anderen Berufen existieren auch innerhalb des Journalismus Differenzierungen hinsichtlich Weisungskompetenz und konkretem Aufgabenbereich. Hierarchisch organisierte Tätigkeitsprofile spielen eine Rolle im Zusammenhang mit formalisierten Rechten und Pflichten journalistischer Arbeitnehmer sowie mit deren Bezahlung. Sie werden daher vor allem in Kollektivverträgen festgeschrieben. (Allerdings existieren nicht alle der im Folgenden erwähnten Berufsbezeichnungen in allen Medienbetrieben; so gibt es z. B. den weiter unten erwähnten stellvertretenden Chefredakteur bei kleineren Blättern nicht; andere verfügen sogar über mehrere Chefredakteure.) Dabei werden im Ansatz auch gewisse Unterschiede zwischen den einzelnen Mediengattungen deutlich.

Printmedien

Für die bei österreichischen Printmedien als Journalisten Angestellten definieren die einschlägigen Kollektivverträge der Tages-, Wochenzeitungen sowie Zeitschriften verschiedene mögliche Berufsbilder (vgl. Tageszeitungs-Kollektivvertrag 1999, Wochenzeitungs-Kollektivvertrag 1999, Monatszeitungs-Kollektivvertrag 2001).

Redakteursaspiranten sind demnach Angestellte eines Medienbetriebes, die sich in einem zwei- bis fünfjährigen Ausbildungsstadium befinden.

(Foto-)Reporter, Zeichner, Fotografen sind angestellte Journalisten, die auf Weisung eines Redakteurs Informationen einholen, Beiträge verfassen oder Bildinformationen liefern.

Redakteure sind angestellte Journalisten, die an der Herstellung des redaktionellen Teils von Blättern regelmäßig dadurch mitwirken, dass sie a) Text- und Bildbeiträge selbst herstellen oder auswählen, b) aktuelle Beiträge oder Bilder für den Druck fertig machen, c) den Umbruch des Textteiles besorgen. Für die Übernahme als Redakteur oder Reporter (§ 7 des KV) ist das Österreichische Journalisten-Kolleg des Kuratoriums für Journalistenausbildung oder eine andere gleichwertige Ausbildung verbindlich zu absolvieren.

Ein *Ressortleiter* ist hauptberuflich und verantwortlich mit der Führung eines Ressorts betraut. Ein *Leitender Redakteur* hat ressortübergreifende verantwortliche redaktionelle Tätigkeit bei der Leitung eines Verlagsproduktes. Der *Chef vom Dienst* koordiniert die einzelnen Ressorts im redaktionell-organisatorischen Sinn. Ein

Stellvertretender Chefredakteur hat die hauptberufliche redaktionelle Führung eines oder mehrer Verlagsprodukte gemeinsam mit dem Chefredakteur inne und vertritt ihn in dessen Abwesenheit. Dem *Chefredakteur* obliegt die hauptberufliche selbständige redaktionelle Führung eines oder mehrerer Medien eines Unternehmens und er gilt nur dann als solcher, wenn ihm mindestens zwei Redakteure unterstellt sind.

Darüber hinaus existieren noch die Berufsbezeichnungen des *Auslandskorrespondenten*, der hauptberufliche und regelmäßige Berichterstattung für einen Verlag aus dem Ausland durchführt (also nicht nur vorübergehend im Rahmen eines Sondereinsatzes); der journalistisch tätigen *Redaktionssekretäre* sowie der journalistisch tätigen *Mitarbeiter in Archiven*. Die Letztgenannten kombinieren überwiegend redaktionelle Tätigkeiten mit anderen Aufgaben (also z. B. Sekretariatsunterstützung für den Chefredakteur oder Archivbetreuung). Auch *Layouter*, welche überwiegend die grafische Gestaltung einer Zeitung besorgen, und *Infografiker*, die überwiegend mit der selbständigen und kreativen elektronischer Gestaltung redaktioneller Informationen betraut sind, gehören zu den Journalisten. Freie Journalisten sind nach Journalistengesetz zu definieren und können - ohne vollständig in den Redaktionsorganismus eingebunden zu sein - eine Reihe von Funktionen der beschriebenen angestellten Journalisten übernehmen; wie übrigens auch bei den im Rundfunk tätigen Journalisten.

ORF-Kollektivvertrag

Der neue ORF-Kollektivvertrag, der mit 1. 1. 2004 in Kraft tritt, beschreibt in seinem Redakteursschema einen ähnlichen Hierarchiestufenbau, wie wir ihn bei den Printmedien kennengelernt haben. Dieses Regelungswerk unterscheidet hierbei nicht zwischen Mitarbeitern bei Radio, Fernsehen oder im Online-Bereich.

Redakteursaspiranten sind Personen, die für journalistische Aufgaben angelernt werden und nur unter Anleitung journalistische Assistenzleistungen erbringen. Redakteure selbst werden in vier verschiedene Verwendungsgruppen unterteilt, wobei in die unterste sogenannte Redaktions- und Programmmitarbeiter fallen: Hier handelt es sich um Personen, welche mindestens zwei Jahre

Aspirantentätigkeit hinter sich haben. Sie leisten Assistenz bei der Erstellung von Sendungen und Sendungsteilen bzw. Online-Angeboten, handeln auf Anweisung auch eigenständig, bedienen jedoch keine berufsspezifischen technischen Geräte, formulieren und sprechen keine Meldungen in Radio und Fernsehen, üben keine Regietätigkeiten aus und übernehmen keine Verantwortung für die Herstellung von Onlineangeboten.

Ab dem vollendeten dritten Berufsjahr werden Mitarbeiter als *Redakteure* eingestuft. Deren Tätigkeitsprofil besteht in der eigenverantwortlichen Planung, Gestaltung und Herstellung bzw. Abwicklung journalistischer Programmangebote in Radio und Fernsehen. Dazu gehört das Verfassen und Redigieren von Meldungen, die Durchführung von Interviews und Reportagen, das Gestalten, Sprechen und Moderieren von Sendungen, Produktion (Schnitt, Regie, Mischung, Nachbearbeitung), Recherchieren, Auswahl und Beurteilung von Fremdproduktionen, Gestaltung von Online-Angeboten, Überprüfung der Einhaltung gesetzlicher und programminhaltlicher Auflagen, Schulung und Unterweisung von Redakteursaspiranten und Redaktionsmitarbeitern.

Programmgestaltender Mitarbeiter

Leiter kleinerer Redaktionen übernehmen gestalterische, budgetäre, personelle und organisatorische Verantwortung für Sendungen oder Sendungsflächen. Sie üben Chef-vom-Dienst-Funktion aus (das ist Leitungsfunktion für die inhaltliche Gestaltung von Live-Sendungen in Radio und Fernsehen sowie beim Teletext), verfassen Sachanalysen, übernehmen Diskussionsleitungen sowie Aufgaben des Tätigkeitsprofils des Redakteurs.

Leiter größerer Redaktionen übernehmen zusätzlich noch die gestalterische, budgetäre, personelle und organisatorische Verantwortung für Sendeflächen.

Dennoch ist mit dieser Auflistung journalistischer Berufsbilder noch keine eindeutige Abgrenzung zwischen journalistischen und anderen programmgestaltenden Mitarbeitern gezogen. Der sich noch auf das alte Rundfunkgesetz beziehende Kommentar von Twaroch/Buchner (2000), dem in dieser Frage gleichwohl noch immer Expertenstatus zukommen dürfte, sieht die Grenze zwischen journalistischen und sonstigen programmgestaltenden Mitarbeitern darin, dass erstere Beiträge zu aktuellem Tagesbezug gestalten. "Sendungen und Beiträge, bei denen die Darbietung von Kunst und Unterhaltung im Vordergrund steht und das aktuelle Tagesgeschehen nur am Rande mitspielt, haben keinen journalistischen Charakter" (ebd., S. 179). Kameraleute, die im Fernsehen an aktuellen Sendungen mitwirken, gelten andererseits aber als Journalisten.

Privatradio

Der bei Redaktionsschluss dieses Beitrages noch in Verhandlung befindliche Kollektivvertrag für Mitarbeiter bei Privatradios bezieht sich in seiner Definition von Redakteuren auf das Journalistengesetz und ergänzt, dass unter journalistischer Tätigkeit die inhaltliche Mitwirkung an und die selbständige Gestaltung und Erstellung von Nachrichtensendungen und Beiträgen zu verstehen ist. Eine bloße formale Mitwirkung an Sendungen reicht für den Redakteursstatus nicht aus. Redakteure sind darüber hinaus aber auch zur Erledigung anderer, nicht-journalistischer Aufgaben verpflichtet, wie das Sprechen von nicht selbst verfassten Texten, das Archivieren von redaktionellem Material und Musik, die Mitwirkung bei Sonder- und Werbeveranstaltungen, auch außerhalb des Senders und die Mitwirkung an On-Air-Promotion des Senders.

Dem *Programmdirektor* obliegt die Erstellung der Gesamtprogrammkonzepte (Sendeuhr, Flächenaufbau) - er entspricht damit der Funktion eines Leitenden Redakteurs oder Chefredakteurs bei einer Zeitung oder der des Leiters großer Redaktionen beim ORF.

Moderatoren bzw. *Präsentatoren*, welche im Rahmen vorgegebener Gesamtprogrammkonzepte fertig produzierte Elemente präsentieren, Sendungen selbst präsentieren und anmoderieren (wie z. B. auch Wetter- oder Verkehrsmeldungen) gelten nach diesem Kollektivvertragsentwurf jedoch nicht als Journalisten. Es bleibt abzuwarten, ob Unterschiede zu Verwaltungsgerichtshofurteilen hier noch ausgeräumt werden. "Das Moderieren, das ist Leiten und Führen einer Diskussion oder Gesprächsrunde im Rundfunk oder Fernsehen, ist journalistisch." (VwGH 9. 7. 1997, 96/13/0185).

Beschäftigte bei unterschiedlichen von der Übermittlungstechnik bzw. vom Erscheinungsintervall determinierten Medien unterliegen jenseits hierarchischer Einbettung und medienspezifisch unterschiedlicher Tätigkeitsprofile auch unterschiedlichen Formen der Arbeitsorganisation (z. B. Redaktionschluss). Entsprechend untergliedert sich die Österreichische Journalistengewerkschaft in der Gewerkschaft Druck, Journalismus Papier in die Fachgruppen der Mitarbeiter Freie Print, Freie Rundfunk, Angestellte Rundfunk, Wochenzeitung, Tageszeitung, Nachrichtenagentur, Betriebszeitung, Bildreporter, Technische Redakteure (letztere entsprechen dem moderneren Begriff der Layouter).

Internet

Für den Online-Bereich existiert bisher weder Fachgruppe noch Kollektivvertrag. Gemäß einer noch unveröffentlichten Studie (Hummel 2003) entsprechen die journalistischen Tätigkeiten dem klassischen journalistischen Berufsbild: Texte verfassen, Recherchieren und Redigieren plus gestalterischen Tätigkeiten; Herstellung interaktiver Tools sowie Bearbeitung von Audio- und Videofiles sind ein Randbereich.

Ressort- und ausrichtungsspezifische Differenzierungen

Trotz aller berufsbedingter Gemeinsamkeiten im Journalismus und struktureller Ähnlichkeiten hinsichtlich der Hierarchien in Medienbetrieben bestehen Unterschiede in der konkreten Berufswirklichkeit in Abhängigkeit vom jeweiligen Medium aber auch vom spezifischen Ressort innerhalb dessen gearbeitet wird. Dies bedingt auch unterschiedliche Teilkompetenzen.

Journalistische Kompetenz lässt sich nach einem anerkannten analytischen Raster von Weischenberg (1990, S. 24f.) in Fach-, Vermittlungs- und Sachkompetenz gliedern, der noch die Technikkompetenz zur Seite zu stellen wäre.

Fachkompetenz ist demnach das "journalistische Handwerk" wie Recherchestrategien, Nachrichtenselektion etc. und damit unabhängig

Drei Kompetenzen

vom technischen Medium oder konkreten Ressort, für das gearbeitet wird. Fachkompetenz wird entweder in Redaktionen als "learning by doing", zunehmend jedoch auch außerredaktionell in einschlägigen Ausbildungsinstitutionen erworben, wie der Österreichischen Medienakademie, Kuratorium für Journalistenausbildung.

Die *Sachkompetenz* betrifft das jeweilige Thema journalistischer Tätigkeit, also beispielsweise Außen-/Innenpolitik, Sport, Kultur, Wissenschaft. Entsprechend ist fundiertes Wissen aus dem Bereich internationale Politik, österreichisches Regierungssystem, Regeln unterschiedlicher Sportarten etc. von Nöten. Kenntnisse sind in diesem Punkt daher ressortrelevant aber medieninvariant. Sachkompetenz wird zumeist durch ein entsprechendes Studium vor dem Berufsbeginn erworben und durch die Praxis wie durch Weiterbildungskurse vertieft.

Vermittlungskompetenz ist die Fähigkeit, Informationen in Abhängigkeit von den technischen Möglichkeiten und der Ausrichtung des Mediums zielgruppenspezifisch zu präsentieren. Das bedeutet, unterschiedliche medientypische journalistische Darstellungsformen zu beherrschen (vgl. Kapitel "Zeitungs-Journalismus: Darstellungsformen" in diesem Band).

Darüber hinaus spielt für die journalistische Vermittlungskompetenz die Ausrichtung des Mediums oder Medienteiles als populär oder qualitativ eine gewichtige Rolle wie Colin Sparks dies anhand britischer Beispiele zeigt: Während qualitativer Journalismus fragmentierte und distanzierte Einzelberichte über die "Welt an sich" anbietet, stellt der populäre Journalismus einen - häufig emotionalisierenden - Zusammenhang zwischen der Nachricht und der Lebenswirklichkeit des Publikums her (Dahlgren/ Sparks 1992, S. 38 f.). Vermittlungskompetenz in dieser weiten Betrachtungsweise wird in einer Kombination aus redaktionsinterner oder -externer Ausbildung zusammen mit medienspezifischer Sozialisation erworben.

Technikkompetenz bedeutet über Grundkenntnisse hinsichtlich der technischen Produktionsweise des betreffenden Mediums zu verfügen, also mit dem entsprechenden Satzsystem bei Printmedien umgehen zu können, Grundlagen der Audio- bzw. Videotechnik bei Radio und Fernsehen zu kennen oder mit der verwendeten Software zur Web-Page-Gestaltung im Online-Journalismus vertraut zu sein usw. Diese Kenntnisse haben trotz anders lautender Befürchtungen der Vergangenheit - auch beim Online-Journalismus - nicht zu einer Technikzentrierung des Berufes geführt. Vielmehr werden sie zumeist "on the job" in der betriebsinternen Aus- und Weiterbildung erworben, zumal Computerkenntnisse heute zur Allgemeinbildung zählen.

Funktionale Differenzierungen

Rollen-selbstbilder

Weischenberg erwähnt fünf verschiedene journalistische Berichterstattungsmuster, die jeweils mit einem spezifischen Rollenselbstbild der Journalisten korrelieren.

Dementsprechend versteht sich der *Informationsjournalist* als bloßer Spiegel der Ereignisse, der quasi Presseaussendungen und Agenturmaterial sichtet oder als "lebender Mikrofonständer" fungiert. Der *Präzisionsjournalist* entspräche dem im Idealfall nach wissenschaftlichen Kriterien agierenden Rechercheur. Der *Interpretationsjournalist* wäre der meinungsbildende Analytiker, der ohne einen bestimmten weltanschaulichen - allerdings nicht notwendigerweise parteilichen - Hintergrund nicht vorstellbar ist. Der hier *Neuer Journalist* Genannte entspricht dem gar nicht so neuen *Unterhaltungsjournalisten*, der bewusst subjektiv vorgeht und auch literarische Stilmittel einsetzt. Der *Investigationsjournalist* setzt - mitunter auch verdeckte - Intensiv-Recherche im Zusammenhang mit gesellschaftlich relevanten aber geheim gehaltenen Sachverhalten als 'Detektiv der Allgemeinheit' ein.

Die Übernahme einer dieser Funktionsrolllen - die natürlich auch alternativ ausgeübt werden können - unterliegt nur bedingt der subjektiven Entscheidung des einzelnen Journalisten. Gesetzliche Normen (wie z. B. beim ORF), grundlegende Richtung und Zielgruppenorientierung eines Mediums sowie nicht zuletzt finanzielle und personelle Ressourcen (um sich z. B. Tage oder gar Wochen dauernde Recherchen leisten zu können) bestimmen wesentlich die Möglichkeit der jeweiligen Rollenübernahme. Das billigste wie auch am wenigsten Anstoß erregende Berichterstattungsmuster des Informationsjournalismus ist daher auch das am weitesten verbreitete.

Literatur

Berka, Walter (1989): Das Recht der Massenmedien. Wien, Köln, Graz.

Dahlgren, Peter; Sparks, Colin (1992) (Hrsg.): Journalism and Popular Culture; London, Newbury Park, New Delhi.

Hummel, Roman (2003): Online-Journalismus in Österreich. (Unveröff. Arbeitsbericht).

Journalistengesetz (1999): Gesetz vom 11. Februar 1920, StGBl. Nr. 88, über die Rechtsverhältnisse der Journalisten (Journalistengesetz) in der Fassung v. 16. 7. 1999.

Kollektivvertrag Tageszeitungen (1999). Wien.

Kollektivvertrag Monatszeitungen und -zeitschriften (2001). Wien.

Kollektivvertrag Wochenzeitungen (1999). Wien.

Mediengesetz (2000): Bundesgesetz vom 12. Juni 1981 über die Presse und andere Publizistische Medien (Mediengesetz) StF: BGBl. Nr. 314/1981 in der Fassung BGBl. I Nr. 75/2000.

Twaroch, Paul; Buchner, Wolfgang (2000): Rundfunkrecht in Österreich. Wien.

Weischenberg, Siegfried (1990) (Hrsg.): Journalismus und Kompetenz. Qualifizierung und Rekrutierung für Medienberufe. Opladen.

Weischenberg, Siegfried (1995): Journalistik, Bd. 2: Medientechnik, Medienfunktionen, Medienakteure. Opladen.

Typen des Journalismus

Michael Haller

"Und was verbinden Sie mit dem Beruf Journalismus?" lautet die eine Frage; die andere, wenig später gestellt: "Und warum wollen Sie diesen Beruf erlernen?"

Viele Bilder von einem Beruf

Beide Themen stehen im Mittelpunkt der so genannten Eignungsgespräche, die wir jedes Jahr mit etwa 120 in die Endauswahl gelangten Bewerbern für den Diplomstudiengang Journalistik an der Universität Leipzig führen. Seit der Neubegründung des Studiengangs 1993 haben wir mit rund 1.200 jungen Leuten solche Gespräche geführt. Und die gaben alles Mögliche über ihr Berufsbild zum Besten. Mancher identifizierte den Journalismus mit dem einsamen Reporter im Großstadtdickicht oder südamerikanischen Dschungel, andere dachten an Berichterstatter und Kommentatoren über die Berliner Politik oder den Blattmacher, der einen "spannenden Lokalteil" baut. Wiederum andere assoziierten den Redakteur beim Stern, dem Spiegel oder Focus, die Autorin für Brigitte, Allegra und Geo - oder auch den Moderator einer Fernseh-Magazinsendung.

Bemerkenswert ist dies: Praktisch keiner der 1.200 Kandidaten dachte an Tätigkeiten wie Drehbuchschreiber oder Filmemacher, keiner an den Pressechef eines Unternehmens oder einer Behörde; niemand sprach über Buchautoren, Reality-Soap-Produzenten oder Radiomoderatoren. Mit anderen Worten: So breit gefächert das Journalistenbild auch ist, so sicher sind sich schon die Abiturienten, dass der Journalismus

a) die wahrnehmbare (reale) Ereigniswelt außerhalb des Mediums zum Gegenstand nimmt (Trennung zwischen Fiction und Nonfiction, auch wenn es dabei Unschärfen gibt),
b) seine Themen im zeitlichen Zusammenhang mit dem aktuellen Geschehen behandelt (also keine zeitlosen oder bezugslos historischen Themen) und dass er
c) seine Themen nach Maßgabe eines allgemeinen, auf das Publikum bezogenen Interesses vermittelt (dies im Unterschied zum partikularen Interesse der Informationsurheber und der PR).

Journalist ist, wer will

Ein freier Beruf

Diese drei Merkmale umreißen zugleich die enorme Breite des Tätigkeitsfeldes des Journalismus. Im deutschen Sprachraum (im Unterschied etwa zu Italien) gibt es für den Journalismus keine verbindliche Berufsdefinition und keine Beschränkung des Berufszuganges. Und dies aus gutem Grund. Denn der Journalistenberuf ist an die Existenz wie auch an die Funktionen der Massenmedien gebunden. Diese basieren auf der verfassungsrechtlichen Sicherung der Pressefreiheit (Jeder hat das Recht, seine Meinung in Wort, Schrift und Bild zu verbreiten); diese wiederum ist ein Abwehrrecht gegenüber dem Staat (er darf keine Vor- oder Nachzensur ausüben) und begründet zwei Grundfreiheiten: die Meinungsäußerungs- und die Informationsfreiheit. Wenn also diese zwei Freiheiten fundamental sind, dann müssen alle damit verbundenen Berufe frei zugänglich sein (d. h. keine Vorschriften dulden, die den Zugang einschränken). Und darum darf sich auch jeder Journalist nennen, der daran Gefallen findet.

Funktionssystem Journalismus

Information als Dienstleistung

Gleichwohl bezeichnet "Journalismus" keineswegs eine beliebige publizistische Tätigkeit in der Art der Schriftstellerei, wie man noch vor 150 Jahren vielerorts meinte. Vielmehr entstand gegen Ende des 19. Jahrhunderts der moderne Journalismus als ein Funktionssystem mit den zuvor beschriebenen, auch heute gültigen Ausprägungen - gültig im Sinne eines Einverständnisses zwischen den verschiedenen Gruppen und Einrichtungen, die den Medienprozess mitgestalten und mitverantworten. Zu diesen Gruppen gehören die Berufsverbände der Journalisten, die Verlegerverbände (Presse), die Programmanbieter im Rundfunk und die Selbstkontrollgremien wie z. B. der Presserat.

1985 schrieb Johannes Binkowski, viele Jahre Vorsitzender des Deutschen Zeitungsverlegerverbandes (BDZV) und Vorsitzender der Arbeitsgruppe Journalistenausbildung des BDZV: Die journalistischen Medien hätten "vor allem Informationen als Dienstleistung zu vermitteln, Informationen, die für den einzelnen nicht nur interessant, sondern mitunter auch lebenswichtig sind. (Sie müssen) schwer durchschaubare Vorgänge transparent und damit einsichtig machen und schließlich auch bei der Meinungsbildung des einzelnen mitwirken." (Binkowski 1985, S. 7).

Ein "politischer" Beruf

Kurt Koszyk, erster westdeutscher Journalistik-Professor (Diplomstudiengang Journalistik an der Universität Dortmund) schrieb damals. "Wir verstehen Journalismus als politischen Beruf, nicht als Tratsch- und Klatschgewerbe. Der gesamte Medieninhalt ist jeweils ein Sektor aus unserer sozialen Wirklichkeit. Der Ton hat dabei auf Wirklichkeit zu liegen. Wie diese Wirklichkeit wahrgenommen und dargestellt wird, bestimmt weit gehend das Bild, das der einzelne Bürger von seiner Umwelt hat. Dieses Bild wird dazu beitragen, welche Entscheidungen er für sich und für die Gesellschaft fällt." (Koszyk 1985, S. 49).

Journalismus als Profession

Der Deutsche Journalistenverband (djv) gab sich 1996 eine neue, seither gültige Definition des Journalistenberufs. Sie stellt eine umfassende Selbstbeschreibung dar. Dieser zufolge wird das Berufsbild in vier Abschnitte gegliedert: Normative Aufgabenbeschreibung (Präambel), Rahmenbedingungen, Anforderungen und Arbeitsfelder. Die normative Setzung lautet so: Die Journalisten hätten "Sachverhalte oder Vorgänge öffentlich zu machen, deren Kenntnis für die Gesellschaft von allgemeiner, politischer, wirtschaftlicher oder kultureller Bedeutung ist." Journalist sei, wer hauptberuflich Informationen sammelt, auswertet bzw. prüft und/oder diese unterhaltend, analysierend oder kommentierend aufbereitet und in Wort, Bild, Ton über ein Medium an die Öffentlichkeit vermittelt oder für eine solche Übermittlung bereitstellt (zit. nach: Belz/Haller/Sellheim 1999, S.12f.)

Dass sich das Berufsbild des Journalisten im deutschsprachigen Raum erst vergleichsweise spät professionalisiert hat - später jedenfalls als in Großbritannien und den USA -, hängt mit dem in Deutschland und Österreich verzögerten Industrialisierungs- und Demokratisierungsprozess zusammen. Dieser schuf die damals neuen gesellschaftlichen Rahmenbedingungen, die das Funktionssystem Journalismus auszufüllen hat:

Gesellschaftliche Rahmenbedingungen

- Der *Kolonialismus* und die um den Welthandel rivalisierenden Nationalstaaten erzeugten eine wachsende Nachfrage nach internationalen Nachrichten, vor allem nach solchen Nachrichten, die für die Wirtschaftspolitik relevant sind. Vor allem die global agierenden Nachrichtenagenturen (allen voran Reuters) bedienten diesen Informationsbedarf.
- Die mit der *Industrialisierung* verbundene Verstädterung der Gesellschaft (Landflucht, Anonymität des Alltags in den neuen Ballungsräumen) erzeugte einen enormen Informationsbedarf auch in Bezug auf das Lokale. Diese Nachfrage erfüllten die damals neu gegründeten sog. Generalanzeiger.
- Die Industriealisierung machte aus der Gesellschaft ein Volk von Arbeitnehmern, die in ihrer erwerbsfreien Zeit den Bedarf nach Erholung und Entschädigung auszuleben suchten. Auch diese Bedürfnisse richteten sich in hohem Maße an den Journalismus, der die mit der Freizeit verbundenen Ereignisthemen - Sport, Veranstaltungskultur, Prominenz - vermittelte. Seither spielt die Frage der Unterhaltsamkeit (im Unterschied zur Unterhaltung, die fiktionale Stoffe bearbeitet) für den Journalismus eine große Rolle.
- Mit der *Demokratisierung* der Politik und Staatsverwaltung verbunden war das Leitbild des mündigen Staatsbürgers, der sich über das politische Geschehen ins Bild setzen und sich eine Meinung bilden solle. Dieses Paradigma schuf den politischen (damals parteipolitisch geprägten) Journalismus, der sich vor allem als Verfechter bestimmter politischer Auffassungen und Ziele verstand.
- Dank der *Alphabethisierung* der Bevölkerung und folgenreicher technischer Innovationen (wie Linotype-Satzherstellung, Stereotypie, Materntechnik, Rotationsdruck, Endlospapier, Telegraphie etc.) wurde es möglich, die gesamte Erwachsenenbevölkerung mit journalistischen Produkten zu versorgen. Dies bedeutete zugleich, dass die journalistischen Aussagen für (möglichst) die gesamte Erwachsenenbevölkerung interessant und verständlich aufzubereiten sind.
- Schließlich bewirkte die Mitte des 19. Jahrhunderts einsetzende *Kommerzialisierung* der Medienproduktion (Abschaffung des Lizenzzwangs und der Zeitungssteuer, Freigabe des Anzeigengeschäfts), dass der Journalismus immer auch im Dienste des

publizistischen Markterfolgs gesehen wurde und wird. Das größtmögliche Publikum (als Leser oder Zuschauer per Einschaltquote) zu erreichen, ist seither das Interesse, das Journalisten und Medienbesitzer verbindet - auch wenn beide in der Frage, wie dies zu erreichen sei, oft genug unterschiedlicher Auffassung sind.

Journalismen im Weltmaßstab?

Diese sechs Bedingungen geben seit dem Ende des 19. Jahrhunderts den Rahmen, innerhalb dessen sich eine Vielfalt an Journalismen herausgebildet hat. Dies bedeutet aber auch, dass unter ganz anderen Rahmenbedingungen auch andere Journalismen existieren, die - bezogen auf informationsoffene Gesellschaften - indessen eher kryptischer Natur sind. Dies galt bis 1989/90 für die Staaten des Marxismus-Leninismus. Und dies gilt heute für Staaten, die totalitär-diktatorisch regiert werden (viele Staaten in Afrika und Fernost) wie auch für Gesellschaften, die auf monolithische Ideologien ausgerichtet sind, seien sie politisch (wie: Kuba) oder religiös begründet wie zum Beispiel der Fundamentalismus in islamischen Gesellschaften.

Vielfalt an Typen

Den ersten systematischen Versuch, im globalen Rahmen aus den gesellschaftspolitischen Gegebenheiten unterschiedliche Journalismustypen abzuleiten, unternahmen die US-amerikanischen Politikwissenschaftler Fred S. Siebert, Theodore Peterson und Wilbur Schramm. Sie unterschieden vier normative Modelle (und nannten diese "four theories of the press"):

- der aus der frühen Neuzeit stammende *Autoritarismus* mit dem Hauptzweck ("chief purpose"), die Politik des machthabenden Systems zu stützen und dem Staat zu dienen;
- der *Liberalismus* mit dem Hauptzweck, Nachrichten zu verkaufen und zugleich der Wahrheit zum Durchbruch zu verhelfen wie auch die Regierungsgewalt zu kontrollieren ("check on government");
- das Modell der *Sozialen Verantwortung* mit dem Hauptzweck, Nachrichten zu verkaufen, aber auch soziale Konflikte nach Maßgabe des Gemeinwohls öffentlich zu diskutieren ("to raise conflict to the plane of discussion");

Politisches System und Journalismus

- der Sowjet-*Totalitarismus* mit dem Hauptzweck, zum Erfolg der Ideologie der Staatspartei der Sowjetunion beizutragen (als moderne Spielart des Autoritarismus-Modells).

Diesem Konzept liegt die Auffassung zu Grunde, dass der Journalismus stets eingebunden ist in die Funktionsimperative des sozialen und politischen Systems. Einzig das auf Gemeinwohl gerichtete dritte Modell sei in der Lage, das Sozialgefüge der Gesellschaft kritisch zu beleuchten und Fehlentwicklungen (wie: wachsende soziale Ungerechtigkeit, Gewalt und Kriminalität) gegenzusteuern, sofern der Journalismus hohe professionelle Standards und berufsethische Prinzipien einhalte (wie: keine Verherrlichung der Gewalt). (vgl. Siebert/Peterson/Schramm 1956, S. 70ff.).

Mitte der 80er Jahre fügte der US-amerikanische Medienwissenschaftler David Weaver ein weiteres Journalismusmodell hinzu:
- den *Neo-Nationalismus* der Entwicklungsländer mit dem Hauptzweck, die noch schwache nationale Identität und die nationale Wirtschaft zu fördern, um den sozialen Zusammenhalt zu stärken (Weaver/Buddenbaum/Fair 1985, S. 104 ff.).

Etwa zeitgleich entwickelte der finnische Kommunikationswissenschaftler Osmo Wiio ein Klassifikationskonzept, das auf normative Funktionszuweisungen verzichtet und statt dessen Strukturmerkmale verschiedener Mediensysteme untersucht. Seine Kategorien lauteten "offen" versus "geschlossen" und "Indiviuum" versus "Gesellschaft" sowie "öffentlich" versus "privat" und "zentralisiert" versus "dezentralisiert" (zit. nach Weischenberg 1992, S. 93ff.). Ähnlich ging auch der US-amerikanische Medienwissenschaftler J. Herbert Altschull vor, der die vier Theorien auf drei Funktionsmodelle eindampfte: das (im Westen geltende) Marktmodell, das marxistische Modell für Osteuropa sowie das Entwicklungsmodell für die Staaten der Dritten Welt (vgl. Altschull 1989).

Seit dem Untergang des Sowjet-Systems und der Expansion fundamentalistischer Ideologien haben diese Modelle ihre Aussagekraft verloren. Sachdienlicher ist es, den Journalismus nach Maßgabe der Bedingungen zu definieren, die eine informationsoffene, auf demokratische Organisationsmodi gestützte Gesellschaft befördern. Dieser Ansatz entwickelt keine globalen Journalismus-Konzepte, sondern fragt nach den ökonomischen, politischen und rahmenrechtlichen Spielräumen für journalistische Aussagenproduktionen. In diesem Sinne führen Nichtregierungsorganisationen (NGOs), wie etwa Freedom House oder Reporter sans Frontiers in fast allen Staaten Recherchen durch, um den Grad der faktischen Behinderung von Journalisten durch machthabende Einrichtungen und Organisationen zu messen und Ranglisten aufzustellen. Diesen Konzepten liegt die normative Setzung zu Grunde, dass Journalismus notwendig auf den doppelten Sinn der Pressefreiheit (Meinungs- und Informationsfreiheit) angewiesen ist. Sind solche Spielräume nicht gegeben, findet kein Journalismus statt (wohl aber Formen medialer Propaganda). Sind sie gegeben, so entwickeln sich vielfältige Journalismen, denen immerhin ein Funktionszweck gemeinsam ist: das Publikum über das aktuelle Geschehen sinnstiftend zu orientieren - wobei die damit angesprochenen Sinnsysteme von den regionalen Kulturen mit ihren spezifischen Sinngehalten nicht abzulösen sind (vgl. Haller 2003, S. 11ff.).

Journalismus braucht doppelte Freiheit

In den Gesellschaften, die im Verlaufe der vergangenen ein, zwei Jahrhunderte die institutionellen Garantien der Pressefreiheit verwirklicht und - in Bezug auf die Medieneigentümer - auch für hinreichend viel Medienvielfalt gesorgt haben, existiert heute eine breite Palette an Journalismen.

Aus normativen Gründen war es früher üblich, die Unterschiede nach Maßgabe der Darstellungsformen oder Berichterstattungsmuster zu gliedern, indem unterschieden wurde zwischen tatsachenbetonten, meinungsbetonten und phantasiebetonten Formen (vgl. Fischer Lexikon Publizistik) oder zwischen informierenden, meinungsbildenden und unterhaltenden Formen (vgl. Weischenberg 2001, S. 57ff.) - um nur zwei herauszugreifen. Sie sind indessen nicht geeignet, die kennzeichnenden Funktionsmerkmale der unterschiedlichen Journalismen herauszustellen (zum Problem der Formbestimmung vgl. Haller 1997, S. 73ff.). Auch Unterscheidungen nach Mediengattungen helfen hier nicht weiter; die Tageszeitungen etwa bieten ebenso wie die Informationssendungen des Fernsehens praktisch das ganze Universum journalistischer Stile und Formen.

Fünf Journalismus-Typen

Dem Funktionssystem Journalismus angemessen sind indessen Gliederungen, die neben den normativen Aufgabenzuweisungen auch die journalistische Intention und die Nutzungswünsche des Publikums einbeziehen. Unter diesem normativ-pragmatischen Blickwinkel macht es Sinn, die journalistische Vielfalt in folgende fünf Haupttypen zu unterteilen:

Information

1. Der *Informations- oder Nachrichtenjournalismus*: Seine Funktion wird darin gesehen, die Bevölkerung möglichst zutreffend und möglichst umfassend über das aktuelle Geschehen ins Bild zu setzen. Dabei gilt "umfassend" für die als bemerkenswert eingeschätzten Geschehnisse, nicht für die gesamte Breite sämtlicher berichteter Vorgänge (denn dann müsste täglich eine Publikation vom Umfang eines Telefonbuchs produziert werden).

Meinung

2. Der *meinungsbezogene Journalismus*: Seine Tätigkeit besteht darin, für wichtig (folgenreich) gehaltene aktuelle Vorgänge zu deuten und zu bewerten, zu dem Zweck, den vorab informierten Rezipienten bei ihrer Meinungsbildung zu helfen (d. h. ihnen die Beurteilung als Vorschlag anzubieten - im Unterschied zur Propaganda, die mit oft suggestiven Mitteln beeinflussen, d. h. Einstellungen verändern soll).

Nutzen

3. Der *Fach- und Nutzwertjournalismus*: Seine Aufgabe wird darin gesehen, (mehr oder weniger) aktuelle Themen eines Sach- oder Fachgebiets zu bearbeiten und einem Zielpublikum zur Nutzung anzubieten. Hier wird unter "Nutzung" nicht nur die Rezeption, sondern auch die Umsetzung und Anwendung der Informationen im Alltag des Rezipienten verstanden, gemäß der aus den USA stammenden Formel "news to use".

Erzählen

4. Der *Erzähljournalismus*: Seine Attraktivität besteht darin, dass er sein Publikum auf möglichst unterhaltsame Art an Erlebnissen teilhaben lässt, die dem Publikum fremd, mitunter auch unzugänglich sind. Diese Erlebnisse können sich auf Vorgänge, auf Gegenden und/oder auf Personen beziehen.

5. Der *dialogische Journalismus*: Seine Rolle ist darin zu sehen, den Wissens- und Meinungsbildungsprozess selbst zur Darstellung zu bringen. Und indem er dies tut, produziert er Informationen als Neuigkeit - etwa in der Form eines Interviews, einer Passantenbefragung oder einer Talkrunde zu einem aktuellen Ereignisthema. Dialog

Freilich sind auch diese Hauptgruppen nicht trennscharf voneinander abzugrenzen: Der Hintergrundbericht des Nahost-Korrespondenten in der FAZ oder NZZ oder dem Standard bietet eine Deutung des Geschehens, die auch meinungsdurchsetzt ist. Die Nachrichtenmagazingeschichte in Spiegel, Facts oder Profil ist zwar faktenreich, gleichwohl vermittelt sie meistens eine Tendenz, die dem Leser wie eine Meinung erscheint. Viele Ereignisberichte werden erzählerisch eingeleitet, viele Nachrichten enthalten Zusatzinformationen, die auf Nutzwert angelegt sind; und manche Interviews bieten nur dröge Sachaussagen, andere sind nur Meinungsaustausch usw. Gleichwohl folgen diese fünf Typen fünf grundlegenden, gesellschaftlich nachgefragten Funktionskonzepten, die jeweils spezifische Kompetenzen erfordern.

Informationsjournalismus

Einer dieser fünf Typen hat eine herausragende Geltung: der Informationsjournalismus. Unstrittig trifft er auf rund zwei Drittel aller journalistischen Arbeitsplätze zu: Vom Online-Nachrichtenredakteur über den Agentur-Korrespondenten und Newsletter-Produzenten bis zum TV-Magazinjournalisten, dessen Produktion nur einmal im Monat auf Sendung geht.

Auf diesen Journalismus-Typ beziehen sich auch die normativen Zuschreibungen, wie sie in den Gesetzen und Staatsverträgen stehen (in Deutschland in den Landespressegesetzen): Er soll wahrhaftig sein und objektiv berichten, dabei die Sorgfaltspflichten beachten, zudem Kritik und Kontrolle üben (wobei Kritik beides umfasst: harte Recherche wie auch Kommentierung). Doch kann er das überhaupt?

Bereits in den 20er Jahren des vorigen Jahrhunderts mokierte sich Walter Lippmann über den naiven Wahrheitsglauben der Informationsjournalisten. Er schrieb damals: "Nachricht und Wahrheit sind nicht dasselbe und müssen klar voneinander getrennt werden. Die Funktion der Nachricht besteht darin, ein Ereignis anzuzeigen; die Funktion der Wahrheit ist es dagegen, (...) ein Bild der Wirklichkeit zu entwerfen, nach dem die Leute handeln können." (Lippmann 1922; dtsch: 1990).

"Nachricht ist nicht Wahrheit"

Seit damals hat man den Informationsjournalismus intensiv erforscht, seine Auswahlkriterien (Nachrichtenwerte) unter die Lupe genommen und den Informationstransfer von den Medien in die Köpfe der Rezipienten analysiert. Und je mehr man in Erfahrung brachte, um so differenzierter wurden die Funktionsmodelle. Und desto heftiger fiel auch die Kritik an den Mängeln und Schwächen des Informationsjournalismus aus, der seinen Ansprüchen nicht genüge. Anfang der 1970er Jahre forderte der US-Amerikaner Philipp Meyer, dass die sozialwissenschaftliche Herangehensweise übernommen und der Journalist wie ein "vorurteilsloser Beobachter" berichten solle. Daraus entwickelte er die Theorie des "Precision Journalism". Umgekehrt wurde praktisch zeitgleich vor allem in den großen Ostküsten-Zeitungen der USA der subjektive, mit literarischen Stilmitteln durchsetzte Erzähljournalismus (mit Autoren wie Norman Mailer und Tom Wolfe) populär und als "New Journalism" gefeiert. Seine Botschaft: Objektive Wahrheit ist ein Phantom; wenn schon, dann gibt es nur die subjektive Wahrheit des Reporters. Als dritter, wiederum gegenläufiger Trend kam damals der Recherchierjournalismus auf. Er setzte ein mit der Entdeckung des "Investigative Reporting" im Zuge der Watergate-Enthüllungen durch die Washington Post und boomte in den 1970er und 1980er Jahren (vgl. Weischenberg 1983, S. 359; Redelfs 1996, S. 32ff.).

Wahrheit ist subjektiv

Seit jenen Zeiten fächert man den Informationsjournalismus in folgende sechs Typen auf:

Sechs Typen des Informationsjournalismus

- *Objektiver Journalismus*: Er soll Informationen so vermitteln, dass ein Abbild der äußeren Ereigniswelt entsteht. Seine Berufsethik bezieht sich auf die korrekte Handhabung technischer Routinen.

- *Interpretativer Journalismus*: Er soll das Geschehene sinnorientiert erklären und darf dabei eine subjektive Sicht einnehmen. Seine Berufsethik ist individualistisch auf die Sach- und Deutungskompetenz des Journalisten bezogen.
- *Präzisionsjournalismus*: Er sieht sich wie ein Forscher, der objektive Sachverhalte mit quasi-wissenschaftlichen Prüfverfahren ermittelt - und herausfindet, wie es "wirklich" ist.
- *Recherchier-* bzw. *investigativer Journalismus*: Er soll wie ein Spürhund Missstände aufdecken sowie Behörden und Machtgruppen kontrollieren. Seine Berufsethik wird demokratietheoretisch gerechtfertigt.
- *Anwaltschaftlicher Journalismus*: Er identifiziert sich mit einer im Machtgefüge als schwach oder benachteiligt erlebten Gruppe oder Position und bringt deren Lage in der Art eines Anwalts zur Sprache. Seine Berufsethik leitet sich aus gesellschaftlichen Leitbildern (wie: Gerechtigkeit) ab.
- *Neuer* bzw. *literarischer Journalismus*: Er verspricht Authentizität und ästhetischen Genuss; er vertritt die individualistische Perspektive und rechtfertigt sich berufsethisch mit der besonderen Befähigung des journalistischen Subjekts (wie: hohe Sprachkompetenz, Sensibilität, ästhetisches Empfinden).

Die Berührungen und Überschneidungen dieser Typen des Informationsjournalismus mit anderen Kategorien - vor allem mit dem Erzähl- und dem Meinungsjournalismus - sind offenkundig. Sie machen deutlich, dass in den informationsoffenen Gesellschaften westlichen Zuschnitts auch die Rollen- und Funktionszuweisungen an den Journalismus einem dynamischen Wandel ausgesetzt sind - und neue Typen vor allem durch die crossmedialen Produktionsweisen hervorbringen werden. So wird derzeit diskutiert, ob es zu einer so genannten Entgrenzung journalistischer Funktionen - oder umgekehrt zu einer Integration derzeit stark ausdifferenzierter Berufsbilder kommen wird. Das eine wie das andere wäre sehr folgenreich für die journalistische Aus- und Weiterbildung.

Dynamischer Wandel

Berufsbild-Konstanten

Ob so oder so: Das eingangs umschriebene Profil wird auch in Zukunft gültig sein. "Unabhängigkeit - Zivilcourage - Verantwortungsgefühl" nennt es die Ausbildnerin Barbara Eschenauer mit moralischem Pathos. Unsere Leipziger Journalistik-Kandidaten sind da nüchterner. Sie nannten folgende Merkmale - hier verkürzt auf Stichworte - am häufigsten:

Wunschbilder

Zum Berufsbild Journalismus: abwechslungsreich (viele verschiedene Themen); vielseitig (kommt mit verschiedenen Lebensbereichen in Kontakt); hat mit Menschen zu tun; ist wichtig und einflussreich; ist sexy (synonym für prickelnd, aufregend, überraschend).

Zur Berufsmotivation: Befähigung zum sprachlichen Ausdruck (sich mitteilen); Freude an Kommunikation (interagieren und sich selbst darstellen); reich an Überraschung und Abwechslung (wenig Routine); Freude am Reisen, an fremden Ländern/Gesellschaften/Sprachen. Und auch dies: Als erste(r) das Neueste erfahren.

Diese Wunschbilder fassen den Journalismus in seinem einleitend umrissenen, breiten Tätigkeitsfeld. Und doch sind alle auf die wichtigste Basisqualifikation ausgerichtet: *über das aktuelle Geschehen öffentlich und kompetent kommunizieren zu können.* Übrigens sind die meisten dieser Beschreibungen auch schon vor fünfzig Jahren genannt worden. Und sie werden in fünfzig Jahren wohl noch immer genannt werden - unter der Voraussetzung, dass wir uns den Spielraum für die Entfaltung eines reichen Journalismus erhalten (wollen).

Literatur

Altschull, Herbert J. (1989): Agenten der Macht. Die Welt der Nachrichtenmedien - eine kritische Studie. Konstanz (zuerst 1984: Agents of Power, New York).

Belz, Christopher; Haller, Michael; Sellheim, Armin (1999): Berufsbilder im Journalismus. Von den alten zu den neuen Medien. Konstanz.

Binkowski, Johannes (1985):Wandelt sich der Journalismus zum reinen Akademikerberuf? In: Binkowski, Johannes (Hrsg.): Journalisten für die Zeitung von morgen. Bonn, S. 7-12.

Deutscher Journalistenverband (1996): Berufsbild Journalist/Journalistin. Bonn.

Deutscher Presserat (2003): Jahrbuch 2003. Mit der Spruchpraxis des Jahres 2002. Schwerpunkt: Qualität im Journalismus. Konstanz.

Eschenauer, Barbara (2002): Unabhängigkeit - Zivilcourage - Verantwortungsgefühl. Beobachtungen und Thesen zur journalistischen Aus- und Weiterbildung. In: Altmeppen, Klaus-Dieter; Hömberg, Walter (Hrsg.): Journalistenausbildung. Für eine veränderte Medienwelt. Wiesbaden, S. 31-38.

Haller, Michael (19974): Die Reportage. Ein Handbuch für Journalisten. Konstanz.

Haller, Michael (2003): Von der Pressefreiheit zur Kommunikationsfreiheit - Rückschläge und Perspektiven. In: Michael Haller (Hrsg.): Das freie Wort und seine Feinde. Konstanz, S. 11-27.

Lippmann, Walter (1990): Die öffentliche Meinung. Reprint. Bochum. (Zuerst 1922: Public Opinion, New York).

Redelfs, Manfred (1996): Investigative Reporting in den USA. Strukturen eines Journalismus der Machtkontrolle. Opladen.

Siebert, Fred S.; Peterson, Theodore; Schramm, Wilbur (1956): Four Theories of the Press. University of Illinois Press.

Weaver, David; Buddenbaum, Judith M. (1980): Newspapers and television. A review of Research on Uses and Effects. In: Mass Communication Review Yearbook, Vol. 1, Beverly Hills und London, S. 371-380.

Weischenberg, Siegfried (1983): Investigativer Journalismus und "kapitalistischer Realismus". Zu den Strukturbedingungen eines anderen Paradigmas der Berichterstattung. In: Rundfunk und Fernsehen, Nr. 3-4/1983, S. 349-369.

Weischenberg, Siegfried (1992): Journalistik, Bd. 1: Mediensysteme, Medienethik, Medieninstitutionen. Opladen.

Weischenberg, Siegfried (2002): Nachrichten-Journalismus. Anleitungen und Qualitäts-Standards für die Medienpraxis. Wiesbaden.

Redaktionen: Organisation, Strukturen und Arbeitsweisen

Klaus Meier

Wer denkt, Journalismus sei ein abwechslungsreicher Beruf - der irrt zumindest in einer Hinsicht: Journalisten lieben die Routine und feste Arbeitsstrukturen. Sie lieben es, wöchentlich, täglich oder stündlich das Gleiche zu tun - je nach Produktionszyklus und Erscheinungsintervall. Die Spannung des Berufs entsteht durch Themenvielfalt und Schnelligkeit: Immer wieder wird eine andere Sau durchs Dorf getrieben, aber sie nimmt immer den gleichen Weg. Gerade weil sich Journalisten permanent und schnell auf neue Themen einlassen müssen, mögen sie es nicht, wenn ihre Redaktionsstrukturen und gewohnten Arbeitsabläufe durcheinander geraten oder verändert werden.

Journalisten lieben Routine

Der Journalismus hat sich schon frühzeitig ein strenges organisatorisches Korsett gegeben. Anders könnten die journalistischen Produkte auch nicht die Wünsche der Leser, Hörer und Zuschauer befriedigen. Die Kunden der Journalisten müssen sich darauf verlassen können, dass die Zeitung oder die Sendung regelmäßig und pünktlich erscheint und dass das Spektrum an aktuellen Themen die Erwartungen erfüllt. Es wäre ebenso unbefriedigend, wenn eine Morgenzeitung erst am Abend ausgeliefert würde, wie wenn eine Fernseh-Nachrichtensendung zufällig einmal nur über Politik und ein anderes Mal nur über Sport berichtete. Organisation, Struktur und Arbeitsweise einer Redaktion müssen sich auf diese thematischen und zeitlichen Erwartungen einstellen.

Struktur und publizistische Strategie

Die *Struktur einer Redaktion* richtet sich im Idealfall nach der publizistischen Strategie, den journalistischen Konzepten und Zielen - gemäß der viel zitierten, betriebswirtschaftlichen Formel "Structure follows Strategy" (Chandler 1987, S. 14). Welche Zielgruppe wollen wir erreichen? Für welche Themen interessiert sich diese Zielgruppe? Möchten wir eher analytisch und hintergründig informieren oder schnell, kurz und oberflächlich? Möchten wir unterhalten oder Service bieten? - Solche Entscheidungen trafen Redaktionsleiter früher aus dem Bauch heraus. Erfolgreiche Redaktionen überlassen heute die Antworten auf Fragen nach Zielgruppen und ihren Wünschen der Publikumsforschung (vgl. Hohlfeld 2002). Natürlich spielen dabei auch die institutionellen, ökonomischen und gesellschaftlichen Rahmenbedingungen eine erhebliche Rolle - zum Beispiel ob es sich um ein privates oder ein öffentlich-rechtliches Medium handelt, um ein universelles (wie die Tageszeitung) oder ein Spartenmedium (wie ein Sport- oder ein Kinderkanal). Die Struktur einer Redaktion ist nicht für alle Zeiten festgelegt: Wenn sich die Wünsche und Interessen des Publikums ändern, wenn sich die gesellschaftlichen Anforderungen an die Herangehensweise an Themen wandeln und dementsprechend die Inhalte eines Mediums modernisiert werden sollen, muss auch und vor allem die Redaktion umgebaut werden.

Gliederung der Redaktion

Das *Themenspektrum*, das eine Redaktion bearbeiten kann, wird in der *horizontalen Gliederung* der Redaktion fachlich verankert. Ein privater Radiosender wird beispielsweise eher Musikredakteure und unterhaltsame Moderatoren einstellen und seine Redaktion nach den Bereichen Musik, Unterhaltung und Nachrichten gliedern. Darüber hinausgehende spezielle thematische Zuständigkeiten finden sich in den Redaktionen privater Radiosender kaum - allenfalls ein Sport-, Kino- oder Lifestyle-Redakteur (vgl. Altmeppen/Donges/Engels 1999, S. 146ff.). Ähnlich eingeschränkt definieren unterhaltungsorientierte Zeitschriften ihr Spektrum an Ressorts - wie beispielsweise Max mit Entertainment, Auto/Sport und Mode/Style.

Informationsorientierte Medien mit universellem Themenanspruch teilen die Redaktion dagegen in die klassischen Ressorts ein, um die für den Journalismus wichtigen gesellschaftlichen Teilsysteme kontinuierlich beobachten zu können. Aber auch hier gibt es Unterschiede: Während Tageszeitungen in der Regel Themengebiete, die für eine kurzfristige aktuelle Berichterstattung zentral sind, fachlich verankern (Politik, Wirtschaft, Kultur, Sport und Lokales), bilden öffentlich-rechtliche Fernseh- und Radiosender wie der Österreichische Rundfunk (ORF) zusätzlich Abteilungen für längerfristig aktuelle Themengebiete - wie für Wissenschaft und Bildung, für Religion oder für Kinder, Jugend und Familie. Das Themenspektrum der öffentlich-rechtlichen Sender ist damit breiter als das der Printmedien.

Allgemein gilt: Je größer eine Redaktion ist, desto schärfer sind die Journalisten fachlich spezialisiert; je kleiner, desto eher gilt das Prinzip "Jeder macht alles".

Aufbauorganisation: Tätigkeiten, Sparten und Macht

Der Begriff "Aufbauorganisation" stammt aus der allgemeinen Managementlehre (vgl. z. B. Staehle 1999). Man unterscheidet grundsätzlich zwischen horizontaler und vertikaler Abteilungsbildung. Die horizontale Abteilungsbildung erfolgt nach dem Kriterium der Aufgabenverteilung, die vertikale beschreibt das Machtgefüge in einer Redaktion.

Spezialisierung nach Funktion

Die Aufgaben können auf zwei verschiedene Arten verteilt werden: Einerseits können die Redakteure auf Objekte spezialisiert sein (Spartenorganisation) - sie sind wie erwähnt für ganz bestimmte Sparten, Sendungen oder Themengebiete zuständig - andererseits nach ihrer Tätigkeit (Funktionalorganisation). Ob die Redakteure auf Tätigkeiten spezialisiert sind, hängt größtenteils von der Journalismuskultur und -tradition ab: In deutschsprachigen Zeitungsredaktionen zum Beispiel erledigt der Redakteur überwiegend alle Tätigkeiten von Recherche, Texten und Redigieren bis zu Blattplanung und Seitenlayout; im anglo-amerikanischen Journalismus hat sich dagegen frühzeitig eine funktionale Spezialisierung in Reporters und Editors durchgesetzt (Meier 2002, S. 239-241). Während die Reporters recherchieren und schreiben, ist es die alleinige Aufgabe der Editors, die Reporters anzuleiten, Texte zu redigieren, Schlagzeilen zu formulieren, die Seiten am Computer zu layouten und die Produktionsabläufe zu überwachen.

In vielen Fernsehredaktionen ist eine ähnliche funktionale Spezialisierung üblich: Während die fest angestellten Redakteure für das Programm verantwortlich sind, in Konferenzen koordinieren, Themen planen, Beiträge in Auftrag geben und fertige Beiträge abnehmen - liefern Reporter, freie und feste freie Mitarbeiter Beiträge zu: Sie recherchieren, drehen vor Ort (in Zusammenarbeit mit dem Kamerateam), schneiden (zusammen mit der Cutterin) und texten.

Vertikale Hierarchie

Kriterien der vertikalen Abteilungsbildung sind die Entscheidungskompetenz und die Machtverteilung innerhalb einer Organisation. Grundsätzlich können vier hierarchische Verknüpfungen unterschieden werden, die am Beispiel von Zeitungsredaktionen in der Grafik dargestellt sind: Einlinien-, Stab-Linien-, Mehrlinien- und Matrixorganisation.

Grundmodelle der Organisation

Typische Organisationsweise der Redaktion ist die *Einlinienorganisation* mit dem klassischen Bild der Pyramide und dem Prinzip der Auftragserteilung, das die klassische Managementlehre als eindimensional beschreibt: "Von oben werden Ziele und Aufgaben vorgegeben, von unten wird Vollzug gemeldet." (Staehle 1999, S. 704). Die Hierarchie Chefredaktion/ Ressortleiter/Redakteure ist sowohl in deutschen als auch in angloamerikanischen Redaktionen üblich. Vorteile sind klare Zuständigkeiten und Verantwortlichkeiten. Die einfachen Kommunikations- und Kompetenzstrukturen fördern das Sicherheitsgefühl. Die Einzelprodukte - in Printmedien die Sparten, im Rundfunk die Sendungen - werden weitgehend autonom und unabhängig voneinander hergestellt.

Die strikte Einlinienorganisation kann sich allerdings auf die redaktionelle Arbeit auch schädlich auswirken: Wer nur auf die eigene Sparte oder die eigene Sendung schaut, verliert den Blick fürs Ganze. Die Zeitung, die Zeitschrift, das Radio- oder das Fernsehprogramm werden nicht aus einem Guss produziert. Themen, die nicht zweifelsfrei einem Ressort oder einer Sendung zugeordnet werden können, fallen durchs Wahrnehmungsraster der Redaktion oder werden womöglich in zwei Abteilungen gleichzeitig behandelt (vgl. Ruß-Mohl 1995, S. 122) - es entstehen die so genannten Dubletten. Zudem können Ressourcen nicht übergreifend genutzt werden: Die Redakteure können ihre Fachkompetenz nur für die eigene Sparte umsetzen und sind nicht flexibel einsetzbar. Je nach Personal- und Themenlage ist an einem Tag das eine Ressort unterbesetzt, am anderen Tag ein anderes.

Um diese Nachteile zu vermeiden, haben Redaktionsleiter Ideen aus anderen Managementmodellen übernommen (vgl. Meier 2002). Bei der *Stab-Linien-Organisation* koordiniert ein Redaktionsmanager die Themenabsprachen zwischen den Abteilungen, den Beitragsaustausch, die gegenseitige Zuarbeit und die Teamarbeit über Ressortgrenzen hinweg. Das Modell der *Mehrlinienorganisation* ist ausschließlich ressortübergreifend angelegt: Die Ressorts lösen sich auf; die Redakteure bleiben zwar fachlich spezialisiert, arbeiten aber in wechselnden Teams für verschiedene Ressortleiter. Das Modell sorgt für einen stärkeren Wissenstransfer (vgl. Meckel 1999, S. 78). Sachkompetenz wird ausgiebig und unterschiedlich genutzt: So schreibt zum Beispiel der auf Wirtschaftspolitik spezialisierte Redakteur zwar meist für die Politik, bei Bedarf aber auch für die Wirtschaftsseiten. Oder beim Radio produzieren die Kulturredakteure nicht nur die eigene Kultursendung, sondern liefern auch den aktuelllen Magazinsendungen zu. Teams können nach aktueller Themenlage immer wieder neu zusammengesetzt werden. Dass die prinzipielle Ressortzugehörigkeit von Redakteuren allerdings komplett aufgelöst wird, scheint utopisch: Zu groß ist der Nachteil, dass die immer wieder neu entstehenden Teams erst koordiniert werden müssen.

Die *Matrixorganisation* stellt eine Kombination aus funktionalen und objektorientierten Gruppen dar. In einigen Zeitungsredaktionen sind zum Beispiel zentrale Layouterpools oder Fotografengruppen eingerichtet - oder eine Reportergruppe, die ressortunabhängig verschiedenen Ressorts zuliefert. In großen Fernsehredaktionen sind die Kameraleute und die Cutter eigenen Abteilungen unterstellt; die Journalisten müssen über eine zentrale Koordinationsstelle ein Team buchen, wenn sie einen Beitrag vor Ort drehen und anschließend schneiden wollen. Kameraleute und Cutter sind mal für diese, mal für jene Redaktion tätig.

Die vier Organisationsmodelle existieren selten in Reinform - nicht zuletzt, weil sie jeweils spezifische Nachteile mit sich bringen. Die

Kunst des Redaktionsmanagements besteht darin, diejenigen Elemente zu kombinieren, mit denen die redaktionellen Konzepte und Ziele am besten umgesetzt werden können. Beispiele werden im Abschnitt "Neue Redaktionsmodelle" (w. u.) beschrieben.

Anfänger in einer Redaktion sind immer gut beraten, wenn sie in den ersten Tagen Augen und Ohren offen halten und sich über die Machtverhältnisse informieren (vgl. Schneider/Raue 1998, S. 225-227). Das Impressum gibt nur Auskunft über die formale Hierarchie; die informelle Machtverteilung kann anders aussehen. Nicht immer sind Chefredakteure und Ressortleiter die dominierenden Figuren; oft haben altgediente Redakteure ihre Reviere abgesteckt.

Ablauforganisation: Redaktioneller Workflow und Temporalstruktur des Mediums

Erscheinungsweise bestimmt Arbeitsweise

Der Erscheinungsrhythmus eines Mediums bestimmt wesentlich die zeitlichen Strukturen und Arbeitsweisen einer Redaktion. Mit "Workflow" sind einerseits die Stationen gemeint, die ein Beitrag durchläuft, bis er gedruckt oder gesendet wird, und andererseits die grundsätzlichen, routinisierten Abläufe in einer Redaktion: von der Redaktionskonferenz und Themenplanung über die Beitragsproduktion bis zum Andruck, zur Sendung oder zur Aktualisierung eines Online-Magazins.

Während Nachrichtensendungen nahezu rund um die Uhr im Schichtbetrieb arbeiten und sich manche Tätigkeiten stündlich oder sogar viertelstündlich wiederholen, haben Zeitungsredaktionen einen am Tagesrhythmus orientierten Workflow: Am Vormittag wird das einlaufende Material sortiert, in Konferenzen werden Themen besprochen und vergeben, die ersten Recherchen laufen an. Erst am Nachmittag wird geschrieben und layoutet. Die letzten Beiträge werden kurz vor Redaktionsschluss am Abend fertig. Eine - zum Beispiel montags erscheinende Zeitschrift - braucht wiederum einen anderen Workflow: Am Montag wird die aktuelle Ausgabe kritisiert, Reaktionen darauf besprochen. Während der Woche wird recherchiert, aktuelle Themen in anderen Medien werden beobachtet. Die aktuellen Beiträge werden aber erst am Donnerstag/Freitag gestrickt. Ganz anders müssen Online-Redaktionen ihren Workflow organisieren (Meier 2002a): Sie haben weder Redaktionsschluss noch Sendetermin; die Nutzer erwarten eine permanente Aktualisierung der Nachrichten. Bereits veröffentlichte Nachrichten müssen umgeschrieben werden, wenn in der betreffenden Sache etwas Neues passiert. Der redaktionelle Workflow muss so eingerichtet sein, dass ein Beitrag von einem Texter in die Hand eines anderen wandern kann: Eine neue Schicht übernimmt die Geschichte und schreibt sie aufgrund der aktuellen Lage um und weiter. Nachrichten zu zentralen Ereignissen werden meist mehr als ein Dutzend mal umgeschrieben.

Grenzen des Newsrooms

Der unterschiedliche redaktionelle Workflow ist der Hauptgrund für die Schwierigkeit, verschiedene Medien in einem Newsroom zu bündeln. Da sich die redaktionellen Abläufe am Erscheinungsrhythmus des Mediums orientieren müssen, sollten in einer crossmedialen Redaktion verschiedene Temporalstrukturen parallel eingeführt werden - von der Planung in den Redaktionskonferenzen bis zum Recherchieren und Produzieren von Beiträgen (vgl. dazu den Abschnitt "Crossmediale Redaktionen").

Redaktionstechnik steuert redaktionelle Abläufe

Beispiel Radio

Technische Innovationen verändern die Abläufe in den Redaktionen grundlegend. Beispiel Zeitungsredaktion: Während früher ein Text auf der Schreibmaschine geschrieben, per Redaktionsbote in den Satz gegeben und anschließend vom Setzer in die Seite eingefügt wurde, kann mit modernen Redaktionssystemen das Layout am Computer entworfen werden - und der Journalist schreibt seinen Text direkt ins Layout. Ändert sich die Nachrichtenlage dramatisch, können Seiten jederzeit umgebaut, Beiträge gelöscht, auf andere Seiten verschoben oder gekürzt, neue Beiträge in kurzer Zeit aufgenommen werden. Beispiel Radioredaktion: Früher lag ein O-Ton auf einem Tonband vor, das Band wurde geschnitten und geklebt. Es wurde immer mit dem Original gearbeitet, denn mit jeder Kopie hätten die Töne an

Qualität verloren. Das Tonband musste materiell immer vorhanden sein, wenn der Beitrag gesendet wurde; danach wanderte das Band ins Archiv. Nach der Digitalisierung der Radiotechnik liegen O-Töne und Beiträge auf Servern, die für jeden Redakteur permanent übers Netzwerk erreichbar sind. Töne können beliebig oft kopiert werden. In kurzer Zeit können mehrere Versionen eines Beitrags für verschiedene Sendungen produziert werden. Auch das digitale Archiv ist schnell und einfach erreichbar.

Beispiel Fernsehen

Während die Digitalisierung von Print- und Radioproduktion schon länger zurück liegt, befinden sich viele Fernsehredaktionen zurzeit in der Einführungsphase digitaler Technik und damit in einem radikalen Umbau der Abläufe in den Redaktionen (vgl. z. B. für die spanischen TV-Sender Tele 5 und Antena 3 García Avilés/León 2002). Mit analogem Bandmaterial hing der redaktionelle Ablauf am physischen Weg eines Bandes: Nach dem Dreh vor Ort kam das Band in den Schneideraum; der geschnittene Beitrag wanderte auf Band in die Redaktion zur Abnahme, in das Tonstudio zum Besprechen, ins Sendezentrum zum Ausspielen und anschließend ins Archiv. Jetzt wird das digitale Videomaterial nach dem Dreh auf einem Server gespeichert, ist für alle Redakteure erreichbar und kann beliebig oft verwendet oder kopiert werden. In kurzer Zeit können Beiträge an jedem Arbeitsplatz abgenommen, aktualisiert oder ausgetauscht werden. Im digitalen Videoarchiv kann in den Beiträgen über eine Schlüsselbild- oder Stichwortsuche recherchiert werden. Ein Beispiel für ein solches Workflow-System im Fernsehbereich ist Blue order (http://www.blue-order.com).

Redaktionssysteme bzw. Content Management Systeme für Print, Audio, Video und Internet strukturieren und steuern heute die redaktionellen Arbeitsabläufe bei allen Medien. Während früher aus technischen Gründen strikt lineare Abläufe vorgegeben waren, werden mit digitaler Technik Abläufe und Tätigkeiten vernetzt.

Neue Redaktionsmodelle: Thementeams und Newsdesk

Nicht nur technische *Innovationen*, auch neue gesellschaftliche oder ökonomische *Rahmenbedingungen* zwingen Redaktionen zu Umstrukturierungen. Am deutlichsten zeigt sich dies seit einigen Jahren in den Zeitungsredaktionen. Die Blätter verlieren Leser und Anzeigenkunden, unter anderem weil sie in der Medienkonkurrenz um die aktuelle Nachricht gegenüber Radio, Fernsehen und Internet immer weniger Chancen haben. Sie verabschieden sich deshalb vom alleinigen Nachrichtenjournalismus, der druckt, was die Agenturen liefern, und geben sich ein stärkeres eigenes Profil. Wer die Leser nicht verlieren und neue Lesermärkte erschließen will, muss die Alleinstellungsmerkmale der Zeitung stärken - also das in der Zeitung, was kein anderes Medium liefern kann: Die Geschichten hinter den schnellen, zusammenhangslosen Nachrichten und die Verknüpfung zwischen überregionalen, regionalen und lokalen Informationen. Wer diese inhaltlichen Ziele anstrebt, muss in der Redaktion strukturell Freiräume für Kreativität abseits der Routine, für eigene Schwerpunkt-Themen und Zusammenhänge sowie für Hintergrund-Recherchen schaffen. "If you can't be the first, you have to be the best", zitiert Uwe Zimmer, Chefredakteur der Neuen Westfälischen in Bielefeld, eine amerikanische Branchenweisheit (nach Meier 2002b).

Mehr liefern als aktuelle Nachrichten

Immer wieder erweist sich die klassische Ressortorganisation dieser Neuorientierung als hinderlich, weshalb Chefredakteure die Ressortbarrieren aufbrechen und neue Formen der Organisation einführen: Teamarbeit über Ressortgrenzen hinweg, Zusammenlegung von Ressorts zu größeren Einheiten oder ein Newsdesk, an dem die Tagesverantwortlichen aus den Ressorts zusammenarbeiten, gemeinsam das Blatt planen und gestalten. Immer mehr kommt es auch im deutschsprachigen Raum zur anglo-amerikanischen Trennung der Rollen Editor und Reporter. Damit werden nicht nur Ressourcen für Recherchieren und Schreiben freigesetzt, sondern auch die Blattplanung und das Layout professionalisiert.

Ressortgrenzen aufbrechen

Vier Beispiele veranschaulichen die Bandbreite von Umstrukturierungen in Zeitungsredaktionen (vgl. Meier 2002, 2002b; Kemper 2003):

Thementeams in Aachen

Wilfried Lindner, Chefredakteur der Aachener Nachrichten (Auflage 65.000), stellt sich sein idealtypisches Redaktionsmodell so vor: "Wenn ich mir eine Redaktion malen könnte, würde ich im Grunde nur themenorientiert arbeiten und nicht ressortorientiert. So weit sind wir zwar noch lange nicht, aber wir haben die traditionellen Ressorts weitgehend aufgelöst." Die Mantelredaktion der Aachener Nachrichten besteht nur noch aus vier Einheiten: "Wirtschaft und Politik", "Kultur und Unterhaltung", "Euregio" und "Sport".

Ohne dpa in Chemnitz

Dieter Soika, Chefredakteur der Freie Presse in Chemnitz (Auflage 400.000), hat für ein neues Recherche- und Reportageressort fünf neue Redakteure eingestellt. Um die neuen Mitarbeiter finanzieren zu können, wurde die Deutsche Presse-Agentur (dpa) abbestellt. Ein neuer Produktionstisch, News Desk genannt, versammelt Redakteure aller Ressorts, dient als eine Art permanente Redaktionskonferenz und soll ressortübergreifendes Planen ermöglichen. Das Ziel seiner Umstrukturierungen fasst Soika so zusammen: "Ich möchte die Ressorts weitgehend auflösen, die Grenzen und Schranken niedrig halten, die Ressorts nur noch als die Spezialisten für bestimmte Fachgebiete sehen, aber Themen ressortübergreifend angehen."

"Sokos" in Bielefeld

Als Chefredakteur Uwe Zimmer im Jahr 2001 von der Münchner Abendzeitung zur Neue Westfälische in Bielefeld (Auflage 220.000) wechselte, fand er zwar eine Redaktion vor, die bereits mit innovativen Strukturen arbeitete - zum Beispiel einem Reporterpool im Politikressort. Er wollte aber verstärkt Teams über Ressortgrenzen hinweg bilden und machte zunächst die Erfahrung, dass das "Beharrungsvermögen der Strukturträger", wie er es nennt, in Zeitungsredaktionen enorm groß ist. Allerdings hätten sich die Arbeitsgruppen in der Redaktion durchgesetzt - vor allem aufgrund der Erfolge. "Wir nennen die Arbeitsgruppen Sonderkommissionen, kurz Sokos", so Zimmer. Zur Recherche über einen unter Korruptionsverdacht stehenden Politiker wurden Redakteure aus der Wirtschaft, der Politik und aus zwei Lokalredaktionen zusammengezogen. Über die Kontroverse zur Wehrmachtsausstellung, die in Bielefeld gastierte, berichtete eine "Soko" aus Politik und Lokalem. Und sogar Sport- und Lokalredakteure arbeiten zusammen, wenn es um die Schlägereien von Arminia-Fußballspielern in einer örtlichen Kneipe geht.

Newsdesk in Würzburg

Im Jahr 2002 fusionierte Chefredakteur Michael Reinhard bei der Main-Post in Würzburg (Auflage 150.000) unter wissenschaftlicher Beratung schrittweise die Ressorts Politik, Aus Aller Welt, Wirtschaft, Regionales und einen Reporterpool. Die Blattmacher der ehemaligen Ressorts produzieren an einem gemeinsamen Tisch - dem Newsdesk - die Zeitung aus einem Guss. Die Redakteure wurden in Editors und Reporters geteilt. Auch einige Lokalredaktionen produzieren inzwischen an einem gemeinsamen Tisch und sprechen dort gemeinsame Seiten und Artikelaustausch ab. Der leitende Redakteur Andreas Kemper resümmiert: "In größeren Einheiten lassen sich Spitzen besser abfangen, lassen sich schnell und umkompliziert Teams bilden, die Themen in allen Facetten aufbereiten" (Kemper 2003).

Crossmediale Redaktionen

Online-Ressort integrieren

Einen Fehler haben jahrelang viele Print- und Rundfunkredaktionen wiederholt: Neben der bestehenden Redaktion wurde eine eigene organisatorische Einheit für das Internet gegründet. Der Aufbau einer Doppelstruktur ist nicht nur ökonomisch fragwürdig, weil kaum finanzierbar, sondern auch journalistisch-inhaltlich absurd: Die Kernkompetenz der Redaktion wird nur für ein Medium genutzt, für das andere Medium soll eine ähnliche journalistische Struktur parallel dazu aufgebaut werden. Modernes Redaktions- und Content

Management nutzt dagegen eine Redaktion für alle Ausspielkanäle (vgl. Meier 2002a, S. 201-208).

Spezialisten im Cross-media-Team

Allerdings ist es ein fatales Missverständnis zu fordern, dass jeder Redakteur jede Geschichte für jedes Medium aktuell aufbereiten müsste. Die crossmediale Teamarbeit ist anders: Es gibt nach wie vor Spezialisten für Print, für Online, für Radio und für Fernsehen, welche die Eigenheiten, die Vor- und Nachteile des jeweiligen Mediums ken-nen und das Storytelling dafür beherrschen. Aber diese Spezialisten bringen ein Grundverständnis für die anderen Medien mit - und: Sie sitzen themenbezogen nebeneinander, besprechen Themen, tauschen Tipps und Informationen aus, nutzen gemeinsam Ressourcen. Recherchen und Interviews müssen nicht doppelt geführt, wichtige Dokumente nicht zwei- oder dreimal pro Sender oder Zeitung besorgt werden.

Zeit-strukturen

Wie erwähnt, besteht die Schwierigkeit, die verschiedenen Temporalstrukturen und damit den unterschiedlichen redaktionellen Workflow in einer Redaktion zu koordinieren. Grundsätzlich hat sich eine Integration der Online-Redakteure in den Newsroom der Print-Ausgabe jedoch bewährt: Nur so kann in Konferenzen und informellen Gesprächen abgestimmt werden, welche Themen crossmedial behandelt werden. Daher setzen zum Beispiel immer mehr Zeitungen Online- und Print-Redakteure an ein medienübergreifendes Newsdesk: In dieser Produktions- und Informationszentrale werden die unterschiedlichen Verbreitungskanäle gespeist - von der Zeitung übers Web bis zu mobilen Endgeräten. Die Main-Post in Würzburg zum Beispiel pflegt am Newsdesk nicht nur eine (zum Teil kostenpflichtige) Website, sondern verschickt dort auch E-Mail-Newsletter an 14.000 Abonnenten und regionale SMS-News.

Ein Beispiel für crossmediale Teamarbeit lässt sich in der Redaktion der Jerusalem Post beobachten. Print-, Online- und Radio-Journalisten arbeiten dort in einem gemeinsamen Newsroom, der vom Chefredakteur und vom "Vice President New Media" geleitet wird. In der Mitte des Organigramms ist der Internet News Director platziert, der - wie eine Spinne im Netz - die Journalisten und den Newsflow zwischen den drei Medien koordiniert: Print Journalists,

Radio Staff und die Latest News Editors, wie die Internet-Journalisten bezeichnet werden. Der "Vice President New Media", Derek Fattal, sagte auf der Ifra-Tagung "Convergent Views" im Dezember 2001 in Kopenhagen: "Es liegt auf der Hand, dass die Qualität unserer umfassenden Berichterstattung vom Input unserer Zeitungsjournalisten lebt - entweder durch Interviews, die sie dem Radiosender geben oder durch eine erste Version ihrer Geschichte fürs Internet. Zudem empfiehlt der News Director, welche Berichte von Internet-Autoren oder welche Radio-Themen für die gedruckte Zeitung geeignet sind. Dabei recyceln wir Content vom Internet für die Print-Ausgabe." Die drei Medien ergänzen sich im Nachrichtenfluss gegenseitig und profitieren wechselseitig voneinander.

Informationsmanagement in der Redaktion

Redaktions-
konferenz
reicht nicht

Redakteurinnen und Redakteure müssen sich permanent abstimmen und absprechen (vgl. Altmeppen 1999; Meckel 1999, S. 89-92). Die Koordination darf nicht dem Zufall überlassen bleiben, sondern braucht verbindliche Strukturen. Bewährt hat sich zum Beispiel die regelmäßige Redaktionskonferenz, die immer wieder nach dem gleichen Schema abläuft: Blatt- bzw. Sendungskritik, Abstimmung aktueller Themen und Autoren für die nächste Ausgabe bzw. Sendung, Berichte und Informationen über besondere Vorfälle (vgl. Meier 2002, S. 324). Es ist allerdings fraglich, ob Redaktionskonferenzen, die meist auf Leitungsebene stattfinden, ausreichen, um den Informations- und Wissensfluss in einer Redaktion optimal am Laufen zu halten. Jedes Redaktionsmitglied sollte den gleichen Zugang zu wichtigen Informationen wie alle anderen haben - und nicht zufällig am Gang oder in der Kantine erfahren, was aktuell ansteht oder gestern entschieden wurde. Viele Redaktions- und Ressortleiter verfahren nach der Maxime: "Wissen ist Macht."

Intranet
nutzen

Internet und Intranet können zu einer gleichmäßigen Informationsverteilung und zur Koordination der Redakteure untereinander genutzt werden (vgl. Meier 2002a, S. 209-211). Zum Beispiel wird die Themenkoordination und Planung erleichtert, wenn der Status aller

Daten-
banken

Seiten und Artikel bzw. aller Sendungspläne und Beiträge von Redakteuren aller Ressorts und Abteilungen abgerufen werden kann. Mit Datenbanken im Intranet einer Redaktion können Terminkalender allen zur Verfügung gestellt werden: Die Redakteure wissen, wer zu welchen Terminen unterwegs ist, wer welches Thema bearbeitet und wer welche Recherchequellen anzapft. Es kann auch ein gemeinsamer Themenpool und Themenspeicher - eine Art Ideensammlung - eingerichtet werden, den jeder beliefern und einsehen kann. Recherchematerial wie Interviews oder Dokumente kann in Datenbanken gespeichert und einem Team zur Verfügung gestellt werden. Möglich ist auch eine Datenbank mit Ansprechpartnern, Experten und Recherchequellen zu den verschiedensten Themen.

Wissensmanagement ist das Schlagwort, welches das Intranet einer Redaktion kennzeichnet. Ein Beispiel: Die Washington Post verwendet die Software SourceTracker der Firma NewsEngin (vgl. www.newsengin.com). Damit können Journalisten Recherchenotizen, Interviews und Dokumente speichern, mit Artikeln verlinken - und dieses Hintergrundwissen der gesamten Redaktion zur Verfügung stellen. Auf diese Weise entsteht eine Wissensdatenbank der Redaktion, in der mit Stichwortsuche im Volltext recherchiert werden kann.

Literatur

Altmeppen, Klaus-Dieter (1999): Redaktionen als Koordinationszentren. Beobachtungen journalistischen Handelns. Opladen, Wiesbaden.

Altmeppen, Klaus-Dieter; Donges, Patrick; Engels, Kerstin (1999): Transformation im Journalismus. Journalistische Qualifikationen im privaten Rundfunk am Beispiel norddeutscher Sender. Berlin.

Chandler, Alfred D. (1987): Strategy and Structure. Chapters in the History of the Industrial Enterprise. 15. Aufl. Cambridge, London.

García Avilés, Jose A.; León, Bienvenido (2002): Journalistic practice in digital television newsrooms. In: Journalism, Heft 3, S. 355-371.

Hohlfeld, Ralf (2002): Journalismus für das Publikum? Zur Bedeutung angewandter Medienforschung für die Praxis. In: Ralf Hohlfeld; Meier, Klaus; Christoph Neuberger (Hrsg.): Innovationen im Journalismus. Forschung für die Praxis. Münster, S. 155-201.

Kemper, Andreas (2003): Bröckelnde Grenzen. In: Medium Magazin, Heft 6, S. 36-38.

Meckel, Miriam (1999): Redaktionsmanagement. Ansätze aus Theorie und Praxis. Opladen/Wiesbaden.

Meier, Klaus (2002): Ressort, Sparte, Team. Wahrnehmungsstrukturen und Redaktionsorganisation im Zeitungsjournalismus. Konstanz.

Meier, Klaus (2002a): Redaktions- und Content Management. In: Meier, Klaus (Hrsg.): Internet-Journalismus. Konstanz, S. 187-212.

Meier, Klaus (2002b): Projekt Team. In: Journalist, Heft 4, S. 12-18.

Ruß-Mohl, Stefan (1995): Redaktionelles Marketing und Management. In: Jarren, Otfried (Hrsg.): Medien und Journalismus 2. Eine Einführung. Opladen, S. 103-138.

Schneider, Wolf; Raue, Paul-Josef (1998): Handbuch des Journalismus. Aktualisierte Taschenbuchausgabe. Reinbek.

Staehle, Wolfgang H. (1999): Management. Eine verhaltenswissenschaftliche Perspektive. 8. Auflage. München.

Weichler, Kurt (2003): Redaktionsmanagement. Konstanz.

Journalistisches Handwerk

Recherchieren im Journalismus

Ambros Kindel

Ohne Recherchieren kommt der Journalismus nicht weit. Ohne Recherche bleibt er inhaltsarm und realitätsfern. In der Recherche geht der Journalist den Dingen auf den Grund, versucht er, herauszufinden, was tatsächlich geschehen ist. Mit der Recherche überprüft der Journalist ihm vorliegende Informationen, Angaben von Informanten, Agenturmeldungen u. a. m. Deshalb kann man die Recherche als einen der wichtigsten Arbeitsprozesse im Journalismus bezeichnen.

Die richtigen Fragen

Recherchieren bedeutet, zu einem bestimmten Thema die richtigen Fragen zur richtigen Zeit an die richtigen Gesprächspartner zu richten. Die Recherche kann in Form von Telefonaten, von persönlichen Gesprächen, in Form von Datenbankrecherchen, von Internet-Recherche, aber beispielsweise immer noch auch durch das Nachschlagen in Fachbüchern und Lexika erfolgen. Die Recherche muss zielgerichtet, methodisch richtig und auch zeitökonomisch erfolgen. Nicht jedes Telefonat, in dem ein Journalist dem Pressereferenten eines Politikers eine Sprechblase abringt, verdient die Bezeichnung Recherche. Journalisten hinterfragen alles und jedes. Die Methode, nichts als selbstverständlich hinzunehmen, sondern über zu berichtende Sachverhalte möglichst viele Informationen einzuholen, ist die Recherche.

Journalisten sammeln Information

Journalisten sammeln im Dienste einer definierten Zielgruppe Informationen, die für dieses Publikum relevant oder zumindest von Interesse ist. Die Journalisten beobachten im Auftrag ihrer Zielgruppe das tägliche Geschehen und halten fest, was von Bedeutung ist. Die Recherche dient nicht nur dem Zweck, neue Information einzuholen und zu sammeln; eine ihrer wichtigsten Aufgaben ist es auch, bereits vorliegende Informationen auf ihre Richtigkeit hin zu überprüfen und erforderlichenfalls zu ergänzen.

Was braucht ein Journalist zum Recherchieren?

Alte und neue Mittel

Zunächst einmal eine Aufgabe, eine Fragestellung und die richtige Methode, die aufgeworfenen Fragen schrittweise zu beantworten. Oft genügen dazu immer noch ein Blatt Papier und ein Bleistift. Zu dieser Grundausstattung gibt es freilich sehr nützliches Zubehör: Handy, Notebook, Verzeichnis mit wichtigen Telefonnummern von Informanten, Ansprechpartnern, Institutionen etc., Lexika, Internetadressen, Zugang zu Datenbanken (wenn der Journalist in der Redaktion arbeitet). Dieses technische Zubehör erleichtert jedem Journalisten die Arbeit sehr, ist jedoch noch nicht die Grundvoraussetzung für das Recherchieren.

Der Rechercheplan

Jede Recherche muss zielgerichtet sein, von der Themen- und Aufgabenstellung ausgehen und die richtigen Fragen in der richtigen Reihenfolge aufwerfen und beantworten. Die Recherche muss wohl überlegt und gut geplant werden. In der Regel kann die Recherche zunächst durch die Beantwortung folgender Fragen vorbereitet werden:

1. Was sind Recherchegegenstand und Aufgabenstellung, welche Fragen sind zu beantworten?
2. Worin besteht das Rechercheziel?
3. Welche Informationen von wem und von wo brauche ich?
4. Sind die bereits eingeholten Informationen richtig, welche Aspekte müssen nochmals überprüft oder verifiziert werden?
5. Sind die bereits eingeholten Informationen vollständig oder fehlen Elemente, die für das Verständnis des zu berichtenden Sachverhalts bzw. Ereignisses notwendig sind? Was ist zu ergänzen? Wo muss nachgesetzt werden?
6. Sind die eingeholten Informationen klar und eindeutig? Gibt es Unklarheiten, Widersprüche oder Mehrdeutigkeiten?
7. Aus welcher Quelle stammen die Informationen? Sind die Informanten repräsentativ, glaubwürdig und zuverlässig?

8. Sind die eingeholten Informationen korrekt zu Stande gekommen? Wird nirgends das Medienrecht verletzt und werden die Fairness gegenüber Betroffenen oder Informanten eingehalten?
9. Sind die vorliegenden bzw. eingeholten Informationen relevant? Führen Sie zum Rechercheziel (oder gar von diesem Ziel weg)?
10. Habe ich alles zum Schreiben meiner Story? Wenn nein, bitte zurück an den Start!

Jede Recherche muss auf gesicherten Fakten basieren und von zuverlässigen Quellen ausgehen. Erst im zweiten Schritt darf sie sich auf weniger sicheres Gelände wagen und einen Blick in weniger zuverlässige Quellen riskieren. Recherche funktioniert in konzentrischen Kreisen. Wer als Journalist über einen Nebenaspekt in ein Thema einsteigt, wird sich schwerer tun, als ein Kollege, der zuerst den Kern des Problems - das, worum es eigentlich geht: die zentrale Fragestellung - ausarbeitet. Zuerst muss der Journalist das Wesentliche über einen zu berichtenden Sachverhalt herausarbeiten, bevor er sich auf weniger wesentliche Aspekte einlässt.

Besonders wichtig ist die Quelle einer Information. Bei jeder Recherche ist es notwendig, sich als Journalist ständig bewusst zu machen, mit welcher Quelle man es zu tun hat. Es kann durchaus notwendig sein, die Quelle selbst zum Gegenstand von Recherchen zu machen und vor allem herauszufinden, was von der Quelle zu halten ist. Der Journalist muss auch den Mut haben, auf Material aus unseriösen oder unsicheren Quellen zu verzichten, selbst wenn dadurch vielleicht eine Story zusammenbrechen sollte.

Quellen prüfen

Die journalistische Recherche sollte stufenweise erfolgen, und es ist keine Schande, sich einen Rechercheplan zu notieren: Wen, welche Quelle, "befrage" ich wozu in welcher Reihenfolge. Ein schriftliches Konzept erleichtert das systematische Arbeiten.

Bruchstückhafte und vollständige Information

Die Information, die der Journalist recherchiert und weitergibt, muss aktuell, richtig und vollständig sein. Die Information soll kurz (aber nicht verkürzt!) und prägnant weitergegeben werden. Der Journalist soll Informationen, Sachverhalte oder Ereignisse auf den Punkt bringen und unwichtige Randaspekte sowie unnötiges Beiwerk weglassen.

Doch wann ist eine Information oder Nachricht vollständig? Wann hat ein Journalist alle Aspekte gefunden, die er für seine Story braucht? Wann fehlen essenzielle Aspekte, so dass weiterrecherchiert werden muss?

Die sieben Ws

Beim Sammeln von Information hilft dem Journalisten in aller Regel die Beantwortung jener fünf beziehungsweise sieben journalistischen Ws weiter, denen er in jedem journalistischen Lehrbuch begegnet (und über die manchmal aber leider achtlos hinweg gelesen wird): Wer? Was? Wann? Wo? Welche Quelle? sowie Wie? und Warum? Diese Ws bilden einen methodischen Rahmen, einen Raster, den der Journalist nur anzuwenden und auszufüllen braucht, um zu möglichst vollständiger Information über einen zu berichtenden Sachverhalt bzw. ein Ereignis zu gelangen.

Wer?

Wer, welche Person agiert, gibt eine Erklärung ab? Dem Journalisten muss klar sein, wer das Subjekt, die handelnde Person seiner Story ist.

Was?

Was geschah bzw. geschieht? Das Was bildet die Story. Lässt der Journalist die Beantwortung der Frage Was? weg, bleibt für ihn sowie vor allem für den Nutzer der Information nur Konfusion zurück.

Wann?

Damit ist die genaue Zeitangabe gemeint, wann etwas passiert oder geschehen ist. Das Wann sollte auf den Tag (und in erforderlichen Fällen auf die Stunde) genau sein. Zeitangaben wie "kürzlich", "unlängst", "vor einiger Zeit" sind in aller Regel zu unpräzise.

Wo?

Es versteht sich von selbst, dass der Ort des Geschehens genannt werden muss - er darf in keiner Information oder Nachricht fehlen.

Wie?
Bei Abläufen und Vorgängen ist in aller Regel nicht nur das Ergebnis (z. B. kaputtes Auto) sondern auch der Verlauf (Verkehrsunfall) für das Verständnis einer Ereignisses notwendig.

Warum?
Es ist dies jene der sieben W-Fragen, die in einer Nachricht oftmals nur bedingt (oder, wie etwa bei Flugzeugunfällen, erst später) beantwortet werden kann. Dem Warum (beispielsweise bei der Wahlniederlage einer Partei) versucht der Journalist meist in der Darstellungsform der Analyse auf den Grund zu gehen. Die Analyse ist die notwendige Ergänzung der Nachricht; sie erklärt die Vorgeschichte, die Zusammenhänge, die Hintergründe.

Welche Quelle?
Für die Zuverlässigkeit der Recherche ist dies die erste und wichtigste Frage: Ist die Quelle überhaupt zuverlässig? Ist die Quelle für das zu berichtende Thema relevant bzw. repräsentativ? (Ein Journalist wird sich nicht an das Finanzministerium wenden, wenn in der Recherche eine außenpolitische Frage geklärt werden soll.) Wer mit den falschen Quellen arbeitet, wird nicht an sein Rechercheziel gelangen. Quellen gehören in aller Regel in die Story, es sei denn, ein Journalist muss - aus guten Gründen - seine Quelle, seinen Informanten schützen.

Die möglichst vollständige Beantwortung der sieben Ws definiert die sieben wichtigsten Fragen im Journalismus. Ihre richtige Anwendung markiert den Einstieg in die methodische und zielgerichtete Recherche. Die Ws stellen für den Journalisten einen wichtigen Rechereraster dar. Er ist beispielsweise bei Internetrecherchen, aber auch bei Telefonrecherchen besonders nützlich, weil die Gefahr geringer ist, dass man etwas Wichtiges vergisst.

Die Ws sind wichtige Bausteine für das journalistisches Handwerk: Der Journalist kann bzw. muss sie von Fall zu Fall unterschiedlich reihen, schlichten und gewichten, bis er die ideale Form der Darstellung seiner Story erreicht: Die Beantwortung des wichtigsten Ws gehört immer an den Beginn, alle anderen Ws werden in fallender Wichtigkeit angeordnet.

Internet-Recherche

Das Internet hat die Möglichkeiten zur journalistischen Recherche revolutioniert. Auf Knopfdruck bzw. Mausclick sind nahezu unendliche Datenmengen verfügbar. Allerdings dürfen Journalisten das Internet als Recherchemittel nicht überschätzen. Zwar ist theoretisch jede Information auf irgendeiner Webpage, in irgendeiner Form und in irgendeiner Sprache verfügbar. Das bedeutet aber noch nicht, dass der Journalist an alle Informationen, die er benötigt, in einem vernünftigen Zeitrahmen herankommt. Die Fülle der Informationen - seriöser wie unseriöser, glaubwürdiger wie unglaubwürdiger - verlangt dem Journalisten oftmals sehr viel Zeit ab.

Internet nicht überschätzen

Daher muss er die Recherche im Voraus planen, in präzise Deskriptoren fassen und die Suchlogik gezielt einsetzen. Es ist notwendig, rechtzeitig zu erkennen, wenn die Internet-Recherche nicht ans Ziel führt und der Rückgriff zu klassischen Recherchemethoden (wie Nachschlagen in Literatur und Lexika, Befragen von Experten, die telefonische Recherche) ratsam ist.

Das Anlegen und Verwalten von Adress- und Linkverzeichnissen ist nicht immer der Weisheit letzter Schluss. Zu rasch können sich Links und Adressen ändern - das Internet ist ein flüchtiges Medium. Zu sehr ist man als Journalist geneigt, stets dieselben Links aufzurufen, mit immer den gleichen Quellen zu arbeiten. Die Suche nach neuen Seiten und Quellen gerät dabei nicht selten ins Hintertreffen. Es ist daher ratsam zu bedenken, dass sich ein Linkverzeichnis ähnlich wie ein Telefonbuch bzw. -verzeichnis verhält: auch dieses muss regelmäßig gepflegt und aktualisiert werden. Dessen ungeachtet ist es für den Journalisten empfehlenswert, von den wichtigsten WWW-Seiten, mit denen er oft arbeitet, Bookmarks anzulegen (dazu gehören übrigens auch wichtige Medienseiten im Web). Das alleinige Abrufen dieser Sites stellt freilich noch keine journalistische Internetrecherche dar.

Auch bei den Suchmaschinen ist Vorsicht geboten. Der Journalist muss seine Suche richtig formulieren und eingeben, um sich nicht der inneren Mechanik der Suchmaschinen auszuliefern. Suchmaschinen gehorchen hauptsächlich wirtschaftlichen und nicht primär journalistischen Interessen. Suchmaschinen transportieren oftmals nur Werbung, PR und Propaganda. Wer als Journalist das, was er im Web sucht, richtig in die Suchmaschine eingibt, gelangt oftmals zu durchaus professionellen Ergebnissen. Wer nur verwendet, was ihm die Suchmaschinen vorsetzen, arbeitet unprofessionell, geht in die vielzitierte "Google-Falle", in der alles so bunt aufbereitet ist, dass man Wichtiges und Unwichtiges, Zuverlässiges und Unzuverlässiges nicht mehr unterscheiden kann.

Google-Falle vermeiden

Suchen und Finden

Der Einstieg in die Internetrecherche erfolgt in aller Regel über Suchmaschinen. Dabei ist es nützlich, im Grundsatz den Unterschied zwischen Katalogen und Suchmaschinen zu kennen.

Kataloge sind inhaltlich gegliedert und versuchen, durch Einteilung der Sites in verschiedene Haupt- und Unterkategorien Ordnung ins Internet zu bringen. Kataloge beginnen meist mit sehr weit gefassten Begriffen (zum Beispiel Wirtschaft, Politik oder Sport, um bei journalistischen Inhalten zu bleiben) und führen im Weiteren zu immer spezielleren Themenstellungen (zum Beispiel Ländernamen in der Politik, Branchen in der Wirtschaft, Sportarten). Das Einordnen wird redaktionell vorgenommen, daher sind die Kataloge gut sortiert und systematisch aufgebaut. Kataloge sind aber nicht immer auf dem allerletzten Stand, und sie enthalten nur eine begrenzte Anzahl von Daten und Links.

Tools für die Suche

Bekannte Kataloge sind www.yahoo.com (und de), www.excite.com (und de) oder www.web.de.

Suchmaschinen suchen im Web automatisch nach Stichwörten. Sie bauen mittels Spidern, die das weltweite Netz automatisch nach Suchbegriffen abtasten, eine Datenbank auf. In dieser Datenbank wird die Abfrage durchgeführt. Da der Aufbau der Datenbank automatisch und nicht redaktionell erfolgt, sind die Treffer zahlreicher, aber auch chaotischer. In manchen Fällen erhält man Hunderttausende von Treffern, die nicht mehr handhabbar sind.

Bekannte Beispiele solcher Suchmaschinen sind www.altavista.com, www.hotbot.com oder www.infoseek.com.

Zu guter Letzt gibt es *Metasuchmaschinen*. Das sind übergeordnete Suchmaschinen, die nach den eingegebenen Stichwörtern untergeordnete Suchmaschinen abfragen. Zum Beispiel www.thebighub.com oder www.beaucoup.com.

Zwischen den einzelnen Suchmaschinen gibt es Unterschiede, die hier jedoch nicht diskutiert werden sollen. Es empfiehlt sich, sie einfach auszuprobieren. Bei der selben Anfrage erbringen sie unterschiedliche Resultate (mit oft stark abweichenden Reihungen).

Journalistischer Einstieg

Für den ersten journalistischen Einstieg kann man www.bbc.co.uk sowie www.cnn.com, weiters www.n-tv.de und www.orf.at. empfehlen. Beinahe jedes journalistische Qualitätsmedium leistet mit seinem Online-Angebot gute Recherchedienste.

Suchlogik

Es würde hier zu weit gehen, Suchlogik und Boole'sche Verknüpfungen im Detail abzuhandeln. Journalisten sollten aber die Grundbegriffe der Suchlogik kennen, weil die richtige Suchlogik die Recherche erleichtert und rascher zu brauchbaren Resultaten führt.

Logik der Verknüpfungen

George Boole war englischer Mathematiker im 19. Jahrhundert und gilt als Begründer der mathematischen Logik. Nach ihm sind die berühmten logischen Verknüpfungen UND/AND, ODER/OR, UND NICHT/AND NOT benannt.

Mit diesen *Verknüpfungen* arbeiten alle Suchmaschinen, auch wenn eine benutzerfreundliche Oberfläche nur noch das Ausfüllen von Textfeldern verlangt. Man sollte das Grundprinzip aber kennen, weil die Suchmaschinen auch die direkte Eingabe der Operatoren zulassen. Mit einer gut überlegten, logisch richtigen Eingabe kommt man immer noch schneller ans Ziel als mit chaotischem Herumsurfen.

Einige Beispiele:
AND bedeutet, dass beide Suchbegriffe vorkommen müssen. Gebe ich "Blair AND Chirac" ein, so suche ich nach Dokumenten, in denen der britische Premier und der französische Präsident vorkommen. Die AND-Abfrage ist die einfachste und häufigste Form der Internet- und Datenbank-Abfrage.

OR bedeutet, dass einer der beiden Suchbegriffe in den Fundstücken vorkommen muss. Die Anfrage "Blair OR Chirac" führt daher zu einem Sammelsurium aller Dokumente, in denen entweder der eine oder der andere Staatsmann vorkommen. Sinnvoller ist die Verknüpfung OR, wenn man nach Synonymen oder verschiedenen Schreibweisen ein- und desselben Namens sucht. Man kann zum Beispiel nach der im Englischen und der im Deutschen üblichen Schreibweise des israelischen Ministerpräsidenten suchen: "Sharon OR Scharon".

Die Verknüpfung NOT bedeutet, dass der erste Suchbegriff vorkommen muss, der zweite aber nicht vorkommen darf. Wenn ich zum Beispiel nach einem Maier suche, aber nicht den österreichischen Schistar meine, kann ich die Anfrage "Maier AND NOT Hermann" eingeben.

Suchbefehle

Bei der *Phrasensuche* gibt man eine bestimmte Wortfolge oder eine Kombination aus Vornamen und Familiennamen unter Anführungszeichen ein. Es wird dann genau die eingegebene Zeichenfolge gesucht, bei "Tony Blair" eben nur "Tony Blair" - wenn Tony im Text nicht vorkommt, wird das Dokument nicht angezeigt. Ebenso wenig wird das Dokument angezeigt, wenn "Blair Tony" im Text steht.

Diese Methode eignet sich zur *Eingrenzung* auf wenige Treffer oder auch zur Suche nach Zitaten. Bei der Phrasensuche muss man unbedingt auf die Groß- und die Kleinschreibung achten.

Schließlich ist die Suche unter Zuhilfenahme von sogenannten *Wildcards* zu erwähnen, die als Platzhalter fungieren. Wenn man "Information" eingibt, wird nur nach dem Wort Information im Singular gesucht, der Plural und alle Wortkombinationen - etwa

Informationsflut, Informationsmaterial, Informationsdefizit - fallen unter den Tisch. Plural und Komposita erhält man, wenn man je nach Suchmaschine "Information#" oder "Information*" eingibt.

Auch wenn man sich über die genaue Schreibweise nicht ganz im Klaren ist, können die Wildcards als Platzhalter für eine beliebige Anzahl von Buchstaben dienen. Bei dieser Methode verlängert sich die Abfragedauer, die Trefferzahl wächst sprunghaft an. Die Suche wird eher ausgeweitet als eingegrenzt. Diese Methode wird zudem nicht von allen Suchmaschinen unterstützt.

Die Suchanfrage

Suchbegriffe immer in Kleinschreibung eingeben. Dann wird in der Regel nach beiden Schreibweisen (Groß- und Kleinschreibung) gesucht. Großbuchstaben verwendet man, wenn man ausdrücklich nach Großschreibung sucht, zum Beispiel nach IAEO, OSZE, UNO.

Suche schrittweise verfeinern

Die Sprache, in der der Suchbegriff eingegeben wird, präformiert selbstverständlich das Ergebnis. Wer nach dem deutschen Wort "Terror" sucht, erhält hauptsächlich Treffer in deutscher Sprache. Die Eingabe von "terrorism" führt zur Anzeige der englischsprachigen Dokumente. Man kann bei der Internet-Suche gezielt mit Sprachkenntnissen operieren und Suchbegriffe in mehreren Sprachen mit OR verknüpfen.

Voraussetzung für eine gezielte Suche ist das Festlegen präziser Suchbegriffe. Es ist nicht ökonomisch, USA oder US-Navy einzugeben, wenn man sich für den augenblicklichen Aufenthaltsort des Flugzeugträgers USS Roosevelt interessiert. Ebenso unsinnig ist die Eingabe NYSE, wenn man nach dem Börsenkurs eines bestimmten Unternehmens sucht. Auch "Literatur" bringt wenig, wenn beispielsweise eine biografischen Notiz Umberto Eccos gefragt ist.

Die Suchbegriffe müssen punktgenau, sie dürfen nicht zu weit gefasst und auch nicht zu eng sein. Der Journalist braucht genaue Vorstellungen, wonach er sucht, und er sollte die Suche schrittweise verfeinern, wenn die Rückmeldung zu viele Treffer enthält.

Kritischer Umgang mit den Suchergebnissen

Internet-Recherche dokumentieren

Es empfiehlt sich dringend, jene Seiten, die man für eine Story verwendet hat, als Belege auszudrucken - die inhaltlichen Seiten und auch ein Äquivalent für das Impressum. Man kann dann nämlich beweisen, die Inhalte richtig wiedergegeben zu haben. Das Internet ist, wie erwähnt, ein flüchtiges Medium. Inhalte können rasch verändert werden, plötzlich verschwinden oder schleichend korrigiert werden. Um nicht in Beweisnotstand zu geraten, weil etwa der Inhalt, den man aus dem Web übernommen hat, sich als falsch herausgestellt hat, sind solche Belegausdrucke wichtig.

Bei Internetrecherchen ist es auch wichtig, sich immer die Einstiegsseite anzusehen und erforderlichenfalls nachzurecherchieren, wen und was man vor sich hat. Unklare Quellen sind zum Gegenstand weiterer Recherchen zu machen. Bei Quellen, deren Zuverlässigkeit nicht überprüfbar ist, ist größte Vorsicht geboten. Im Zweifel sollte ein übernommener Inhalt als Zitat und nicht als Faktum dargestellt werden.

Fragwürdige Quellen vermeiden

Und schließlich: Journalisten sollten unbedingt auf Informationen aus Quellen verzichten, die trotz Checks fragwürdig bleiben. Es ist die primäre Aufgabe des Journalisten, die Glaubwürdigkeit von Informationen und die Zuverlässigkeit von Quellen sorgfältig zu überprüfen. Das Internet kann als Quelle für Informationen, für Zitate, für Daten, für facts and figures eingesetzt werden.

Aus dem Web entnommene Inspirationen sollten aber immer zu einer eigenen Story verarbeitet werden. Nie Eins zu Eins aus dem Internet abschreiben! Nie eine Story aus dem Web kopieren, um diese als eigene Geschichte auszugeben! Damit kann man sich juristisch einklagbare Copyright-Probleme einhandeln.

Vermeiden der "Google-Falle"

In keinem anderen Medium kann man so schnell den Überblick verlieren wie im Internet, und in keinem anderen Medium kann man auch als Journalist so rasch vergessen, was man eigentlich sucht und braucht. Noch nie war in der Recherche systematische Vorbereitung und eine systematische Arbeitsweise so wichtig. Denn das Internet ist ein buntes und schillerndes Medium, das uns ununterbrochen ablenkt, auf Abwege führt, von dem wegführt, was wir tun wollten und wonach wir eigentlich gesucht haben. Also: Nicht in die Google-Falle tappen.

Worüber ich nicht informiert bin, kann ich nicht berichten

Von dem österreichischen Sprachphilosophen Ludwig Wittgenstein stammt die Aussage "Was sich überhaupt sagen lässt, lässt sich klar sagen; und wovon man nicht reden kann, darüber muss man schweigen" (Tractatus logico philosophicus).

Journalisten sollten Wittgenstein ernst nehmen: Worüber wir nicht reden können, darüber können wir auch nicht schreiben. Worüber wir nicht klar reden können, darüber können wir nicht verständlich schreiben. Worüber wir nicht informiert sind, können wir nicht berichten. Ehe wir berichten, müssen wir uns informieren. Wir dürfen nur darüber berichten, worüber wir uns ausreichend und vollständig informiert haben.

Die Recherche als journalistische Arbeitstechnik richtet sich auf das Erheben und Sammeln, das Überprüfen, Verifizieren oder Falsifizieren, auf das Vervollständigen und Ergänzen von Information. Dabei ist vom Journalisten stets eine kritische Grundhaltung gegenüber allem angebracht, was an ihn herangetragen wird.

Literatur

Blittkowsky, Ralf (2002): Online-Recherche für Journalisten. 2., überarb. Aufl. Konstanz.

Brendel, Matthias; Brendel, Frank (2002): Richtig recherchieren. Wie Profis Informationen suchen und besorgen. Ein Handbuch für Journalisten, Rechercheure und Öffentlichkeitsarbeiter. Mit Internetguide. Frankfurt.

Haller, Michael (2000): Recherchieren. Ein Handbuch für Journalisten. 5., überarb. Aufl. Konstanz.

Haller, Michael (Hrsg.) (2001): Recherche-Werkstatt. Edition Sage & Schreibe 3. Konstanz.

Ludwig, Johannes (2002): Investigativer Journalismus. Recherchestrategien, Quellen, Informanten. Konstanz.

Schöfthaler, Ele (1997): Recherche praktisch. Ein Handbuch für Ausbildung und Praxis. München.

Sprache im Journalismus

Wolf Schneider

Die Bilderwelt des Fernsehens hat nichts daran geändert: Das alleinige Transportmittel des Journalismus sind die Wörter. Sprechen die Bilder scheinbar für sich wie bei einem Eisenbahnunglück oder einem umgestürzten Omnibus, so kommt doch alles darauf an, ob sich der Unfall in St. Pölten oder in Aberdeen ereignet hat, und das können die Bilder nicht sagen. Oft sind sie sogar eine entbehrliche Zutat: wie die Mimik des Bundeskanzlers, während er redet. Und manchmal führen uns die Bilder völlig in die Irre: Ein Mann, der einem anderen einen Hammer auf den Schädel schlägt, sieht wie ein Mörder aus - aber vielleicht erfahren wir durch die Wörter, dass er in Notwehr gehandelt hat.

Auf die Sprache also kommt es an wie eh und je: darauf, dass jeder Leser und Hörer alles verstehen kann, was die Journalisten ihm anbieten, und möglichst viel davon auch hören oder lesen mag. Ob er mag, liegt natürlich großenteils am Stoff, am Thema: Ihn für einen Mord im Nachbarhaus zu interessieren, ist nun einmal leichter als für einen Regierungswechsel in Brasilien. Doch bei der Mehrzahl der journalistischen Angebote entscheidet gleichberechtigt ihre Form - die Sprache.

Für den professionellen Umgang mit ihr gilt vor allem eines, was die meisten von uns im Deutschunterricht nie vernommen haben: Einer muss sich plagen - der Schreiber oder der Leser. Dass dem Leser die Plage zugeschoben wird, ist das Schicksal von Schülern und Studenten: Sie müssen schwierige Texte entschlüsseln, sie haben keine Wahl. Der Zeitungsleser, der Radiohörer aber ist ein Souverän: Wenn eine Nachricht, eine Reportage, ein Kommentar ihn langweilt oder ihn gar ärgert, dann liest er eben nicht weiter oder hört nicht mehr zu; dann hat der Journalist ihn verloren. An der Langeweile mag oft das Thema schuld sein; der Ärger aber oder das Wohlgefallen entsteht überwiegend durch die Sprache.

Mediennutzer als Souverän

Wie ärgere ich meine Leser oder Hörer am einfachsten? Durch unselige Wörter in unsäglichen Sätzen.

Die schlimmen Wörter

Welche Art von Wörtern sollte ein Journalist vermeiden, wenn er gehört oder gelesen werden will? Fünf Arten vor allem: vielsilbige, vieldeutige, kaum verständliche; dazu Modewörter und schiefe Synonyme.

Vielsilbige Wörter

Was unterscheidet die Räumlichkeit vom Raum? Was die Witterungserscheinungen vom Wetter? Was die Aktivitäten von den Taten oder Aktionen? Dass die ersten zu viele Silben haben. Wer aber ein siebensilbiges Wort verwendet, obwohl er mit zwei Silben alles gesagt hätte: der ist erstens ein Schwätzer, der seinen Text mit warmer Luft aufbläst, und zweitens hat er gegen das erste Grundgesetz der Verständlichkeit verstoßen: "Ein Wort ist umso verständlicher, je weniger Silben es hat."

Verständlichkeit

Der Amerikaner R. A. Flesch hat das 1949 formuliert, im Lesbarkeitsprogramm Microsoft Word 2000 ist es eine der beiden Säulen der Verständlichkeit, und richtig ist es auch. Dazu kommt: Die einsilbigen Wörter sind nicht nur die verständlichsten - sie haben auch die meiste Kraft. Wut, Zorn, Neid, Hass, Gier, Schmerz, Qual, Gram, Not, Scham, Schmach, Angst, Krieg, Tod, Mord: Fast alle starken Gefühle sind in einsilbigen Wörtern gespeichert. Zu 76% aus einsilbigen Wörtern besteht Goethes bekannteste Ballade, "Der Fischer". Einen einzigen Zweisilber lässt Bert Brecht zu in seinem berühmten Satz: "Stell dir vor, es ist Krieg, und keiner geht hin."

Also: Wo immer er die Wahl hat, greift der Journalist nach dem kürzestmöglichen Wort, und wo er keine Wahl hat wie bei "Unbedenklichkeitsbescheinigung", liegt er auf der Lauer, den scheußlichen Silbenschleppzug in ein- oder zweisilbige Wörter einzumauern.

Die Wahl hat der Schreiber häufiger, als viele glauben: Zielsetzungen, Problemstellungen, Prozessabläufe, Klimaverhältnisse sind wichtigtuerisch aufgeblähte Modewörter für Ziele, Probleme, Prozesse und Klima; alles, was dahinter baumelt, ist tautologisches Geschwätz.

Modewörter

Sie sind von zweierlei Art: allgemeine Sprachmoden und spezielle Journalisten-Marotten. Bei Journalisten wird zum Beispiel ein Staatsbesuch durch einen Generalstreik "überschattet" (obwohl der Autor privat gewiss vor jeder Überschattung davonlaufen würde). Die meisten Redner sagen nichts im Nachrichtenjargon - sie "erklären", "betonen", "unterstreichen"; der Schreiber putzt sie also auf. Vorwürfe werden in der Nachrichtensprache von Politikern grundsätzlich nicht bestritten (wie es sich gehört), sondern "zurückgewiesen" - eine Handlung von oben herab, die Geste eines Vorgesetzten, eine journalistische Liebedienerei.

Überflüssige Floskeln

"Er könne die Enttäuschung vor Ort nachvollziehen", sagte der Vorsitzende des Olympia-Aufsichtsrats (den Salzburger Nachrichten zufolge). Das sind zwei modische Sünden auf einmal: "vor Ort", eine siebentausendfach ausgenudelte Floskel aus der Bergmannssprache und in neun von zehn Fällen völlig überflüssig (natürlich an dem Ort, der enttäuscht wurde). Und "nachvollziehen", seit zwanzig Jahren ein regierendes Allerweltswort dort, wo man früher verstehen, begreifen, einsehen, einleuchten, kapieren sagte, auch sich klarmachen, billigen, nachfühlen, nachempfinden. All diese Wörter hat "nachvollziehen" abgedrängt, traurig genug.

Aber obendrein war das Modewort falsch vom ersten Tage an: nachvollziehen heißt nachmachen, der Strafvollzug beweist es ebenso wie der Gerichtsvollzieher, und wenn der Bürgermeister am Ort der Brandstiftung erklärt, er könne dieses schreckliche Verbrechen "nicht nachvollziehen", so sollte man ihm antworten: "Das, Herr Bürgermeister, hat auch keiner von Ihnen erwartet."

Kaum verständliche Wörter

Alle Experten, zumal in der Wirtschaft, der Technik und der Soziologie, sind in Wörter vernarrt, die die Mehrzahl der Laien nicht versteht (und oft nicht einmal verstehen soll). Journalisten aber schreiben für Laien; und auch Fachzeitschriften sind gut beraten, wenn sie versuchen, für einen Grenzbereich interessierter Laien lesbar zu sein. Folglich haben Synergiepotentiale, Paradigmenwechsel oder kommunikative Kompetenzen im Journalismus nichts verloren.

Vieldeutige Wörter

Was hat der Politiker gesagt, wenn er versichert, "langfristig" werde er das Problem der Altersrenten in den Griff bekommen? Nichts hat er gesagt; die unbestimmte Bedeutung des Wortes hat ihm dazu verholfen, eine Scheinaussage zu machen. Was heißt denn "langfristig"? Nach den Wörterbuch-Definitionen: lange Zeit dauernd, auf lange Zeit geltend; wann beginnend, wird nicht gesagt. An Bank und Börse aber beginnt die Laufzeit des langfristigen Kredits immer sofort.

Schein-aussagen

Was tut der Journalist, wenn er Gelegenheit hat, den Politiker zu fragen? Er fragt: "Meinen Sie ab sofort auf lange Zeit, wie Bank und Börse es definieren, oder von irgendwann an auf lange Zeit? Und von wann an, bitte?" Da wird der Politiker ins Stottern kommen, und der Journalist kann entweder eine nun klargestellte Aussage drucken oder sein Gestotter.

Was tut der Journalist, wenn er den Politiker nicht fragen kann? Er lässt dessen Aussage über die Rente ungedruckt. Er hat nicht die Pflicht und nicht einmal das Recht, sich zum Transporteur einer Aussage zu machen, die vermutlich absichtlich verworren ist.

Den vieldeutigen, den vielsilbigen, den kaum verständlichen Wörtern auszuweichen, ist im journalistischen Alltag freilich ein mühsames Geschäft: Es sind ja eben diese Begriffe, die Politiker und Funktionäre lieben, und deren Reden und Verlautbarungen machen an die 60% des Nachrichtenangebots aus, das dem Redakteur auf den Tisch kommt.

Also am besten: halb so viel davon drucken oder senden wie bisher (kein Leser oder Hörer wird das beklagen); zu brisanten Begriffen kritische Fragen stellen; und bombastische Behauptungen in das schlichte Deutsch übersetzen, das die indirekte Rede zulässt. Wenn der Politiker sagt: "Ich weise diese Vorwürfe mit äußerster Entschiedenheit zurück", so dürfte und sollte der Journalist schreiben: "X bestritt diese Vorwürfe" oder "X sagte, das treffe nicht zu".

Schlichte Wörter

Die krampfigen Synonyme

Diese Sünde in der Wahl der Wörter begeht der Journalist allein, ohne Steilvorlage durch den Politiker. "Wechsel im Ausdruck", das lehren alle Deutschlehrer, und die meisten Redakteure sind in diesen Grundsatz ganz verliebt. Er ist einerseits richtig: Man soll nicht aber und aber aufeinander folgen lassen, sondern aber und jedoch; nicht machen und machen, sondern machen und tun; nicht großartig und großartig, sondern großartig und eindrucksvoll. Bis dahin herrscht Einigkeit.

Für die meisten konkreten Hauptwörter der deutschen Sprache aber steht ein zwangloses Synonym einfach nicht zur Verfügung. Und da beginnt der Journalistenkrampf. "Urnengang" sagen sie, um ein Wechselwort für Wahl zu haben, oder "Ordnungshüter" für Polizei - und damit machen sie sich lächerlich; sie haben's nur noch nicht gemerkt. Hat denn je ein lebender Mensch spontan von einem "Urnengang" gesprochen? Keiner - auch der Redakteur nicht, der es soeben hat über den Sender gehen lassen.

Fazit zum Abschnitt Wörter: Wenn der Journalist verstanden werden will und sich Leser oder Hörer wünscht, die seinem Text treu bleiben bis zum Schluss, dann wählt er klare, schlichte, kraftvolle Wörter. Von allen Moden und vor allem von den branchentypischen Marotten hält er sich frei. Wenn Parteien und Verbände ihn mit Fachjargon oder hohlen Floskeln bedienen, hat er drei Möglichkeiten: Er berichtet nicht; oder er stößt mit Hilfe der indirekten Rede zu den schlichten Wörtern vor; oder er ist auf der Hut, pompöse Wortgebilde, wenn sie denn unvermeidbar wären, in desto simplere Wörter einzubetten.

Klare, kraftvolle Wörter

Die schlimmen Sätze

Auch aus guten Wörtern kann man schlechte Sätze bauen. Für den Satzbau verbreitet Microsoft Word 2000 das zweite Grundgesetz der Verständlichkeit nach R. A. Flesch: "Ein Satz ist umso verständlicher, je weniger Wörter er hat." Während aber das Lob der kurzen Wörter uneingeschränkt richtig ist, hat Fleschs zweites Gesetz drei Schwächen.

1. Die Länge eines Satzes ist nicht eindeutig messbar. Der Doppelpunkt: Beendet er den Satz - oder leitet er zur zweiten Hälfte desselben Satzes über? Ebenso beim Strichpunkt (dem Semikolon). Und was ist mit Hauptsätzen, die durch Kommas getrennt werden (wie für kurze Hauptsätze empfohlen)? Vier Kommas zwischen fünf Hauptsätzen am Schluss von Goethes Ballade "Der Fischer": fünf Sätze oder ein Satz?

2. Kurze Sätze können schwer verständlich und obendrein hässlich sein: "Vor vor dem Rathaus unbefugt vorfahrenden Kraftfahrzeugen wird gewarnt" (9 Wörter).

3. Lange Sätze können höchst verständlich und obendrein elegant sein. 35 Wörter:

> "Wenn du die Geschichte eines großen Verbrechers liesest, so danke immer, ehe du ihn verdammst, dem gütigen Himmel, der dich mit deinem ehrlichen Gesicht nicht an den Anfang einer solchen Reihe von Umständen gestellt hat" (Lichtenberg).

Die Zahl der Wörter pro Satz ist also kein zulänglicher Maßstab. Für den Satzbau gilt ein anderes Grundgesetz: das der Transparenz, der Übersichtlichkeit, gemessen an der Standardzahl:
3 Sekunden = 6 Wörter = 12 Silben

Drei-Sekunden-Regel

Drei Sekunden: Das ist unser "Gegenwartsfenster" - die Zeitspanne, die wir als Einheit begreifen, die unser Kurzzeitgedächtnis ohne Mühe überbrücken kann. Maximal drei Sekunden dauert die Lektüre einer Verszeile in fast allen Gedichten aller Kultursprachen (weil die Dichter instinktiv das richtig machten, was die Wissenschaft erst vor 20 Jahren gemessen hat); nach maximal drei Sekunden muss ein Tanzrhythmus wiederkehren, damit die Leute überhaupt merken, dass man nach ihm tanzen kann; und wer mir die Hand länger als drei Sekunden schüttelt, ist entweder ein aufdringlicher Kerl, oder er hat eine Fernsehkamera entdeckt.

Wie viele Wörter kann ein Mensch von durchschnittlicher Bildung mit mäßigem Interesse - unser typischer Leser also - in diesen drei Sekunden lesen? Sechs Wörter. Das aber nur, wenn sie dem Durchschnitt von zwei Silben pro Wort entsprechen, also zusammen zwölf Silben haben. Mit "Kapazitätsüberhängen im Beherbergungsgewerbe" dagegen sind schon mit drei Wörtern 15 Silben verbraucht. Was heißt das für den Bau von Sätzen? Dass alles, was im Satz zusammengehört, höchstens 6 Wörter/12 Silben voneinander getrennt werden darf. Was gehört im Satz zusammen? Vor allem viererlei.

1. Die zwei Teile eines zweiteiligen Verbums: Mir fällt ... auf, Ich habe ... geschlafen, Ich werde ... kommen. Stopfe ich mehr als sechs Wörter dazwischen, wie die Grammatik es leider erlaubt, so weiß der Durchschnittsleser bei der zweiten Hälfte des Verbums nicht mehr, wie die erste geheißen hat. Dass er ja "zurücklesen" könne, ist eine verbreitete Behauptung - weltfremd (denn was liest man schon zweimal? Allenfalls Liebes- und Erpresserbriefe), schamlos (denn wie komme ich dazu, meine Leser so zu behandeln?) und berufsschädigend (denn meine Leser mögen mich nicht).

> "Und schließlich sollen in der Jugendförderung Maßnahmen der Prävention in den Bereichen Sucht, Gewalt und sexuelle Ausbeutung einen besonderen Stellenwert erhalten."
> 17 Wörter statt 6 (VorarlbergerNachrichten, 13. 6. 03)

2. Subjekt und Prädikat, Satzgegenstand und Satzaussage. Auch diese Kernfrage jedes Satzes - Wer tut was? - hat binnen 6 Wörtern/12 Silben beantwortet zu werden, ohne Wenn und Aber.

3. Artikel und Substantiv, das Hauptwort und sein Geschlechtswort. Zwischen diese beiden auch nur sechs Wörter zu schieben, ist schon

zu viel: ein Eigenschaftswort genügt (Das niedliche Kind). Es wäre töricht, sechs Eigenschaften einer Person oder einer Sache aufzuführen, ehe der Leser erfährt, auf welche Person oder Sache er diese Eigenschaften beziehen soll; mehr als sechs sind jedenfalls undiskutabel.

"Ein Aspekt der Tagung war die im Frühjahr im Haus der Völker und Kulturen bei Bonn gezeigte Ausstellung."
11 Wörter dazwischen geklemmt - statt 1, allerhöchstens 6 (Salzburger Nachrichten, 26. 5. 03)

Keine Sätze unterbrechen

4. Der Hauptsatz sollte grundsätzlich nicht durch eingeschobene Nebensätze unterbrochen werden, keinesfalls aber durch einen Einschub von mehr als sechs Wörtern. Nebensätze gehören hinter den Hauptsatz; allenfalls vor ihn, falls sie kurz sind ("Ob wir heute oder morgen fahren, das weiß ich noch nicht!"). Unerträglich also ist ein Satzgebilde wie das folgende:

"Die Möglichkeit, die U2-Züge auf die U4-Trasse umzuleiten und bei der Wasserleitungswiese zwischen Spittelau und Heiligenstadt abzustellen, schließen die Wiener Linien aus."
19 Wörter eingeschobener Nebensatz - statt 0, allerhöchstens 6 (Die Presse, 16. 6. 2003)

Die vier hier mitgeteilten Grundregeln für den Satzbau gelten ohne Ausnahme, falls Verständlichkeit das oberste Ziel des Schreibers ist - und für Journalisten hat es das zu sein, egal, ob in der Nachricht, der Reportage oder dem Kommentar. Nur Lyrik und Weltliteratur sind vom Zwang zur Verständlichkeit befreit.

Überwiegend bewegt sich erfreulicherweise auch die große Literatur völlig im Rahmen des Sechs-Wörter-Gesetzes für den Satzbau: der ganze Luther zum Beispiel, der ganze Heine, der ganze Brecht. Sie alle hatten den richtigen Instinkt dafür, was Leser mühelos verstehen können und folglich lesen mögen.

Reportage ist freier als Nachricht

Die Reportage ist freier als die Nachricht in der Wahl der Wörter, vor allem aber in der Dramaturgie: Der Autor muss dem Leser nicht, wie bei der Nachricht, mit der Hauptsache ins Gesicht springen. Dem

Gesetz der sechs Wörter jedoch bleibt sie unterworfen - wie alle Texte, die gelesen werden wollen.

Natürlich, in der Zeitnot des Tagesgeschäfts besteht nicht immer die Chance, missratene Sätze nach dem Sechs-Wort-Gesetz umzuformulieren. Aber: Wer seinen ersten Kommentar schreiben darf oder wer einen Bewerbungsbrief entwirft, der sollte sich die Zeit nehmen. Auch ist der Zeitaufwand gering, falls der Autor sich die Routine angewöhnt, früh zu merken, dass sein Satz zu entgleisen droht - und wer schon dann einen neuen Anlauf macht, hat wenig Zeit verbraucht. Und ein bisschen plagen muss sich der Schreiber schon - denn sonst, wie gesagt, müsste es der Leser, der Hörer tun, und der denkt gar nicht daran.

Der Inbegriff einer journalistischen Zumutung

Fallbeispiel mit Lösung

> "Im europäischen Vergleich liegt der Anteil kirchenverbundener 'Intensivchristen' nach einer Studie des Wiener Ludwig-Boltzmann-Instituts für Werteforschung aus dem Jahr 2002 in Malta, Polen, Rumänien, Irland, Griechenland, Italien, Norwegen, Kroatien, Portugal, der Slowakei, Litauen, Österreich, Spanien, der Ukraine und Luxemburg höher als in Deutschland."
> (Frankfurter Allgemeine Sonntagszeitung, 25. 5. 2003)

Die Aussage: "Der Anteil von Intensivchristen liegt in 15 Ländern höher als in Deutschland". Dies wird mitgeteilt in einem Satz von 43 Wörtern. Das allein wäre noch nicht schlimm, aber:

1. Ob der Anteil höher oder niedriger liegt: Auf diese Auskunft muss ich 35 Wörter lang warten - das Sechsfache des Zumutbaren. Bis zum klärenden "höher" baumeln die 15 Länder sinnlos herum.

2. Vielleicht sind die 15 Länder in einer Rangfolge aufgeführt: Malta könnte die meisten Intensivchristen haben - oder die wenigsten? Oder ist die Reihenfolge zufällig? Gesagt wird's mir nicht.

3. Also müsste die Reihenfolge in anderer Weise einsichtig werden:
- entweder alphabetisch: Griechenland, Irland, Italien...
- oder geographisch, das heißt aus deutscher Sicht: unbedingt mit Österreich beginnend und dann zum Beispiel mit dessen nächsten Nachbarn fortfahrend (Italien, Slowakei)
- oder von nah nach fern geordnet (also die Ukraine zuletzt)
- oder die Mittelmeerländer zusammen, von West nach Ost natürlich (Portugal, Spanien, Italien, Malta, Griechenland)
- oder von groß nach klein (zuletzt also Luxemburg und Malta).

4. Der ohnehin unerträglich lange und unsäglich verworrene Weg zum klärenden "höher" wird törichterweise zusätzlich verlängert durch die Umstandsangabe "nach einer Studie des Wiener Ludwig-Boltzmann-Instituts für Werteforschung aus dem Jahr 2002" (14 Wörter, unheimlich interessant obendrein).

5. Schon die einleitenden Wörter "Im europäischen Vergleich" dokumentieren die Undiszipliniertheit des Autors: "In Europa" hätte alles gesagt; dass es sich um einen Vergleich handelt, merkt auch der Dümmste. Wie also müsste der Satz lauten, damit er zumutbar würde?

Zum Beispiel so:

> "Höher als in Deutschland liegt der Anteil kirchenverbundener 'Intensivchristen' in Österreich, Italien und 13 weiteren Ländern Europas,"

und nun entweder: "darunter Spanien, Polen und Norwegen" (denn wen interessiert schon Malta!) oder die restlichen 13 in alphabetischer Reihenfolge (denn ob es eine Rangfolge ist, erfahre ich ja nicht).
Und danach für Feinschmecker eventuell: (Studie des Wiener Ludwig-Boltzmann-Instituts für Werteforschung, 2002).

Literatur

Förster, Hans-Peter (2003): Texten wie ein Profi. Frankfurt.

Frank, Norbert (2000): Schreiben wie ein Profi. Köln.

Gassdorf, Dagmar (1996): Das Zeug zum Schreiben. Eine Sprachschule für Praktiker. Bonn.

Häusermann, Jürgen (2001): Journalistisches Texten. Sprachliche Grundlagen für professionelles Informieren. Konstanz.

Hinkel, Jutta; Ahlke, Karola (2000): Sprache und Stil. Ein Handbuch für Journalisten. Konstanz.

Schneider, Wolf (1996): Wörter machen Leute. München.

Schneider, Wolf (1996): Deutsch für Kenner. Die neue Stilkunde. München.

Schneider, Wolf (2001): Deutsch für Profis. Wege zum guten Stil. München.

Zeitungs-Journalismus: Darstellungsformen

Hans-Joachim Schlüter

Viele Journalisten nutzen nicht das klangvolle Klavier der Möglichkeiten, das die journalistischen Darstellungsformen uns bieten. Sie klimpern bloß herum, und deshalb ist in ihren Geschichten häufig auch keine Musik drin. Sie verschenken die Chance, ihre Leser, Hörer und Zuschauer bis zur letzten Zeile oder bis zum letzten O-Ton zu fesseln, zu informieren und zu unterhalten. Copy-Tests (Bildvorlagetests zur Nutzungsanalyse) und Einschaltquoten beweisen das.

Auf der beiliegenden CD finden Sie Schaubilder zum Aufbau der unterschiedlichen Darstellungsformen, eine Chronologie der Zertrümmerung, ein Schema für den Aufbau von Nachrichten, die Struktur der Reportage, Schreibübungen, Checklists und Beispiele.

Abwechslung ist gefragt

Statt einer 08/15-Berichterstattung ist zunehmend vor allem in der Tageszeitung die Abwechslung gefragt. Zu erreichen ist diese auch, indem Journalisten häufiger und bewusster die journalistischen Stilarten anwenden. Das setzt allerdings voraus, dass man sich einmal intensiv mit dem sehr unterschiedlichen Aufbau der Darstellungsformen und ihrer damit verbundenen Wirkung auf Leser, Hörer und Zuschauer auseinandersetzt. Wir haben es einfach mal gewagt, die Schwerpunkte schematisiert herauszuarbeiten. Auf einen Blick wird klar, wo welche Stilform ihre Knackpunkte hat, auf die sich die Journalisten konzentrieren müssen. Außerdem machen die unterschiedlichen Farben deutlich, in welchen Stilformen es schön bunt zugeht und wie sich in den anderen eher Tristesse ausbreitet. Die Nachricht kann es nicht anders, aber beispielsweise das klassische Interview in epischer Länge könnte man zertrümmern und nach angelsächsischem Muster in ein durchgeschriebenes Interview verwandeln. Und schon hat man wieder mehr Farbe im Blatt oder Leben in einer Sendung. Noch mehr Anregungen dieser Art wollen wir in den einzelnen Abschnitten dieses Kapitels geben. Doch kann jetzt schon festgeschrieben werden, dass es auf die Mischung der Darstellungsformen und deren sinnvollen Einsatz ankommt. Also: Das Thema und das Recherche-Ergebnis sollten darüber entscheiden, wie die Leser und Hörer angesprochen werden.

Die Nachricht

Die überregionale Nachricht, das Schwarzbrot im Journalismus, hat in den Tageszeitungen an Bedeutung verloren. Warum auch nochmals mit fast den gleichen Wörtern nachkauen, was der Leser viel schneller über Radio und Fernsehen bekommt? An Bedeutung gewonnen haben im gleichen Zuge nachrichtliche Eigenberichte und die Hintergrundberichterstattung. Und im Lokalen hat die Nachricht nach wie vor eine Bedeutung ersten Ranges.

Alles, was von der Norm abweicht

Nachricht ist, wonach man sich richten kann

Was ist eine Nachricht? Nach sehr treffender wissenschaftlicher Definition beschreibt sie eine "punktuelle Veränderung". Also ist alles, was von der Norm abweicht, eine Nachricht wert. Das ist ein gutes Hilfsmittel bei der Auswahl von Nachrichten. Noch praxisnäher: Eine Nachricht ist eine Information, nach-der-man-sich-richten-kann. Also die Meldung über eine ab morgen gesperrte Autobahn oder im Wirtschaftsteil die Information über eine bevorstehende Verteuerung des Heizöls. Fast immer steht in der Nachricht die Neuigkeit im Vordergrund, aber neben dem Nutzwert sind auch Originelles, Menschliches und allzu Tierisches nachrichtliche Inhalte.

Der klassische Aufbau

Hängen wir unsere Tipps am Beispiel Neuigkeit auf. Sie muss in den Vorspann (Lead), nicht an den Schluss eines langen Satzes, sondern an die Spitze des ersten Satzes! Das gelingt nur in der klassischen aufgebauten Nachricht, die aus folgenden Elementen besteht:

1. Überschrift: Extrakt aus dem Vorspann/Einstieg.
2. Vorspann/Einstieg: Die wichtigsten Fragen des Lesers werden kurz und bündig beantwortet.
3. Es folgen Details und weitere Einzelheiten.

Die Chronologie eines Vorfalls wird also zertrümmert. Es muss gesagt werden, dass es bei einem Unfall Tote gegeben hat oder ein Politiker zurückgetreten ist, dann erst wird im Einzelnen geschildert, wie es dazu kam. Und bitte keine Hofberichterstattung! Die gefährdeten Störche zuerst nennen, denn sie sind wichtiger als der Naturschutz-Präsident. Die Messlatte für die Vollständigkeit einer Nachricht sind für den Journalisten sechs Ws:
Wer hat wann - was - wo - warum - wie gemacht?

Möglichst viele dieser Ws müssen beantwortet werden. Manche dringlicher als andere. Unser schematischer Aufbau einer Nachricht (siehe CD) soll Anfängern dabei helfen.

Unbedingt Distanz wahren

Auch die Nachricht kann letztendlich nicht objektiv sein, aber die Sprache muss nüchtern und distanziert sein. Dazu dient die Mischung aus wörtlicher Rede, Konjunktiv und der Angabe der Quellen von Informationen. Kurze und klare Formulierungen ohne Schachtelungen erhöhen die Verständlichkeit und vermeiden beim Leser Missverständnisse. Der Wechsel von kurzen und längeren Sätzen macht selbst eine Meldung drögen Inhalts lebendiger. Kommentare und Ironie sind in der Nachricht verpönt.

Kleiner Schlenker zur angefeatureten Nachricht: Fast durchwegs herrscht in österreichischen und deutschen Redaktionen der Irrtum, Anfeaturen heiße, nur den Anfang locker zu schreiben, also mit einem witzigen oder winzigen Detail zu beginnen. Angefeaturetes jedoch muss bis zur letzten Zeile locker sein, der einmal angestimmte Sound darf nicht plötzlich ausbleiben. Deshalb eignet sich für diese Stilform nur Stoff der leichten Art, bei der der nachrichtliche Gehalt hinter der Schreibe zurücktreten kann.

Zwei Sätze nur zum *Bericht*. Es gibt keine auch nur annähernd einleuchtende Definition dessen, was das sein soll. Je nach Redaktion wird darunter offenbar die etwas längere Nachricht oder aber ein Potpourri von Stilarten verstanden.

Fazit

Bei der Nachricht die Chronologie zertrümmern, das Ergebnis eines Vorfalls muss an prominentester Stelle der Meldung, im ersten Satz stehen. Distanz zu den nachrichtlichen Inhalten herstellen. Nach dem Schreiben nochmals die Messlatte mit den Ws anlegen.

Das Interview

Ist vom Interview die Rede, dann denken Journalisten fast ausschließlich an das klassische Frage-Antwort-Spiel. Dies erschöpft die Möglichkeiten dieser Darstellungsform bei weitem nicht. Vor allem wird übersehen, dass Interviewen das wichtigste Werkzeug der journalistischen Recherche ist. Nirgends sonst kann der Journalist seine Neugier und die der Leser so befriedigen wie im Recherche-Gespräch, das sich dann im nachrichtlichen Hintergrund, in Reportagen und Kommentaren niederschlägt.

Die klassische Form

Beginnen wir dennoch mit der klassischen Form. Die wenig griffig wissenschaftliche Definition spricht von "einem Mittel zur Darstellung eines Persönlichkeitsbildes oder der Mitteilung eines Sachverhalts", von Informationen also. Hilfreicher ist in diesem Fall die journalistische Erfahrung. Danach ist das klassische Interview angebracht:

- um Äußerungen von Fachleuten zu aktuellen oder latent aktuellen Themen zu bekommen;

- um Meinungen darüber zu erhalten;
- um Ideen direkt aus den Quellen zu schöpfen;
- um nachzufassen nach dem Motto: Kann das Salzburg auch passieren?
- Um den Menschen hinter einer Idee, einer Meinung oder einem ungewöhnlichen Ereignis sichtbar zu machen.

Die Lektüre unserer Zeitungen zeigt jedoch, dass die klassische Form nicht gezielt eingesetzt wird, sondern auch für die banale Faktenvermittlung verschwendet wird. Bei vielen privaten Rundfunksendern ist das nicht anders. Insoweit ist das Interview zu einer Stilform für Faulenzer verkommen. Das Frage-und-Antwort-Spiel sollte nur dort verwendet werden, wo es bei knallharten Fakten oder Meinungen um jedes einzelne Wort geht oder der Gesprächspartner außerordentlich spritzig formuliert. Denn das Wortlaut-Interview hat noch einen großen Mangel: Der Leser erfährt nichts über die Gesprächsatmosphäre und darüber, wie etwas gesagt wurde. In Klammern zu schreiben: "er runzelte die Stirn" ist nur eine Notlösung.

Die Mischformen sind viel farbiger

Also auf zu neuen Ufern. Eigentlich liegt es ja auf der Hand, von der Möglichkeit des nach angelsächsischem Muster durchgeschriebenen Interviews häufiger Gebrauch zu machen. Auch gekürzt wirken die Antworten unserer Gesprächspartner häufig furchtbar gestanzt und langatmig. Also warum nicht in einem solchen Fall hergehen und mit einigen Fragen und Antworten klassisch beginnen und dann die folgenden Fragen und Antworten nach bewährter journalistischer Manier zusammenfassen? Das macht den Text nicht nur kürzer, sondern auch abwechslungsreicher, wenn man dann wieder in die klassische Form geht und vielleicht nochmals zur straffenden Formulierung zurückgreift.

Noch lesbarer wird eine solche Mischung, in der neben Zusammenfassungen auch noch das Ambiente des Gesprächs einfließt und das Gegenüber charakterisiert wird. Wichtig dabei: prominente Meinungen und für den Gesprächspartner typische Aussagen müssen unbedingt im O-Ton erhalten bleiben. Diese Form des Interviews geht stark in Richtung Porträt, von dem noch die Rede sein wird.

Die Vorbereitung ist das A und O

Zehnmal so lang vorbereiten wie interviewen

Endlich soll nun auch vom A und O des Interviews die Rede sein: davon, wie es vorbereitet wird und wie es ablaufen sollte. Ein großes Interview zu führen, erfordert einen enormen Zeitaufwand. Über den Daumen gepeilt kommen für die Vorbereitung (eine Minute Gespräch, zehn Minuten Vorbereitung), Durchführung (in der Regel nicht länger als 30 Minuten) und die Aufbereitung des Interviews (eine Minute Gespräch = 15 Zeilen zu 30 Zeichen) schnell vier bis fünf Stunden zusammen. Beim Fernsehen ist der Aufwand für ein Interview sogar noch viel größer.

Auch dieses muss schon bei der Vorbereitung berücksichtigt werden:

1. Nicht zu viele Fragen formulieren. Drei, vier zu den wichtigsten Komplexen genügen. Zusatzfragen daneben auf dem gleichen Blatt in Form von Stichwörtern notieren.
2. Um das Interview lebendig zu halten, mit den Fragearten wechseln: Anwärmfrage (bei geübtem Gesprächspartner überflüssig), geschlossene Fragen (bringen eher kurze Antworten), offene Fragen (laden zum Ausschweifen ein), Provokationen (nicht am Anfang), sehr persönliche Fragen (auch eher am Ende stellen), Unterstellungen (werden sofort zurückgewiesen, bringen aber Leben ins Interview), Interpretationen (dienen der Klärung) und Beispielfragen holen den Gesprächspartner auf den Boden zurück.
3. Wer ist für das anstehende Thema der kompetenteste Partner? Was weiß man jetzt schon über ihn, was muss noch vor dem Gespräch recherchiert werden?
4. Funktioniert das Tonbandgerät? Vorsichtshalber das Netzgerät mitnehmen.
5. Darauf vorbereitet sein, dass der Gesprächspartner ganz anders ist oder das Gegenteil von dem antwortet, was man erwartet. Was machen, wenn der nein statt ja sagt? Alternative Fragen einplanen.

Tipps für den Gesprächsablauf

1. Zu Beginn des Gesprächs sagen, um welche Form des Interviews es sich handelt (Recherche, klassisch, für ein Porträt usw.), denn davon hängt ab, ob es hinterher autorisiert werden muss.
2. Da Interviews in aller Regel einer Übereinkunft unterliegen, wird der Partner die äußeren Umstände wie Zeitpunkt, Ort und Dauer bestimmen. Dennoch möglichst Einfluss nehmen auf die Gesprächsatmosphäre, denn ein Interview erfordert vom Journalisten höchste Konzentration.
3. Den Gesprächspartner ständig im Auge behalten, sonst bemerkt man nicht, wie er reagiert (und ob er sich nicht zwischendurch mit seinem Pressereferenten nonverbal verständigt). Wichtige Interviews deshalb unbedingt auf Band aufnehmen. Mitschreiben lenkt zu sehr ab, Vertiefungsfragen fallen unter den Tisch.

Regeln der Gesprächsführung

4. Linie halten. Bei kritischen Fragen wird von Gesprächspartnern oft versucht, den Journalisten auf ein Nebengleis zu locken. Etwa mit dem Trick, Aspekte, die aufgegriffen werden sollen, ans Ende einer Antwort zu verlagern. Oder, indem auf angeblich viel wichtigere Aspekte eines Themas verwiesen wird. Hartnäckig Linie halten.
5. Kurze und verständliche Fragen. Mehrfachfragen und weitschweifige Erklärungen geben dem Gesprächspartner die Möglichkeit, die ihm angenehmen Frageteile herauszupicken.
6. Vertiefungsfragen häufig mit dem schlichten Wort warum stellen. Vor allem Politiker fürchten diese Frage. Als unangenehm empfinden wir auch die Formulierung: "Können Sie das mit hundertprozentiger Sicherheit ausschließen?"
7. Off the record: lässt sich manchmal nicht vermeiden, darf aber nicht der Instrumentalisierung des Journalisten dienen. Und nicht gleich klein beigeben, sondern mit Engelszungen versuchen, die gesperrte Passage doch noch freizubekommen. Eigene Formulierungen vorschlagen.
8. Streitgespräche, wie sie beispielsweise der deutsche Spiegel oder das Fernsehen kultivieren, sollten nur bei einem exzellenten Wissensstand riskiert werden. Streitgespräche erfordern einen überdurchschnittlichen personellen und zeitlichen Aufwand.

Den Mann auf der Straße fragen

Im Interview mit einfachen Menschen gelten andere Regeln. Sie kennen nicht die Tricks der Journalisten, haben manchmal sogar eine gewisse Scheu, mit ihnen zu reden. Also fair sein! Diesen Leuten nichts in den Mund legen, ihnen nichts unterstellen, sondern durch motivierendes Verhalten helfen. Bei Straßenumfragen beispielsweise. Sie sind ein beliebter Lesestoff und auch in Radio und Fernsehen wirken sie auflockernd. Das Problem ist die unbewusste Manipulation von Lesern, Hörern und Zuschauern, wenn nicht deutlich wird, dass es sich nicht um eine repräsentative Umfrage, sondern ein zufälliges Ergebnis handelt. Das sollte zum Beispiel bei Themen wie Wiedereinführung der Todesstrafe bei Kindsmord und hochbrisanten politischen Themen bedacht werden. Auch ist es eine Unsitte in Zeitungen, jedem Befragten die gleiche Zahl von Zeilen zu verpassen. Lieber für die karge Antwort nur 5, aber für die gescheite dann 15 statt 10 Zeilen verwenden. Diese Arten von Straßenumfragen wirken wie durchgeschriebene Interviews, weil sie mit Atmosphärischem angereichert werden können.

Gemälde statt Passbild

Kurz war schon vom Porträt die Rede. Konkrete Tipps sind noch nachzuliefern: Ein Porträt schreiben heißt, ein Gemälde malen statt ein Passbild zu liefern. Noch so schön geschriebene Lebensläufe sind keine Gemälde, weil die direkte Begegnung mit dem Menschen fehlt. Was man braucht fürs Porträt sind Aussagen, aber nicht so sehr über Fakten, sondern Ansichten darüber, Handlungen, Eindrücke vom Ambiente des Gesprächsumfeldes, zu erarbeitende Persönlichkeitsmerkmale und Infos über den Lebenslauf. Vor allem aber: der Leser, Hörer oder Zuschauer will erfahren, wie der Journalist den zu porträtierenden Menschen sieht. Deshalb während des Gesprächs alle Sinne einsetzen, körpersprachliches Verhalten registrieren und alle Details notieren. Nach dem Gespräch dessen Verlauf analysieren: Was hat am meisten beeindruckt? Der Mensch insgesamt, das Ambiente, sein Wissen, seine Formulierkunst? Was davon passt wohin in der Geschichte? Jetzt erst schreiben! Und zwar wechseln zwischen beschreibenden und analysierenden Passagen, in die wichtige Daten des Lebenslaufs geschickt eingewoben werden. Ganz wichtig: Die Schlussfolgerung müssen die Leser, Hörer oder Zuschauer ziehen.

Alle Sinne einsetzen

Gesprächsrunden sind immer mehr Show

Aus dem klassischen Interview heraus entwickelten sich vor ungefähr 50 Jahren die Gespräche am Runden Tisch. Das Fernsehen war Schrittmacher, verhinderte aber leider nicht, dass sich die anfangs sehr sachlichen, aber dennoch spannenden Gespräche immer mehr zu einem Jahrmarkt der Eitelkeiten entwickelten. Substanz jedenfalls haben viele dieser Runden nicht mehr, the show must go. Auch Gesprächsrunden in Zeitungen dienen in erster Linie oftmals nur dazu, sich mit örtlicher oder Bundes-Prominenz zu schmücken. Relevante Informationen kommen selten heraus. Dennoch: Wo in Zeitungen solche Runden instrumentalisiert wurden und die Leser die Hauptpersonen sind, tragen sie zweifellos zur Leser-Blatt-Bindung bei. In diesen Fällen bringen Leser in Verkehrsforen, Verbraucherrunden oder Leserforen ihre Alltagsprobleme ein. Sie liefern der Redaktion Anregungen und könnten mit der Zeitung im Rücken für die Bürger in Stadt und Land so manche Verbesserung durchsetzen. Solche Veranstaltungen sind aufwändig und müssen von der Marketing-Abteilung unterstützt werden.

Fazit

Das Interview ist für Journalisten das wichtigste Handwerkszeug bei der Beschaffung von Informationen und zugleich eine vielseitige Darstellungsform, sofern sie nicht der Hofberichterstattung dient oder Langeweile verbreitet. Das Interview setzt Gleichrangigkeit der Gesprächspartner voraus und verlangt vom Journalisten hohe Sachkenntnis und Zivilcourage.

Die Reportage

In keiner Darstellungsform kann sich persönliches Temperament so entfalten wie in der Reportage. Das ist gut für die Schreiber und für die Leser. Der Journalist lässt sich mitreißen von den Ereignissen, der Leser hat das Gefühl, er habe dem Reporter dabei über die Schulter geschaut. Die wissenschaftliche Definition erklärt, woher diese Wirkung kommt: "Die Reportage ist ein tatsachenorientierter, aber persönlich gefärbter Erlebnisbericht, besonders über Handlungen".

Drei Elemente sind es also:
1. *Tatsachenorientiert:* will heißen, dass die Reportage im Kern eine Nachricht ist.
2. *Persönlich gefärbter Erlebnisbericht*: besagt, dass die Reportage niemals vom Schreibtisch aus geschrieben werden kann. Der Schreiber braucht persönliche Erlebnisse und nicht solche aus dritter Hand.
3. Besonders über *Handlungen*: von denen vor allem lebt die Reportage. Sie dürfen deshalb nicht abstrahiert werden.

Fehlt eines dieser Elemente, dann ist die Geschichte vielleicht trotzdem gut, aber keine Reportage. Also nach dem Erlebnis nicht hinsetzen und fix drauflosschreiben. Die Reportage braucht eine wohldurchdachte Struktur. Und einen roten Faden, an dem sich die Schreiber entlanghangeln, und von denen die Leser förmlich durch die Geschichte gezogen werden. Die einfachste Struktur gleicht einem gemischten Zug aus Personen- und Güterwagen.

Vorn eine zugkräftige Lokomotive (es muss zischen, stinken, krachen), daran werden im ständigen Wechsel Güterwagen (Info) und Personenwagen (Erlebnisse, Handlungen) angehängt. Eine solche Struktur findet nur, wer dem Rat des früheren Chefredakteurs GEO, Hermann Schreiber, folgt: "Eine lesbare Geschichte kann nur schreiben, wer deren Anfang und Ende kennt". Das ist logisch und hilfreich. Denn: Wer über das Ende seiner Geschichte nachdenkt, der muss sich zwangsläufig mit dem Weg dorthin beschäftigen. So entsteht fast wie nebenbei die Struktur mit ihrem immer wieder aufgenommenen roten Faden. Übrigens: Nie mit einem Güterwagen enden!

Der rote Faden darf nicht reißen

Apropos roter Faden. Das kann ein Mensch sein, der wie ein Leithammel durch die Geschichte zieht, aber auch eine miauende Katze, eine gluckernde Wasserflasche im Rucksack, ein Speiseplan oder einfach ein Gedanke. Wichtig ist nur, vor dem Schreiben zu prüfen, ob der rote Faden zum Klima der Reportage passt, ob er nicht mitten drin reißen kann, ob er nicht penetrant wirkt, und wo er wie in der Geschichte immer wieder sinnvoll festgemacht wird.

Roter Faden

Unsere einfache Struktur nach dem Muster eines gemischten Eisenbahnzuges sei Anfängern empfohlen. Sie wirkt allerdings konstruiert, und damit daraus mit der Zeit ein ICE wird, müssen die Elemente der Reportage Zug um Zug vermischt werden. Das gelingt am besten, wenn man in einem Skribbel auf ein paar weißen Blättern zusammenfügt, was zusammengehört. Welche Handlung passt zu welchen Fakten, welches Zitat belegt ein Erlebnis usw.?

Da ist noch viel mehr Abwechslung drin

Der bloße Wechsel zwischen Fakten und Erlebnissen oder Handlungen genügt der Königsdisziplin Reportage nicht. Sie bietet noch ganz andere Möglichkeiten, immer wieder Abwechslung in die Geschichte zu bringen:

Fakten und Eindrücke verschränken

1. *Wechsel der Perspektive* (von außen und als Betroffener)
2. *Wechsel von Naheinstellung und Gesamtsicht* (Einzelfall/Allgemeines)
3. *Wechsel der Aktualität* (aktuell/latend aktuell)
4. *Wechsel der Zeiten*
5. *Wechsel von formalen Mitteln* wie Erlebnisbericht, Zitaten, Stimmungsbildern und Dokumentation.

Einige dieser Wechselmöglichkeiten können sogar untereinander vermischt werden und bringen dann noch mehr Abwechslung für den Leser.

Informativ und lebendig schreiben

Und wie schreibt man? Informativ und lebendig schreiben gelingt nicht, indem genial formuliert wird, schöne Sätze gedrechselt werden. Die Sprache der Reportage ist bildhaft, nur so kommt der Journalist mit dem Leser auf Augenhöhe. Also zunächst überhaupt nicht in den Notizblock gucken, sondern die Bilder abrufen, die nach Stunden, Tagen oder Wochen noch im Hinterkopf sind. Das sind die starken, die taugen auch für den Leser. Der Schreiber braucht bloß noch an ihnen entlang zu erzählen. Aber bitte die Bilder nicht verwässern. Also konkrete Bilder nicht in abstrakte Formulierungen auflösen. Und Bilder, die erläutert werden müssen, taugen überhaupt nicht für die Reportage. Nicht immer werden Bilder für die Reportage frei Haus geliefert. Dann muss der Journalist welche finden, auch Vergleiche. Aber das muss aus dem Alltag der Leser kommen und soll nicht vom Uni-Campus stammen. Journalisten haben so ihre Schwierigkeiten mit nüchternen Zahlen und Maßeinheiten, und die Leser auch. Kaum jemand kann mit 60 Hektar etwas anfangen, mit "so groß wie X-Dorf" aber sehr wohl. Weitere "Rechenaufgaben" siehe CD.

Bilder im Kopf abrufen

Substantive raus, Verben rein!

Noch ein paar Tipps für lebendiges Schreiben im Telegrammstil:

- Alle auf -ung, -keit und -heit endenden Wörter sollten daraufhin geprüft werden, ob sie von einem Verb hergeleitet sind. Dann lieber das nehmen.
- Schachtelungen sind schwer verdaubar und führen zu Missverständnissen. Eine Weile nur noch Sätze schreiben, die keine Kommas brauchen.
- Adjektive raus, wenn sie nur schmückende Beiwörter sind. Nicht sie, sondern die Verben schmücken die Reportage.
- Nicht zu viele Personen in die Reportage einbringen, das verwirrt den Leser.
- Sparsam mit dem "Ich" umgehen. Es ist nur dann gerechtfertigt, wenn der Journalist selber aktiv wird, also etwa in einer Sozialstation arbeitet oder in einem Klettersteig hängt.
- Einstiege in die Reportage dürfen nicht vollgepfropft sein wie ein

Güterwagen, also niemals nachrichtlich. Bildhafte, szenische, auch mal provozierende Einstiege, Stimmungsbilder und deftige Zitate sind gefragt.

Fantasievoller Vetter der Reportage

Das *Szenario*, dieser fantasievolle Vetter der Reportage, ist in deutschsprachigen Redaktionen immer noch weitgehend unbekannt. Schade drum. Bietet es doch den Journalisten die Möglichkeit, die Leser immer dann in eine Zeitmaschine zu setzen, wenn es für diese schwer vorstellbar ist, wie es in der Steinzeit war oder wie das Auto im Jahr 2025 aussehen wird. Für historische Rückgriffe oder den Blick in die Zukunft ist das Szenario bestens geeignet. Es bedient sich der Elemente der Reportage, aber da es ja keine Erlebnisse aus der Steinzeit gibt und nur Laborergebnisse für das Auto der Zukunft, muss die Fantasie hinzukommen. Aber die darf mit den Journalisten nicht durchgehen. Sie wird eingesetzt, um aus Archäologen, Forschern und Planern unserer Zukunft herauszuholen, was sie über Vorgestern und Übermorgen wissen. Daher die Empfehlung: In diesem Fall dem Fachmann das Manuskript ausnahmsweise nochmals vorlegen.

In eine andere Zeit versetzen

Fazit

Die Reportage kann die Nachricht nicht ersetzen. Aber sie kann sie immer dann lebendig ergänzen, wenn im Leser-, Hörer- und Zuschauerkreis ein Interesse an noch mehr Informationen entstanden ist. Vor allem: Sie kann informieren und unterhalten.

Das Feature

Bei keiner anderen Darstellungsform herrscht so viel Begriffsverwirrung wie beim Feature (Gesichtszug). Es gibt keine brauchbare Definition. Manche Redaktionen verstehen unter Feature leichten

Lesestoff, andere halten diese Stilform für besonders anspruchsvoll. Dem schließen wir uns an.

Verwandtschaft mit Reportage

Die weitläufige Verwandtschaft mit der Reportage kann das Feature nicht leugnen. Es bedient sich deren Elemente, muss sie aber zugunsten von Analytischem, von Reflexionen und Hintergrundwissen des Journalisten etwas vernachlässigen.

Journalistischer Mehrkampf

Feature schreiben ist also ein "journalistischer Mehrkampf", wie das im deutschen "ABC des Journalismus" ein österreichischer Journalist einmal treffend formuliert hat. Noch ein Unterschied zur Reportage ist markant: Die hält sich an einen tatsächlichen Handlungsablauf und lässt sich von den Ereignissen mitreißen. Das Feature hält immer wieder inne, geht in die Tiefe, forscht nach Ursachen, zieht Experten heran, stellt Zusammenhänge her und zieht Schlussfolgerungen aus den Rechercheergebnissen. *Die Reportage lädt zum Miterleben ein, das Feature zum Mitdenken.*

Zur Abrundung: Die Reportage bietet eher eine Momentaufnahme ohne zu verallgemeinen, das Feature hängt Allgemeingültiges an einem Beispiel auf.

Hintergrund/Analyse

Angesichts der neuen Medien prophezeite der Wiener Kommunikationswissenschaftler Wolfgang Langenbucher schon vor zwanzig Jahren, dass die Tageszeitungen künftig einen "Journalismus des Hintergrundes und der Zivilcourage" machen müssten. Tatsächlich hat die bloße Nachricht in den beiden folgenden Jahrzehnten zugunsten von Hintergrund an Bedeutung verloren. Die Zeitungen haben in diesem Punkt endlich Anschluss an Radio und Fernsehen gefunden, die auch in dieser Darstellungsform die Schrittmacher waren. Das war dringend nötig, weil die Leser häufig mit der puren Nachricht allein gelassen wurden. Sie konnten sie nicht einordnen, keine Zusammenhänge erkennen, also die Bedeutung der Nachricht nicht ermessen.

Dem Leser bei der Orientierung helfen

Das ist die Aufgabe von Hintergrund und Analyse. Sie helfen dem Leser, sich in der Fülle von Informationen und Desinformationen besser zu orientieren. Hintergrundartikel entblößen Schönfärberei und stellen zum besseren Verständnis von nachrichtlichen Inhalten Zusammenhänge her. Dazu gehört es beispielsweise, Presseverlautbarungen auf ihren Gehalt abzuklopfen, öffentliche Äußerungen zu sezieren und politische Forderungen auf deren Konsequenzen zu untersuchen. Hintergrundberichterstattung ist die Kunst, Info-Fetzen, Erkenntnisse und Schlussfolgerungen zu einem Mosaik zusammenzuführen. Das Ergebnis muss kritisch gegengelesen werden, denn in dieser Darstellungsform werden die Betroffenen besonders intensiv nach Brüchen und Fehlern fahnden:

Wert und Bedeutung einer Mitteilung

- Ist alles logisch?
- Ist alles verständlich?
- Gibt es Widersprüche?
- Wurde die kritische Distanz gewahrt?
- Sind noch Fragen offen?
- Stimmen Namen und Fakten?
- Welche sind die nachvollziehbaren Schlussfolgerungen?

Fazit

Hintergrundberichterstattung und analytischer Journalismus setzen Erfahrungen voraus. Wer nicht misstrauisch und hartnäckig gegenüber den Mächtigen ist, wird diesen Dienst am Leser, Hörer oder Zuschauer nicht leisten können. Er muss zudem sattelfest im Thema sein, er braucht politische Urteilsfähigkeit und gute Kontakte zu Entscheidungsträgern, um an entschlüsselnde Informationen zu kommen.

Die Dokumentation

Seltene Form

Die Dokumentation ist in deutschsprachigen Tageszeitungen eine Seltenheit. Sie beschränkt sich auf die (fast) wörtliche Wiedergabe von Regierungserklärungen, wichtigen Gesetzen und in der Öffentlichkeit umstrittenen Texten. Dokumentationen dienen der Pflege von Minderheiten, die es unabhängig von der journalistischen Auswahl und Interpretation ganz genau wissen wollen. Dokumentationen müssen sich exakt an den Wortlaut halten, Auslassungen müssen gekennzeichnet werden.

Die meinungsbetonten Darstellungsformen

Nur der Name ist geblieben: Leitartikel. Zwischen den Weltkriegen hatte er seine Blütezeit und seinen Platz an einleitender Stelle auf der ersten Zeitungsseite. Dort ist er heute nur noch selten zu finden. Aber er hat auch seinen Charakter stark verändert. Damals war er als Kundgebung der Redaktion eher absolutistisch, setzte sich selten mit Gegenargumenten auseinander und war die Kommentarform mit den meisten Imperativen. Er wendete sich an eine Elite und war entsprechend hochgeschraubt geschrieben. Seitdem wurde er immer kürzer, verständlicher, abwägender; auch erläutert und begründet der Leitartikel heute sein Argument, was früher verpönt war.

Eine Fülle von Möglichkeiten

Nicht nur Pro & Contra

Leitartikel stehen jetzt bei den meisten Zeitungen neben anderen Formen von Meinungsäußerungen wie dem Kommentar (in aller Regel kürzer als der Leitartikel), dem Pro & Contra, der Glosse und der Kolumne. Pro & Contra war, als es in deutschsprachigen Blättern aufkam, eine Bereicherung der Meinungsvielfalt, weil es reizvoll erschien, ein Thema aus unterschiedlichem Blickwinkel (z. B. Journalist/Politiker oder Umweltschützer/Autobauer) zu beleuchten. Doch dürfen Redaktionen es letztlich nicht beim Pro und Contra belassen. Das hieße kneifen. Bei lebenswichtigen Entscheidungen wie zum Beispiel über Krieg oder Frieden will der Leser schließlich wissen, wozu sich denn die Redaktion bekennt.

Kolumnen, also Meinungsäußerungen von immer den gleichen Schreibern, sind noch Exoten. Das liegt wohl vor allem daran, dass die Redaktion einem Kolumnisten bei Themenwahl, Schreibe und Meinung absolute Freiheit gewähren muss. Kolumnen sind gekennzeichnet von einem häufig eigenwilligen, sehr pointierten und manchmal polemischen Stil. Die Kolumne ist eine der wenigen Stilformen, in denen das Ich erlaubt ist.

Eigenwillig, pointiert, polemisch

Wer kommentieren, also schwierige Vorgänge in Politik und Wirtschaft analysieren und interpretieren will, muss als journalistischer Experte entweder über dem Thema stehen oder sich gründlich in die Materie einarbeiten. *Kommentar* schreiben setzt eine Kontrolle der Gefühle und Gedanken voraus. Also niemals mit Wut im Bauch oder übervollem Herzen schreiben. Der Kommentar muss im Kopf fertig sein, bevor auch nur eine Zeile geschrieben wird. Und auch er verlangt nach einer klaren Struktur.

Vorsicht bei Gefühlen

Der klassischen Rede folgen

Wer dem Aufbau klassischer Rede folgt, wird nie schief liegen:
1. Kontakt aufnehmen mit dem Leser, eine These aufstellen.
2. Die Sachlage kurz darstellen.
3. Folgerungen daraus ziehen, Argumente zu den einzelnen Aspekten aufstellen, für die These werben.
4. Die Schlussfolgerung durch Verstärkung des Standpunktes ziehen.

Journalistisch verkürzt bedeutet dies:
1. Im Einstieg Ross und Reiter nennen und, um Interesse zu wecken, eine Meinung mindestens andeuten.
2. Im mittleren, dem größten Teil die wichtigsten Aspekte mit Argumenten belegen.
3. Dann gewissermaßen einen Strich ziehen und zusammenrechnen. Also die oben aufgestellte These noch zuspitzen.

Die Argumentation muss leicht nachvollziehbar und logisch sein, Nebenwege sind zu vermeiden, die Schreibe ist prägnant und bildhaft. Der Leser muss aus dem Kommentar etwas mitnehmen können, und sei es nur zum Stammtisch.

Eine harte Arbeit: Die Glosse

Wer sie nicht mit einer Aneinanderreihung von dümmlichen Witzen verwechselt, wird schnell merken: Glosse zu schreiben, ist harte Arbeit. Sie folgt keinen nachvollziehbaren Regeln, sie ist eine kleine Form der Kunst. Eine Randbemerkung der besonderen Art eben: geistreich-ironisch-witzig-bissig. Mit Wortspielen durchsetzt. Sie braucht einen zarten roten Faden und keinen plumpen Strick, an dem sich der Leser sonst womöglich am Schluss aufhängen würde. Die Glosse wird auf eine Pointe zugeschrieben, mit Über- und Untertreibungen, mit kleinen Frechheiten und Irreführungen. Der Leser darf lange nicht einmal ahnen, worauf der Schreiber hinaus will. Aber wenn er sich dann nach der letzten Zeile aufs Knie haut oder auch mal recht nachdenklich wird, dann war es eine Glosse.

Auf Pointe zuspitzen

Kritik/Rezension

Kritiken und Rezensionen sollen dem Leser, Hörer, Zuschauer einen Einblick in den Kulturbetrieb vom Theater übers Kino bis zur Literatur bieten und ihm Auswahlkriterien an die Hand geben. Kultur-Kritik im weitesten Sinne darf deshalb nicht für Fachleute und Insider geschrieben werden oder dem eigenen Ich dienen. Sie muss vom normalen Nutzer der Medien verstanden werden, damit er sie für sich ganz persönlich umsetzen kann (Buch kaufen, ins Konzert gehen).

Beschreiben und bewerten

Kritiken, auch Besprechungen genannt, und Rezensionen liegen zwischen Tatsachenbericht und fachlicher, aber subjektiv gefärbter persönlicher Betrachtung. Kritik kann also niemals objektiv sein, aber die Leser müssen bei jeder Zeile spüren, dass da Kompetenz dahinter steckt. Der typisch feuilletonistische Stil darf nicht in hochgestochenes Kannitverstan abheben. Für den Nutzer von Kritiken und

Rezensionen ist hilfreich, wenn nicht zu viel vorausgesetzt wird. Bewährt hat sich, diese drei Elemente zu verwenden:

1. Die Beschreibung (Fakten schildern)
2. Die Interpretation
3. Die Bewertung.

Wer so schreibt, dient nicht nur dem Konsumenten, sondern verhilft auch noch künstlerischem Schaffen zu gebührender Publizität.

Fazit

Die meinungsbetonten Stilformen werden vor allem in den Zeitungen noch an Bedeutung gewinnen, weil sie bei der Orientierung in der immer komplexeren Welt helfen. Sie setzen aber eine freie Gesellschaft voraus und verlangen vom Journalisten Verantwortungsbewusstsein und Zivilcourage. Nur dann sind sie ein wirkungsvolles Instrument gegenüber den Mächtigen.

Bild und Info-Grafik

Das eigene Leseverhalten bestätigt, was in wissenschaftlichen Untersuchungen immer wieder herausgestellt wird: Wenige Sekunden entscheiden darüber, ob das Angebot auf einer Zeitungsseite angenommen wird oder nicht. Es sind die Bilder und Überschriften, die darüber entscheiden. Als weiterer Angelhaken ist in den letzten Jahrzehnten die Info-Grafik hinzugekommen. Sie hat eine stürmische Entwicklung genommen wie keine andere journalistische Darstellungsform zuvor.

Information auf einen Blick

Bilder färben auf die Texte ab

Artikel - egal ob Ein- oder Vierspalter - mit Bildern haben durchgängig eine höhere Nutzung, häufig mehr als zehn Prozent, manchmal

Schüsse ins Gehirn

sogar bis zu einem Drittel mehr. Der Zeitungsdesigner Norbert Küpper (siehe auch Beitrag "Zeitungsdesign" in diesem Band) hat eine Erklärung dafür: "Bilder sind schnelle Schüsse ins Gehirn." Aber auf einen Automatismus der Wirkung von Fotos sollte sich die Redaktion dennoch nicht verlassen.

Das 08/15-Bild im Lokalen (Männerriege mit Landeshauptmann zum Beispiel) zieht eher nicht in den Text hinein. Aus Fotos muss deshalb durch Beschnitt (Männerbeine weg!) das Wesentliche herausgeholt werden: das Bild im Bild. Betonen, was im Foto ohnedies schon die Tendenz ist, nämlich extrem hoch oder extrem flach. Und: Den Star unter den Bildern einer Seite dominierend platzieren, die anderen Fotos sind dann nur Komparsen.

Info-Grafik muss für sich sprechen

Ihren Siegeszug durch die Presse konnte die Info-Grafik nur Dank der neuen Technik in den Zeitungshäusern antreten. Als sie noch händisch gepinselt werden musste, war das zu aufwändig. Deshalb wurde sie wie im Fernsehen fast ausschließlich bei Wahlen eingesetzt. Außerdem glichen die grafischen Kurven damals manchmal eher dem Panorama einer Gebirgskette mit dem Dachsteinmassiv als Höhepunkt. Heute können Info-Grafiken mühelos überall dort eingesetzt werden, wo Informationen über Texte nur schwer vermittelt werden können. Aber die Torten, Fieberkurven, Säulen und Tabellen zur Erläuterung von Haushaltsplänen, statistischem Zahlenbrei oder dem Materialaufwand in einem Krieg müssen auf die Leser wirken wie eine gute Karikatur. Der Leser muss unabhängig vom Text in sie eintauchen können und informiert sein. Deshalb bleibt auch in der Grafik unnötiges Beiwerk außen vor, und selbst Farbe ist sparsam zu verwenden. Sie dient nur der Betonung der wesentlichen Aussagen (vgl. dazu auch den Beitrag "Infografik" in diesem Band).

Fazit

Für Bilder und Info-Grafik gilt gleichermaßen: Weniger ist mehr. Vor allem mehrere Grafiken der gleichen Strickart auf einer Seite können schon beim bloßen Hinschauen verwirren und den Leser überfordern. Das ist dann wie mit den in einem Text eng aneinander platzierten Metaphern, die sich gegenseitig die Wirkung nehmen.

Literatur

Brendel, Matthias; Brendel, Frank (2002): Richtig recherchieren. Frankfurt.

Fey, Ulrich; Schlüter, Hans-Joachim (2003): Reportagen schreiben. Von der Idee bis zum fertigen Text. Berlin.

Häusermann, Jürgen (2001): Journalistisches Texten. Konstanz.

Haller, Michael (1997): Die Reportage. Ein Handbuch für Journalisten. Konstanz.

Haller, Michael (2000): Recherchieren. Ein Handbuch für Journalisten. Konstanz.

Haller, Michael (2001): Das Interview. Ein Handbuch für Journalisten. Konstanz.

Hoppe, Anja Maria (2003): Glossenschreiben. Ein Handbuch für Journalisten. Wiesbaden.

Hruska, Verena (1999): Die Zeitungsnachricht. Bonn.

La Roche, Walther von (2003): Einführung in den praktischen Journalismus. 16. Aufl. München.

Liebig, Martin (1999): Die Infografik. Konstanz.

Linden, Peter; Bleher, Christian (2000): Glossen und Kommentare in den Printmedien. Berlin.
Mast, Claudia (2002): ABC des Journalismus. 9., überarb. Aufl. Konstanz.

Meissner, Michael (1995): Zeitungsgestaltung. München.

Russ-Mohl, Stephan (2003): Journalismus. Das Hand- und Lehrbuch. Frankfurt.

Sachse, Rolf (2003): Bildjournalismus heute. München.

Schalkowski, Edmund; Nowag, Werner (1998): Kommentar und Glosse. Konstanz.
Schneider, Wolf; Raue, Paul-Josef (2003): Das neue Handbuch des Journalismus. Reinbek.

Wolf, Eberhard; Brielmaier, Peter (2000). Zeitungs- und Zeitschriftenlayout. Konstanz.

Journalismus in Nachrichtenagenturen

Johannes Bruckenberger, Wolfgang Mayr

Präzise Beschreibung von Fakten, Verständlichmachen und Erklären von Zusammenhängen, Ausleuchten von Hintergründen, Richtigkeit, Schnelligkeit, Objektivität - so lässt sich die journalistische Arbeit in Nachrichtenagenturen in einigen Worten zusammenfassen. Wochenzeitungen und Zeitschriften beschreiben größere Zeiträume, Tageszeitungen bilden das aktuelle Geschehen ein- bis zweimal täglich ab, das Fernsehen bilanziert mehrmals täglich, die Radionachrichten stündlich bis halbstündlich.

Arbeit im Minutentakt

Eine Nachrichtenagentur arbeitet im Minutentakt, ist rund um die Uhr und ohne Pause online. Sie berichtet sieben Tage die Woche, jeweils vierundzwanzig Stunden lang. Für den Agenturjournalisten ist es nicht nur bei spektakulären Großereignissen wie etwa am 11. September 2001 undenkbar, zu warten, bis sich ein abgerundetes Bild des Geschehens ergibt. Jede neue Information, jedes neue Detail, das von den eigenen Berichterstattern oder den Partneragenturen gemeldet wird, wird umgehend bearbeitet und über das eigene Agenturnetz und damit an die Bezieher bei Zeitungen, Radio, Fernsehen verbreitet. Die Aufgabe einer Nachrichtenagentur besteht vereinfacht gesagt darin, alle für einen definierten Kreis von Beziehern relevanten Nachrichten und Informationen multimedial (in Wort, Bild, Infografik etc.) aufzubringen.

Referenzstelle öffentlich gewordener Ereignisse

Kernbereich des Angebotes von Nachrichtenagenturen ist der eigene Basisdienst. Dieser sorgt mit seinem Nachrichtenstrom für die Dokumentation des aktuellen und relevanten Zeitgeschehens - rund um die Uhr. Primäre Aufgabe des Basisdienstes ist es, mittels eines Nachrichtendienstes die laufende, umfassende sowie zeit- und inhaltsgleiche Informationsversorgung der Medien sicherzustellen. Für alle Agenturmeldungen gilt Zuverlässigkeit, Schnelligkeit und Ausge-

Sammeln, Verdichten, Verteilen

wogenheit. Zu den wichtigsten Funktionen des Basisdienstes gehören das Sammeln, Verdichten und Verteilen von Nachrichten, auf die man sich verlassen kann. Die Prinzipien des Journalismus in Nachrichtenagenturen werden im Folgenden am Beispiel der Austria Presse Agentur (APA) dargestellt. Diese Prinzipien gelten für Journalismus in Nachrichtenagenturen generell.

Austria Presse Agentur

Ziel des APA-Basisdienstes ist es, unverzichtbare und unverwechselbare Quelle für seine Bezieher zu sein und zu bleiben. Jährlich werden über 200.000 Meldungen aus den Ressorts Außenpolitik, Innenpolitik, Wirtschaft, Chronik, Sport, Kultur und den Spezialressorts Wissenschaft, Bildung, Medien produziert. Mehr als die Hälfte der täglich rund 600 Meldungen geht auf aktive Eigenrecherche der APA-Journalisten zurück.

Ein wichtiger Bestandteil des APA-Dienstes ist die Bundesländer-Berichterstattung. Die APA verfügt über eigene Büros in den Landeshauptstädten mit je ein bis zwei angestellten Redakteuren sowie mehreren freien Mitarbeitern.

Etwas weniger als die Hälfte aller APA-Meldungen wird von internationalen Partneragenturen wie AP, Reuters, AFP, dpa sowie rund 20 nationalen Agenturen (darunter die Agenturen aller Nachbarländer) übernommen. Durch die enge Verbindung mit dem Weltnachrichtennetz bringt der APA-Basisdienst internationale Nachrichten nach Österreich, gleichzeitig speist er auf Grund von Verträgen mit den internationalen und nationalen ausländischen Nachrichtenagenturen Österreich-Material in das Weltnachrichtennetz ein.

Bei der Nachrichtengebung aus dem Ausland ist der APA-Basisdienst besonders um Österreich-Bezüge und Österreich-Relevanz bemüht, also die Darstellung von Ereignissen, die Auswirkungen auf Österreich haben oder mit Ereignissen in Österreich vergleichbar sind, sowie von österreichischen Aktivitäten im internationalen Bereich. Besonderes Augenmerk widmet der APA-Basisdienst den benachbarten Regionen und Staaten sowie der europäischen Integration. Zur Vertiefung und Verbreiterung der EU-Berichterstattung verfügt die APA über ein eigenes Korrespondentenbüro in Brüssel mit zwei angestellten Redakteuren. Darüber hinaus gibt es ein internationales Netz von rund 20 freien Mitarbeitern (Stringers) in 18 Staaten - auch hier mit Schwerpunkt Nachbarländer.

Die Berichterstattung über Mittel- und Osteuropa, insbesondere unter Berücksichtigung des EU-Erweiterungsprozesses, spielt denn auch eine wichtige Rolle, bei der die APA ihre Funktion als Mitteleuropa-Agentur wahrnimmt. Die APA berichtet mehr aus Mittel- und Osteuropa als jede andere Nachrichtenagentur.

Bilder- und Grafikdienste

Ein weiteres wesentliches Standbein des Basisdienstes ist der Bilderdienst. Täglich werden 30 bis 35 Österreich-Bilder von APA-eigenen Fotografen produziert. Das internationale Bild - um die 300 Fotos täglich - wird von epa (European Pressphoto Agency) und dpa übernommen. Das Online-Bildarchiv der APA reicht bis 1995 zurück. Neben dem Bilderdienst verfügt der APA-Basisdienst über eine eigene Infografik-Redaktion. Dort werden jährlich rund 1.700 Grafiken mit einem werktäglichen Schnitt von sieben Grafiken zu den verschiedensten Themen hergestellt.

Darüber hinaus hilft der Basisdienst den angeschlossenen Medien und Kunden bei der Erfüllung ihrer täglichen Arbeit durch Terminvorschauen, Nachrichtenüberblicke, Tagesprogramme der einzelnen Ressorts, Bild- und Grafik-Avisi, Zusammenfassungen größerer Themen sowie weiteren serviceorientierten Dienstleistungen.

Der APA-Basisdienst gibt darüber hinaus Hinweise für weitere Recherchen. Er liefert auf schnellstem Weg die Grundinformation, welche die angeschlossenen Medien - je nach Bedarf - durch Eigenrecherchen erweitern. Das Hintergrundmaterial des Basisdienstes ist auch Rohstoff für Kommentare, Beilagen und sonstige journalistische Darstellungsformen. Die APA erfüllt schließlich als Sicherheitsnetz für die Medien eine Alarmierungs- und Kontrollfunktion. Auf Grund des APA-Materials sollen die Medien jederzeit wissen, was gerade läuft.

Der APA-Basisdienst ist dem Qualitätsjournalismus verpflichtet und sieht sich als Leitmedium für den professionellen User. Durch die wahrheitsgemäße und umfassende Wiedergabe des aktuellen und relevanten Geschehens in Österreich und in der Welt unter bedingungsloser Berücksichtigung der Grundwerte Unabhängigkeit, Objektivität, Zuverlässigkeit und Schnelligkeit hat der Basisdienst neben der Erfüllung des Grundauftrages zur Versorgung der APA-Mitglieder auch eine wichtige Service-Funktion für die demokratische Gesellschaft in Österreich.

Der Agenturjournalist als Gate-Keeper

Agenturjournalismus verlangt besondere Genauigkeit, besondere Geschwindigkeit, besondere Übersichtlichkeit und besondere Objektivität. Nicht selten wird der Agenturjournalist als Chronist der Zeitgeschichte bezeichnet, der aufzeichnet, registriert und dokumentiert, was auf der Welt vor sich geht. Dafür steht ihm eine Vielzahl von Quellen zur Verfügung, aus denen er Informationen und Nachrichten schöpft. Er selektiert, komprimiert und kompiliert das Nachrichtenmaterial.

Auswählen, Komprimieren, Redigieren

Der Agenturjournalist ist mit einem Schleusenwärter zu vergleichen, der mit seiner Arbeit - Selektion und Gate-Keeping - verhindert, dass die Öffentlichkeit von der Informationsflut überschwemmt wird. Die zentrale Aufgabenstellung lautet: Wesentliches von Unwesentlichem zu trennen. Durch den Prozess der Auswahl, des Komprimierens und Redigierens erhält der Bezieher in aller Regel jene Informationen, die für ihn von Interesse und Nutzen sind. Begriffe wie Selektion oder Gate-Keeping werfen nicht selten die Frage auf, ob da etwas verschwiegen, unterschlagen oder gar zensuriert werde. Dazu ist festzuhalten, dass Nachrichtenselektion in erster Linie Ausschaltung von Redundanz und Irrelevanz bedeutet. Ohne mediale Selektion und Aufbereitung wäre der Nachrichtenfluss für den Einzelnen heute jedenfalls nicht mehr zu bewältigen.

Verlässlichkeit ist oberstes Gebot des Basisdienstes, der als unvoreingenommener Chronist auf politisch neutralem Boden aus eigener Initiative die Ereignisse aufzeichnet, ohne selbst in das Geschehen einzugreifen. Dabei ist der Basisdienst bestrebt, alle gesellschaftlichen und politischen Gruppen angemessen zu berücksichtigen. Objektivität bedeutet hier Wahrheit, Faktentreue, Sachlichkeit und Distanz unter Vermeidung von Einseitigkeit, Parteinahme oder Verzerrung der Dimension.

Durch das umfassende und übersichtlich gegliederte Meldungsangebot sollen Uniformierung vermieden und gewährleistet werden, dass jedes dem Basisdienst angeschlossene Medium sein Profil bewahren kann. Das Material des Basisdienstes soll jedem Bezieher die Chance bieten, ein eigenständiges Produkt herzustellen, das sich von anderen wesentlich unterscheidet, ohne die Basisinformation zu vernachlässigen. Durch das Internet hat sich in den vergangenen Jahren die Quellenlage nachhaltig verändert, und bei einigen Mitgliedermedien hat ein Transformationsprozess vom reinen Nachrichten- zum Erklärungsmedium stattgefunden.

Grundsätze der redaktionellen Arbeit einer Nachrichtenagentur

Agenturmeldungen müssen mehrere Kriterien erfüllen. Die Meldungen müssen aktuell sein ("alte Hüte" interessieren niemanden), umfassend und repräsentativ (nichts Wichtiges darf fehlen), relevant und interessant sowie ausgewogen, objektiv (Einseitigkeit und Parteinahme sind zu vermeiden) und nicht zuletzt verständlich.

Formale Regeln

Die Nachricht selbst ist in einer Nachrichtenagentur einigen formalen Regeln unterworfen: Bereits der Titel muss die Neuigkeit auf den Punkt bringen und die zentrale Botschaft ausdrücken. Der erste Absatz, der so genannte Lead, muss die wesentliche Information, inklusive der wesentlichen Ws, enthalten. Insgesamt ist das Wichtigste deutlich herauszuarbeiten und aus dem Fluss der Ereignisse und Nachrichten hervorzuheben.

Oberste Gebote bei der redaktionellen Arbeit einer Nachrichtenagentur sind Richtigkeit und Zuverlässigkeit. Dann kommen

Schnelligkeit, Übersichtlichkeit und guter Stil - in dieser Reihenfolge. Niemals darf der schnellen Übermittlung einer Meldung die Richtigkeit geopfert werden. Es gilt der Grundsatz: "Be first, but first be right". Zum Vorrang der Richtigkeit zählt auch, dass Fehler so schnell wie möglich und für jeden klar erkennbar korrigiert werden.

Be first, but first be right

Substanziell für die Qualitätssicherung des Agenturjournalismus ist das Qualitätsbewusstsein jedes Einzelnen. Es ist dies das Bewusstsein über die Rolle der Agentur, den Einfluss der Agentur, die Breitenwirkung der Agentur national und international und die möglichen Folgen von Agenturmeldungen. Das Bewusstsein über diese genannten Faktoren muss beim Abfassen bzw. Abfertigen jeder einzelnen Meldung präsent sein. Grundsätzlich darf keine Meldung ohne Kontrolle - sprich Gegenlesen - ins Netz gehen.

Keine Meldung ohne Kontrolle

Die Schnelligkeit, seit jeher ein wesentliches Element im Agenturjournalismus, ist mit dem Auftreten der neuen Medien noch wichtiger geworden. Online-Dienste berichten im Sekundentakt, die elektronischen Medien (Radio, Fernsehen) senden jede halbe Stunde Nachrichten oder bringen News-Flashes, die Zeitungen erwarten bis zum Andruck der letzten Ausgabe höchste Aktualität. Das Angebot einer Nachrichtenagentur muss diesen Bedürfnissen Rechnung tragen.

Die Übersichtlichkeit im Angebot einer Nachrichtenagentur bezieht sich sowohl auf den Aufbau der einzelnen Meldungen, als auch auf Gliederung und Ordnung des gesamten Dienstes. Entscheidend für die Übersichtlichkeit sind der Einsatz der verschiedenen Meldungsarten, die richtige und durchgängige Ressortzuordnung, eine disziplinierte Stichwortvergabe, ein Maximum an Information in der Titelzeile sowie serienfähige Titel. Dies erleichtert nicht zuletzt auch die spätere Nachnutzung in der Datenbank.

Mit gutem Stil sind die Grundlagen der Aufbereitung der Nachricht, nicht jedoch literarische Ansprüche gemeint. Ziel ist, komplexe Sachverhalte in einer verständlichen Sprache zu beschreiben. Der Stil ist dem Inhalt der jeweiligen Meldung anzupassen. Bunte Meldungen dürfen lockerer geschrieben werden als etwa politische Texte.

Unverzichtbar für den Agenturjournalismus ist die Quellenangabe. Quellen tragen wesentlich zur Genauigkeit bei und müssen mit größter Sorgfalt und Aufmerksamkeit behandelt werden. Generell soll jede Agenturmeldung die Quelle im Lead nennen. Wo immer möglich, soll die Quelle genau, am besten namentlich, genannt werden. Ist nur eine vage oder gar keine Quellenangabe möglich, so ist vor einer etwaigen Ausgabe eine breite Diskussion innerhalb der Redaktion (Ressortleiter, Chefredaktion) darüber zu führen. Verpflichtend muss die Quelle auch angeführt werden, wenn Berichte von Zeitungen oder von elektronischen Medien übernommen oder zitiert werden.

Meldungen, Reportagen und Hintergrundberichte müssen so geschrieben sein, dass sie ein größtmöglicher Personenkreis ohne Mühe verstehen kann. Die weitaus meisten Leser, Hörer und Seher sind in politischen oder wirtschaftlichen Themen nur unzureichend vorgebildet. Fremd- und Schlagwörter sowie Fachausdrücke und wenig geläufige Abkürzungen sollen vermieden oder erläutert werden, wenn auf sie ausnahmsweise nicht verzichtet werden kann.

Agenturmeldungen müssen ausreichend Hintergrund vermitteln. Allerdings darf das Senden dringender Meldungen nicht dadurch verzögert werden, dass der Hintergrund nicht unmittelbar zur Hand ist. Dieser kann auch in einer Fortsetzung oder - vor allem bei großen Themen - in einer eigenen Meldung nachgeliefert werden.

Zuerst schnell, dann umfassend

Zitate sind das Salz in der Suppe jeder Meldung. Die Verwendung der direkten Rede ist, besonders bei bedeutenden oder kontroversen Aussagen, notwendig. Zitate verleihen jeder Meldung größere Authentizität, dem Leser/Hörer vermitteln sie das Gefühl "dabei gewesen" zu sein. Bei Zitaten sollen möglichst ganze Sätze oder zumindest vollständige Satzteile wiedergegeben werden. Nur mit korrekten und vollständigen Zitaten kann die Nachrichtenagentur via Datenbank die Rolle eines unvoreingenommenen Chronisten und ihre Dokumentationsaufgabe erfüllen.

Authentizität durch Zitate

Fazit der redaktionellen Arbeit einer Nachrichtenagentur: Richtigkeit und Genauigkeit müssen in allen Fällen vor Schnelligkeit oder flotte Formulierungen gehen.

Als Mitarbeiter einer Nachrichtenagentur sollte man in Summe über überdurchschnittliche Allgemeinbildung verfügen (kein lexikographisches Wissen, sondern die Fähigkeit, Fakten in ihren Kontext einzuordnen; das Wissen, wo im Einzelfall nachzurecherchieren ist). Dazu gehören weiters Grundkenntnisse aller Ressorts sowie gute Kenntnisse der Politik und der Zeitgeschichte, überdurchschnittliches Sprachgefühl und überdurchschnittliche sprachliche Ausdrucksfähigkeit. Weitere Voraussetzungen: Komplexe Sachverhalte klar und leicht verständlich, aber ohne unzulässige Simplifizierung darstellen können, präzise Fragen stellen und kontroverse Themen ansprechen können, das Wesentliche vom Unwesentlichen unterscheiden können, Fremdsprachenkenntnisse, Teamfähigkeit und hohe Flexibilität.

Literatur

Schuller, Sandra (2003): Agenturjournalismus. Berlin.

Zschunke, Peter (2000). Agenturjournalismus. Nachrichtenschreiben im Sekundentakt. Konstanz.

Magazin-Journalismus

Hans-Henning Scharsach, Werner Schima

Vor zehn Jahren war auf dem Printmedien-Sektor in Österreich und Deutschland fast zeitgleich eine Innovation zu registrieren. Zu den klassischen Nachrichtenmagazinen (in Österreich profil, in Deutschland Der Spiegel) gesellte sich ein neuer Magazin-Typ, der sich mit der Bezeichnung "Info-Illustrierte" zwar nicht ganz vollständig, so doch recht zutreffend beschreiben liess. In Deutschland kam FOCUS auf den Markt, in Österreich erschien am 15. Oktober 1992 erstmals NEWS. NEWS verstand sich als Weiterentwicklung der deutschen Traditionsillustrierten Stern. Das Konzept von NEWS war, sechs Magazine, quasi gleichberechtigt, in einem zu bieten: Vorne ein aktuelles, investigatives politisches Nachrichtenmagazin, gefolgt von einem Wirtschaftsmagazin, einem starken Kulturteil, einem Lifestyle- und einem Sportmagazin. Den Abschluss bildet am Heftende ein modernes Gesellschaftsmagazin.

Neuer Magazintyp: Info-illustrierte

Die Herausforderung: Konkurrenz von allen Seiten

Gute zehn Jahre nach der erfolgreichen Markteinführung von NEWS sehen sich auch die neuen Magazintypen einer völlig neuen Situation auf dem Medienmarkt und damit neuen Herausforderungen gegenüber, die sich in folgenden Punkten zusammenfassen lassen:

- Dutzende TV- und Rundfunkstationen senden rund um die Uhr, sind bei Großereignissen mit Kameras und Mikrofonen live dabei, oft sogar Bestandteil des Geschehens - etwa als Kriegsreporter im Tross der US-Truppen bei der Invasion im Irak.
- Nachrichtenkanäle aktualisieren ihre Meldungen im Fünf-Minuten-Takt, analysieren die letzten Entwicklungen vor dem Hintergrund aktueller Bilder mit kompetenten Gesprächspartnern, während eine Textleiste jene, die sich gerade erst zugeschaltet haben, mit den wichtigsten Basisinformationen versorgt.
- Tageszeitungen ergänzen aktuelle Meldungen - Google macht's möglich - mit Archivmaterial und Hintergrundwissen, binden

nationale und internationale Themen durch regionale und lokale Aspekte in die Lebenswelt ihrer Leserinnen und Leser ein.

- Special-Interest-Magazine mit ihrer Konzentration auf wichtige Themensegmente erobern bedeutende Zielgruppen und werden für eine Info-Illustrierte wie NEWS, die sämtliche thematischen Bereiche abdeckt, zu spürbaren Mitbewerbern.
- Das Internet hat mit dem Online-Journalismus eine neue Form journalistischer Schnellinformation hervorgebracht und bietet dar überhinaus durch Suchmaschinen sofortigen Zugriff auf umfassende Informationen zu jedem beliebigen Interessen- und Wissensgebiet.

Die Chance: Hintergrund und Themenrelevanz

Printmedien haben Wettlauf um Aktualität verloren

"Die Printmedien haben den Kampf um die Aktualität verloren", hat Bodo Hombach, Geschäftsführer und starker Mann des auch in Österreich nicht unmaßgeblichen WAZ-(Westdeutsche Allgemeine Zeitung)-Konzerns, bei den Österreichischen Medientagen diesen uneinholbaren Konkurrenzvorsprung elektronischer Medien auf den Punkt gebracht. "Diesen Kampf haben sie verloren, doch sie haben dann eine Chance, wenn sie sich ihrer wahren Stärken besinnen."

Ein exemplarischer Blick auf den (scheinbaren) Informationsvorsprung des Internet verdeutlicht Hombachs These. Galt es noch vor wenigen Jahren bei Kulturpessimisten aus der Medienbranche als ausgemacht, das Internet werde den Print-Nachrichtenjournalismus auf Dauer obsolet machen, kann jetzt nach allgemeiner Ansicht Entwarnung gegeben werden. Die totale Überflutung mit Informationen im Internet zeigt, wie die Printmedien diese Herausforderung erfolgreich annehmen können. Die Überflutung führt beim Rezipienten zu einem Übersichtsverlust, der richtige Selektion und Gewichtung von Nachrichten durch den klassischen Journalismus unverzichtbar macht.

Orientierung: Neue Aufgabe des Magazin-Journalismus

Genau hier liegt auch die Chance einer neuen Generation von Magazinen, denen in einer mit Informationen überversorgten Gesellschaft eine neue Aufgabe zufällt: die der Orientierung. Welche Themen sind wichtig? Was muss ich wissen? Wie viel muss ich wissen? Wie kann ich mein Wissen verwerten?

Markt- und zielgruppenorientiert wie sie sind, beziehen Info-Illustrierte die veränderten Lebens- und Arbeitsbedingungen ihrer Leserschaft, das geänderte Freizeitverhalten und das knapper werdende Zeitbudget in ihre Produktgestaltung ein.

Ergebnis ist ein Magazintyp mit breiterer Themenpalette, der das traditionelle Angebot dem neuen Ziel der Orientierung unterordnet und bei der Vermittlung der Inhalte auch auf hohen Unterhaltungswert setzt.

Drei Säulen tragen diese neue Art des Journalismus:
- Personalisierung,
- Zuspitzung und
- Kompetenz.

Zuspitzung, Schwerpunktsetzung

Zentrale Vorgaben des neuen Magazinjournalismus sind:
- Kürzere Texte ohne Verlust an Information (durch Grafiken, Karten, fact-sheets);
- drastische Zuspitzung in Text und Bild ohne Verlust an Glaubwürdigkeit und journalistischer Qualität und
- Bewusstere Schwerpunktsetzung durch große Themen, ohne Verlust von Abwechslung und Themenvielfalt.

Was ist relevant? Was machen wir relevant?

Eine Informationsflut, der selbst die Suchmaschinen des Internet nicht mehr gewachsen sind, macht Themen-Selektion zum Qualitätskriterium. Auf den richtigen Mix, auf Auswahl und Gewichtung kommt es an. Zwei Fragen sind es, die in den täglichen Redaktionskonferenzen gestellt und beantwortet werden müssen: Welche Themen sind relevant. Und: Welche Themen machen wir relevant?

Magazine als Wegweiser

Wenn die Blattmacher schlüssige Antworten finden, werden Magazine zu Wegweisern. Sie bestimmen, welche Informationen wichtig sind, welche Nachrichten man wie und wo einordnen kann, was in und was out, wer Auf- und wer Absteiger ist. Sie bestimmen, was man wissen muss, worüber man spricht, wie man wohnt, was man isst, wie man sich kleidet, wohin man abends ausgeht, wo man Urlaub macht, wie man sich jung, gesund, schlank und fit hält, wie man sein Geld anlegt.

Neue Verantwortung: Gegengewicht zum Ankündigungsjournalismus

Die neuen Magazine beschränken sich nicht mehr darauf, über Politik zu schreiben. Sie organisieren die politische Diskussion, geben ihr eine Plattform, setzen sie durch kompetente Interviewpartner, Streitgespräche oder "runde Tische" in Gang und werden dadurch selbst zu politischen Akteuren. Die politische Auseinandersetzung wird auf eine neue Ebene gehoben.

Journalisten als politische Akteure?

Die klassische Rollenverteilung - Politiker reden, Journalisten schreiben darüber - ist überholt. Mit der neuen Aufgabe der Orientierung fällt den Magazinen eine neue Verantwortung zu. Der Wiener Universitätsprofessor Maximilian Gottschlich, dessen "Europäische Journalismus Akademie" journalistischen Nachwuchs auf die qualitativen Herausforderungen des künftigen Medienmarktes vorbereitet, sieht Magazine als publizistisches Gegengewicht zum "politischen Ankündigungs- und Vervielfältigungsjournalismus". Die Auswahl von Fakten, Zusammenhängen und Hintergründen, aus denen sich das gesellschaftliche und politische Bewusstsein speist, erfordere "ein hohes Maß an Verantwortung, Sachwissen, Reflexionsfähigkeit, sozialer und moralischer Kompetenz."

Hugo Portisch, der als Interpret des Weltgeschehens für nachrückende Journalisten-Generationen Maßstäbe gesetzt hat, appelliert an die Verantwortung der Blattmacher, die Auflagenjagd nicht zum alleinigen

Maßstab der Themenwahl zu machen. Wahrheit und Moral seien als Anspruch an das journalistische Ethos zu wenig. Es gehe auch - und vor allem - darum, populistischen Versuchungen bei der Themenwahl zu widerstehen. Seine Hoffnungen setzt Portisch nicht nur auf verantwortungsvolle Journalisten, sondern auch auf skeptische Leser und standhafte Politiker, die ungeachtet des medialen Drucks "das Wichtige und Richtige tun".

Verschobene Grenzen: Die Konkurrenz der Tageszeitung

Bis vor wenigen Jahren standen Tageszeitungen für Nachricht und Aktualität, Magazine für Hintergrund und Bildung. Tageszeitungen lieferten den journalistischen Schnellimbiss, Magazine das komplette Menü.

Tageszeitungen nützen Chance des Internets

Das Internet beendete die traditionelle Aufgabenteilung. Die Rekonstruktion von Hintergründen, die früher Zeit raubende Archivarbeit erforderte, liefern Suchmaschinen auf Stichwort und Mausklick. Die Tageszeitungen nützen diese Chance. Was früher ausschließlich Magazine als Ergebnis tagelanger Arbeit servieren konnten, tischen sie heute ihren Lesern aktuell zum Frühstück auf: Den journalistischen Schwerpunkt, der sich bei Großereignissen über mehrere Seiten erstrecken kann, mit Hintergründen, Chronologien, Analysen von Experten, Interviews, Karten, Tabellen, Fact-sheets und Rankings. Selbst in die einstige Magazin-Domäne literarischer Präsentation sind sie eingedrungen. Für sprachliche Leckerbissen haben die einstigen Imbissbuden aktueller Tagesberichterstattung prominente Gourmet-Köche verpflichtet, die das Informationsmenü mit spitzer Feder abrunden.

Unter dem Druck dieser Konkurrenz mussten sich die Magazine neu positionieren. Auf der einen Seite stießen sie in Bereiche der Illustrierten vor. Mit Gesellschaft, Lifestyle und Lebensberatung als neuen Schwerpunkten vermitteln sie neben den traditionellen Magazininhalten vermehrt Unterhaltung und Lebensgefühl. Auf der anderen Seite versuchen sie, durch Primärrecherche den Konkurrenznachteil bei der Aktualität auszugleichen.

Soziale Funktion: Brücke über Generationen hinweg

Unterschiedliche Zielgruppen

Durch die Erweiterung des Angebots wuchs den Info-Illustrierten eine neue soziale Funktion als verbindendes Element zwischen Geschlechtern und Generationen zu. Der von NEWS entwickelte Prototyp des neuen Genres verbindet mehrere Magazine für unterschiedliche Zielgruppen zu einem Produkt. Frauen und Männer, Eltern und Kinder finden das auf ihre jeweiligen Interessen zugeschnittene Angebot. Beim Durchblättern wird jedes Familienmitglied mit den Interessensgebieten der anderen konfrontiert. Ein übersichtliches Farbleitsystem erleichtert dabei die Orientierung.

Der durchschlagende Erfolg des neuen Magazin-Typs ermutigte vielfach zur Nachahmung. Das Konzept der Info-Illustrierten machte Schule, wurde zum Vorbild für den Relaunch zahlreicher in- und ausländischer Medienprodukte, die inhaltliche und formale Prinzipien übernahmen. Nicht einmal Flaggschiffe des europäischen Magazinjournalismus, wie etwa der deutsche Spiegel konnten sich dem Innovationsdruck des neuen Medienzeitalters entziehen.

Interesse gegen Berieselung: Die Konkurrenz elektronischer Medien

Die zunehmende elektronische Konkurrenz macht den Magazinen weniger als erwartet zu schaffen. Der Online-Journalismus ist durch den Bildschirm, der sich nur für kurze Texte eignet, an natürliche Grenzen gestoßen. Das durch Privatsender sprunghaft gewachsene TV-Angebot hat den Magazinjournalismus eher auf- als abgewertet.

Printmedien haben gegenüber dem Fernsehen einen wesentlichen Konkurrenzvorteil: Sie treffen auf interessierte und konzentrierte Leserinnen und Leser, die etwas wissen wollen. Das Fernsehen muss damit leben, über weite Strecken als unterhaltende Berieselung wahrgenommen zu werden. Die Nachrichtenblöcke, die auf erhöhte Aufmerksamkeit stoßen, sind der Tyrannei der Aktualität unterworfen. Der recherchierte Hintergrund fällt dem Kampf um

Einschaltquoten entweder ganz zum Opfer oder wird in Nischenprogramme zu schlechten Sendezeiten verbannt.

Weil auch die Programmmacher öffentlich-rechtlicher Anstalten davon ausgehen, dass Informationsverdünnung Quotenzuwachs bringt, konzentrieren sich Massenprogramme darauf, die Spaßgesellschaft bei Laune zu halten. In Seminaren deutscher Sendeanstalten werden "sieben Säulen" vermittelt, die ein Thema tragen: Schicksal, Prominenz, Sex & Crime, Katastrophe, Geld, Kinder und Tiere. Die unter solchen Gesichtspunkten zusammengestellten Programmschemata bleiben schuldig, was Stärke der neuen Print-Magazine ist: Die verdichtete Orientierung.

Verdichtete Orientierung

Aktualität: Primär-Recherche statt Google-Journalismus

Auf den scheinbar verlorenen Kampf um die Aktualität haben die neuen Print-Magazine eine erfolgreiche Antwort gefunden: Primärrecherche statt Vervielfältigungsjournalismus. Wenn sich ein NEWS-Reporter während des Krieges in Tschetschenien mit einer Rebellengruppe über die grüne Grenze bis in die von russischen Truppen umstellte Hauptstadt Grosny durchschlägt, wenn er in Afghanistan mit der Nordallianz an vorderster Front bis Kabul marschiert, in Schwarzafrika bis zu einem Sklavenmarkt vordringt oder live aus Bagdad über den Einmarsch der US-Truppen berichtet, ist die Frage der Schnelligkeit von untergeordneter Bedeutung. Er ist für die Leser live dabei, liefert Informationen, Eindrücke und Hintergründe aus erster Hand, die weit über das hinausgehen, was die auf vergleichsweise kurze Texte beschränkten elektronischen Medien liefern können.

Hintergründe aus erster Hand

Der Konkurrenznachteil des Print-Magazins beschränkt sich auf die Berichterstattung über das eigentliche Ereignis. Nach dem ersten Anschlag einer weiblichen Selbstmordattentäterin hatten elektronische Medien und Tageszeitungen ausführlich über alle Details berichtet, als eine NEWS-Reporterin nach Tel Aviv flog, sich zum palästinensischen Flüchtlingslager al Amri durchschlug, die Familie der

Attentäterin besuchte und durch ein Interview mit deren Mutter bisher unbekannt gebliebene Hintergründe der palästinensischen Fundamentalistenszene ausleuchtete.

"Weiterdrehen" als Erfolgsrezept

Das Erfolgsrezept des neuen Magazinjournalismus ist das "Weiterdrehen", das ein aktuelles Ereignis zum Ausgangspunkt für Recherchen an einer neuen Story macht. Nachdem elektronische Medien und Tageszeitungen mehrfach über kriminelle Schlepperbanden berichtet hatten, gab sich ein NEWS-Reporter in Sopron als bosnischer Drogenschmuggler aus und ließ sich, mit einer in der Tasche versteckten Kamera, über die Grenze nach Österreich schleusen. Seine Dokumentation führte zur Zerschlagung eines Schlepperringes, zur Verhaftung von 51 am Menschenschmuggel Beteiligten und zu Ermittlungen gegen zwei Zöllner, die den Menschentransport an der Grenze durchgewinkt hatten.

Fälle wie diese zeigen, dass engagierter Magazinjournalismus weder die Konkurrenz der elektronischen Medien noch die der Tageszeitungen fürchten muss. Wenn Magazinjournalisten der Nachweis gelingt, dass ein Familienvater auf Grund einer schlampig dokumentierten DNA-Analyse unschuldig im Gefängnis sitzt, wenn sie einen Brandstifter identifizieren und interviewen, bevor dieser von der Polizei überführt wird, spielt die Frage der Aktualität keine Rolle.

Faktor Zeit: Was kommt, was geht?

Vorausschauende Themenplanung

Die Gestaltung eines Magazins erfordert nicht nur Gespür für Themen und Themen-Mix, sondern vor allem für Zeitabläufe. Wenn es bei NEWS in der Ressortsitzung am Mittwoch um die Planung der kommenden Nummer geht, muss die Frage beantwortet werden: Welche Themen werden Leserinnen und Leser in zehn Tagen interessieren? Über vieles, das heute aktuell ist und wichtig erscheint, wird dann keiner mehr reden. Dafür werden andere Themen in den Mittelpunkt des Interesses gerückt sein, die sich eben erst vage ankündigen. Ein Magazin-Journalist, der bei seinen Recherchen auf exklusive Informationen stößt, muss sich fragen: Was davon wird am Tag des Erscheinens noch unbekannt bzw. unveröffentlicht sein?

Thema des Magazinjournalismus ist in den seltensten Fällen die Vergangenheit. Das Thema der Info-Illustrierten heißt Zukunft. Eine Story über die Frage, was ein Großereignis in den kommenden Monaten auslösen wird, ist auch dann nicht überholt, wenn sie Wochen später im Wartezimmer eines Arztes gelesen wird.

Bildersprache: Dem Fernsehen auch optisch Konkurrenz machen

Selbst dort, wo das Fernsehen konkurrenzlos scheint, hat der Magazinjournalismus passende Antworten gefunden. Den bewegten Bildern setzt er Bildstrecken, Karten, Grafiken und Info-Elemente entgegen, die zwei Funktionen erfüllen: Auf der einen Seite vermitteln sie viele Fakten auf einen Blick, erleichtern die Aufnahme der Information und ermöglichen dadurch die Verkürzung der Textstrecken. Auf der anderen Seite geben sie Leserinnen und Lesern die Möglichkeit, sich ausführlich und spielerisch mit einem komplexen Thema zu beschäftigen.

Bild-
strecken

Die Informationsfülle von Aufmarschgrafiken, wie sie vor dem Irak-Krieg in Magazinen zu sehen waren, kann das Fernsehen nicht bieten. In Ruhe konnte man sich mit der Topographie des Landes, dem Verlauf der Verkehrsverbindungen, dem Standort der militärischen Stützpunkte, der Lage der wichtigsten Angriffsziele und Verteidigungseinrichtungen, den in Stellung gebrachten Waffengattungen, den Truppenstärken, Aufmarschrouten und Einflugschneisen der bevorstehenden Luftangriffe vertraut machen. Ähnliches gilt für Grafiken, die als Kurven, Torten oder Säulen wirtschaftliche oder politische Entwicklungen verdeutlichen.

Grafiken

Die optische Aufbereitung ist nicht mehr schmückendes Beiwerk einer Story, sondern deren wichtigster Teil. Leserinnen und Leser nehmen zuerst Fotos und Grafiken wahr. Sie sind Blickfang, wecken Neugier, erzählen die Geschichte, bevor das Lesen beginnt. Sie lassen flüchtige Betrachter, die das Thema nur am Rand interessiert, zu Leserinnen und Lesern werden. Richtig eingesetzt sind Fotos mehr als gedrucktes Fernsehen, weil sie es ermöglichen, in Ruhe nach Details suchen und Stimmungen aufnehmen zu können. Profis wissen: Wie Texte vom Wechselspiel kurzer und langer Sätze leben, so lebt die Bildstrecke vom Rhythmuswechsel zwischen großen und kleinen, ruhigen und bewegten Fotos. Große Bilder vermitteln Ruhe, laden zum Verweilen ein, kleine wirken wie ein Stakkato an Fakten im Text.

Passende Bilder zu fertigen Storys

Die Umkehr der traditionellen journalistischen Praxis, zu fertigen Storys passende Bilder zu suchen, ist nicht mehr seltene Ausnahme. Immer öfter orientiert sich die Themenwahl an einer aufregenden, erhellenden oder bewegenden Fotostrecke. Immer öfter werden Texte zu bereits vorhandenen Fotoreportagen verfasst.

Die Aufwertung der Illustration hat auch die Hierarchien in den Redaktionen verändert. Die Betreuung der Fotoredaktion ist nicht mehr Sekretärinnenarbeit, sondern Aufgabe von Profis, die sich ihren gleichberechtigten Platz neben den schreibenden Kolleginnen und Kollegen längst erkämpft haben.

Literatur

Bonfadelli, Heinz (2002): Medieninhaltsforschung. Konstanz.

Faulstich, Werner (2003): Einführung in die Medienwissenschaft. Stuttgart.

Faulstich, Werner (2002): Die bürgerliche Mediengesellschaft. Stuttgart.

Gottschlich, Maximilian (1999): Die Welt ist, wie wir sie denken. Zur Kulturkritik der Mediengesellschaft. Wien, New York.

Haas, Hannes (1999): Empirischer Journalismus. Verfahren zur Erkundung gesellschaftlicher Wirklichkeit. Wien, Köln, Weimar.

Hartmann, Frank (2000): Medienphilosophie. Stuttgart.

Kunczik, Michael; Zipfel, Astrid (2001): Publizistik. Ein Studienhandbuch. Köln, Wien.

Lackner, Herbert (1996): Journalistische Arbeit in Nachrichtenmagazinen, in: Pürer, Heinz (Hrsg.): Praktischer Journalismus in Zeitungen, Radio und Fernsehen. 4., erw. u. überarb. Aufl. Salzburg.

Leschke, Rainer (2003): Einführung in die Medientheorie. Stuttgart.

Reitan, Claus (1996): Neue Formen im Magazinjournalismus. In: Pürer, Heinz (Hrsg.): Praktischer Journalismus in Zeitungen, Radio und Fernsehen. 4., erw. und überarb. Aufl. Salzburg.

Schneider Wolf, Raue Paul-Josef (2003): Handbuch des Journalismus. Reinbek.

Radio-Journalismus

Karl Amon

Die Eckpfeiler eines Radioerfolges

Erfolgreiche Radiosender stehen auf fünf Beinen. Konkret hängt der Erfolg von der Musik, der Sprache, der Information, der Moderation und vom Radioservice ab. Unter Service sind nicht nur der klassische Radio-Club, das Marketing oder die Jingles zu verstehen, sondern kundenorientiertes Verhalten des gesamten Senders; off air, on air und im Internet.

Moderatoren als Aushängeschilder

Die Moderatorinnen und Moderatoren sind das Aushängeschild für jeden Sender. Sie bestimmen den Sympathiewert und, gemeinsam mit dem gesamten Newsbereich, die Glaubwürdigkeit und die Kompetenz des Senders. Ein guter Radiomoderator geht auf die Tagesbefindlichkeit der Hörer ein. Das kann der Schulferienbeginn sein, aber auch eine aktuelle Großveranstaltung im Senderbereich; also alles, was das Interesse der Hörer trifft. Radiomacher kämpfen um jede einzelne Hörerin, jeden einzelnen Hörer. In Frankreich agieren die nationalen Radiosender nach dem Grundsatz: "Wir erobern eine Nation von Hörern, aber jeden einzeln" (Haas, Frigge, Zimmer 1991, S. 83). So gesehen ist Radio eigentlich kein Massenmedium, sondern ein Individualmedium.

Musik und aktuelle Information

Die Art und die Menge der Musik ist das zentrale Standbein für einen Sendererfolg. Eine Untersuchung von Ekkehardt Oehmichen über "Aufmerksamkeit und Zuwendung beim Radiohören" zeigt, dass die meisten Menschen (43%) wegen der Musik Radiohören, dann aber kommt schon die aktuelle Information (30,3%) (Media Perspektiven, März 2001, S 140).

Die Entscheidung, welche Musik ein Sender spielt, ist also für den Erfolg ausschlaggebend und hängt primär von der angepeilten Zielgruppe ab. Ein Sender entscheidet sich also zuerst für die Zielgruppe und sucht dann für diese Zielgruppe das passende Musikformat.

Die Musikfarben sind von Sender zu Sender verschieden, nicht jedoch die Prinzipien für Information und Sprache. Denn für Radioprogramme gelten beinahe weltweit ähnliche Informations- und Sprach-Spielregeln. Die Sender gleichen sich diesbezüglich auch immer mehr an; auch Öffentlich-Rechtliche und Private (Baur, Chlosta, Piirainen 1999, S. 291). Dies sowohl bei der Satzlänge als auch bei der Verwendung umgangssprachlicher Formulierungen, dem Gebrauch einfacher Hauptsätze und der Nachrichtenauswahl. Vor 20 Jahren hatte der durchschnittliche öffentlich-rechtliche Satz noch 20 Wörter, der durchschnittliche Satz der kommerziellen Radios acht Wörter. Heute sind Öffentlich-Rechtliche und Kommerzielle beinahe deckungsgleich bei 13 Wörtern, der fast idealen Wörterzahl für einen leicht verständlichen Satz (Pürer 1996, S. 227). Die Öffentlich-Rechtlichen formulieren nun etwas mehr in gesprochener Sprache, die Kommerziellen etwas weniger als früher in der Umgangssprache. Sie tragen dem Umstand Rechnung, dass ein allzu lockerer Plauderton in den Nachrichten unseriös wirkt.

Wörterzahl-Tabelle

Hörer-bindung

Die Hörer-Bindung, und damit das Image eines Radiosenders, baut sich über Jahre auf. Das Hörer-Bindungsmodell (Haas, Frigge, Zimmer, 1991, S. 89) ist ein dreistufiges. Zuerst sollte ein neuer Radiosender das Ohr seiner Hörer erobern, also am Beginn auf das Klangbild seines Senders achten. Dies sowohl bei der Musik, aber genauso bei der Moderation und natürlich auch bei der Information. Erfolgreiche Radiosender konzentrieren sich in dieser ersten Stufe auf die Glaubwürdigkeit des Senders, dies vor allem mit gut recherchierter und verständlich gesendeter Information.

Klangfarbe

Dann folgt Stufe zwei: die Hörer glauben nun zu wissen, warum sie sich für diesen Sender entschieden haben. Sie nehmen die Klangfarbe und die Verpackung eines Senders bewusst wahr. Sie erwarten nun aber zusätzlich Nützliches von ihrem Sender, wie umfassende Serviceleistungen, also auch Lebenshilfe-Tipps und analytische Einschätzungshilfe bei der Information.

Bleibt die Hörerin oder der Hörer dem Sender noch immer treu, beginnt für die Radioleute die schwierigste Stufe. Sie müssen nun in der dritten und letzten Phase den Bauch der Hörer gewinnen.

Radiopersönlichkeiten sind zu entwickeln; spätestens jetzt muss zusätzlich zu Aktuellem und Behilflichem auch Lustiges angeboten werden. Bleiben die Hörer jetzt noch dem Sender treu, ist eine wesentliche Hürde genommen. Hörer verzeihen nun auch Fehler, weil ihnen der gesamte Sender grundsätzlich sympathisch ist. Im Unterschied zu Fernsehsendern werden Radiosender immer als Ganzes bewertet. Man mag also den Sender oder man mag ihn nicht. Beim Fernsehen gilt das nur für einzelne Sendungen oder Bildschirmpersönlichkeiten, fast nie für ganze Fernsehsender.

Lokale Information

Lokale Informationen und lokales Service haben eine besondere Bedeutung. Es gilt: je kleiner das Sendegebiet, desto wichtiger ist lokale Information für den Erfolg eines Senders. Radios, die nur einen Teil eines Bundeslandes abdecken, werden primär wegen ihrer lokalen Kompetenz gehört. Da die überregionalen Sender größere Gebiete versorgen, können Lokalsender genauer und aktueller über Ereignisse aus der jeweiligen Region berichten.

Die Radio-Arten und die Formate

Flächenradio
Blockradio
Spartenradio

So wie die Musikauswahl, ist auch die Entscheidung, in welche Art eines Radios investiert wird, zielgruppenabhängig. Von den USA kommend haben sich auch in Europa, grob gesehen, drei unterschiedliche Sendertypen beziehungsweise Radiosenderarten durchgesetzt: das Flächenradio, das Blockradio und das Spartenradio. Letzteres sendet beispielsweise nur Informationen zu einem Thema (Wirtschaftsradio) oder spielt nur eine einzige Musikart (Soul).

Das Blockradio dagegen sendet einen fertigen Programmteil nach dem anderen, also blockweise, ohne durchgehende Moderation. Ein sehr erfolgreicher Vertreter des Blockradios ist der ORF-Radiosender "Ö1".

Sende-Uhr

Flächenradio wiederum steht für ein einheitlich durchgestyltes Radioprogramm. Flächenradios haben stundenlang die gleiche Moderatorenstimme am Sender. Auch die Informationssendungen werden nur von wenigen Stimmen moderiert und sind einheitlich verpackt. Die Wort-Musik-Mischung ist genau festgelegt und durch sogenannte Sendeuhren geregelt. Typische und sehr erfolgreiche Vertreter der Flächenradios sind das Hitradio Ö3 und FM4 in Österreich oder Antenne Bayern, Radio Hamburg und SWR3 in Deutschland. Flächenradios senden eine einheitliche Musikfarbe, spielen also durchgehend ein fast einheitliches Musikformat.

Einheitliches Musikformat

Wobei die Idee für das erste einheitliche Musikformat die Amerikaner Todd Storz und Bill Steward hatten. Sie arbeiteten beim Radiosender KOWH-AM. Beide beobachteten in einem Lokal, dass eine Serviererin in der Musikbox immer die gleichen Hits wählte. Dies brachte sie auf die Idee, Ähnliches bei ihrem Sender zu versuchen und nur noch Musik zu spielen, die sich sehr gut verkauft. Die Reichweitenerfolge gaben ihrer Entscheidung recht. Es fanden sich immer mehr Nachahmer, die dem Programmkonzept den Namen "TOP 40" gaben.

Formate sind nicht eindeutig definiert. Die Grenzen zwischen den einzelnen Musikformaten sind unscharf und gehen auch mit der Mode. "Ein gutes Format muss flexibel und anpassungsfähig sein" (Moser 2002, S. 106). Das zitierte "TOP 40"-Format, das in den 50er-Jahren geboren wurde, heißt heute "CHR" (Contemporary Hit Radio). Zur Zeit wählen die Radiosender, auch in Europa, mehrheitlich unter elf unterschiedlichen Musikformaten aus.

Adult Contemporary (AC)

Für dieses Format haben sich die meisten Radiosender Europas entschieden, wenn auch nicht alle in Reinform. AC-Radios senden für die kaufkräftigste Zielgruppe, also für die 25- bis 49-Jährigen. AC spielt Rock und Pop ohne harte Töne. Mehrere Titel hintereinander vermitteln den Eindruck von mehr Musik. Werbespots sind geblockt. Die Bandbreite reicht von Oldies und Hits der 60er, 70er und 80er Jahre bis zu aktuellen Titeln. Nachrichten sind meist, aber nicht immer, fixer Programmbestandteil. Information ist kurz, kompakt und präzise. Werbung und Promotion sind wesentliche Programmbestandteile.

Album-Oriented Rock (AOR)

Das AOR-Format sendet für eine bestimmte soziale Schicht, konkret für die Bessergebildeten. AOR spielt unbekanntere, eher rockorientierte Musiktitel, die aber bei Insidern als Geheimtipp gelten. Die Musikauswahl wird von einigen auch als Protest gegen den Kommerz gewertet. Die Information ist Nebensache; einige Stationen verzichten überhaupt darauf.

Arabella-Format (Melodieformat)

Die Zielgruppe der Arabella-Formate sind die 40- bis 60-Jährigen. Vor allem in Deutschland und Österreich sind die Arabella-Formate im Kommen. Die Musik ist eine melodieorientierte Mischung aus bekannten Schlagern, Evergreens und Oldies. Österreichische und deutsche InterpretInnen haben Vorrang. Zur vollen Stunde werden nationale und internationale und zur halben Stunde lokale und regionale Nachrichten, zusammen mit Verkehr und Wetter, gesendet. Werbung wird zumeist in zwei Blöcken pro Stunde gespielt. Off-Air-Promotion ist ein wesentlicher Bestandteil. Senderevents und große Off-Air-Musikfeste tragen wesentlich zur HörerInnenbindung bei.

Contemporary Hit Radio (CHR)

Wie erwähnt, sendet dieses Top-40-Nachfolgeformat die aktuellen Hits, die sich gerade am besten verkaufen. Die Playlist ist begrenzt und die Musiktitel laufen mit hoher "Rotation". Das CHR-Format sendet für die zweitgrößte Zielgruppe, die Teens und die jungen Erwachsenen, also die 14- bis 24-Jährigen. Programmprägend sind extravagante DJs, Gewinnspiele und gesungene Jingles. Das ganze Programm wirkt bunt, fröhlich und laut. Nachrichten sind Nebensache. Sie gelten bei manchen CHRs sogar als Ausschaltimpuls. Darum werden sie auf Schlagzeilen reduziert und meist nur in der Primetime gesendet, gemeinsam mit Wetter und Verkehr.

Country

In den USA dominiert das Country-Format. Country-Radios senden praktisch für alle Altersgruppen. Zielgruppe sind vor allem Arbeiter. Die Zielgruppe definiert sich also nicht über das Lebensalter, sondern über die soziale Schicht, ähnlich dem AOR-Format. Auf europäischem Boden ist das Country-Format, wenn es nicht in der amerikanischen Version vorkommt, am ehesten mit Volksmusiksendern zu vergleichen und spielt damit eine untergeordnete Rolle. Bei der Information gibt es keine einheitliche Linie. Manche Country-Radios senden überhaupt keine Information, andere wieder senden Nachrichten fix zu jeder vollen Stunde.

Easy Listening

Hauptzielgruppe dieses Formats sind die Über-50-Jährigen. Gesendet wird entspannende, melodische Musik, bestehend aus sanften Instrumentaltiteln und bekannten Evergreens, also Hintergrundmusik. Es gibt also kaum gesungene Titel, die Klangfarbe des Senders ist der Kaufhausmusik ähnlich. Information ist wesentlicher Programmbestandteil. Fast jedes EL-Radio sendet zumindest stündlich Nachrichten.

Jazz

Zielgruppe des Jazz-Formats sind Jüngere, tendenziell höher Gebildete. Dieses Format sendet alle Jazz-Richtungen. Die Moderation ist "cool" und musikbezogen.

Klassik

Die Klassik-Formate sind weltweit Minderheiten-Programme. Die Klassikhörer sind dafür aber überdurchschnittlich gebildet und einkommensstark. Es lassen sich daher mit gut gemachten Klassikformaten durchaus Gewinne erzielen, trotz geringer

Reichweite. In Europa betreiben sowohl die kommerziellen als auch die öffentlich-rechtlichen Medienhäuser Klassik-Radios. Information und journalistisch gestaltete Sachthemen sind fixer Bestandteil dieses Formats. Promotion und Werbung sind unterdurchschnittlich vertreten.

Middle-Of-The-Road (MOR)

Wie der Name schon signalisiert, versuchen MORs im Mainstream mitzuschwimmen. Die Floskel, "jedem alles bieten", hat mit MOR einen eindeutigen Vertreter. Die Hörer sind 40 Jahre und älter. Nachrichten sind fixer Bestandteil und werden, zumindest in der Primetime, regelmäßig gesendet. Auf dieses Format setzen vor allem Lokalsender mit geringer technischer Reichweite, um eine möglichst breite Hörerschicht (10+) anzusprechen.

News und Talk

Auch dieses Format hat vor allem in den USA große Bedeutung. Es hat sich sogar zuletzt hinter Country als zweitwichtigstes US-Radioformat etabliert. Dieses Format ist eine Kombination von regelmäßigen, längeren Nachrichtenblöcken und Talk-Programmen mit starker telefonischer Hörer-Einbindung. Die Information ist sehr breit und reicht von internationalen, nationalen und lokalen Ereignissen bis zu Sport, Wetter und Verkehr. Im europäischen Raum sind Talk-Formate echte Stiefkinder. Es gibt aber reine News-Formate, ohne talk; beispielsweise in Deutschland B5 aktuell, SWR-Cont.Ra oder NDR info.

Urban Contemporary (UC)

Reggae, Rhythm & Blues, Soul und Light-Jazz dominieren das UC-Format. Das Programm war einst für die 18- bis 34-Jährigen gemacht, ist aber heute deutlich breiter geworden. Information kann Bestandteil der UCs sein.

Die Radio-Sprache

Radiotexte sind flüchtig

Fürs Radiotexten gibt es Spielregeln, die den Besonderheiten des Mediums Radio Rechnung tragen. Radiohören heißt starke Ablenkungsgefahr wegen der fehlenden optischen Unterstützung. Die Radiohörer sind der Sprechgeschwindigkeit des Senders ausgeliefert. Sie können jedes Wort nur einmal hören. Es gibt kein Zurückblättern wie bei Printmedien. Hörer haben keinen ständigen Überblick über Text und Gliederung. Diese speziellen Gegebenheiten der Hörer können Radiotexter nicht ändern. Ändern können sie allerdings ihren eigenen Schreibstil. Erfolgreiche Radiomacher schreiben fürs Hören und nicht fürs Lesen. Sie müssen die Hörer in aktiven Formulierungen Schritt für Schritt informieren. Das heißt, immer eins nach dem anderen, also lineare Information, keine Vorwegnahmen, Rückbezüge und Einschübe. Ein Beispiel: "Das Wiener Museumsquartier, der prachtvolle Barockbau, der künftig mehrere Museen beherbergt, wurde nach der völligen Neugestaltung, heute um 9 Uhr Vormittag von Bundespräsident Klestil, festlich eröffnet." Diese so wiedergegebene Information ist kein Sprechstil, außerdem passiv formuliert und nicht aktiv. Die Radiohörer erfahren erst im letzten Wort, was wurde, nämlich eröffnet. Die Radiohörer müssen sich also im obigen Beispiel bis zum Satzende etwas merken. Außerdem sind zu viele Informationen in einem einzigen Satz verpackt. Fürs Radio ist Folgendes besser: "Bundespräsident Klestil hat heute das Wiener Museumsquartier eröffnet, am Vormittag um 9 Uhr. Der prachtvolle Barockbau beherbergt künftig mehrere Museen. Er wurde zuvor völlig neu gestaltet."

Lineare Information

Aktiv formulieren

Einstieg

Bei den Radio-Nachrichten soll der erste Satz einer Meldung ein Hauptsatz sein; wenn möglich ein starker Einstiegs-Satz. Die Sätze sollen in verständlicher Umgangssprache formuliert werden. Inhalte sind kurz und knapp auf den Punkt zu bringen, möglichst ohne Fremdwörter. "Im Zweifel geht die Verständlichkeit vor Duden-Korrektheit", empfehlen die Medienberater der Firma bci aus Nürnberg. Zu vermeiden sind außerdem Agentursprache, Fachbegriffe und "man"-Formulierungen sowie ironische Sätze: "Die Zahl der Hörer, die Ironie mögen oder auch nur erkennen, ist immer kleiner, als Journalisten möchten" (Schneider 1989, S. 127).

Gut verständlich ist ein Text, der häufig zwischen kurzen und mittellangen Sätzen wechselt. Präsens und Perfekt haben Vorrang. Personen sind beim Namen zu nennen, und das öfter. Bezeichnungen sind selten zu wechseln. Die Information soll einordnen und Zusammenhänge klar machen, ohne zu kommentieren.

Ö3-Hörerkurve

Radiohören ist in der Regel Nebenbeschäftigung. Das Radio dient der Mehrheit als akustischer Teppich und wird nur ab und zu wahrgenommen. Die Hörer sind also meist unkonzentriert. Aufmerksamkeitsimpulse sind notwendig durch Betonung und akustische Hilfsmittel. Hitradio Ö3 gibt allen seinen Mitarbeitern Sprach-Spielregeln mit: "Wortinhalte müssen brutal um die Aufmerksamkeit der Hörer kämpfen, sonst verhallen sie ungehört."

Radio - ein Morgenmedium

Tatsächlich werden nur 8% des Radioprogramms ganz konzentriert gehört, fast 60 % nebenbei (Media Perspektiven, März 2001, S. 136). Rund drei Viertel der Bevölkerung nützen das Radio zu Hause oder im Auto. Radio ist ein Morgenmedium. Beinahe alle Altersgruppen hören vor allem am Morgen Radio, während des Aufstehens, des Frühstücks und beim Autofahren zur Arbeit. In diesen Situationen wird Radio konzentriert gehört. Am Morgen sind außerdem aktuelle Informationen, also Nachrichten, besonders gewünscht. Dagegen wird Radio am Arbeitsplatz und außer Haus kaum bewusst wahrgenommen. Öffentlich-rechtliche Sender werden aufmerksamer als Kommerzielle gehört. Ältere hören konzentrierter als Jüngere, Frauen konzentrierter als Männer.

Invasion vom Mars

Erfolgreiche Radiosprache erzeugt Bilder im Kopf. Diese Phantasiebilder wirken wesentlich stärker als Realbilder. Ein sehr gutes, aber sehr umstrittenes Beispiel ist die Radiosendung "Invasion vom Mars" von Orson Welles. Sie löste in den Dreißiger-Jahren des vorigen Jahrhunderts in den USA eine Massenhysterie aus, da die Hörer das Hörspiel für einen Bericht hielten.

Die Darstellungsformen der Radio-Information

Neuigkeit
Nähe
Nutzen

Damit ein Ereignis im Radio vorkommt, muss es bestimmte Voraussetzungen erfüllen. Drei Auswahlkriterien, die sogenannten drei großen "N", sind entscheidend: Neuigkeit, Nähe und Nutzen (Haas, Frigge, Zimmer 1991, S. 345). Wobei in der Regel zumindest zwei der drei Grundkriterien zutreffen sollen, damit Ereignisse gesendet werden. Ein Ereignis, das zwar neu, aber weder nützlich noch nahe ist, wird nicht gesendet. Die neuere Nachricht schlägt die weniger neue.

Unter Nähe verstehe ich nicht nur die räumliche Nähe des Ereignisses zum Sendegebiet, sondern auch die Relevanz für die Hörer, also auch, wie nahe ein Ereignis den Hörern geht, wie betroffen es macht.

news
to use

Nachrichten, die nützen, also "news to use", sind nicht nur Serviceinformationen, wie Ölpreisinformationen oder Verkehrs- und Wetterberichte. Nützlich sind auch alle Informationen, die einen Gesprächswert, Gebrauchswert und Unterhaltungswert haben. Der Nutzwert hängt auch vom Sendegebiet ab und von der Zielgruppe des Senders. Börseninformationen beispielsweise haben für wirtschaftlich interessierte Hörer einen hohen Nutzwert, für andere überhaupt keinen.

Die drei Grundkriterien Neuigkeit, Nähe und Nutzen sind für die gesamte Radioinformation relevant, also für alle Darstellungsformen.

Moderation

"Mit dem
Hörer
sprechen"

Die Art der Moderation, also die Art der Vermittlung, ist entscheidend für den Erfolg der gesamten Sendung. Moderieren bedeutet, mit den Hörern sprechen. Ein Moderator muss seine Hörer förmlich sehen; spricht also zu ihnen am Arbeitsplatz, zu Hause oder in der Freizeit. Damit spricht er direkt in das Ohr jeder einzelnen Hörerin, jedes einzelnen Hörers, und nicht zu einer anonymen Masse. Jeder einzelne Hörer, jede einzelne Hörerin muss sich persönlich angesprochen fühlen. Eine Information kann noch so gut recherchiert und getextet sein, durch eine schlechte Moderation wird die Wirkung gebremst, da bei einem schlecht anmoderierten Beitrag die Aufnahmebereitschaft der Hörer sinkt.

Eine typische Radioinformationssendung ist ein buntes Gemisch von Berichten, Interviews, Analysen, Shorties oder Meldungen. Die Moderation verbindet diese einzelnen Informationsbausteine. Die Moderation macht aber noch mehr, sie verkauft sozusagen die gesamte Sendung bis hin zur Verabschiedung der Hörer; sie führt durch die gesamte Sendung.

Moderation "verkauft"

Die Moderation steht auch am Beginn jeder Darstellungsform. Reporter sind gut beraten, immer zu allererst einen Moderationsvorschlag zu liefern und erst dann mit dem Texten, beispielsweise eines Beitrags, zu beginnen. Die Moderation soll üblicherweise nicht länger als 30 Sekunden sein und nicht kürzer als sieben. Laut Wirkungsforschung sind mindestens sieben Sekunden Information notwendig, damit Hörer sie wahrnehmen. Nach 30 Sekunden steigt das Risiko des Weghörens.

Moderation

Neben der Anmoderation hat gerade im Radio die Nach- oder Abmoderation eine wesentliche Funktion. Bei längeren Informationssendungen, wie beispielsweise dem Ö1-Mittagsjournal, betont die Nachmoderation nochmals in Kürzestform die wesentliche Aussage des vorangegangenen Berichts oder Interviews und verringert so die Weghörgefahr, die bei langen Sendungen groß ist. Moderationen können und sollen Schmunzel-Meldungen oder Buntes in der Sendung vorkommen lassen. Diese Moderationsmeldungen, die an passender Stelle oft auch als Überraschungseffekt eingesetzt werden, lassen eine Sendung reichhaltiger wirken.

Ab-moderation

Die Moderation ist ein ständiger Kampf um die Aufmerksamkeit und ein Kampf gegen das Weghören. Stotternd oder unsicher vorgetragene Moderationen stören die Kommunikationsbeziehung zwischen Hörern und Moderatoren. Die großen Flip-Chart-Bögen, die fallweise in US-Nachrichtenstudios hängen, "I never rip and read", sind durchaus sinnvoll. Reiße niemals eine Meldung aus dem Drucker und lese sie unredigiert. Hier muss Qualität der Moderation vor Schnelligkeit

Kampf um die Aufmerksamkeit

gehen. Die "Sicherheit am Mikrofon gibt in diesem Moment den Ausschlag vor dem gerechtfertigten Anspruch auf Schnelligkeit der Vermittlung" (Haas/Frigge/Zimmer 1991, S. 364).

Meldung, Nachricht

Regelmäßig aktualisierte Studien im Auftrag der ORF-Radioforschung zeigen, dass in Österreich jede(r) Zweite mindestens einmal am Tag Nachrichten hört. Die Radio-Nachrichten liegen damit in der Nutzung noch vor dem österreichischen Fernseh-Nachrichten-Flaggschiff Zeit im Bild.

Eine Radio-Nachricht oder Radio-Meldung ist rund 30 Sekunden lang. Das sind fünf bis sechs Sätze, kurze und mittlere gemischt. Der Leadsatz muss den Kern des Ereignisses darstellen. Eine Meldung muss unverschnörkelt und gerade geschrieben sein, also: Subjekt - Prädikat - Objekt.

Jede Meldung oder Nachricht sollte die sechs W-Fragen beantworten: wer, was, wo, wann, wie und warum. Eine Nachricht, eine Meldung wird meist live gelesen. Sie ist eine sehr puristische Darstellungsform für Ereignisse. Dies sowohl bei der Gesamtlänge als auch bei der Lebendigkeit. Die Radio-Nachricht ist O-Ton- und atmo-frei (dazu später). Sie ist die älteste Radio-Darstellungsform von Ereignissen und fast immer Bestandteil einer längeren Nachrichtensendung. Die klassische Radio-Nachrichtensendung ist maximal fünf Minuten lang. Sie wird von Sprechern, Meldung für Meldung, gelesen. In dieser Nachrichtensendung haben also bis zu zehn Meldungen Platz, inklusive der Wetterinformation. Diese klassische Form sendet der ORF-Sender Ö1 in den Nachtstunden. Die klassische Form wird zunehmend von den sogenannten O-Ton-Nachrichten verdrängt.

Ö1-Nachrichten

Ö3-Nachricht

Die Nachrichten, auch O-Ton-Nachrichten, sind, je nach Format, eine bis fünf Minuten lang; sie werden ausnahmslos von Redakteuren moderiert und nicht von Sprechern gelesen. Mindestens zwei Items pro Sendung sind O-Töne oder Shorties (dazu später). Die O-Ton-Nachrichten sind also ein Mix aus Moderationen, Meldungen, O-Tönen und Shorties. Klassische und O-Ton-Nachrichten werden meist im Stundentakt gesendet und müssen weitergedreht werden. Sie sollen im Stundenabstand nicht zur Gänze ident sein. Ereignisse müssen weiter recherchiert werden, und dieser neu recherchierte Aspekt muss in der nächsten Nachrichtensendung zentraler Informationsbestandteil sein. Denn die regelmäßigen Untersuchungen der ORF-Radioforschung zeigen, dass die Verweildauer bei Ö3 und den ORF-Regionalradios in der Früh, also in der Radio-Primetime, bei rund einer Stunde liegt, nach Untersuchungen in Deutschland etwas darunter. Als Faustregel gilt, dass Nachrichtensendungen zweimal hintereinander den gleichen Aufmacher haben können.

Bericht, gebauter Beitrag

Der Bericht oder der gebaute Beitrag stellt komplizierte Sachverhalte und Hintergründe dar. Der Bericht ist der "große Bruder der Nachricht" (Pürer 1996, S. 80) oder der Meldung. Er ist meistens zwischen anderthalb und vier Minuten lang; in manchen Fällen kann er auch zehn Minuten und länger sein. Üblicherweise enthält jeder gebaute Beitrag auch mehrere O-Töne und Atmo-Einspielungen.

Berichte

Einige Autoren unterscheiden zwischen gebautem Beitrag und Bericht und erwähnen, der Bericht sei ein gebauter Beitrag ohne O-Töne (Haas/Frigge/Zimmer 1991, S. 380). Diese Unterscheidung wird im deutschen Sprachraum in der täglichen Arbeitspraxis immer seltener.

Kurzbeitrag (KB), Shorty

Die Zielgruppen der meisten Flächenradios wollen kurze, kompakte Nachrichten. In diesen zwei- bis fünfminütigen Informationssendungen sind mehrere Berichte schwer unterzubringen, auch wenn sie nur je eineinhalb Minuten lang sind. Daher hat sich die Berichterstattung an die neue Situation angepasst und den KB oder das sogenannte Shorty als zusätzliche Darstellungsform entwickelt. KBs und Shorties sind kürzeste Berichte oder extrem komprimierte, gebaute Beiträge, auch mit Kurz-O-Tönen. Sie sind zwischen 30 und 50 Sekunden lang.

Ö3-Shorty

Reportage

Bei der Reportage schildert der Reporter ein Ereignis aus eigener Sicht, übersetzt also das Gesehene in die eigene Sprache. Dies kann als "Live-Reportage" oder als "produzierte Reportage" gemacht werden. Die Radio-Reportagen unterscheiden sich stark von den Reportagen in Zeitungen und im Fernsehen. Im Fernsehen haben die Zuseher ein Bild vor Augen, sind also in gewisser Weise Augenzeugen. Bei der Radio-Reportage erzeugt der gesendete Text die Bilder im Kopf.

Reportagen Opernball/ Sonnenzug

Reportagen werden immer am Ort des Geschehens gemacht. Reporter sind gut beraten, einen emotionalen Einstieg zu suchen, egal ob es um die Schilderung eines Augenzeugen geht oder um Atmo, also für das Ereignis typische Geräusche. Der Ton muss immer technisch perfekt sein. Schwer verständliche O-Töne sind nicht nur sehr ärgerlich, sie sind auch ein Abschalt- und Weghörimpuls und daher nicht zu verwenden.

Reportage kommt vom Französischen "reporter", das heißt "zurücktragen". Eine gute Reportage übernimmt diese Bedeutung wörtlich und (über)trägt das vor Ort Gesehene und Erlebte, möglichst tatsachennah und interessant aufbereitet, zurück zu den Hörern nach Hause. Nicht nur bei der Sport-, sondern bei jeder Reportage müssen die Reporter die Hörer das Gesehene miterleben lassen und mit vorher recherchierten Fakten anreichern.

Feature

Ein Feature braucht immer viel Sendezeit, meist 20 bis 60 Minuten. Thema kann alles sein, vorausgesetzt es ist journalistisch interessant. Der Begriff kommt aus dem angloamerikanischen Zeitungsjournalismus. Er bedeutet, sehr frei übersetzt, "reißerisch verkaufen" oder "besonders herausstellen". Features zählen zu den sehr subjektiven Darstellungsformen. "Die Handschrift des Autors darf, ja soll stärker erkennbar sein" (Schult, 1982, S. 230). Ein Thema "featuren" heißt auch, mehrere unterschiedliche Zugänge zu ein und demselben Thema zu finden und im Feature vorkommen zu lassen .

Feature Raymond Carver

Kommentar

Radio gilt weitgehend als Berichtsmedium und nicht als Kommentarmedium. Die Hörer erwarten von der Radioinformation vor allem, "auf dem Laufenden gehalten zu werden" (Haas, Frigge, Zimmer 1991, S. 383). Kommentare sind aber natürlich auch in der Radioinformation eine unverzichtbare Darstellungsform. Sie werden allerdings im Radio seltener eingesetzt als in den anderen Medien. Ein Kommentar braucht die volle Aufmerksamkeit und Konzentration der HörerInnen, kann also schlecht nebenbei gehört werden.

Klassische Radio-Kommentare sind selten länger als drei Minuten. Sie werten einen Sender auf. Sie signalisieren Kompetenz und erhöhen das Gesamtimage. Ein Kommentar muss Sachverhalte darstellen und Ereignisse aufbereiten. Welche Folgen hat ein Ereignis? Ist es schlecht oder gut? Richtig oder falsch?

Kommentar Transit

Jeder Kommentar wertet. Die Frage, ob Kommentare mit den Grundsätzen des objektiven Journalismus vereinbar sind, stellt sich nicht, wenn die Spielregeln eingehalten werden, die für Kommentare gelten. Kommentare im Radio müssen deutlich als solche erkennbar sein. Sie müssen als Kommentar an- und abmoderiert werden. Kommentatoren sind verpflichtet, Wertungen stichhaltig zu begründen und in fachlich qualifizierter Weise darzulegen. Auch das Österreichische Rundfunkgesetz verlangt diese Spielregeln bei Kommentaren (Twaroch, Buchner 1992, S. 40). Wichtig ist, dass die gesendeten Argumente für die Hörer logisch nachvollziehbar sind. Der Kommentar soll zur Meinungsbildung beitragen und zu Diskussionen anregen.

In gewisser Weise nimmt jede Journalistin und jeder Journalist immer eine Wertung vor. Das beginnt bei der Themenauswahl und, innerhalb der Themen, bei der Schwerpunktsetzung. Es gibt also den wirklich neutralen, wertfrei berichtenden Journalisten nicht, denn "es gibt keinen Standpunkt über allen Dingen" (Jaspers 1964, S. 25). Gute Journalisten müssen mit dieseUmstand verantwortungsbewusst und fair umgehen. Und sie müssen die Fähigkeit haben, auch über Tatsachen, die nicht in ihre persönlichen Überzeugungen passen, klar und sachgerecht zu berichten, nach bestem Wissen und Gewissen.

Kritik, Rezension

Kulturkritiken Bayreuth, Salzburg

Kritik oder Rezension ist eine Radio-Darstellungsform, die vor allem bei kulturellen Ereignissen eingesetzt wird. Sie stammt aus dem Kulturbereich, konkret aus dem Feuilleton, dem kulturellen Teil der Zeitungen. Reporter bewerten hier künstlerisches Schaffen; üblicherweise in Form der Theater-, Film-, Literatur-, Kunst- und Musikkritik. Rezensionen beschreiben, bewerten und interpretieren Literatur. Im Radio wird Kulturkritik sehr oft als Hörer-Tipp eingesetzt, auf eine bestimmte Veranstaltung neugierig zu machen. Jedenfalls sollen die Hörer durch eine Kritik bzw. eine Rezension einen Eindruck über das Kulturereignis bekommen.

Analyse

Die Analyse ist dem Kommentar sehr ähnlich. Auch Analysen sind zu kennzeichnen. Sie beschreiben Hintergründe und die Zusammenhänge eines Ereignisses. Im Unterschied zum Kommentar verzichtet die Analyse weitgehend auf Wertungen, ob beispielsweise Entscheidungen gut oder schlecht sind. Sie stellt lediglich den Pro-Argumenten für eine Entscheidung die Contra-Argumente gegenüber. Die Wertung überlässt die Analyse den Zuhörern.

Analyse Atomstrom

Die Analyse kann live oder aufgezeichnet, vor Ort oder im Radiostudio gemacht werden. Vor-Ort-Analysen haben Vorrang. Ebenso wie beim Kommentar sind auch für die Analyse genaue Sachkenntnisse notwendig, aber auch treffsichere Einschätzung der politischen Entwicklung, journalistische Erfahrung, Distanz zu den Ereignissen, Hintergrund- und Insiderwissen. Um Letzteres zu bekommen, ist die sorgfältige Kontaktpflege Grundvoraussetzung. Vertrauen ist schwierig und mühsam aufzubauen, aber schnell verloren. Journalisten, die Quellenschutz nicht hundertprozentig ernst nehmen, bekommen keine Informationen mehr.

Analytisches Gespräch

Das analytische Gespräch oder das analytische Interview ist die radioverträglichere Form des Kommentars oder der Analyse. Diese Darstellungsform gewinnt in der Radioinformation zunehmend an Bedeutung. Es kommt den Hörern, die ja, wie gesagt, "einfach nur am Laufenden" gehalten werden wollen, entgegen. Es lässt Redundanzen zu, die einen gewissen Ersatz für die Zurückblättermöglichkeit in den Printmedien darstellen. Die Zuhör-Mühe entfällt beim analytischen Gespräch weitgehend, weil dieses angenehmer zu konsumieren ist als die klassische, nicht redundante, kompakt auf den Punkt geschriebene Radioanalyse oder der Kommentar. Daher ist beim analytischen Gespräch die Gefahr des Weghörens oder Abschaltens geringer.

Analysegespräche
Machtkampf,
Vor dem
Irak-Krieg

Das Frage- und Antwortszenario weckt die Neugier und das Interesse der Hörer. Analytische Gespräche sind nicht nur mit Experten eines Sachbereichs oder Ereignisses üblich, sondern auch mit Journalisten mit hoher Sachkenntnis, Erfahrung, Urteilsfähigkeit und Distanz zu den Ereignissen. In der Kurzform können analytische Gespräche nur wenige Minuten lang sein, sie können aber auch ganze 30-Minuten-Sendungen füllen.

Interview, Telefoninterview

Auch ein Interview beginnt mit der Anmoderation. Hier werden das Thema kurz angesprochen und der Interview-Partner vorgestellt. Es muss klar werden, warum der Interview-Partner gerade jetzt auf Sendung geht. Interviewpartner müssen fair behandelt, aber in der Sache hart und nachhaltig gefragt werden. Für gute Interviews müssen sich die Journalisten nicht nur mit der Sachlage präzise vertraut machen, sondern auch mit der Person. Auch Nebenthemen des Interview-Hauptthemas sind zu recherchieren, um die richtigen Fragen zum richtigen Zeitpunkt stellen zu können.

Trotz umfassender Vorbereitung dürfen sich Interviewer nicht an das Vorbereitete klammern. Die Kombination aus Vorbereitung und aufmerksamem Zuhören bringt die besten Fragen.

Vorbereitung

Hans Besenböck und Rudolf Nagiller sprechen von acht Gründen für ein Radiointerview (Pürer 1996, S. 101). Zum Interview eingeladen werden Menschen, die eine Meinung haben, die prominent sind, die Experten sind, die persönlich betroffen sind (z. B. von einem Vorwurf), die glaubwürdig sind (etwa Augenzeugen), die grotesk sind und die ganz allgemein zu hinterfragen sind. Interviews können aber auch mangels Zeit für eine andere Darstellungsform gesendet werden. In der Praxis kommt es vor, dass beispielsweise eine entscheidende Regierungssitzung noch während einer laufenden Informationssendung zu Ende geht. Die einzige Möglichkeit, das Sitzungsergebnis doch noch auf Sendung zu bringen, ist, einen Sitzungsteilnehmer zur Frage, was die Sitzung ergeben hat, live zu interviewen.

Interview Jörg Haider

Ein längeres Interview ist meist eine Mischung aus offenen, geschlossenen und interpretierenden Fragen. Den offenen Fragen ("Warum sind Sie für ...?", "Was halten Sie von ...?") folgen im Regelfall die geschlossenen ("Wie werden Sie entscheiden?", "Für welche Lösung sind Sie?") und die interpretierenden ("Verstehe ich Sie richtig ...?"). Interpretierende Fragen sind notwendig, um Klarheit zu schaffen.

Offene und geschlossene Fragen

Interviews, in denen nur offene Fragen gestellt werden, sind langweilig. Ausschließlich geschlossene Fragen wirken eindimensional und können den Eindruck eines Verhörs erzeugen. Mehrere Fragen zu einer einzigen zusammenzufassen schadet einem guten Interview. Der Interviewte kann sich dann aussuchen, auf welchen Frageteil er eingeht, kann also den unangenehmen Themen ausweichen. Außerdem kommt kein vernünftiger Dialog zustande, da nicht gleichzeitig über mehrere Fragen geredet werden kann.

Kurze Interview-Vorgespräche sind sinnvoll und notwendig, dürfen aber nie die Interviewfragen vorwegnehmen. Dies würde jedem Interview die Spannung und die Spontaneität rauben. Es würde die Position des Interviewers schwächen, da er seine Karten auf den Tisch legt. Das Vorgespräch dient einem vernünftigen Interviewklima und der Themenabklärung; es hat Small-Talk-Charakter.

Es ist nicht immer leicht, ein Interview zu bekommen. Es gilt der Grundsatz, nie locker zu lassen. Jeder hat aber das Recht, ein

Interview abzulehnen. Dies kann bei gewählten Repräsentanten problematisch sein, da diese in gewisser Weise verpflichtet sind, die Öffentlichkeit zu informieren. Bei solchen Interviewabsagen ist es angebracht, die Ablehnung den Hörern mitzuteilen; kurz und sachlich.

Interview-Absagen

Interviews werden, speziell im Radio, gelegentlich am Telefon gemacht. Telefoninterviews sind immer eine Art Notlösung, wenn es aus zeitlichen oder aus geografischen Gründen keine andere Möglichkeit gibt. Handwerklich gelten genau die gleichen Prinzipien wie beim "Aug-in-Aug-Interview". Bei Telefoninterviews kommt es sehr oft zu Tonproblemen. Bei schlechter Tonqualität dürfen nur jene Interview-Teile gesendet werden, die gut verständlich sind; der Rest kann zitiert werden. Bei allen Interviews, auch bei telefonischen, rate ich prinzipiell davon ab, ein Interview ein zweites Mal aufzunehmen. Bei Wiederholungen leidet die Interview-Spontaneität.

Statement

Das Statement (Erklärung, Feststellung) ist eine knappe Aussage im Originalton. Es ist also eine Aussage einer Person zu einem bestimmten Ereignis oder Sachverhalt. Auch ein Statement wird wie ein Kurzinterview eingeholt. Die Journalisten stellen am Beginn eine erleichternde Anreißerfrage, die nicht gesendet wird. Im Vorgespräch wird der oder dem Befragten mitgeteilt, worum es im gesamten Beitrag geht und klar gemacht, dass nur ein Statement aufgenommen wird und kein echtes Interview. Bei der Aufnahme ist es wichtig, eine möglichst knappe, auf den Punkt gebrachte Antwort zu bekommen.

Statement Wolfgang Schüssel

Im Redaktionsalltag werden Teile von bereits gesendeten Interviews in den nachfolgenden Nachrichten in Statementform weitergedreht. Es handelt sich dabei meist um die stärkste Interviewaussage.

O-Ton

Journalisten verstehen heute unter O-Ton üblicherweise einen kurzen Auszug aus einem Interview oder Statement. In dieser Form zählt der

O(riginal)-Ton zu den kürzesten Darstellungsformen. Der O-Ton übernimmt die Funktion eines Zitats. Er wird entweder anmoderiert und selbsttragend gesendet oder in Moderation, Beitrag, Reportage oder Shorty eingebaut. Er ist im Regelfall zehn bis 40 Sekunden lang. Diese, durch die journalistische Praxis reduzierte Bedeutung des O-Tons ist in Wirklichkeit viel umfassender. Denn O-Töne sind alle Originalgeräusche, wie Schreie, Schüsse, Glocken, Wasserrauschen usw. Die Originalgeräusche, auch "Atmo"(sphäre) genannt, helfen, Bilder im Kopf zu erzeugen. Ein Text, der eine Bahnhofsszene beschreibt, ist ohne Atmo karg. Sind aber auch der Bahnhofslautsprecher und das Quietschen des gerade einfahrenden Zuges zu hören, ist er wesentlich wirkungsvoller.

O-Ton hat Funktion des Zitats

Straßenbefragung, Umfrage

Die Straßenbefragung ist eine Möglichkeit der direkten Hörerbeteiligung. Reporter holen von Passanten Statements und Meinungen zu einem bestimmten Thema ein. Die Straßenbefragung oder die Straßenumfrage wird am Radioschneideplatz nachbearbeitet. Sie wird mit mobilen Aufnahmegeräten (Mini-Disc, DAT-Recorder usw.) vor Ort eingeholt. Die Aussagen werden dann ohne Zwischentexte zusammengeschnitten und anmoderiert gesendet.
Die Praxis zeigt, dass es ratsam ist, mindestens viermal so viele Statements aufzunehmen, wie für die Sendung notwendig sind.

Phone-In, Call-In

Radio hat es leicht, seine Hörer mitmachen zu lassen, in Form von Phone-Ins. Phone-Ins sind eine Art Straßenbefragung am Telefon und vom Studio aus. Sie eignen sich besonders gut bei unterhaltenden Themen ("Was ist Ihre Lieblingsspeise?") oder kontroversiellen Themen ("Sind Sie für oder gegen Atomenergie?"). Phone-Ins können live gesendet, aber auch voraufgezeichnet werden. Die Moderatorin oder der Moderator ersucht die Hörer um Anrufe zu einem bestimmten Thema. Die Phone-Ins oder Call-Ins werden vom Producer oder einer Redakteurin aufgezeichnet und zusammengeschnitten. Der Zusammenschnitt wird als ein- bis fünfminütiger Beitrag gesendet. Die Ausstrahlung soll möglichst knapp nach der Aufnahme erfolgen; maximal 15 Minuten Zeitverzögerung sind ideal. Die Hörer bekommen dadurch den Eindruck, "ihr" Radio sei sehr reaktionsschnell.

Einzelmeinungen nicht allgemeingültig

Bei Phone-Ins und Straßenbefragungen besteht die Gefahr, dass Einzelmeinungen allgemein gültig wirken. Die Moderation muss den Hörern klarmachen, dass die kleine Zahl der Befragten keine Rückschlüsse auf das allgemeine Meinungsklima zulässt. Zu vermeiden sind daher Phone-In-Anmoderationen nach dem Motto: "Wir haben die Hörer um ihre Meinung gebeten...".

Diskussion

Maximal vier Teilnehmer

Diskussionen sollen im Radio nicht mehr als vier Teilnehmer haben. Inklusive Moderator sind dann fünf unterschiedliche Stimmen in der Diskussion zu hören. Bei noch mehr Stimmen ist die Verwechslungsgefahr und damit der Abschaltimpuls sehr hoch. Die Diskussionsrunde muss für die Hörer unterscheidbar sein. Nur dann ist die Diskussion nachvollziehbar und spannend. Zur leichteren Unterscheidung und Zuordnung der Stimmen ist es beispielsweise bei Vierer-Runden überlegenswert, zwei Frauen und zwei Männer einzuladen. Das Prinzip, die bestmöglichen Köpfe einzuladen, bleibt dabei aber natürlich aufrecht.

Diskussionen haben immer das Ziel, unterschiedliche Auffassungen zu einem bestimmten Thema darzustellen. Es geht nicht darum, unter den Diskutanten Frieden zu stiften, vielmehr sollen die Zuhörer animiert werden, sich eine eigene Meinung zu bilden.

Diskussion Pensionsreform

Die Spielregeln für gute Diskussionen unterscheiden sich in einigen Punkten von jenen für Interviews. Für eine gute Radiodiskussion ist die Zusammensetzung der Gesprächsrunde entscheidend. Das Diskussionsthema soll kontrovers sein. Der Gesprächsleiter muss gut vorbereitet sein. Er darf sich nicht als Diskussionsteilnehmer fühlen, muss die Runde vorstellen und stets die Uhr im Auge haben. Die

Diskussion ist so zu lenken, dass alle Teilnehmer inhaltlich und zeitlich angemessen zu Wort kommen, und dass am Ende der Sendezeit die wichtigsten Fragen tatsächlich diskutiert worden sind.

Teilnehmer mit Namen ansprechen

Das auch hier notwendige kurze Vorgespräch darf zu keiner Vorweg-Diskussion führen. Bei längeren Radiodiskussionen sind die Namen und Funktionen der Teilnehmer mehrmals zu nennen und auch der Grund, warum sie eingeladen wurden. Während der Diskussion sind die Teilnehmer mit Namen anzusprechen, damit sich Stimmen mit Namen verbinden lassen.

Die Diskussion ist zu strukturieren, das kann mit Zwischenresümees gekoppelt sein. Endresümees sind sparsam einzusetzen, da sich Diskussionsrunden gelegentlich falsch interpretiert fühlen und dann geneigt sind, die Diskussion neu zu beginnen.

Teaser, Promo

FM4-Teaser

Teasing ist die Eigenwerbung einer Radiostation. Teasing wirbt für ganze Sendungen oder einen Sendungsteil. Teaser (Anreizer) oder auch Promo(tion)s sind in anderen Radiomärkten, vor allem in den USA, schon lange alltägliche Praxis. Im deutschsprachigen Raum werden Teaser und Promos verstärkt eingesetzt, seit es die kommerziellen Radiostationen gibt. Teaser und Promos sind kommerziellen Werbespots sehr ähnlich, sind aber redaktioneller Programmbestandteil. Sie haben den Zweck, die Aufmerksamkeit zu erhöhen und Neugier zu wecken. Das Erfolgsgeheimnis für gute Teaser lehnt sich stark ans AIDA-Konzept aus der Werbung an (Haas, Frigge, Zimmer 1991, S. 343).

A für Attention = Aufmerksamkeit auslösen
I für Interest = Interesse erregen
D für Desire = Bedürfnis wecken
A für Action = aktiv werden.

Teasing soll also Appetit auf mehr machen. Dabei soll in die gesamte Trickkiste der AIDA-Möglichkeiten gegriffen werden; es sollen also professionelle Jingles, O-Töne usw. bewusst eingesetzt werden. Teasing kann sich aber auch auf eine reine Moderationsinformation reduzieren ("Schwerer Unfall auf der A1! Das genaue Ausmaß und die Situation am Unfallort gleich im Ö3-Mittagsjournal!").

Sondersendung

Mono-thematische Sendungen

Sondersendungen sind keine eigene Darstellungsform im klassischen Sinn, sondern die umfangreichste Informationsform, in der alle bisher behandelten Darstellungsformen Verwendung finden können. Sondersendungen sind immer monothematisch, es werden also eine oder mehrere Sendestunden einem einzigen Thema gewidmet. Dieses Thema wird aus den unterschiedlichsten Blickwinkeln behandelt.

Breaking-News

Sondersendungen können vorhersehbar sein (Wahlen, Jahrtausendwechsel) oder spontan von einem Ereignis diktiert werden (11. September 2001, Grubenunglück in Lassing). Letztere Ereignisse führen auch immer zu Breaking-News, werden also so schnell wie möglich gesendet. Das bringt immer eine Unterbrechung des laufenden Programms. Sobald feststeht, wann es die Sondersendung gibt, sollten die Breaking-News auch das Teasing für die Sondersendung enthalten.

Breaking-News sind in Flächenradios relativ leicht möglich, in Blockradios schwerer. Trotzdem müssen Breaking-News auch in Blockradios prinzipiell möglich sein.

Egal, ob vorhersehbar oder spontan, Sondersendungen müssen immer geplant werden. Die Planung reicht bei den vorhersehbaren Ereignissen bis ins kleinste Detail und bei den spontanen nur bis zur Grobstruktur. Mit Sondersendungen wird den Hörern immer etwas ganz Besonderes angeboten, das sich vom Tagesprogramm abhebt. Erfolgreiche Radios können auf Sondersendungen nicht verzichten.

Ob Sondersendungen oder normales Programm, gutes Radio gibt es nur von einem Team kreativer und motivierter Journalisten, die ihr Handwerk verstehen. Erstklassige Journalisten sind das eigentliche Geheimnis eines jeden Radioerfolges.

Literatur

Arnold, Bernd Peter (1999): ABC des Hörfunks. 2. Aufl.Konstanz.

Bakenhaus, Norbert (1996): Das Lokalradio. Konstanz.

Bauer, Rupprecht S. et al. (1999): Wörter in Bildern - Bilder in Wörtern. Berlin.

Bloom-Schinnerl, Margareta (2002): Der gebaute Beitrag. Konstanz.

MacFarland, S.(1990): Contemporary Radio Programming Strategies. Hillsdale.

Haas, Michael H.; Frigge, Uwe; Zimmer, Gerd (1991) Radio Management. München.

Häusermann, Jürg (1998): Radio. Tübingen.

Hömberg, Walter; Pürer, Heinz (Hrsg.) (1996): Medien-Transformation. Konstanz.

Jaspers, Karl (1964): Werden wir richtig informiert? München.

La Roche, Walter; Buchholz, Axel (Hrsg.) (2000): Radio-Journalismus. 7. Aufl. München.

Linke, Norbert (1997): Radio-Lexikon. 1200 Stichwörter. München.

Media Perspektiven, Heft 3/2001.

Moser, Christian Georg (2002): Innovations- und Lernprozesse im Medien- und Redaktionsmanagement. Wien.

Pürer, Heinz (Hrsg.) (1996): Praktischer Journalismus in Zeitung, Radio und Fernsehen. 4., überarb. Aufl. Salzburg.

Rein, Wolfgang; Zindel, Udo (Hrsg.) (1997): Das Radio-Feature. Mit Hörbeispielen auf CD. Konstanz.

Schneider, Wolf (1989): Deutsch für Profis. München.

Schult, Gerhard; Buchholz, Axel (Hrsg.) (2000): Fernseh-Journalismus. München.

Twaroch, Paul; Buchner, Wolfgang (1992): Rundfunkrecht in Österreich. Wien.

Wachtel, Stefan (2003): Schreiben fürs Hören. Konstanz.

Wachtel, Stefan (2003): Sprechen und Moderieren in Hörfunk und Fernsehen. Inklusive CD mit Hörbeispielen. Konstanz.

Wittwen, Andreas (1995): Infotainment. Phil. Diss. Wien.

Zehrt, Wolfgang (1996): Hörfunk-Nachrichten. Konstanz.

Fernseh-Journalismus

Werner Mück

Journalismus ist unteilbar. Seine Grundsätze und Ziele, wie Objektivität, Unabhängigkeit und Pluralität, wie sie im Juni 2003 auch von einem internationalen Lehrgang für Qualitätsjournalismus an der Donau-Universität in Krems in einer Charta zusammengefasst wurden, gelten gleichermaßen für alle Medien. Die journalistische Praxis in den Redaktionen tagesaktueller Sendungen, wie etwa bei der Tagesschau der ARD, Heute des ZDF oder bei der Zeit im Bild des ORF, lässt sich auf eine einfache Formel bringen: Für sein Publikum die überbordende Fülle der Informationen zu bewerten, auszuwählen, zu redigieren und schließlich sinnvoll zu reihen.

Der Journalist manipuliert im positiven Sinne wenn er Informationen auf ihre Relevanz prüft, verdichtet und für sein Publikum dadurch konsumierbar also nutzbar macht. Der Journalist ist Pfadfinder im Informationsdschungel der globalisierten Mediengesellschaft, er bietet Orientierungshilfe nach dem Grundsatz "weniger ist mehr". Wer sein Publikum mit zahllosen Details überfordert, sorgt für Informationsnebel und vernachlässigt seinen Beruf. Komplizierte Zusammenhänge zu vereinfachen, schwer verständliche Informationen in leicht fassbare Formulierungen zu übersetzen, Wesentliches zu betonen und unwesentliches Beiwerk auszufiltern, ist Kern journalistischer Arbeit.

Qualität und Quote

Jeder Bericht und die Sendung als Gesamtprodukt sollen dem Publikum die Möglichkeit bieten, sich über die ausgewählten Themen selbst ein Urteil zu bilden. Aktuelle Tagesinformation orientiert sich am News-Wert der Informationen und an ihrem Nutzwert für das Publikum. Information in Massenmedien wendet sich an ein breites Publikum, Qualität und Quote schließen einander nicht aus, sondern bilden eine Symbiose. Die Flagschiffe der aktuellen TV-Information wenden sich an ein Millionenpublikum. Finden diese Sendungen ihr Publikum nicht, haben sie ihren Zweck verfehlt.

Auf der beiliegenden CD finden Sie Beispiele zum Inhalt dieses Artikels, auf zusätzliche CD-Hinweise im Text wird verzichtet.

Digitalisierte Arbeitswelt

Die journalistische Arbeit für tagesaktuelle Nachrichtensendungen im Fernsehen unterliegt tiefgreifenden Veränderungen. Die Digitalisierung der Informationsinhalte und ihrer Bearbeitung bietet neue, faszinierende Möglichkeiten globaler Informationsbeschaffung und Vermittlung und verändert dadurch die Tagesarbeit der Fernsehjournalisten. Sie schafft aber auch neue journalistische Berufsbilder wie z. B. den Content-Manager.

Digitalisierung ermöglicht globale Information

Im Mai 2002 hat der ORF in seinem Sendezentrum in Wien einen neuen News-Room in Betrieb genommen. Dieser voll digitalisierte News-Room bündelt alle sendungsrelevanten Funktionen bis hin zum TV-Sendestudio. Die tragenden Säulen sind ein volldigitales Redaktionssystem der österreichischen Nachrichtenagentur APA und eine auf die Bedürfnisse der TV-Information maßgeschneiderte Software der Firma DIVIS für die digitale Produktions- und Studiotechnik. In der Übergangsphase der technischen Umrüstung arbeitet das System in einer Kombination aus digitaler und analoger Technik. Über ihre Redaktions-PCs haben alle an den Nachrichtensendungen mitwirkenden Mitarbeiter bis hinaus in die zuliefernden Landesstudios und Korrespondentenbüros des ORF direkten Zugriff auf alle sendungsrelevanten Informationen, z.B. die Sendelisten, Texte der einzelnen Beiträge und Moderationen bis hin zu einem Volltext-Archiv aller Nachrichtensendungen. Alle Mitarbeiter der TV-Information des ORF haben somit den gleichen Informationsstand und können Veränderungen in der Sendungsplanung live mitverfolgen. Redaktionssitzungen sind nicht mehr die zentrale Informationsquelle. Dieses digitalisierte Redaktionssystem ist auch das Rückgrat der Studioregie und Sendungsabwicklung.

Digitalisierte Newsrooms

Auf dem Bildschirm ihrer Redaktions-PCs können die Journalisten gedrehtes und auf Festplatten gespeichertes Bildmaterial sichten, die für den Schnitt erforderlichen Sequenzen auswählen, markieren und dann direkt dem Cutter im Schneideraum zuspielen.

Der Umstieg von der nonlinearen Filmtechnik zur linearen MAZ (Video)-Technik hat in den 70er-Jahren die journalistische Arbeit enorm beschleunigt. Die zeitraubende Filmentwicklung entfiel, die MAZ-Aufzeichnungen konnten sofort gesichtet und bearbeitet werden. Die lineare Produktion war nun die Regel, eine Szene nach der anderen musste auf das Endband kopiert werden, ähnlich dem Auffädeln von Perlen.

Nonlineare Bearbeitung

Mit dem Schritt in die digitale Nachrichten-Produktion werden die Vorteile der nonlineraen Bearbeitungsweise wiederbelebt. Zwar wird immer noch auf Kassetten aufgezeichnet, aber das Signal ist nicht mehr analog, sondern digital. Bevor die Aufnahmen zur Bearbeitung im Schneideraum am Schnitt-Computer (NLE: Non-linear Edit) zur Verfügung stehen, müssen sie eingespielt, also auf die Festplatte des Servers kopiert werden. Die Vorteile der digitalen Videoproduktion: das Verschieben und schnelle Austauschen einzelner Szenen ist wieder, wie früher beim Film, möglich. Daneben stehen viele verschiedene digitale Effekte zur Verfügung, von der einfachen Blende über "Wischer" bis zu Farb-, Schrift- und Grafikbearbeitungsmöglichkeiten.

Der Redakteur/Reporter muss aber nun wieder daran denken, beim Einspielen den Medien-Bruch von Kassette auf Harddisk zeitlich berücksichtigen. Dies geschieht natürlich viel schneller als früher die Filmentwicklung dauerte. Auch wenn aus den eingespielten Files ein neuer Beitrag entsteht, muss dieser über die EDL (Edit Decision List) in einem Rendering-Prozess erzeugt werden. Auch das kostet Zeit, ca. ein Drittel der Beitragslänge. Nachdem das neue File, also der eigentliche Sendebeitrag fertig gerendert ist, muss vorerst noch - aus Sicherheitsgründen - eine Band-Kopie erzeugt werden.

Qualitätssteigerung durch Geschwindigkeit

Eine wirkliche Qualitätssteigerung im Sinne eines Geschwindigkeitsgewinnes betrifft jene Beiträge, die aus Agentur- bzw. Leitungsmaterial gefertigt werden. Denn dieses Material wird nun von Content Managern, redaktionellen Mitarbeitern, vorab digitalisiert und in kleinen, handlichen Portionen den Redakteuren und Cuttern zur Verfügung gestellt. Dieses System bewährt sich v.a. dann, wenn es außerordentliche Ereignisse und damit zusätzliche Sendungen gibt. Denn einerseits kann der Content Manager Material direkt in einen NLE-Schneideraum schicken, oder andererseits auf einen zentralen Server stellen, auf den alle zugreifen können.

Journalistisches Content-Management umfasst folgende Tätigkeiten:

- Digitales Aufzeichnen der Agenturen-Feeds;
- Zerlegen der Feeds in einzelne Stories und auf den Server/ NLEs fusen;
- Zusammenstellen von Content-Paketen für die Redakteure;
- Verwalten des Servers;
- Anlegen von Spezial-Contentthemen;
- Einspielen von Rohmaterial-Kassetten und Betreuung der Redakteure.

Die Recherche

Unabhängig vom technischen Standard steht am Anfang journalistischer Arbeit stets die umfassende Recherche eines Themas, die Sammlung aller relevanten Sachinformationen und der unterschiedlichen Meinungen dazu. Die gründliche Recherche ist das zeitaufwendigste und wichtigste journalistische Arbeitsfeld. Die Qualität der Recherche entscheidet über die Qualität der Berichterstattung. Was bei der Recherche versäumt wurde, kann durch nichts nachgeholt oder ersetzt werden. Wer beispielsweise nichts anderes als eigene Vorurteile recherchiert, wird niemals objektiv berichten können. Wer sich von diversen Interessensgruppen für deren Ziele instrumentalisieren lässt, handelt ebenso fahrlässig wie Journalisten, die unter dem Vorwand der Eile die Pflicht zum Re-Check missachten.

Neben den klassischen Recherchequellen wie dem unverzichtbaren Recherchegespräch, dem Lokalaugenschein, den Datenbanken und den Archiven der Agenturen und den Pressediensten hat sich das Internet zu einer unerschöpflichen Informationsquelle mit direktem Zugriff auf tausende Datenbanken entwickelt. Die Digitalisierung der Datenbanken hat die Arbeit der Journalisten wesentlich erleichtert. Die Volltext-Suche nach Stichworten wird von mächtigen elektronischen Suchmaschinen betrieben, die Millionen an Dokumenten in Sekunden durchforschen und die Ergebnisse leserfertig auf den PC-Bildschirm der Journalisten liefern.

Schon bei der Recherche unterscheidet der Journalist zwischen Sachinformationen und Meinungen. Eine Trennung, auf die im angelsächsischen Journalismus strikt geachtet wird, gegen die aber im deutschsprachigen Raum zunehmend verstoßen wird. Die größten Gefahren liegen dabei im Infotainment, jener Vermengung von Information und Unterhaltung, die zwangsläufig in Meinungsjournalismus mündet.

Der Bericht über den Parlamentsbeschluss zu einem Budget wird beispielsweise neben den für das Publikum aufschlussreichen Eckdaten auch die divergierenden politischen Interpretationen enthalten. Der Finanzminister unterstreicht die Vorzüge seines Budgetentwurfs, die Oppositionsparteien kritisieren Mängel oder Fehlentwicklungen. Die Sachinformation - etwa wie viel Geld im Budget für Bildung und Forschung vorgesehen wird - ist nur ein Teil der wissenswerten Information. Dazu gehört - erkennbar als Meinung dargestellt - der politische Diskurs der Parteien.

Objektivität und Wahrheit

Information und Meinung trennen

Das Streben nach Objektivität, Wahrheit und Meinungsvielfalt bleibt immer ein Haltungsversuch. Jedenfalls wird der Journalist stets darauf achten, sein Publikum nicht zu bevormunden und daher auch in seinen Berichten und Reportagen Sachinformationen und Meinungen erkennbar auseinander halten. In der Regel liefert der Reporter in seinem Text die Sachinformationen während Meinungen über O-Töne, also kurze Statements- bzw. Redeausschnitte reflektiert werden. Wenn Meinungen im Text wiedergegeben werden, müssen sie durch die Quellenangabe als Zitat erkennbar sein. Über Objektivität wurde viel geschrieben, diskutiert und gelegentlich auch gestritten. Sie kann in der tagesaktuellen TV-Information nicht an einem einzigen Beitrag oder einem Sendetag gemessen werden.

Oft wird die erstrebenswerte Objektivität mit verpöntem Proporzjournalismus verwechselt. So ist es nicht erforderlich, bei einem Bericht über die Pressekonferenz einer politischen Partei jeweils auch die Meinungen der anderen Parteien dazu einzuholen. In Einzelfällen mag das zur Abrundung der Information richtig und wichtig sein, ein Handlungsprinzip ist es jedenfalls nicht. Meinungsvielfalt dient zweifellos der Wahrheitsfindung, ist aber auch kein Patentrezept.

Mediale Eigenheiten

So gleichlautend die journalistischen Grundsätze sind, so unterschiedlich sind Ausdrucksformen und Stilmittel der elektronischen Medien Radio, Fernsehen und Online. In der Kenntnis und Praxis dieser Stilmittel liegt die Profession der Journalisten. Anders als beim Radio ("fernhören") oder beim Teletext ("fernlesen"), wendet sich der Fernsehjournalist an Augen und Ohren der Menschen, wobei die Wirkung des bewegten Bildes beim Rezipienten weit größer als jene des Tones ist. In der Abhängigkeit des TV-Journalisten vom Bildangebot liegt seine größte Herausforderung.

Bilder dominieren den TV-Journalismus

Das bildorientierte Medium Fernsehen bietet einerseits schier unerschöpfliche Möglichkeiten des Informationstransfers, schränkt aber gleichzeitig wegen seiner Bilddominanz den journalistischen Spielraum ein. Ein Bericht, der die Ebene der Bildsprache nicht entsprechend berücksichtigt, enttäuscht und ermüdet den Zuseher sehr rasch. Beim Beitrag über eine Konferenz oder Tagung kann das Thema noch so wichtig sein, wenn der Zuseher nur Delegierte an Tischen sitzend zu sehen bekommt, wird sein Interesse rasch nachlassen. Was bei einem Großbrand, einem Vulkanausbruch oder einem Hochwasser im TV mühelos gelingt, ist bei Themen, die sich im Kopf, also in Gedanken abspielen, im Fernsehen oft schwer vermittelbar.

Grenzen des Bildes

Nicht alle Themen bzw. Ereignisse finden daher im Medium Fernsehen ihren mediengerechten Platz. An die Grenzen der medialen Eignung gerät man rasch bei einem TV-Bericht über ein philosophisches Symposion. Der Zwang zu kurzen Redeausschnitten (O-Tönen) lässt bei gleichzeitigem Mangel an anschaulichem Bildmaterial eine adäquate Vermittlung komplizierter Gedankengebäude nicht zu. Dementsprechend oberflächlich wirken dann viele solche TV-Berichte und verfehlen das Ziel breiter Information. Die verständliche Wiedergabe komplizierter Gedanken oder gesellschaftlicher Entwicklungen ist bei Printprodukten und im Radio besser aufgehoben als in der aktuellen Tagesinformation des Fernsehens. Das bedeutet nicht, dass man sich nicht trotzdem darum bemühen muss und bei der Suche nach Bildern auch kreative Wege sucht. Dennoch: Plakative und emotionale Botschaften können bei fachkundiger Wiedergabe im Medium Fernsehen konkurrenzlos überzeugend vermittelt werden.

Das Problem der TV-Information, komplizierte Sachverhalte mangels geeigneter Bilder nicht darstellen zu können, wurde im Frühjahr/ Frühsommer 2003 deutlich, als in Österreich der erste Schritt einer Pensionsreform zu wochenlangen heftigen Diskussionen, dem ersten großen Streik der Zweiten Republik und zur Belastungsprobe für die Neuauflage der schwarz-blauen Koalition sorgte. Komplizierte Rechenmodelle, statistische Zahlenreihen und Hochrechnungen haben selbst bei optimaler grafischer Aufbereitung das TV-Publikum eher verwirrt als informiert.

Die Macht der Bilder

Die Eigenart und Faszination des Mediums Fernsehen liegt eben in der angesprochenen optischen Information bewegter Bilder. In dieser Faszination liegen Verlockungen und Gefahren. Nichts wirkt stärker, als die emotionale "Botschaft" bewegter Bilder ("Ein Bild sagt mehr als 1000 Worte").

Verlockungen und Gefahren des Bildes

TV-Berichte über Kriege oder Naturkatastrophen sind verlässliche Quotenbringer aller Nachrichtensender. So gründet das weltweite Renommee des amerikanischen Nachrichtensender CNN auf dessen Non-stop-Berichterstattung über den ersten Golfkrieg. Keine TV-Nachrichtensendung kann auf solche Berichte verzichten, an ihrem Umfang und in ihrer Gewichtung scheiden sich allerdings die Geister der kommerziellen und der öffentlich-rechtlichen TV-Anbieter.

Kriegs-berichterstattung

Deutlich wurde dies 2003 beim Krieg im Irak, als die Amerikaner an die 300 "embedded" Journalisten nach kurzer "Überlebensausbildung" ihre Kampfeinheiten beim Vormarsch begleiten ließen. Livebilder von siegreichen Einheiten der Invasionsallianz und Jubel der irakischen Zivilbevölkerung über die "Befreiung" sollten vor allem bei der Bevölkerung in den USA und in Großbritannien für Solidarität mit den kämpfenden Söhnen und Töchtern sorgen. Kämpfende oder gar verwundete US-Soldaten durften hingegen nicht gezeigt werden. Dieser Instrumentalisierung des Journalismus für Kriegsziele haben sich aber beispielsweise alle deutschsprachigen öffentlich-rechtlichen Sender widersetzt und die Einladungen nicht angenommen.

Bildern von Gewalt und Leid

An der Realität, dass für das Medium Fernsehen Bilder von Kriegshandlungen publikumswirksamer und damit attraktiver sind als Bilder von Friedensverhandlungen, kommt man jedoch nicht vorbei. Um so größer ist die journalistische Verantwortung im Umgang mit Bildern der Gewalt und des Leids. Von gesellschaftspolitisch unverzichtbarer Information hin zur voyeuristischen Selbstaufgabe ist es oft nur ein kleiner Schritt oder in der Praxis eine Sekunde zu lange oder zu groß (Nahaufnahme) im Bild. Wer allerdings die Realität eines Krieges durch gewaltfreie Bilder beschönigt, macht sich zum Anwalt des "sauberen Krieges", den es nicht gibt, und missbraucht seine Informationspflicht. Gewalt muss und wird auch im Fernsehen so lange vermittelt werden, so lange es Gewalt gibt.

Der Reiz der Bilder offenbart sich glücklicherweise nicht nur in Gewaltszenen. So diskutieren TV-Journalisten immer wieder die ideale Schlussgeschichte einer Informationssendung. Sie sollte versöhnlich-entspannend wirken, den Zuschauer emotional auf das Folgeprogramm einstimmen, ihn jedenfalls nicht verärgert oder gar verängstigt zurücklassen. So fragwürdig dieser Zugang auch sein mag, Berichte über neugeborene Löwen, Elefanten oder Eisbären finden sich in nahezu allen TV-Nachrichtensendungen Europas. Sie können nicht darüber hinwegtäuschen, dass auch und vor allem im TV das Prinzip "only bad news are good news" als Folge des Reizes der Bilder ungebrochen bleibt.

Der TV-Journalist muss sich jedenfalls stets bewusst sein, dass die Bildsprache wesentlich nachhaltiger wirkt als der gesprochene Text. Nur allzu oft liefern TV-Bilder ganz andere Informationen, als jene, die vordergründig im Text vorgetragen werden. Die Bild-Text-Schere ist auch nach einem halben Jahrhundert intensiver Schulung die größte Falle für TV-Journalisten geblieben. Das Publikum kann einander widersprechende (Bild vs. Text) Wahrnehmungen nicht koordinieren und wird dadurch irritiert statt informiert.

Bild-Text-Schere vermeiden

Das bedeutet aber keineswegs, dass bildbeschreibend getextet werden soll. Wenn beispielsweise in einem Bericht ein nackter Mann zu sehen ist, der ein Loch in einen zugefrorenen See hackt und dann hineinspringt, darf der Text nicht lauten "Ein nackter Mann hackt ein Loch ins Eis eines zugefrorenen Sees und springt ins kalte Wasser". In diesem plakativen Fall empfiehlt es sich, bildkongruente zusätzliche Informationen zu bieten: "Eisbaden hat im Norden Moskaus eine lange Tradition und gilt als Mutprobe und Härtetest. Dieser Mann unternimmt bei minus 15 Grad Außentemperatur den riskanten Versuch, wobei es darum geht, möglichst rasch ins vergleichsweise zwei Grad warme Wasser und wieder heraus zu kommen."

Die Faszination der Personen

Neben der Faszination der Bilder hat aber ein zweites Phänomen große Macht im Fernsehen: die Personalisierung. Ein Mensch, der Erlebnisse schildert und dem ich dabei in die Augen sehen kann, erfasst alle Wahrnehmungssinne, er kann das Publikum beeindrucken. Das Fernsehen ist wie kein anderes Massenmedium auf Personen konzentriert. Nahezu alle Informationsinhalte können personalisiert besser vermittelt werden und sei es in der Person des Moderators.

Personalisierung im TV besonders stark

So drohte im Frühsommer 2003 die österreichische Bundesregierung an der von ihr geplanten Pensionsreform zu zerbrechen. Man hatte die öffentliche Debatte völlig unterschätzt und gedacht, mit einigen Zahlen und Daten überzeugen zu können. Erst sehr spät erkannten die Regierungsparteien ihren schweren Fehler, die Pensionsreform ohne personalisierte Information der Öffentlichkeit in Angriff genommen zu haben. Als Spitzenpolitiker der Regierung in Massenmedien aktiv wurden, war es allerdings bereits zu spät, das Misstrauen gegen die geplanten Änderungen hatte alle Bevölkerungsschichten erfasst. Es ist eine Binsenweisheit, dass im Fernsehen nicht ein Parteiprogramm, sondern der Parteiführer überzeugt und daher nicht umfangreichen Reformpapiere, sondern glaubwürdige Politiker das nötige Vertrauen beim Publikum gewinnen müssen.

Politiker im Fernsehen

Diese Personalisierung des Mediums Fernsehen prägt in seiner Wechselwirkung auch die politischen Landschaften und das politische Personal. Längst ist es für den Spitzenkandidaten einer Partei wichtiger geworden, auf den TV-Bildschirmen überzeugend zu wirken, als in der Sache Recht zu haben. Die Meinungsforschung belegt, dass Wahlen nicht bei Versammlungen, sondern via Fernsehen entschieden werden. Das Fernsehen gilt daher als das mächtigste Massenmedium, das charismatischen Persönlichkeiten geradezu ideale Voraussetzungen bietet. Dazu kommt, dass TV-Journalisten nicht nur selbst diesem Charisma erliegen, sondern durchaus im wohlverstandenen Publikumsinteresse auf die telegene Wirkung von Interview-Gästen oder Diskussionsteilnehmern achten. Im Gegenzug bewerten Parteien und Interessensgruppen die Objektivität einer Nachrichtensendung nicht selten an Sekundenanteilen der TV-Auftritte ihrer Spitzenfunktionäre. Dabei wird völlig außer Betracht gelassen, weshalb bzw. zu welchem Thema der Interviewte befragt wurde. So wurde beispielsweise die TV-Information des ORF im Herbst 2002 kritisiert, weil der O-Ton-Anteil von Politikern der ÖVP-FPÖ-Regierungskoalition überdurchschnittlich hoch war. Unbeachtet blieb, dass die Berichte den Streit der Regierungsparteien bis hin zum Bruch der Koalition und das Ende der ersten schwarz-blauen Regierung in Österreich zum Inhalt hatten.

Wichtig und richtig

Für TV-Journalisten gilt es stets darauf zu achten, weder der Faszination der Bilder noch dem Charisma der Personen alles zu unterwerfen. Was wichtig und richtig ist, entzieht sich oft diesen beiden mächtigen Faktoren des Mediums Fernsehen. Deshalb müssen alle Anstrengungen unternommen werden, um Wichtiges und Richtiges an Themen und Sachverhalten mediengerecht aufzuarbeiten. Da hilft nicht nur der Griff ins Archiv. Die neuen Möglichkeiten der Computer-Animationen haben beispielsweise die TV-Berichterstattung über Unsichtbares wie die Genforschung erst möglich gemacht. Hier hat sich ein neues Feld der Bildgestaltung aufgetan, dessen Handhabung erst erlernt werden muss. Jedenfalls bieten animierte Grafiken in der TV-Berichterstattung die Möglichkeit, auch über jene Themen zu berichten, die sich der Optik der TV-Kamera entziehen.

Computer-animationen

Moderation im Fernsehen

Es ist noch kein Wort gefallen und dennoch fällt am Beginn eines Beitrages eine für die ganze Sendung wichtige Vorentscheidung: der erste Reflex des Publikums wirkt nachhaltig und tief greifend. Ist mir der Moderator sympathisch, habe ich ihn gern am Bildschirm zu Gast in meiner Privatsphäre, weckt er mein Interesse, bin ich gespannt darauf, was er mir heute präsentiert? Fragen wie diese werden vom Zuseher in Sekundenbruchteilen beantwortet.

Es ist ein Faktum, dass die Glaubwürdigkeit von Nachrichtensen-dungen untrennbar mit der Bildschirmwirkung von Moderatoren verknüpft ist. Die Eignung, glaubwürdig "über den Schirm" zu kommen, kann allerdings nicht erlernt werden. Der Berufswunsch, Moderator zu werden, führt daher in den meisten Fällen nicht zum erhofften Erfolg. Was einen guten Moderator ausmacht, kann nicht beschrieben werden - es hat mit natürlichem Charisma zu tun und entzieht sich oberflächlich-optischen Details. Es gilt das alte Hollywood-Prinzip: "Es ist niemand ein Star, es sei denn, er ist es".

Glaubwürdigkeit

Es gibt kein Idealbild und keinen Moderator, der allen Zusehern gefällt. Körpersprache, Mimik, Gestik und Temperament sind Ingredienzien, die in unterschiedlicher Kombination beim Publikum

Charisma

ankommen. In Umfragen erzielen erfolgreiche Moderatoren jedenfalls eine Zustimmung des Publikums von mindestens 60% bei oft hoher Polarisierung zwischen Zustimmung und Ablehnung. Der gute Moderator lässt niemanden kalt.

Der Text der Moderation soll zwar die Aufmerksamkeit und das Interesse des Publikums für den folgenden Beitrag wecken aber keinesfalls stillen. Er soll auf emotionaler Ebene den Kontakt zum Publikum herstellen aber Übertreibungen und Superlative vermeiden. Die Meisterschaft basiert bei der TV-Moderation auf der klaren, verständlichen Sprache. Also auf kurzen, prägnanten Sätzen, die fürs Ohr geschrieben werden, aber niemals vorgelesen wirken dürfen, obwohl sie in aller Regel von der autocue (Teleprompter) gelesen werden. In den meisten aktuellen Nachrichtensendungen sind Moderationen durchschnittlich 20 Sekunden lang.

Klare, verständliche Sprache

Ein guter Moderator vermeidet komplizierte Satzkonstruktionen und verzichtet auf Abkürzungen zu Gunsten der Langform. Die Hauptsätze einer Moderation werden besser im Zeitformat der Zukunft, der Gegenwart oder der Vergangenheit formuliert, weil in der Umgangssprache die Mitvergangenheit nicht üblich ist. Zitat:" Im Nahen Osten reißt die Serie der Gewalttaten nicht ab..." Fremdwörter und Fachausdrücke werden weitgehend übersetzt oder vermieden. Jeder Satz einer guten Moderation ist für sich verständlich. Die Moderation nimmt auf die Gefühlslage des Publikums Rücksicht. Nach einem erschütternden Bericht über einen tragischen Unfall mit Todesopfern geht man nicht ohne kurze Atempause zum nächsten Thema, vermeidet aber jeglichen falschen Pathos. Anteilnahme fühlbar zu machen und dennoch weder Freude noch Betroffenheit zu heucheln, ist die Meisterschaft der guten Moderation, die viel Erfahrung erfordert.

Moderator und Interviewer

Neben seiner Wirkung auf das Publikum hat der Moderator auch noch eine zweite wichtige, journalistische Funktion zu erfüllen: Als Gesprächspartner für Korrespondenten und als Live-Interviewer von

Studiogästen oder in Schaltgesprächen. Die Doppelrolle des Moderators und Interviewers bedingt breites journalistisches Wissen. Ein Moderator, der auch Interviews führt, muss fachlich Generalist sein und die Interviewführung in Perfektion beherrschen. Live-Interviews kommen in Nachrichtensendungen unter besonders erschwerenden Auflagen zu Stande: Sie sind zeitlich und inhaltlich genau fixiert. Der Fragesteller muss den vorbereiteten Fragenkatalog dem Verlauf des Gesprächs anpassen, stets reagieren und bei ausweichenden Antworten nachfragen, den Interviewgast zu kurzen Antworten bewegen, notfalls höflich aber bestimmt unterbrechen und schließlich den Sendungsablauf genau einhalten. Wird das Gespräch nämlich zu lang, muss während laufender Sendung ein Beitrag aus dem Programm genommen werden, was wiederum eine Vielzahl anderer Probleme nach sich ziehen kann. Das beste Interview darf daher keine Sekunde länger als geplant dauern.

Gesprächsführung

Der Moderator ist schließlich auch für das ganze Team der Sendungsabwicklung die tragende Säule des Sendungsablaufes. Der Moderator muss gelassen Fehler erkennen und in Sekundenbruchteilen reagieren. Etwa wenn nach seiner Moderation ein falscher Beitrag gestartet wird, oder wenn eine Live-Schaltung zu einem Reporter oder Korrespondenten nicht zustande kommt oder unversehens abbricht. In all diesen Fällen sucht der Moderator keine Ausreden, sondern sagt mit knappen Worten, was vorgefallen ist. So groß der Ärger hinter den Kulissen der Sendung auch sein mag, nichts davon darf der Moderator vermitteln. Sobald er Nerven zeigt, belastet er das ganze Team, das ohnehin unter Spannung steht. Er ist - um einen Vergleich aus dem Sport zu wählen - der Tormann beim Elfmeter.

Der aktuelle Bericht

Er ist das tägliche Brot der TV-Journalisten in den Nachrichtensendungen der Fernsehanstalten. Die Länge der aktuellen Berichte wird tendenziell immer kürzer. Sah man zu Beginn der 90er Jahre bei den deutschsprachigen öffentlich-rechtlichen Sendern noch Berichte mit bis zu 3 Minuten, so sind das heute seltene Ausnahmen. Die aktuel-

Trend zu kürzeren Berichten

len Berichte sind durchschnittlich 1 bis 1,30 Minuten lang. Die einzelnen Bildsequenzen jeweils 2, maximal 3 Sekunden.

Das Durchschnittsalter des Publikums der Nachrichtensendungen liegt bei über 50 Jahren. Darauf muss beim Tempo der Berichterstattung in Wort und Bild Rücksicht genommen werden. Jugendliches Publikum hat einen hochentwickelten optischen Wahrnehmungssinn. Die Gameboy-Generation kann Bildsequenzen von weniger als einer Sekunde aufnehmen und verarbeiten. Es ist daher vorhersehbar, dass auch die TV-Information an Tempo zunehmen wird, wenn die Gamboy-Generation in die Jahre kommt.

News You can use

Was einen guten Bericht ausmacht, wird seit Jahrzehnten gelehrt, diskutiert und beschrieben. Einige Grundsätze sind dabei unumstritten: der Bericht muss aktuell, interessant und für ein breites Publikum auf Anhieb verständlich sein. Sein Nachrichtenwert orientiert sich daran, dem Publikum Orientierungshilfen für Entscheidungen zu bieten. Getreu dem Prinzip "News you can use" oder auf Deutsch "Nachrichten, nach denen ich mich richten kann".

Kooperation mit Kameramann

Die Kongruenz von Wort und Bild zwingt den Fernsehjournalisten, sich die für seinen Bericht aussagekräftigen Filmsequenzen zu besorgen. Bei den selbst produzierten Berichten setzt das eine enge Kooperation mit dem Kamerateam voraus. Der Kameramann muss wissen, um welche Inhalte es geht. Gemeinsam mit dem Redakteur wird er immer brauchbare Einstellungen zustande bringen. Vorausgesetzt der Journalist ist sprachkundig und weiß, dass die Totale den großen Horizont und weiten Überblick bietet, während die Großaufnahme dem wesentlichen Detail vorbehalten ist.

Totale, Halbtotale, Großaufnahme, Schwenk und Zoom sind die wichtigsten Elemente der Bildsprache, deren Wirkung auf das Publikum der Fernsehjournalist kennen und beachten muss. Schwierig ist es, Filmmaterial zu verwenden, das aus Archiven stammt oder von

Agenturen geliefert wird. Grundsätzlich gilt, dass nicht die Bilder zu einem zuvor geschriebenen Text geschnitten werden, sondern zunächst die Filmsequenzen aneinander gereiht und erst danach getextet wird. Das wiederum erfordert eine genaue Absprache mit dem Cutter, der die Vorstellungen des Journalisten über den inhaltlichen Ablauf des Berichtes und die zeitliche Gewichtung der Filmsequenzen genau kennen muss. Fernsehjournalismus ist also vor allem auch Teamarbeit.

Absprache mit Cutter

Doch auch der beste Cutter ist chancenlos, wenn er unbrauchbares Bildmaterial an seinem digitalen Schnittplatz bearbeiten soll. Lange Schwenks oder weite Zoom-Zufahrten eignen sich grundsätzlich nicht für aktuelle Berichte. Auch die Zahl und Abfolge von Statements oder Redeausschnitten entscheiden über Wirkung und damit Qualität eines Beitrages. "Weniger ist mehr" gilt vor allem für die O-Töne, denn das Aneinanderreihen von Statements bewirkt den verpönten Kopfsalat, der die Ebene der Bildsprache sträflich vernachlässigt.

Der Vollständigkeit wegen sei angemerkt, was auch für den Fernsehjournalisten gilt und Voraussetzungen eines guten TV-Berichtes sind:

- *Glaubwürdige Informationsquellen.* Gemeint sind Informanten des Journalisten, Eigenrecherchen am Ort des Geschehens bzw. im Umfeld des Themas, das Internet, Archive, Text-, Bild- und Filmagenturen, Pressedienste und nicht zuletzt auch andere Medien, die nach den selben Grundsätzen arbeiten und berichten.
- Eine *gründliche Recherche* der Inhalte und der Bildquellen bzw. der möglichen Drehorte.
- *Re-Check*, denn der gute Journalist wird niemals ungeprüfte Informationen weitergeben. Es ist auch selbstverständlich, dass ihm die Informations- und Bildquellen bekannt sind. Das wird allerdings immer schwieriger, denn die globalisierten Informationsnetzwerke sind längst undurchschaubar und anfällig gegen Missbrauch und Manipulation. Bei der Bildinformation geht es eben nicht nur darum, was gezeigt wird, sondern was "ausgeblendet" also nicht gezeigt wird. Beim Irak-Krieg 2003 wurde das besonders deutlich: der arabische Sender Al Jassira zeigte Bilder gefangener US-Soldaten, die man bei CNN zunächst nicht zu

Re-Check

sehen bekam. Der Protest der Amerikaner folgte prompt. Das waren nicht die Bilder, die man den zu Hause bangenden Angehörigen der Invasionstruppen zeigen wollte.

- Eine *Informationsquelle* allein wird selten ausreichend sein. Jedenfalls sind die Quellen stets dann zu nennen, wenn der Journalist keine Möglichkeit der Eigenrecherche oder des Eigendrehs hatte.
- *Hohe Aktualität*. Der News-Wert einer Sendung prägt maßgeblich ihr öffentliches Profil. In diesem Punkt treffen einander das Interesse des Publikums und der Ehrgeiz der Journalisten. Die Exklusivmeldung war und ist stets auch das ehrgeizige Ziel der Fernsehjournalisten.

Der gute Ton

Vermittlung von Atmosphäre

Der gute Fernsehbericht zeichnet sich nicht nur durch die sinnvolle Kongruenz von Wort und Bild aus, sondern auch durch den sensiblen Einsatz von Effekttönen, also Hintergrund-Geräuschen. Eine Reportage lebt von fühlbarer Atmosphäre, erst dadurch erhält sie Raum, Weite und Authenzität. Ob es Verkehrslärm ist, der Sound einer Bahnhofshalle oder der Hauch des Windes, dieser Effektton ist unverzichtbar. Nur in wenigen Ausnahmefällen ist es in der TV-Information vertretbar, den Effektton durch instrumentale Hintergrundmusik zu ersetzen (etwa in einem Bericht über das Werk eines Komponisten).

In der Regel wird jedoch durch Hintergrundmusik kaum Information, sondern vor allem Stimmung vermittelt, und damit gerät der Gestalter fast zwangsläufig in die Falle der unzulässigen Manipulation. Den Auftritt eines Politikers mit flotter Marschmusik oder einer Sequenz aus der "Ode an die Freude" zu unterlegen, hat in einer unabhängigen TV-Information nichts verloren, sondern muss den diversen Werbefilmern vorbehalten bleiben.

Für Anfänger gilt jedenfalls: Finger weg von Programmmusik, zumal dies auch der Respekt vor dem musikalischen Werk gebietet.

Schließlich hat der Komponist für das Musiktheater und nicht für journalistische Plünderer komponiert. Wenn schon Filmmusik, dann jene aus dem umfangreichen Angebot, das eigens dafür komponiert und instrumentalisiert wurde.

Kurznachrichten

Auch in den aktuellen TV-Informationssendungen gibt es Kurznachrichten, deren Informationsgehalt sich auf wenige Fakten und Sätze konzentriert und ca. 20 bis 30 Sekunden umfasst. Es sind Meldungen, die jeweils als wichtig erkannt werden, eine umfassendere Darstellung jedoch nicht erforderlich oder mangels geeigneter Illustrationen nicht möglich ist. Dabei werden grundsätzlich drei Stilmittel angewendet:

- *Die Kurzmoderation:* Der Moderator liefert reine Textinformation mit einer Schlagzeile oder einem Standbild im Hintergrund. Meist sind es Informationen über Ereignisse, die erst wenige Minuten vor Sendungsbeginn der Redaktion bekannt wurden und wegen der besonderen Aktualität noch in die Sendung gehoben werden. Etwa die Nachricht von einem schweren Erdbeben, über dessen Folgen noch keine verlässlichen Nachrichten vorliegen.
- *Die Off-Maz:* Der Moderator ließt den Informationstext zu einem Kurzfilm (MAZ) aus dem Off (ist selbst nicht sichtbar). Die Filmsequenzen werden mit wenigen bewegten Bildern, vor allem mit Grafiken oder Landkarten illustriert.
- *Der Meldungsfilm:* Eine selbsttragende Kurz-Story, in der alle Illustrationselemente (Film, Foto, Grafik, Landkarten) eingesetzt werden. Oft werden drei oder vier Meldungsfilme in einem Block ohne Zwischenmoderation aneinander gereiht.

Das Interview

Für das Fernseh-Interview gelten weitgehend die selben Kriterien wie für das Interview im Radio (siehe auch den Beitrag "Radio-Journalismus" in diesem Band). In der aktuellen Fernsehinformation

Interview als dramaturgisches Element

ist das Interview allerdings zunehmend ein dramaturgischer Teil der Sendung, wird also immer seltener als eigenes Beitragselement eingesetzt, sondern vom Moderator einer Sendung geführt. Entweder live mit einem Gast im Studio oder über direkte Leitung aus einem anderen TV-Studio im In- oder Ausland. Nur in Ausnahmefällen, wenn etwa der Interviewpartner live nicht Zeit hat, wird das Interview vor der Sendung aufgezeichnet. Die Voraufzeichnung eines Gesprächs wird grundsätzlich offen gelegt, beispielsweise mit dem Satz "Kurz vor der Sendung habe ich Frau Huber gefragt, ...".

Gegenschüsse

Sollte ein Interview voraufgezeichnet und dann gekürzt, also bearbeitet werden, sind sogenannte Gegenschüsse in denen der Moderator oder der Befragte zuhörend im Bild ist, die beste Methode der Überbrückung. Will man aber dem Publikum auch sichtbar machen, dass die Antworten gekürzt, also bearbeitet wurden, kann das durch kurze Lichtblitzer erkenntlich gemacht werden. Vor allem bei längeren Interviewpassagen bewirkt diese Transparenz der Bearbeitung ein höheres Maß an Glaubwürdigkeit.

Der Studiogast

Beim ORF ist das Studiogespräch des Moderators mit einem Gast zu einem aktuellen Thema ein wesentliches Element der Nachrichtensendung ZiB2 um 22.00 Uhr. Um das Thema des Interviews zu umreißen, wird meist ein Bericht vorangestellt, an den das Studiogespräch anschließt. In diesem Bericht werden Sachinformationen und Widersprüche dargelegt, auf die sich der Moderator ohne weitere Beschreibung beziehen kann. Das Interview im Fernsehen bietet dem Publikum zusätzliche Eindrücke, wie etwa Mimik oder Körpersprache. Das gilt nicht nur für den Studiogast, sondern natürlich auch für den Fragesteller, der mit seinen Empfindungen wie Überraschung, Ärger oder Belustigung sehr diszipliniert umgehen muss.

Mehr als das gesprochene Wort verraten nonverbale Botschaften wie Mimik, Blicke und Körpersprache, ob der Interviewer mit dem Gast fair und korrekt umgeht oder sich zu Geringschätzung oder gar Spott hinreißen lässt. Selbst wenn der Befragte allen Fragen ausweicht oder gar die Antworten verweigert, muss der Moderator Haltung bewahren und darf niemals unhöflich werden.

Selbstverständlich darf und muss er aber das Problem direkt ansprechen. Etwa: "Sie wollen offenkundig auf meine Frage nicht antworten" oder "Ich wiederhole meine Frage, weil ich Ihre Antwort nicht verstanden habe". Wenn sich der Interviewpartner in endlose Antworten flüchtet, muss ihn der Moderator ebenso höflich wie bestimmt unterbrechen, etwa "Entschuldigen sie, wenn ich unterbreche, aber wir sind von der Frage abgewichen, ich möchte wissen, ob..." Dafür hat das Publikum meist Verständnis.

Live-Interviews

Live-Interviews in Nachrichtensendungen des Fernsehens stehen immer unter besonderem Zeitdruck. Offene Fragen, die meist mit "weshalb", "wie" oder "wozu" beginnen, eignen sich vorwiegend nur für den Einstieg in das Interview, denn sie laden zu weitschweifenden und zeitraubenden Antworten ein. Sehr rasch wird der Moderator mit geschlossenen Fragen im Sinne von "Sind sie für...?" oder "Sind sie gegen...?" arbeiten. Er wird also Entscheidungen im Sinne von ja oder nein einfordern oder nach einer konkreten Absicht fragen: "Werden Sie morgen im Parteivorstand...?" Mitunter ist es auch zielführender, nach Absichten zu fragen ("Wollen Sie die Zuwanderung von Ausländern erschweren?") statt Festlegungen einzufordern oder den Interviewpartner zu überfordern ("Werden Sie die Zuwanderung von Ausländern verhindern?").

Publikum einbeziehen

Keinesfalls wird der Interviewer zwei oder mehr Fragen in eine verpacken. Das irritiert das Publikum und bietet dem Befragten jede Möglichkeit der Flucht aus der Antwort. Was auch immer der Befragte antwortet, der Interviewer muss darauf eingehen, daran anknüpfen, also zuhören und nicht schon an seine nächste Frage denken.

Schließlich wird er auch immer das Publikum mit einbeziehen, etwa "Viele unserer Zuseher fragen sich, weshalb die Pensionsreform so rasch und ohne Übergangsfristen kommen muss?" Zweifellos am sensibelsten sind Fragen zum Privatleben. Einen Minister, der von einem schweren Schicksalsschlag betroffen ist, kann man behutsam und ohne jegliche voyeuristische Neugier nach seinem Befinden befragen. Ginge man ansatzlos zur Tagesordnung über, könnte das gefühlskalt und gleichgültig wirken. Für private Fragen gibt es keine Regeln außer gute Manieren und große Zurückhaltung.

Die Analyse

Hintergrundwissen

Die Analyse ist eine besondere journalistische Herausforderung, vor allem dann, wenn sie wie beim ORF und anderen öffentlich-rechtlichen TV-Anstalten der strengen gesetzlichen Auflage der Objektivität unterliegt. Analysen sollen Hintergründe und Wechselwirkungen eines Ereignisses ausleuchten und dem Publikum daraus Rückschlüsse für ein persönliches Urteil erleichtern, ohne dieses Urteil vorzugeben. Es geht also nicht darum, die Meinung des Analytikers zu formulieren, sondern darum, Hintergründe, Sachverhalte und Auswirkungen aufzuzeigen, die es dem Publikum möglich machen, das Ereignis selbst einzuschätzen und zu bewerten.

Das setzt voraus, dass der Journalist über diese Hintergründe und Auswirkungen umfassend informiert ist. Er muss die analytische Fähigkeit besitzen, Ursachen und Folgen zu erkennen. Das erfordert journalistische Erfahrung, Urteilsfähigkeit, präzise Formulierung und absolute Äquidistanz in der Bewertung der Fakten und Argumente.
Es geht es also darum, logische und für das Publikum verständliche Antworten auf zentrale Fragen zu geben. Etwa auf die Frage, weshalb ein Minister zurückgetreten ist und was sein Rücktritt für die Politik im Lande bedeutet. Dabei wird es wichtig sein, auszuleuchten ob der Minister tatsächlich freiwillig ausscheidet, ob seine Politik in der Regierung nicht mehr konsensfähig war oder ob er einem parteiinternen Machtkampf unterlegen ist. Auf diese Fragen muss es klare, mit Fakten belegte Antworten geben.

Logischen Schluss finden

Eine pointierte Analyse wird auch einen logischen Schluss finden, etwa den Satz "Der Kanzler hat sich eines parteiinternen Gegners entledigt und offenkundig war niemand bereit oder in der Lage, ihn daran zu hindern". So kann auch die Analyse der Ausgangssituation der Parteien bei einer Wahl durchaus pointiert formuliert werden. Die Wirkung einer Analyse wächst mit ihrer Prägnanz und Kürze. Nicht eine Vielzahl von Gedanken schafft Klarheit, sondern die Beschränkung auf einige wenige, im Idealfall nicht mehr als zwei oder drei. Länger als zwei Minuten sollte eine gute Fernsehanalyse nicht dauern, denn die auf den Vortragenden reduzierte Bildinformation ermüdet das Publikum rasch.

Der Aufsager

Der Aufsager ist die Kurzform der Analyse, die vor allem in der TV-Information des ORF gepflegt wird. Der Journalist ergänzt seinen Fernsehbericht, indem er abschließend im On - also vor der Kamera - einige wichtige Hintergründe und Perspektiven liefert. Diese Form der ergänzenden Kurz-Analyse am Ende eines Beitrags wird vorwiegend auch von den Auslandskorrespondenten geübt.

Literatur

Appeldorn, Werner van (2002): Handbuch der Film- und Fernsehproduktion. Psychologie, Gestaltung, Technik. 5., überarb. Aufl. München.

Blaes, Ruth; Heussen, Gregor Alexander (Hrsg.) (1997): ABC des Fernsehens. Konstanz.

Geissendörfer, Hans W. (Hrsg.) (2002): Handbuch Fernsehproduktion. Vom Script über die Produktion bis zur Vermarktung. Neuwied.

Karstens, Eric; Schütte, Jörg (1999): Firma Fernsehen. Wie TV-Sender arbeiten. Alles über Recht, Politik, Organisation, Markt, Werbung, Programm und Technik. Reinbeck.

Pürer, Heinz (Hrsg.) (1996): Praktischer Journalismus in Zeitung, Radio und Fernsehen. 4., überarb. Auflage. Salzburg. (Die einschlägigen Beiträge über Fernseh-Journalismus).

Schomers, Michael (2001): Die Fernsehreportage. Von der Idee zur Ausstrahlung. Reportage, Dokumentation, Feature. Ein Buch für Einsteiger im Film- und TV-Business. Frankfurt.

Schult, Gerhard; Buchholz, Axel (Hrsg.) (2000): Fernsehjournalismus. Ein Handbuch für Ausbildung und Praxis. 6., überarb. Aufl. München.

Wachtel Stefan (2003): Sprechen und Moderieren in Hörfunk und Fernsehen. Inklusive CD mit Hörbeispielen, zusammengestellt von Reinhard Pede. 5., überarb. Aufl. Konstanz.

Witzke, Bodo; Rothaus, Ulli (2003): Die Fernsehreportage. Konstanz.

Zirbik, Jürgen; Sturm, Robert (1998): Die Fernseh-Station. Ein Leitfaden für das Lokal- und Regionalfernsehen. Konstanz.

Internet-Journalismus

Michael Fleischhacker

In den Grundlagen und Grundsätzen darf es zwischen Print-, Fernseh-, Radio- und Online-Journalismus keinen Unterschied geben: Da wie dort geht es um unvoreingenommene Berichte und davon erkennbar getrennte Kommentare, da wie dort geht es um Sorgfalt und Korrektheit. Es spricht also aus dieser grundsätzlichen Perspektive alles dafür, nicht zwischen Online-Journalismus und anderen Formen des Journalismus zu unterscheiden, sondern zwischen gutem (das heißt, unvoreingenommenem, korrektem und sorgfältigem) und schlechtem (das heißt parteiischem und oberflächlichem) Journalismus.

Online-Journalisten in der Defensive

Dass eine Einführung in die Grundlagen des Online-Journalismus mit einem Versuch der Ehrenrettung für den Online-Journalismus beginnnt, ist kein Zufall: Der Online-Journalismus ist in die Defensive geraten, Journalisten, die für Onlinedienste arbeiten, werden von ihren etablierten Kollegen in den Printmedien in der Regel als zu jung, unzureichend ausgebildet und einschätzungsschwach angesehen. Man schlägt den Sack und meint den Esel: Was die Journalisten, die für Onlinedienste arbeiten, an Vorwürfen hören, ist - bei aller Berechtigung ethischer Fragestellungen in einem neuen Feld des Journalismus - das zum Vorwurf gewordene Unbehagen, das viele Verantwortliche in den klassischen oder alten Medien gegenüber der inhaltlichen und ökonomischen Bedrohung durch das Internet entwickelt haben.

Sieht man näher hin, zeigt sich sehr rasch, dass die Vorwürfe, die erhoben werden, im Wesentlichen nichts anderes sind, als eine Reaktion auf den Beschleunigungsprozess, der die klassischen Medien - nicht zuletzt unter Einwirkung der schnellen Online-Medien - erfasst hat. Wer eine Tageszeitung des Jahres 2003 mit einem Nachrichtenmagazin des Jahres 1988 vergleicht, wird sehen, dass er fast identische Produkte vor sich hat. Tageszeitungen bieten heute vom inhaltlichen Zugang zu den Ereignissen, von der Art der Gliederung und der Illustration, in vielen Fällen auch vom schreiberischen Zugang her in etwa das, was Wochenmagazine vor 15 Jahren geboten haben.

Das konnte nicht ohne Auswirkungen bleiben. Es ist, auch wenn die Fortschritte in der mobilen Kommunikation und vor allem die Möglichkeiten online verfügbarer Datenbanken die Recherchearbeit wesentlich erleichtert haben, nicht leicht möglich, den Aufwand für Recherche, Formulierung und Gestaltung von einer Woche auf einen Tag zusammenzupressen. Jedenfalls nicht ohne Risiko für die Qualität der Arbeit oder die Qualität des Lebens oder für beides. Diese Verknappung von Zeit wird im Online-Journalismus an die Spitze getrieben: Was früher von Tageszeitungsjournalisten innerhalb von zehn bis zwölf Stunden erledigt wurde - von der Auswahl über die Gestaltung und das Schreiben bis zur Veröffentlichung - ist im Online Journalismus sehr oft eine Sache von Minuten.

Verknappung von Zeit

Damit steigt natürlich das Fehlerrisiko, daran besteht kein Zweifel. Dennoch muss man auch den Hauptvorwurf, der Online-Journalisten von Vertretern der klassischen Medien häufig gemacht wird - nämlich den der Unüberprüfbarkeit und damit mangelnden Seriosität von Informationen -relativieren: Ist es dem USA-Korrespondenten einer großen europäischen Zeitung wirklich möglich, alles, was er in einem zusammenfassenden Bericht schildert, zu überprüfen? Ist es den seriösen europäischen und amerikanischen Zeitungen wirklich möglich, die Korrektheit, Unvoreingenommenheit und Vollständigkeit des Nachrichtenmaterials, das sie von den Agenturen übernehmen, zu überprüfen? Es stimmt, im Online-Journalismus ist der Anteil jener Informationen, die nicht direkt vom Verfasser oder einem Mitarbeiter des Hauses auf Korrektheit und Vollständigkeit überprüft worden ist, aus zeitlichen Gründen noch größer als in einer Tageszeitung. Aber es ist ein gradueller Unterschied, kein substanzieller.

Die erwähnte neue Zeitstruktur prägt in Verbindung mit der stärkeren Einbindung von grafischen und technischen Komponenten die unterschiedlichen Berufsbilder im Online-Journalismus:

Channel-Manager

Was in einer Zeitung die Ressorts, oder, wenn es die Drucktechnik und die Architektur eines Blattes erlauben, ein "Buch" (so nennt man im Branchenjargon die einzelnen Zeitungsteile) ist, findet sich in den journalistisch orientierten Onlinediensten als Channel wieder. Beim Verantwortlichen für einen solchen inhaltlichen Teil, dem "Channel-Manager", handelt es sich in der Regel um einen schreibenden Journalisten. Er vereinigt in einer Person unterschiedliche Funktionen, die in einer Printredaktion auf mehrere Kollegen aufgeteilt sind:

- Als *Ressortleiter* entscheidet er darüber, welche Themen überhaupt zum Zug kommen und wie sie gewichtet sind;
- als *Fachredakteur* kümmert er sich um die Vollständigkeit und Richtigkeit der einzelnen veröffentlichten Informationen;
- als *Producer* kümmert er sich darum, dass die technisch-inhaltliche Abwicklung funktioniert und die Informationen möglichst rasch auf dem Dienst verfügbar sind.

Texte aus den Mutter-redaktionen

Da sich ein Channel-Manager um vergleichsweise große Inhaltspakete zu kümmern hat - etwa im Channel "Wirtschaft" -, ist er viel stärker auf vorliegendes Material angewiesen als ein Print-Kollege, der sich nur um einige Branchen wie Energiewirtschaft, Banken oder Versicherungswesen zu kümmern hat. Daher greift er in der Regel auf vorliegendes Material zurück.

Neben Nachrichtenagenturen und - natürlich einwandfrei zu zitierenden - Konkurrenten (CNN online etc.) greifen jene Onlinedienste, die von Häusern geführt werden, die auch über Tageszeitungen oder andere tagesaktuelle Medien wie Radio oder Fernsehen verfügen (und das ist die überwiegende Mehrheit), in hohem Ausmaß auf Texte aus den "Mutter-Redaktionen" zurück. Der Trend in Online-Redaktionen mit Qualitätsanspruch geht aber erkennbar in die Richtung, dass bei den großen Themen des Tages Zusatzrecherchen stattfinden, die es dem Dienst ermöglichen, bereits vor Fertigstellung der Texte in der Mutter-Redaktion Inhalte anbieten zu können, die über das Agenturmaterial hinausgehen, vor allem Originaltöne und -zitate.

Der Channel-Manager arbeitet inhaltlich weitgehend unabhängig und autonom. Das wäre schon rein praktisch nicht anders möglich, da in den vergleichsweise schmal ausgestatteten Online-Redaktionen eine übergeordnete Kontrolle, wie sie in den Printredaktionen durch ein

System der abgestuften inhaltlichen Verantwortung (Redakteur/ Ressortleiter/Chef vom Dienst/Chefredakteur) gewährleistet wird, nicht leistbar ist. Zugleich reflektiert diese Autonomie auch einen Teil der Eigengesetzlichkeit des Online-Mediums: Die direkte Messbarkeit des Nutzungsverhaltens und die Reaktion darauf.

Von Quote abhängig?

Ein äußeres Zeichen dieser Eigengesetzlichkeit ist der Umstand, dass in vielen Diensten auch die Redakteure/Channel-Manager mit Dienstverträgen ausgestattet sind, die einen leistungsabhängigen Gehaltsbestandteil aufweisen. Channel-Manager sind also, wenn man es auf die ethische Brisanz dieses Umstandes zuspitzen will - und das soll man -, finanziell direkt von der Quote, also den Reichweiten bzw. Seiten-Zugriffen, abhängig. Mit anderen Worten: Der prinzipielle innere Interessenkonflikt, der in Qualitätsmedien täglich gemanagt werden muss, nämlich die Ausbalancierung von inhaltlicher Souveränität und überlebensnotwendigen Verkaufszahlen, schlägt in den Online-Medien direkt auf den einzelnen Journalisten durch. Zieht man in Betracht, dass in den Onlinediensten die jüngeren, weniger erfahrenen Journalisten arbeiten, so zeichnet sich ab, wo die große Herausforderung einer Journalistenausbildung der Zukunft liegt:

Als Channel-Manager sind Journalisten gefragt, die in der Lage sind, zugleich schnell und präzise, zugleich qualitätsbewusst und unter Berücksichtigung der Nutzerinteressen zu arbeiten.

Chef vom Dienst

Gestaltung und Verwaltung

Der Chef vom Dienst eines Onlinedienstes entspricht in seinem Anforderungsprofil sehr weitgehend dem, was man in klassischen Nachrichten- oder Zeitungsorganisationen von einem Nachrichtenchef erwartet: Die Gestaltung und Verwaltung der Seite 1, also im Falle des Onlinedienstes der Homepage. Der Chef vom Dienst durchsurft eigene und fremde Channels, ist mit den Channel-Managern im Gespräch, verdichtet und kompiliert deren Einschät-zungen, Recherchen und Materialsammlungen, strukturiert Verweise und Verlinkun-gen, wählt Bilder aus und gestaltet so das Gesicht des Dienstes, die Visitenkarte der Marke. Er ist auch mit den Kontaktleuten in der Mutter-Redaktion im Gespräch, tauscht Einschätzungen aus, informiert sich über deren Gewichtungen, findet heraus, wo sich Ergänzungen zwischen den Angeboten ergeben, sammelt bei den Kollegen Material ein, das sich in die Tiefenstruktur, die ein Onlinedienst im Unterschied zu einem Printmedium bietet, einbauen lässt.

Einem Chef vom Dienst eines Online-Mediums obliegt es, noch stärker als seinem Print-Kollegen, den Usern jederzeit trotz der Kürze und Vorläufigkeit der gebotenen Inhalte einen möglichst vollständigen Überblick über die laufenden Ereignisse zu bieten, und das im Halbstundentakt.

Community-Manager

Digitaler Leserbrief-Redakteur

Den Community-Manager könnte man in Ableitung von der Print-Organisation einen digitalen Leserbriefredakteur nennen. Der Unterschied zwischen den Aufgabenbereichen der beiden markiert die entscheidende Zusatzqualität, die der Onlinedienst gegenüber den klassischen Medien vorweisen kann: Interaktivität und Echtzeit-Kommunikation. Das erhöht zugleich die Anforderungen an den digitalen Leserbriefredakteur:

Die Diskussion darüber, ob problematische Rückmeldungen auch publiziert werden sollen, für die man sich in einem Printmedium Stunden oder sogar Tage Zeit nehmen kann, muss im Onlinedienst auf Minuten verkürzt werden, ja sie stellt sich überhaupt vom anderen Ende her: Zunächst einmal haben die User die Möglichkeit, ihre Meinung zu einem Text in Form eines Postings zu platzieren, erst dann kommt der Community-Manager dran. Er hat abzuwägen, ob ein Beitrag so problematisch ist, dass er - weil sein Inhalt strafrechtliche Relevanz hat oder seine Nicht-Veröffentlichung aus einem anderen gravierenden Grund angezeigt erscheint - vom Netz genommen wird. Diese Entscheidung gehört zu den sensibelsten im Online-Geschäft, weil die Sensibilität für freie Meinungsäußerung in den Foren der Onlinedienste besonders hoch ist.

Neben der Betreuung der Foren obliegen dem Community-Manager noch weitere Aufgaben im interaktiven Bereich:

- Die *Betreuung von Chats*, sei es in Form einer Moderation (in moderierten Chats kommt es zu einer Selektion von Beiträgen, vor allem dann, wenn Gäste in den Chat eingeladen werden, denen man vorab Fragen aufbereitet und auswählt, damit ihnen eine strukturierte Beantwortung möglich ist), sei es, ähnlich wie in den Foren, im Scannen der Beiträge auf solche, deren Veröffentlichung aus den genannten Gründen nicht in Betracht gezogen wird.
- Die *Organisation, Durchführung und Betreuung von Gewinnspielen*. Zu den Eigenheiten des Online-Journalismus gehört die stärkere Verschmelzung von Inhaltsaufbereitung und Nutzung interaktiver Features auch für den Marketingbereich. Der bemerkbare Trend, das Redaktions-Marketing stärker in die Redaktionen hinein wandern zu lassen, der sich auch in klassischen Printmedien immer stärker abzeichnet, ist in den Onlinediensten praktisch abgeschlossen. Der Umstand, dass die Grenze zwischen Redaktion und Marketing verschwimmt, ist diskutabel. Doch auch hier zeigt sich, dass in dem vergleichsweise jungen Medium die Fähigkeit, mit den natürlichen Interessensgegensätzen, die in einem Medienunternehmen von jeher bestehen, produktiv umzugehen, besonders gefordert ist.
- Ein sehr beliebtes und erfolgreiches Feature, das sich im Online-Journalismus während der vergangenen Jahre entwickelt hat, ist die *Wahlbörse*: Hier sind möglichst umfassende Informationen und Verknüpfungen zu Primärinformationen ebenso gefragt, wie die inhaltliche und technische Betreuung der Mitspieler, das Managen eines Gewinnspieles - schließlich soll an der Börse auch etwas gewonnen werden können -, und die Betreuung der unmittelbaren Reaktionen von Mitspielern und Beobachtern.

Grafiker

Für gute Navigation sorgen

Die Anerkennung der Bedeutung der Grafik, der grafischen Gestaltung, des Layouts, für die inhaltliche Gesamtanmutung eines Mediums ist nicht so alt, wie man meinen möchte: Wer Mitte der 1990er Jahre in Vorträgen zum Thema "Methoden der

Berichterstattung" den Punkt "Layout/Grafik" erörtern wollte, wurde durchaus mit ungläubigem Staunen bedacht. Grafische Gestaltung galt - und gilt noch oft genug - als Beiwerk, als ungern gemachtes Zugeständnis an den Zeitgeist. Dabei sollte bei einer kritischen Überprüfung des eigenen Lese- bzw. Medienkonsumverhaltens klar werden, dass die grafische Gestaltung einen eminent inhaltlichen Beitrag leistet: Sie unterstreicht Gewichtungen, kann Zusammenhänge sinnfällig machen, führt durch Angebote, erlaubt das Nachvollziehen von Tiefenstrukturen der Information.

Innerhalb eines Onlinedienstes, dessen Stärke in den Tiefenstrukturen liegt, spielt das Thema Navigation eine entscheidende Rolle. Der Grafiker erfüllt nicht nur die auch in klassischen Printmedien erforderlichen Aufgaben, er stellt auch das Bindeglied zum Datenbanktechniker dar, der die vorgegebene und grafisch umgesetzte Informationshierarchie und -struktur als Programmierer umsetzt.

Der Grafiker ist der *Informationsdesigner*, der sich nicht damit begnügen kann, Vorgegebenes hübsch zu präsentieren, sondern der ein unmittelbar journalistisches Gespür für den logischen Aufbau und die nachvollziehbare Strukturierung von mehrschichtig angelegten Informationspaketen mitbringen muss. Wie seine anderen Kollegen im Onlinedienst bezieht auch der Grafiker die direkten Rückmeldungen und Nutzungsgewohnheiten der Kunden in seine Arbeit ein. Er reagiert, wenn sich User in der Nachrichtenarchitektur verirren, er bessert nach, wenn sich zeigt, dass das von ihm festgelegte Design der Informationen nicht zu den gewünschten Ergebnissen führt, er macht den Nutzern immer neue Angebote, den inhaltlichen Wegen, die sich er und seine Kollegen ausgedacht haben, zu folgen.

Unterschiede zwischen "klassischem" und Online-Journalismus

An den unterschiedlichen Job-Profilen, die bisher vorgestellt wurden, lassen sich bei aller Gemeinsamkeit auch etliche Unterschiede zwischen dem klassischen Journalismus und dem Online-Journalismus, feststellen. Im Folgenden stellen wir die wichtigsten Unterscheidungsmerkmale dar:

- Im *Online-Journalismus* sind die kürzeren, knapperen Formen gefragt, die einerseits den Nutzer schnell - im Idealfall in Echtzeit - über aktuelles Geschehen informieren und andererseits rasch umsetzbare Einstiege in weiterführende Informationsstrukturen bieten. Das bedeutet, dass sie auch von ihrer sprachlichen Struktur her weniger auf Haltbarkeit als vielmehr auf Klarheit, rasche Nachvollziehbarkeit und bis zu einem gewissen Maß auch auf Vorläufigkeit angelegt sind.
- Das führt direkt zu einem Punkt, der vielen Kollegen, die von Print auf Online umstellen, bis ins Grundsätzliche gehende Schwierigkeiten bereitet: Der Onlinedienst ist ein Medium ohne Anfang und ohne Ende. Der Printjournalist ist auf ein bestimmtes Erscheinungsdatum und daher, vom Zeitpunkt der Veröffentlichung gerechnet, auf Deadlines (Abgabetermine) konditioniert. Der Onlinejournalist hingegen hat nie eine Deadline, der Printjournalist aber immer. Mit dieser Art von dauernder Vorläufigkeit umzugehen, braucht Übung, sowohl vom Grundzugang her als auch von der sprachlichen Umsetzung. Bis zu einem gewissen Grad agiert der Onlinejournalist wie die Kollegen von den Nachrichtenagenturen. In der textlichen Aufbereitung haben alle Elemente von Einschätzung, Bewertung und Resümee zu fehlen, die sich auch in den objektivsten Zeitungsberichten fin den lassen.
- Auch im reinen Nachrichtenbereich, nicht nur im ohnehin auf Interaktivität angelegten Bereich des Community-Management, spielen Interactive Features eine Rolle. Dia-Shows, die in den Anfangszeiten der Onlinedienste eher in der erotiklastigen Schmuddelecke angesiedelt waren, entwickeln sich in der Kombination mit Kurztexten und Zitaten zum Internet-Äquivalent der Reportage. Die Kombination aus kluger Bildkomposition und qualitativ hochwertigem Text ist dabei, Neues zu schaffen.
- Spätestens dann, wenn das technische Boddleneck der mangelhaften Bandbreiten großflächig behoben ist, werden auch Audio- und Videosequenzen eine zentrale Rolle spielen. Derzeit sehen wir auf den Onlinediensten erste Versuche, O-Töne und Kurzvideos zu integrieren, in absehbarer Zeit wird es aber für Channel-

Manager und Chefs vom Dienst notwendig sein, Audiosequenzen und Videos zu bearbeiten und richtig einzusetzen.

- Einer der Hauptgründe dafür, dass in der Betrachtung der Onlinedienste nach wie vor die Technik im Vordergrund steht, ist, dass die Onlinedienste noch nicht über so ausgereifte CMS (Content Management Systeme) verfügen wie die klassischen Medien. Während es in Zeitungen vor langer Zeit selbstverständlich geworden ist, integrierte Ganzseiten herzustellen, in denen sogar die Anzeigen platziert sind, muss im Onlinebereich nach wie vor vieles durch Eigenprogrammierung gelöst werden. Mit der Weiterentwicklung der CMS für Onlinedienste wird auch dort das Augenmerk wieder stärker auf der inhaltlichen, weniger auf der technischen Seite liegen.

Literatur

Altmeppen, Klaus-Dieter et al. (Hrsg.) (2002): Online-Journalismus. Perspektiven für Wissenschaft und Praxis. Wiesbaden.

Hooffacker, Gabriele (2001): Schreiben und Gestalten für das Internet. Ein Handbuch für Ausbildung und Praxis. München.

Mast, Clauda (1997): Journalisten auf der Datenautobahn. Qualifikationsprofile im Multimedia-Zeitalter. Konstanz.

Meier, Klaus (Hrsg.) (2002): Internet-Journalismus. 3., überarb. Aufl. Konstanz.

Rada, Holger (2002): Design digitaler Medien. Tübingen..

Roters, Gunnar; Turcek, Oliver; Klingler, Walter (Hrsg.) (2002): Content im Internet. Trends und Perspektiven. Berlin.

Spielkamp, Matthias; Wieland, Melanie (2003): Schreiben fürs Web. Konzeption - Text - Nutzung. Konstanz.

Foto-Journalismus und Bildbearbeitung

Kurt Kaindl

Dieser Beitrag ist als Basisinformation für Pressefotografie in einer Zeit des Umbruches von der analogen zur digitalen Fotografie gedacht. Er wendet sich primär an fotografische Laien, daher werden fotografische Fachbegriffe im Text in der Regel nur in Klammern zitiert, um eine weiterführende Lektüre in Fachbüchern zu ermöglichen. Der Text enthält speziell gekennzeichnete Hinweise für den informierten Fotografen: (P) = Profi. Alles im Artikel Gesagte gilt sowohl für analoge als auch für digitale Fotografie. Darüber hinausgehende Besonderheiten der Digitalfotografie werden mit dem Vermerk (D) = digital gekennzeichnet. Die praktischen Beispiele auf der beiliegenden CD konzentrieren sich auf die gängigsten Anforderungen der Pressefotografie.

Definition: Was ist Pressefotografie?

Die Besonderheiten der Pressefotografie definieren sich vor allem durch ihren Gebrauch in einem elektronischen oder Printmedium. Nicht das gefällige Foto ist ihr Ziel, sondern die Verwendbarkeit in einer Publikation. Dementsprechend ist man gut beraten, sich über die jeweiligen Gepflogenheiten der Redaktion zu informieren, besonders in Bezug auf die Art der gewünschten Fotos (Farbe, SW, Abzug, Dia oder digitale Daten), Bildunterschriften und inhaltliche Wünsche der Redakteure. Und neben der Frage des erstmaligen Abdruckhonorars sollten auch die Rechte bei künftigem Gebrauch geklärt sein.

Der *Inhalt* des Fotos wird auch durch seine *Verwendung* im Medium bestimmt. Man kann je nach Nutzung einen fließenden Verlauf in der Bildcharakterisierung vom Einzelfoto in der Tageszeitung über Fotostrecken bis hin zum umfangreichen Bildessay in einer Illustrierten feststellen. Die beiden Eckpunkte lassen sich gut beschreiben - dazwischen gibt es unzählige Mischformen:

Pressefoto

Als Einzelfoto muss es den *Kernpunkt* des Ereignisses abdecken. Wichtig sind Aktualität, wahrheitsgetreue Darstellung, Konzentration auf das Wesentliche, möglichst Exklusivität des Themas. Der Inhalt des Bildes ist wichtiger als die fotografische Bildqualität. Da meist nur ein Foto verwendet wird, soll es eine Geschichte erzählen, etwa die Kontrahenten einer öffentlichen Diskussion in Beziehung setzen oder eine dieser Personen in Beziehung zur diskutierten Sache. Unerlässlich ist ein Bildtext zu jedem Foto (am besten auf der Rückseite), der möglichst die journalistischen Ws beantwortet und Namen und Bankverbindung des Fotografen enthält.

Inhalt wichtiger als Qualität

(D) Werden die Bilddaten per Datenleitung oder CD übermittelt, bieten zahlreiche Bildverarbeitungsprogramme genormte Felder für Beschriftungen an (IPTC-Felder). Daneben sollten aber alle diese Daten auch noch in das Feld "Notizen/captions" geschrieben werden, da viele Redaktionssysteme nur dieses Feld auswerten. Ein sicherer Weg bei der Arbeit mit einer unbekannten Redaktion ist die zusätzliche Übermittlung eines Textblattes mit der Bildnummer und dem zugehörigen Bildtext.

Fotoessay (Fotoreportage, Bildserie)

Das fotografierte Ereignis ist hier oft nur der Hintergrund für eine ausführliche fotografische Darstellung in mehreren Bildern. Meist steht ein längerer Aufnahmezeitraum zur Verfügung, der dem Fotografen die Anwendung besonderer fotografischer Verfahren, ungewöhnliche Lichtstimmungen und gut vorbereitete Treffen mit handelnden Personen erlaubt. Die fotografische Qualität ist wichtiges Merkmal. Die Fotos müssen sowohl große *Überblicke* als auch kleine *Details* beinhalten. Immer ist für die Bildreportage die Auswahl aus einer wesentlich größeren Serie, in der Regel gemeinsam mit dem Layouter, notwendig. Es muss Fotos geben, die sich als großformatige Aufmacherbilder eignen und Detailaufnahmen, die als kleinformatige Vignetten den Bildessay ergänzen. Die Fotos sollen symbolische Elemente enthalten und auch die Stimmung oder Umgebung des

Große Überblicke, kleine Details

Ereignisses abbilden. Für ein Bildessay sind meist auch die Kenntnis der visuellen Konzeption der Zeitschrift wichtig. Bei einer geplanten Bildreportage wird der Redakteur in einem Briefing mit dem Fotografen die Konzeption des Fotoessays vorher festlegen.

Fotografische Ausrüstung und Grundlagen der Arbeit

Welche Kamera und welche Ausrüstung?

Wer gelegentlich bei einem Interview ein *Porträtfoto* für eine kleine Regionalzeitung im Format 5x7 Zentimeter machen muss, wird mit jeder beliebigen Kamera auskommen. Bei etwas regelmäßigerem Fotoeinsatz kann man sich mit ordentlichem Werkzeug die Arbeit wesentlich vereinfachen. Eine Spiegelreflex-Kleinbildkamera mit Belichtungsautomatik ist Standard (Sonderformate wie APS sind nicht sinnvoll). Ein Zoomobjektiv mit einem Brennweitenbereich von etwa 28 bis 120 Millimeter und ein externes Blitzgerät sind weitere gute Voraussetzungen. Für *ereignisorientierte Fotografie* (z. B. Sport) sind stärkere Teleobjektive von 135 bis 300 Millimeter wichtig. Das in den Kameras eingebaute Blitzgerät reicht meist nur auf Entfernungen bis drei Meter in geschlossenen Räumen. Ein externes Blitzgerät hilft auch in großen Räumen, bei der Verwendung von Weitwinkel- und Teleobjektiven, und es erlaubt vor allem eine dosierte Lichtführung durch indirektes Blitzen und Aufhellblitze.

Kamera mit Belichtungsautomatik

(D) Im Bereich der Digitalfotografie hat eine vergleichbare Ausrüstung (die durchaus sinnvoll wäre) einen immer noch vielfach höheren Preis gegenüber der analogen Kamera. Es können daher auch Kompaktkameras mit (optischem) Zoomobjektiv vergleichbarer Brennweite und einer Auflösung von drei bis fünf Millionen Pixel verwendet werden. Das größte Problem bei solchen Kameras ist immer noch die deutlich spürbare Auslöseverzögerung, die bei schnellen Aufnahmefolgen noch wesentlich steigen kann (für Sportaufnahmen unbrauchbar - hier ist das

Auslöseverzögerung

Ausweichen auf eine professionelle Digitalkamera unerlässlich). Wichtig für die Grundausrüstung sind Reserveakkus hoher Energieleistung mit Schnellladegerät und ausreichend Speicherkarten (mindestens je 128 MB). Entscheidend ist ein auf die Leistungsfähigkeit der Kamera abgestimmter Computer (schnelle Datenübertragung und Bildverarbeitung, CD-Brenner, guter CRT-Monitor) mit Bildbearbeitungs-, Bildbetrachtungs- und Archivierungssoftware, ISDN-Modem oder ADSL-Anschluss und Drucker.

Reserveakkus

Arbeitsumgebung

Für erfolgreiches und angenehmes Arbeiten sollte man über ein kleines *Netzwerk von Dienstleistern* verfügen, sofern die gesamte Arbeit der Filmentwicklung, Vergrößerung und Archivierung nicht von der Redaktion übernommen wird. Der Drogerie-Großmarkt an der Ecke mit seinen Schnäppchen-Ausarbeitungspreisen eignet sich dafür nicht. Wichtig ist ein Labor, das man bequem erreichen kann und in dessen Arbeitsablauf man bei besonders eiligen Aufträgen auch eingreifen kann. Ambitionierte Schnelllabors sind eine gute Option. Testfilme und Gespräche mit dem Besitzer stellen eine gute Ausarbeitungsqualität und schnelle Bearbeitung sicher. Filme sollte man auch außerhalb der Betriebszeiten abgeben können, und eine Standardprozedur für die Entwicklung und Ablieferung der Bilder sollte festgelegt sein. Negative, Kontaktkopien und Bilder sollten vom Labor so vorbereitet werden, dass man sie mit möglichst wenig Aufwand ins eigene Fotoarchiv übernehmen kann. Interessant sind meist auch zusätzliche Angebote, wie die Herstellung von Scans auf CD, wodurch die Bilder auch als digitale Daten zur Verfügung stehen.

Netzwerk von Dienstleistern

(D) Bei der Arbeit mit Digitalkameras wird der Fotograf in der Regel die gesamte Bildbearbeitung selbst besorgen. Dies ist ein Zeitvorteil und macht unabhängig von Labors, aber die gesamte Nachbereitung muss auch durch ihn selbst erledigt werden. Häufig müssen Bilder aus der Digitalkamera in Kontrast, Farbsättigung, Schärfe und Bildausschnitt bearbeitet und in verschiedene Dateiformate umgewandelt werden. Dafür sollte ein gutes Bildbearbeitungsprogramm zur Verfügung stehen.

Eine der häufigsten Aktivitäten in der Digitalfotografie ist die *Veränderung der Bildgröße*. Sowohl Fotolabors als auch Druckereien und Redaktionen geben darüber Auskunft, welche *Datenmenge* nötig ist, um bestimmte Bildgrößen herzustellen. Dieser Wert ist eine Berechnung aus Bildgröße (in Zentimeter oder Pixel) und Anzahl der Pixel (meist angegeben in dpi/dots per inch). Digitale Fotos können zwar ohne Qualitätsverlust verkleinert werden, bei einer Vergrößerung reicht aber oft die Auflösung nicht mehr aus. Manche Bildbearbeitungsprogramme interpolieren (ergänzen) dann die Pixel, um die gewünschte Bildgröße oder Auflösung zu erreichen. Auf dem Monitor (der ja nur eine Auflösung von 72 dpi aufweist) ist diese Bildverschlechterung dann nicht zu erkennen. Für den Druck (der bis zu 300 dpi benötigt) steht dann nur mehr ein schlechtes (unscharfes) Bild zur Verfügung. Eine genaue Kenntnis dieser Zusammenhänge und die Möglichkeit der Verhinderung dieser Interpolation durch Studium der entsprechenden Softwareanleitungen ist besonders wichtig. Als Faustregel gilt: Bilder für den Druck sollte man mit 300 dpi und einer Größe von 20 Zentimetern (längere Bildseite) und für das Internet mit 72 dpi bei gleicher Größe anbieten.

Bildgröße

Wie oben bereits erwähnt, ist die Monitordarstellung der Bilder entscheidend für die erfolgreiche Bearbeitung. TFT-Displays eignen sich daher nicht für Bildbearbeitung. Auch ein konventioneller (CRT-) Monitor sollte kalibriert werden. Mindestvoraussetzung ist die Einstellung einer Farbtemperatur von etwa 6500 Grad Kelvin (ein Großteil der Monitore sind auf die wärmeren 9000 Grad Kelvin voreingestellt) und des korrekten Kontrastes. Bei allen Fotolabors erhält man um wenige Euro eine entsprechende Muster-Vergrößerung und eine CD, mit deren Hilfe man diese Einstellungen durchführen kann.

Monitordarstellung

(P) (D) Für eine professionelle Farbkorrektur wurde ein Farbmanagement System entwickelt, bei dem mit entsprechender Software (gespeichert im Dateiformat *.icc oder *.icm) alle beteiligten Komponenten (von Kamera über Monitor bis zu Farblabor und Druckerei) über einheitliche Farbdefinitionen zusammenarbeiten. Manche hochwertige Zeitschriften verlangen ein solches Farbmanagement.

Welche Filme - welche Datenformate?

Immer mit gleichem Material arbeiten

In der Pressefotografie haben sich *Kleinbildfilme* mit 400 bis 800 ISO (das entspricht dem Wert der auch noch gebräuchlichen ASA Angabe bzw. einem Wert von 27 bis 30 DIN) als Standard sowohl in Farbe als auch Schwarzweiß durchgesetzt. Der Einkauf von Profi-Filmen aus dem Kühlschrank ist in der Pressefotografie nicht sinnvoll - diese sind eher für Studioaufnahmen mit ganz exakt kontrollierten Lichtbedingungen gedacht. Es ist aber ein großer Vorteil, immer wieder mit dem gleichen Material zu arbeiten, da man so die Besonderheiten der jeweiligen Filmtype besser kennenlernt.

(D) Digitalkameras haben meist eine Empfindlichkeit von 100 ASA, sind also deutlich weniger lichtempfindlich und daher nicht so gut für Innenaufnahmen ohne Blitzlicht geeignet, wie analoge Filme. Man kann diese Werte allerdings im Menü der Kamera höher einstellen, eine etwas schlechtere Auflösung ist die Folge.

Höchste Auflösung einstellen

In der Regel ist es sinnvoll, in einer Digitalkamera zwar die höchste Auflösung einzustellen (meist als "fine" bezeichnet), als Dateiformat jedoch JPG (und nicht das auch mögliche RAW oder TIF Format). Dadurch erhält man kleine (weil durch den JPG Algorithmus komprimierte) Dateien, die einen geringen Qualitätsverlust gegenüber der TIF oder RAW Datei aufweisen. Sowohl in der Kamera als auch später im Computer lassen sich diese Dateien aber zügig bearbeiten und über Datenleitung versenden. Das JPG Format hat nur den Nachteil, dass bei jedem Speichervorgang (sogar wenn man lediglich einen Bildtitel ergänzt) durch die neuerliche Komprimierung die Qualität leidet. Bei starker und wiederholter Bearbeitung ist es sinnvoll, auf ein nicht komprimiertes Format wie TIF auszuweichen.

Archivierung

Zumeist sind wir nach den Erfahrungen mit unseren Urlaubsbildern Experten in der Frage, wie der Aufbau eines Bildarchivs scheitern kann. Professionelle, datenbankbasierte Systeme sind ideal, aber hier sollen Vorschläge für den Journalisten gemacht werden, der nur zwei, drei Aufträge in der Woche hat, dessen Fotos sich aber mit der Zeit zu einer wichtigen zusätzlichen Erwerbsquelle entwickeln können.

- *Archivierung mit Augenmaß*: Es ist vorteilhaft, bereits nach der Erstentwicklung alle jene Negative und Bilder wegzuwerfen, die eine schlechte Qualität haben oder bei denen es sich um so singuläre Ereignisse handelt, dass man sich eine Zweitverwendung beim besten Willen nicht vorstellen kann. Der zu archivierende Ballast wird so reduziert.
- *Vorhandene Ordnungssysteme nutzen*: Manche Labors können individuelle Nummern auf die Bilder drucken, gemeinsam mit dem üblichen Datumsstempel und der Negativ-Nummer ist das schon eine sehr gute Grundlage für die spätere Archivierung.
- Die *einfachste Nummerierung ist die Beste*: Man gibt den Filmen eine fortlaufende Nummer. Diese Nummer kann sofort bei Abholung der Bilder im Labor vergeben werden, da man sich nur die zuletzt benützte Nummer merken muss. Dieses Nummernsystem gibt auch gleichzeitig einen Hinweis auf die Zeit, in der man das Foto gemacht hat. Und die Nummer sollte auch möglichst kurz sein, weil man sie in der Praxis für Nachbestellungen, Lieferscheine etc. immer wieder auf alle möglichen Bilder und Zettel schreiben muss.

Fortlaufende Nummern

(P) Eleganter ist es, wenn die Nummer immer gleich lang ist (beispielsweise 8-stellig - sehr gut computerlesbar) und gewisse Daten kodiert, wie Jahr, Auftrag, Kategorie, etc. Solche Nummern können dann auch gut als Bar-Code ausgedruckt und gelesen und zur maschinellen Weiterverarbeitung benutzt werden.

- *Negative und Bilder getrennt archivieren*: Negative sind unersetzliche Originale, die man nur in Ausnahmefällen aus der Hand geben soll. Sind sie in einem getrennten Ordner (mit der entsprechenden Nummer versehen) abgelegt, so werden sie nicht jedes Mal bei der Sichtung des Archivs manipuliert oder "der Einfachheit halber" einem Kunden ausgehändigt.
- *Bildtexte gemeinsam mit Bildern oder Negativen archivieren*: Ein Pressefoto ohne Bildunterschrift und Angabe der Namen der handelnden Personen ist nutzlos. Zumindest den Notizzettel, den

Negative getrennt archivieren

man sich bei der Aufnahme gemacht hat, gemeinsam mit den Bildern aufbewahren.

- *Überblick bewahren*: Häufig werden Pressefotos wieder verwendet, weil der Fotograf sie der Redaktion zu bestimmten Themen sofort anbieten kann. Man sollte also zumindest wissen, was man hat; noch besser ist es, wenn man Beispiele schnell vorweisen kann. Eine Liste fotografierter Personen ist ebenso hilfreich wie eine Sammlung von allgemeinen Sujets (z. B. Verkehrsstau, Frühling, schöne Menschen - so man deren Einverständnis hat), die im Laufe der Zeit nebenbei entstehen.

Kontaktbogen

(P) Eine sehr gute Methode, den visuellen Überblick zu bewahren, ist der Kontaktbogen, obwohl die Kosten dafür oft nicht unerheblich sind. Die heute von vielen Labors mitgelieferten Blätter im Format 10x15 sind dafür nur bedingt brauchbar, weil sie mit freiem Auge kaum erkennbar sind. Ein größerer Kontaktbogen (in der Regel 1:1 des Kleinbildnegatives) ermöglicht einen sehr schnellen Überblick in einer riesigen Bildermenge und liefert außerdem Informationen über ähnliche Fotos und den Zusammenhang des jeweiligen Auftrages (welches Ereignis war früher, wer war noch an diesem Ort anzutreffen, etc.).

- *Kategorien vergeben*: Hier ist weniger meist mehr. Man sollte die gesamte Kategorienliste im Kopf haben können, um Doppelzuordnungen und Überlappungen ohne Computerunterstützung zu vermeiden.
- *Wieder auffinden*: Die Qualität eines Archivs zeigt sich daran, wie schnell ein Bild gefunden wird. Datenbanken sind gut, bedeuten aber viel Arbeit. Die Erinnerung, die meist chronologisch funktioniert, ist auch sehr gut geeignet, wenn das Archiv entsprechend geordnet ist (nach dem Motto: den Unfall habe ich doch wenige Tage nach dem Porträt des Stadtwerke-Direktors fotografiert, und das Datum dieses Porträts weiß ich).

(D) Diese Bildarchive befinden sich im Computer. Ein leistungsfähiges Bild-Archivierungsprogramm ist daher unerlässlich. Es sollte Funktionen wie Kontaktbogen-Ansicht (thumbnails), Stapelverarbeitung für Bildbeschriftung und Bildumwandlung (batch-

Befehle), integrierter E-Mail-Versand und sehr schnelle Bildanzeige mitbringen. Dass die regelmäßige Datensicherung auf ein getrenntes Medium entscheidend ist, versteht sich wohl von selbst. Eine individuelle Bildnummer (die sich bei der Generierung in der Kamera auch manuell verändern lässt) wird durch die Digitalkamera automatisch mitgeliefert, die Bildbeschriftung muss der Fotograf aber weiterhin per Hand machen. Da die Dateiformate nicht immer verlustfrei bearbeitet und umgewandelt werden können, ist die Sicherung der Originaldaten (wie die Aufbewahrung der Negative in der analogen Fotografie) in einem speziellen Verzeichnis wichtig.

Fotografische Steuerungselemente

Wahrnehmung mit Auge und Objektiv

Die Kamera mit ihrem hübschen rechtwinkeligen Durchblick-Sucher verleitet uns dazu, sie wie ein Fenster zur Wirklichkeit zu benutzen: Alles, was wir beim Blick aus diesem Fenster sehen und erleben, wird sich später auf dem Bild wiederfinden, so unsere naive Hoffnung. Aber Fotografie ist zum Teil auch ein Symbolsystem wie eine Sprache, die mit gewissen Gesetzmäßigkeiten und Konventionen operiert. Der Fotograf muss diese kennen, um sie bewusst einsetzen zu können. Die gute Nachricht dabei ist: durch regelmäßige und aufmerksame Analyse der eigenen Fotos (und gelegentliche Rückfragen bei einem Profi-Kollegen), kann man sich selbst ein gutes Stück weiterbringen.

Subjektive versus objektive Wahrnehmung

Wenn wir etwas sehen, so sind unwillkürlich alle anderen Sinne und unser Gefühl beteiligt. In einer dramatischen Situation ist unsere Wirklichkeitswahrnehmung bedrohlicher als nach einem guten Essen mit einem netten Freund. Die objektive Wahrnehmung des Kamera-Objektivs dagegen weiß nichts von unseren Gefühlen und den eben passierten dramatischen Ereignissen. Das verwirrte Entführungsopfer, abseits des Tatortes vor einem verschnörkelten Gartenzaun fotografiert, macht im Moment der Aufnahme eine Grimasse, und das Bild zeigt später zu unserer großen Enttäuschung einen scheinbar dümmlich grinsenden Bewohner in seinem Schrebergarten.

Nutzanwendung: Bewusst auf die Bildinformation achten. Jede Aussage, die der Fotograf treffen will, muss im Foto enthalten sein. Die Frage lautet: Was ist zu sehen? Und nicht: Was habe ich erlebt?

Licht macht sichtbar - Belichtungszeit, Blende und Blitzlicht

Seitliches Licht besser

Licht ist sicher der entscheidende Faktor für die Qualität eines Fotos (nicht umsonst bedeutet "Photographie" übersetzt "mit Licht schreiben"). Entgegen einer oft gehörten Meinung ist das Licht (die Sonne) im Rücken des Fotografen die schlechtest mögliche Beleuchtungssituation. Seitliches Licht dagegen erzeugt Struktur und Tiefenwirkung. Gegenlicht (auch wenn es direkt in die Kamera scheint) erzeugt dramatische Effekte. Schwaches Licht der untergehenden Sonne oder die Beleuchtung eines Kellerlokals schaffen Atmosphäre und Stimmung. Gerade emotionale Qualitäten, die der Pressefotograf immer wieder zur Erregung der Aufmerksamkeit und Identifikation der Leser mit seinen Fotos benötigt, lassen sich durch geschickt eingesetztes Licht erzeugen.

Belichtungs automatik

Die Fotografie hat im Laufe ihrer Entwicklung ein großes Arsenal von Steuerungselementen und Zubehör entwickelt, das vor allem dazu dient, das Licht zu beherrschen (Blende und Belichtungszeit an der Kamera, besonders lichtstarke Objektive, Fotolampen, Blitzgeräte, Stative und sehr lichtempfindliche Filme). Heute übernimmt die Belichtungsautomatik der Kamera einen Großteil der Steuerungsaufgaben. Für besondere Lichtverhältnisse stehen meist spezielle Programme wie Gegenlicht-Modus oder Aufhellblitz zur Verfügung, die auch benutzt werden sollten. (Ein manueller Betrieb der Kamera eignet sich meist nur für private Aufnahmen, bei denen genügend Zeit zum Experimentieren bleibt.)

Um die herrschende *Lichtstimmung* möglichst wahrheitsgetreu einzufangen, hat sich in der Pressefotografie das Konzept der Nutzung des vorhandenen Lichtes (available light photography) eingebürgert. Das bedeutet, dass der Pressefotograf mit hochempfindlichen Filmen, lichtstarken Objektiven und einer ruhigen Kamerahaltung so lange wie möglich versucht, das vorhandene (oft schwache) Licht auszunutzen, bevor er zu einem Hilfsmittel wie dem Blitz greift, der die tatsächlich vorhandene Lichtsituation in der Regel völlig überdeckt. Obzwar dadurch eine natürliche Atmosphäre geschaffen wird, hat dieses Konzept den Nachteil, dass die Präzision der Darstellung leiden kann. Daher machen viele Pressefotografen aus der Not eine Tugend und verwenden durchgehend ein starkes Blitzgerät; das in die Kamera eingebaute Blitzgerät ist dafür grundsätzlich nicht geeignet, weil es zu wenig Leuchtkraft hat. Dieses Verfahren erfordert allerdings eine gute Kenntnis der Blitztechnik, denn der Blitz wird dabei so eingestellt, dass er das vorhandene Licht, und damit die Atmosphäre, nicht gänzlich überlagert (fill in flash oder Aufhellblitz).

Vorhandenes Licht ausnutzen

Raumwahrnehmung - die Objektivwahl

Ein Foto ist ein zweidimensionales Abbild einer dreidimensionalen Wirklichkeit. Die Tiefe im Bild muss durch den Fotografen hergestellt werden. Unscharfer Hintergrund vor einem scharfen Vordergrund erzeugt diese Tiefenwirkung und hilft auch, das Hauptmotiv deutlich von der (vielleicht verwirrenden Umgebung) abzugrenzen. Eine weit geöffnete Blende ist ein Weg dazu, die Verwendung eines Teleobjektives eine weitere, noch effektivere Möglichkeit. Objektive sind die bevorzugten Mittel der Raumbeherrschung in der Fotografie. Aus diesem Grund ist die Verwendung einer Kamera mit Zoomobjektiv (oder verschiedenen Wechselobjektive) eine wesentliche Voraussetzung für gute Fotos.

Tiefenwirkung

Das *Weitwinkelobjektiv* (Brennweite typischerweise von 21 bis 35 Millimeter bei Kleinbildkameras) zeigt einen großen Überblick (einen weiten Blickwinkel). Aber es verändert auch die Raumwahrnehmung: nahe Objekte erscheinen uns besonders nah - weiter entfernte Objekte werden noch stärker in den Hintergrund gerückt. Der Raum zwischen Vordergrund und Hintergrund wirkt wesentlich größer als er in Wirklichkeit ist. Damit lassen sich sehr gute Zusammenhänge herstellen, etwa ein kleines Produkt im Vordergrund (das nun fast die Hälfte des Bildraumes ausfüllt) und die gesamte Industrieansicht im Hintergrund.

Raum-
wirkung

Das *Teleobjektiv* (Brennweite typischerweise von 75 bis 300 Millimeter bei Kleinbildkameras) zeigt einen sehr kleinen Ausschnitt und holt weit entfernte Objekte formatfüllend ins Bild. Daher ist es auch das Objektiv der Wahl bei vielen Sportarten, bei denen der Fotograf nicht direkt beim Geschehen stehen kann. Aber ebenso wichtig ist die Funktion der Raumwirkung: mit dem Teleobjektiv wirkt der Raum komprimiert, Vorder- und Hintergrund sind scheinbar nahe beieinander. Es können damit Beziehungen hergestellt werden, die in der Wirklichkeit so nicht bestehen. Außerdem werden die Größenverhältnisse mit dem Teleobjektiv realistischer dargestellt. Die riesige Maschine, neben der ein kleiner Mensch steht, wird so wesentlich beeindruckender wirken als mit einem Weitwinkelobjektiv, das die Maschine im Hintergrund scheinbar verkleinert. Und es ist ein ideales Porträtobjektiv, weil der Kopf des Porträtierten im Vordergrund sich deutlich von dem unscharfen (weiter entfernten) Hintergrund abhebt.

Das *Normalobjektiv* (Brennweite 50 Millimeter bei Kleinbildkameras) entspricht in etwa dem normalen Sehen. Diese Brennweite erzeugt auch den konventionellsten Bildeindruck und eignet sich daher nicht sehr gut für ungewöhnliche Sichtweisen, die gerade in der Pressefotografie immer wieder notwendig sind.

Distanz und Tiefe - die Entfernungseinstellung

Das Auge besitzt eine unbewusst und sehr schnell funktionierende Scharfstellung - uns erscheint der nahe Vordergrund ebenso scharf wie der entfernte Hintergrund. In der Fotografie müssen wir uns entscheiden, wo wir die Schärfe legen wollen. Diese Möglichkeit der Entfernungseinstellung ist ein wichtiges Mittel der Selektion und der Gestaltung der Bildtiefe (siehe auch "Raumwahrnehmung"). Der Verlauf der Schärfe ist allerdings nicht linear sondern so verteilt, dass die genaue Scharfstellung umso exakter sein muss, je näher sich das fotografierte Objekt befindet. Auf ein Normalobjektiv bezogen kann man sagen, dass es bei Entfernungen unter 3 Meter auf eine Einstellgenauigkeit von 30 Zentimetern ankommt. Andererseits ist alles, was weiter als 10 Meter entfernt ist, für die Kamera im Unendlich-Bereich. (Bei der Verwendung verschiedener Objektivbrennweiten ändert sich dieser Wert allerdings deutlich.) Die Nutzanwendung für den Pressefotografen besteht nun darin, dass man sich bei Verwendung eines Weitwinkelobjektives und einer Entfernung über 2 Meter nicht allzu viele Gedanken über die Schärfe machen muss. Fotografiert man dagegen im Nahbereich und mit langen Brennweiten, so ist die korrekte Scharfstellung ein wichtiger Faktor. Autofokuskameras nehmen uns dieses Problem zwar ab, aufgrund ihres oft langsam funktionierenden Autofokus und da sie dann nur mit Verzögerung auslösen, sind sie in der Pressefotografie oft wenig hilfreich.

Scharfstellung

Der entscheidende Augenblick - Belichtungszeit

Gegenüber dem Auge hat die Kamera den Vorteil, dass sie sowohl kleinste Bruchteile von Sekunden als auch Ereignisse festhalten kann, die sich über lange Zeiträume erstrecken (etwa eine Mehrfachbelichtung sich öffnender Blütenblätter). Besonders die Möglichkeit, ein Ereignis in einem Sekundenbruchteil zu erfassen (der "entscheidende Augenblick" im Sinne des Fotografen Henri Cartier-Bresson) ist zu einem Synonym qualitativ hochwertiger Pressefotografie geworden. In diesem Mythos des schnellen Erfassens steckt die Annahme, dass eine Wahrheit aufgedeckt wird, die dem naiven Auge des Alltagsfotografen entgeht. Auch wenn man dieser Konzeption nicht folgt, so ist es sicher wichtig, eine Szene im richtigen Augenblick (etwa auf dem Höhepunkt einer sportlichen Leistung) abzubilden.

Schnelle Reaktion oder besser noch das Voraussehen der Ereignisabfolge ist eine wichtige pressefotografische Tugend. Die Kamera muss dabei den Fotografen so unterstützen, dass sie die Auslösung mit einem deutlich spürbaren Druckpunkt in jedem beliebigen Augenblick erlaubt. (Manche Kompaktkameras sperren die Auslösung, wenn nicht alle Parameter wie Belichtung und Schärfe korrekt eingestellt sind. Diese Sperre sollte aufgehoben sein!)

Belichtungszeiten

Mit Hilfe der Belichtungszeiten kann der Fotograf die Geschwindigkeit des Verschlussablaufes beeinflussen: Bewegte Objekte lassen sich in der Regel mit bis zu einer 1/125 Sekunde scharf abbilden, unbewegte Objekte bei einigermaßen ruhigem Standpunkt mit bis zu 1/15 Sekunde. Bei längeren Zeiten sollte man sich um eine feste Kameraauflage, ein Stativ oder ein Blitzgerät bemühen.

(D) Die bereits besprochene Auslöseverzögerung der Digitalkamera ist eine entscheidende Einschränkung, die man nur durch die Wahl einer hochwertigeren und teureren Kamera umgehen kann.

"Mitziehen" der Kamera

(P) Ein wichtiges Gestaltungselement (besonders in der Sportfotografie) ist das Mitziehen der Kamera mit dem bewegten Objekt. Wenn der Fotograf die Bewegungsgeschwindigkeit des Objektes korrekt erfasst, so wird dieses einigermaßen scharf abgebildet, während der Hintergrund streifenartig verwischt und so noch den subjektiven Eindruck von Geschwindigkeit steigert. Je nach Schnelligkeit der Bewegung und Entfernung sind Belichtungszeiten von 1/30 bis 1/2 Sekunde notwendig.

Aufnahmetipps

Blitzlicht

Blitzlicht ist ein starkes, hartes, scheinwerferartig gebündeltes Licht. In der Regel wird man versuchen, dieses Licht auf das unbedingt nötige Maß abzuschwächen oder eine weichere Streuung zu erreichen, um eine bessere Lichtstimmung zu erreichen. In der Regel ist dies mit dem in der Kamera eingebauten Blitzgerät nicht möglich.

Blitzstärke: Professionelle Blitzgeräte reichen in geschlossenen Räumen in der Regel bis auf eine Entfernung von 10 bis 15 Metern.

Damit lassen sich auch kleinere Säle beleuchten. Man sollte allerdings nicht vergessen, dass das Licht mit dem Quadrat seiner Entfernung abnimmt, das bedeutet: zwei Meter von der Lichtquelle entfernt steht ein Viertel der Lichtleistung zur Verfügung, nach drei Metern bereits nur mehr ein Neuntel usw.

Indirekter Blitz: Der bewegliche Lampenkopf des Blitzes wird gegen die Decke oder eine andere weiße, gut reflektierende Fläche gerichtet. Das davon zurückgestrahlte Licht hat eine wesentlich bessere, weichere Qualität. Da man dabei aber auch den Reflektionsverlust und den längeren Weg des Lichtes einberechnen muss, ist eine stärkere Blitzleistung erforderlich. Höherwertige Blitzgeräte oder Kameras besitzen einen Indikator, der anzeigt, ob die abgestrahlte Lichtmenge noch für den Raum ausreicht. Eine ähnliche Funktion haben Diffuserscheiben oder Schirme, die direkt auf den Blitz aufgesteckt werden und so keine Reflektionsfläche nötig ist. Ein typisches Anwendungsgebiet ist das Porträt-Foto, da man dadurch den unschönen Scheinwerfereffekt mit seinen harten Kontrasten im Gesicht der abgebildeten Person vermeidet.

Auf stärkere Blitzleistung achten

Aufhellblitz: Der Computer des Blitzes oder der Kamera berechnet dabei die Blitzstärke so, dass das vorhandene Licht nicht überstrahlt wird. Dadurch ist es beispielsweise möglich, eine Person im Vordergrund mit dem Blitz so zu beleuchten, dass sie gut erkennbar ist, gleichzeitig der dunklere Saalhintergrund aber nicht in tiefen Schatten taucht und so erkennbar bleibt.

Porträtfotos

Bilder von Menschen im weiteren Sinn - von Köpfen bis zu Ganzkörperaufnahmen - gehören wohl zu den häufigsten Motiven in der Pressefotografie. Meist sind dies in bestimmtem Zusammenhang agierende Menschen, und es ist sicher eine gute Idee, diesen Zusammenhang auch im Foto sichtbar zu machen. Leute, die gerade in ihrem Beruf tätig sind - und sei es nur telefonierend am Schreibtisch - fühlen sich meist in so vertrauter Umgebung und Tätigkeit wohler, als wenn man sie sorgfältig vor einem ausgewählten

Problem: Hintergrund

Hintergrund posieren lässt. Wenn sich die porträtierte Person irgendwie sinnvoll beschäftigen kann, mit einem Journalistenkollegen spricht oder eine bestimmte Arbeit vorführt, so gelingen meist die besseren Porträts. Solche Fotos aus der Situation heraus führen aber zum zweiten großen Problem der Fotografie von Menschen - dem Hintergrund. Hier ist darauf zu achten, dass sich die Person deutlich abhebt und nicht mit einem bunten Hintergrund zu einer visuell nicht mehr zu entwirrenden Einheit verschmilzt. Einige Strategien dagegen sind:

- Distanz zwischen Person und Hintergrund herstellen;
- Verwendung eines Teleobjektives, um den Hintergrund unscharf zu stellen;
- Auswahl eines schattigen Hintergrundes und davor die gut beleuchtete Person;
- Verändern des Blickwinkels, um einen ruhigen Hintergrund zu erhalten;
- Verwenden eines Blitzes, der nur die Person, nicht jedoch den Hintergrund ausleuchtet.

Fotos in schlecht beleuchteten Räumen ohne Blitz

Nicht nur in der Theaterfotografie, sondern bei vielen Gelegenheiten ist die Verwendung eines Blitzes oft nicht erwünscht oder aufgrund der Größe des Raumes (etwa bei einem Konzert in einer Halle) nicht möglich. Hier gibt es nun eine Reihe von Möglichkeiten:

Verwendung eines Stativs: die beste Wahl bei Theaterfotografie oder ähnlichen statischen Aufnahmesituationen.

Ein *improvisiertes Stativ*, wie eine Geländerbrüstung, eine Säule, das Wasserglas am Tisch oder der eigene Körper, indem man beide Arme an die Brust anwinkelt und so eine feste Auflage für die Kamera schafft.

Ein *lichtstarkes Objektiv:* Zoomobjektive sind meist sehr lichtschwach, ein Normalobjektiv hat aber oft die große Lichtstärke von 1:1,2 und erlaubt so kurze Belichtungszeiten.
Verwendung eines hochempfindlichen Films mit 400 bis 1600 ISO.

Alternativ dazu kann auch ein mitgebrachter Film von 400 auf 800 oder gar 1600 ISO erhöht werden ("pushen"). Dies ist allerdings nur für die gesamte Filmpatrone möglich (der Wechsel eines teilbelichteten Filmes führt zu Fehlergebnissen), und der erhöhte Wert muss dem Entwicklungslabor mitgeteilt werden, das dann eine entsprechende Entwicklung durchführen kann.

Kunstlicht und Tageslicht

Diese Unterscheidung ist nur für die Farbfotografie wichtig und berücksichtigt die Tatsache, dass Glühlampen, Halogenlicht und einige andere Lichtquellen gegenüber dem Tageslicht einen wesentlich stärkeren Rot-Anteil haben. Die Fotos wirken dann rotstichig (dies hat aber auch schon zu einer Sehgewohnheit geführt und gerade in der Pressefotografie sind solche Farbveränderungen oft nicht störend, sondern verstärken im Gegenteil die atmosphärische Qualität des Fotos). Blitzlicht ist übrigens auf Tageslicht farblich abgestimmt.

Rotstichige Fotos

(D) Das Menü der meisten Digitalkameras bietet einen manuellen Weißabgleich. Damit kann die Kamera an die korrekte Farbwiedergabe bei beliebigen Lichtstimmungen angepasst werden.

Bildaufbau

Obzwar in der Pressefotografie häufig wenig Zeit für einen überlegten Bildaufbau besteht, ist gerade deshalb ein gut komponiertes Bild ein viel beachtete Besonderheit. Einige Tricks können dabei helfen:

Nahe an das Ereignis herangehen: Angeschnittene (nicht sichtbare) Bildteile regen die Phantasie an. Da die Fotos in der Regel sehr klein gedruckt werden, kann man kaum einen zu knappen Ausschnitt wählen. Und eine solche Sichtweise erhöht auch das Gefühl beim Leser, beim Geschehen dabei zu sein.

Angeschnittene Bilder

Das *Geschehen auf sich zukommen lassen*: Ein vielfältiges Ereignis mit mehreren Protagonisten kann auch ein guter Fotograf nur zufällig erfassen. Vorteilhaft ist es, sich eine Person als Fixpunkt zu suchen und dann darauf zu warten, dass andere Personen auf ihn zugehen und in dem Moment auszulösen, in dem eine interessante Konstellation erreicht ist. Auf diese Art muss man nur auf wenige Parameter achten, da man Hintergrund, Kameraeinstellungen und eine der handelnden Personen bereits fixiert hat.

Fixpunkt suchen

Besonders hohe und besonders tiefe Kamerastandpunkte haben immer dynamische Wirkung.

Sehr naher Vordergrund (eventuell verstärkt durch ein Weitwinkelobjektiv) oder Durchblicke auf eine größere Szene geben dem Foto Tiefe und damit eine dritte Dimension.

Blick hinter die Kulissen: Gerade in der Pressefotografie erwartet man immer wieder den berühmten Blick hinter die Kulissen des Geschehens. Kleinigkeiten, die sich da abspielen, können bezeichnend für die Person oder symbolisch für das Ereignis sein.

Literatur

Beifuß, Hartmut et al. (1994): Bildjournalismus. München.

Blecher, Helmut (2001): Fotojournalismus. Hamburg.

Evans, Harold (1978): Pictures on a page. London.

Edom, Clifton C. (1980): Photojournalism. Dubuque, Iowa.

Mante, Harald (2000): Das Foto. Gilching.

Sachsse, Rolf (2003): Bildjournalismus heute. München.

Tausk, Peter (1976): An Introduction to Press Photography. Prag.

Zeitungsgestaltung

Norbert Küpper

Durch die Gestaltung der Zeitung - das Design - sollen dem Leser die Inhalte optimal präsentiert werden. Ziele des modernen Zeitungsdesigns sind klare Leserführung, gute Lesbarkeit und eine insgesamt übersichtliche Präsentation der Inhalte. Es geht beim Design also nicht um Verpackung, sondern um die optimale Präsentation der Inhalte.

Beispiele zu den besprochenen Prinzipien und Methoden finden Sie auf der beiliegenden CD.

Mehr Informationsquellen, weniger Übersicht

Radio und Fernsehen sind seit Jahrzehnten Konkurrenten der Tageszeitung. Darum stand lange Zeit die schnelle Produktion der Zeitung im Vordergrund. Man wollte eine Nachricht als erster veröffentlichen. Es spielte beispielsweise keine Rolle, wie die Titelseite aussah. Wesentlich war, dass eine letzte Meldung noch oben auf der Seite platziert werden konnte. Zur Not wurde sie in den Aufmacher eingebaut. Der Umbruch war dann zwar verwirrend, weil Zusammenhänge entstanden, die nicht vorhanden waren, aber die wichtige Nachricht hatten die Leser am nächsten Morgen auf dem Tisch.

Klar, sachlich und übersichtlich informieren

Durch die zunehmende Anzahl an Informationsquellen hat sich die Situation der Zeitungen geändert. Eine besonders wichtige Nachricht bekommt der Leser nicht mehr als erstes über die Zeitung, sondern übers Radio. Katastrophen, Erdbeben, Zugunglücke werden meist hier zuerst gemeldet. Danach folgt das Fernsehen, das auch bis spät in die Nacht live von allen Punkten der Welt berichtet. Am nächsten Morgen erst kommt die Zeitung. Es geht bei der Zeitungsproduktion also nicht mehr ausschließlich um Geschwindigkeit, sondern darum, den Leser klar, sachlich und übersichtlich über die für ihn wichtigen und interessanten Ereignisse zu informieren.

Zeitungsdesign wird wichtiger

Damit ist der derzeitige Stand des Zeitungsdesigns umrissen: Je mehr Informationsquellen es gibt, desto wichtiger wird das Medium sein, das Nachrichten verlässlich und übersichtlich präsentiert. Zeitungsdesign mit dem Ziel, Informationen übersichtlich und spannend zu präsentieren, wird darum zukünftig noch an Bedeutung gewinnen.

Die Zeitung als Leit- und Navigationsmedium

Internet als Informationshalde

Die Zeitung hat die Chance, das *Leit- und Navigationsmedium* für den Konsumenten zu sein, wenn es gelingt, einen guten Überblick über das Geschehen in der Welt, in der Region und zu Hause zu geben. Das Internet ist als neues Medium zu den klassischen hinzu gekommen. Es kann sein, dass alle Informationen, alles Wissen der Menschheit im Internet enthalten sind. Das Problem ist jedoch, dass die Informationen dort unsystematisch, bruchstückhaft, unsortiert und außerdem falsch sein können.

Zeitung als Filter

Die Zeitung hat also auch die Funktion eines Filters: Falsche Informationen werden von der Redaktion aussortiert und die für den Leser wichtigen und interessanten Informationen werden übersichtlich präsentiert. Um die Funktion eines Leitmediums erfüllen zu können, sollte die Zeitung auch immer wieder auf weitere Artikel oder Hintergrund-Informationen im Internet, im Fernsehen oder in anderen Medien verweisen. Dadurch erst hebt man sich im positiven Sinne ab und wird zum Leitmedium.

Umbruch

Blockumbruch

Die derzeitige Methode der Wahl ist der Block- oder Modularumbruch. Jeder Artikel bildet mit seinen Elementen - Überschrift, Text, Bilder, Ergänzungen - einen Block mit vier Kanten. Dadurch wird eine optimale Übersichtlichkeit für den Leser erreicht.

2+4-Umbruch: bei dieser Methode werden zwei Spalten für kurze Elemente abgetrennt und vier bleiben für normale Artikel erhalten.

2-3-2-Umbruch: ähnliche Methode, aber noch stärker reglementiert. Der Aufmacher muss im mittleren, dreispaltigen Bereich sein.

L-förmiger Umbruch: Die Seiten werden links und unten in einer gleichbleibenden Einteilung umbrochen.

Diese Umbruchmethoden sind zwar etwas statisch, sie geben aber den Redaktionen die nötige Sicherheit, um alle Seiten klar, einfach und übersichtlich zu gestalten.

Schachtelumbruch

Ältere Umbruchmethoden, wie der verschachtelte Umbruch sind im deutschen Sprachraum und international immer seltener zu sehen. Bei dieser Methode werden Artikel ineinander verwoben. Dadurch entsteht ein unübersichtliches Geflecht, das zu falschen Zusammenhängen und falschen Bild-Zuordnungen führen kann. Diese Umbruchmethode kommt ohne Planung des Seiteninhaltes aus. Die Artikel werden ohne erkennbares System auf der Seite platziert.

Kästen oder Linien

Die Umbruchmethoden unterscheiden sich noch generell dadurch, ob Kästen oder Linien benutzt werden.
Wenn Kästen eingesetzt werden, dann

- bei Solobildern,
- bei Serien oder ständigen Rubriken,
- bei Ergänzungen zum Thema,
- bei Meinungsartikeln.

Sehr funktional ist die Methode, bei der auf Kästen grundsätzlich verzichtet wird. Um Bilder klar zuordnen oder abtrennen zu können, werden senkrechte und waagerechte Funktionslinien verwendet.

Forschungsergebnis: Kästen ziehen den Blick des Lesers nicht an. Ein Artikel mit Kasten oder ohne Kasten hat die gleiche Anzahl an Lesern. Kästen darum nicht willkürlich einsetzen. Besonders wichtige Artikel oben auf der Seite platzieren. Dort werden wichtige Meldungen vom Leser erwartet.

Titelseite

Die Titelseite spielt bei der Navigation eine Hauptrolle. Hier soll der Leser einen Überblick bekommen über die Inhalte der Zeitung.

Der Zeitungskopf ist eines der Hauptmerkmale des Markenartikels Zeitung. Wie andere Firmenzeichen auch enthält der Zeitungskopf visuell sichtbare Informationen, die vom Leser automatisch interpretiert werden. Ein Zeitungskopf in einer gebrochenen Schrift strahlt Tradition, Gediegenheit und Bedeutung aus, wenn er gut gestaltet ist. Wenn er schlecht gestaltet ist, wirkt die Zeitung provinziell, altmodisch und rückwärtsgewandt.

Zeitungskopf als Marke

Um *traditionelle Zeitungsköpfe* zu modernisieren, werden sie z. B. mit einer Schattenkante versehen oder farbig gedruckt. Durch die Farbe lassen sich wieder Assoziationen wecken, wie z. B. Verbundenheit mit der Region. Man muss dann natürlich die Farben der Region treffen. Sie sind oft in Flaggen zu sehen, beispielsweise Bayern: weiß und blau.

Moderne Zeitungsköpfe werden aus Antiqua-Schriften gesetzt. Oftmals werden auch Wappen, Adler, Greife oder Einhörner hinzugestellt, um einen traditionellen, gediegenen Eindruck zu erzeugen.

Promotion-Boxen über oder unter dem Zeitungskopf weisen auf interessante Artikel im Innern der Zeitung hin. In vielen Fällen werden kleine freigestellte Bilder hinzugefügt, die einen Blickfang bilden und einen lockeren, freundlichen Gesamteindruck erzeugen.

Forschungsergebnis: Tests der Zeitungsmarketing-Gesellschaft belegen, dass Artikel mit Anrissen auf der Titelseite ca. acht bis zehn Prozent mehr Leser haben. das bedeutet: Promotion-Boxen bringen im Innern mehr Leser beim jeweiligen Artikel.

Anrissleisten stehen links oder rechts auf der Seite. Sie enthalten Hinweise auf Artikel im Inneren oder abgeschlossene Meldungen. Service-Elemente wie Börse, Wetter, Lotto-Ergebnisse finden hier auch ihren Platz.

Die Anrissleiste sollte man nutzen, um die Struktur der Zeitung deutlich zu machen: wenn die Zeitung in vier Bücher gegliedert ist, sollte man es sehen können, indem man vier Rubrikenköpfe hier platziert.

Anrissleiste

Farbleitsysteme machen die Untergliederung der Zeitung in verschiedene Ressorts für den Leser noch deutlicher. Man sollte aber nicht mehr als vier Farben einsetzen, weil der Konsument sich Farben nicht gut merken kann. Acht Farben können nicht sinnvoll sein, weil man dann auch Pastelltöne einsetzen muss, die sich nicht mehr ausreichend voneinander unterscheiden.

Nicht mehr als vier Farben

Neben diesen Standards, die jeden Tag gleich erscheinen, gibt es auch variable Elemente auf der Titelseite:

Der Aufmacher soll das wichtigste Thema des Tages beinhalten. Der Aufmacher hat die größte Überschrift auf der Seite. Er soll dadurch und durch die Platzierung oben auf der Seite als wichtigster Artikel gekennzeichnet werden.

Normale Artikel haben entsprechend kleinere Überschriften. Es entsteht eine Hierarchie der Schriftgrößen, wodurch dem Leser die Hierarchie der Inhalte klar wird. Es ist eine journalistische Aufgabe, die Nachrichten in ihrer Wichtigkeit zu kennzeichnen. Das geschieht durch die Überschriften-Hierarchie und die Platzierung auf der Seite. Einen Artikel am Fuß der Seite wird der Leser automatisch für weniger wichtig erachten als einen Artikel am Kopf der Seite.

Die Titelseite soll Vielfalt signalisieren und Nähe zum Leser. Natürlich spielen dabei dann auch Fotos eine überragende Rolle.

Sektions-Titelseiten

In den letzten Jahren werden Zeitungen immer klarer strukturiert. Die Aufschlag-Seiten der einzelnen Sektionen werden mit größeren Seitentiteln versehen. Die Seiten sind meist mit Farbbildern versehen. Durch diese herausgehobene Gestaltung kommt ein Rhythmus in die Zeitung, der aus normalen Innenseiten und herausgehobenen

Seiten klar strukturieren

Aufschlagseiten entsteht. Die Navigation in der Zeitung wird so unterstützt und das Interesse des Lesers immer wieder neu geweckt.

Innenseiten

Die Innenseiten sind die Träger der meisten Informations-Elemente. Tests zeigen, dass die Leser die meisten Seiten ansehen und nach interessanten Inhalten absuchen (scannen). Ein Schwerpunkt des Leserinteresses ist der Lokalteil. Folgerung: Man darf die Innenseiten bei der Gestaltung keineswegs vernachlässigen. Die Zeitung muss von der ersten bis zur letzten Seite durchgestaltet werden.

Seitenlayout

Schwer-punkte, Ordnung, Hierarchie

Schwerpunktsetzung: Jede Seite hat einen klar definierten Aufmacher. Er hat die größte Überschrift auf der Seite und steht über dem Bruch. Forschungsergebnis: Tests mit der Blickaufzeichnungskamera zeigen, dass die Leser die Informationsaufnahme beim größten visuellen Element der Seite beginnen. Das ist der Aufmacher oder das große Bild, das zum Aufmacher gehören kann.

Ordnung: Meldungen werden links oder rechts platziert. Sie werden nicht über die Seite gestreut.

Hierarchie: Am Fuß der Seite ist ein größerer, flacher Artikel - der Aufsetzer - als Abschluss hilfreich. Zwischen Aufmacher und Aufsetzer stehen normale Artikel. Bei einer Seite ohne Hierarchie, mit zufällig gewählten Überschriftengrößen und unsortierten Meldungen vergibt die Redaktion die Chance, den Inhalten eine Gewichtung zu geben. Es wäre auch falsch, eine Seite nur mit kurzen Artikeln zu füllen oder mit Artikeln, die alle nur 60 Zeilen lang sind. Hier fehlen dann Schwerpunktsetzung, Ordnung und Hierarchie.

Bedeutung von Bildern im Zeitungslayout

Bei der Zeitungsnutzung spielen die Bilder eine tragende Rolle. Forschungsergebnis: Tests mit der Blickaufzeichnungskamera zeigen, dass Bilder für den Leser meist der Einstiegspunkt in eine Zeitungsseite sind. Beim tragenden Bild auf der Seite fängt die Informationsaufnahme an. Daher der Begriff "Blickfang". Danach fällt der Blick auf den Bildtext und dann auf die größte Überschrift. Danach geht jeder Leser individuell weiter. Tests in den USA zeigen gleiche Ergebnisse.

Leserführung durch Bilder

Die Annahme, dass der Leser zuerst links oben anfängt oder die Zeitungsseite in einer umgekehrten S-Form betrachtet, wird durch Tests mit der Blickaufzeichnungskamera nicht bestätigt. Der Startpunkt auf der Seite ist das größte visuelle Element. Das kann ein Bild sein, eine Karikatur, Infografik oder die größte Überschrift. Um den Leser sinnvoll zu führen, sollte das größte visuelle Element oben auf der Seite stehen. Andere Bilder sollten deutlich kleiner sein, um eine Hierarchie zu erzeugen. Tests der Zeitungsmarketing-Gesellschaft belegen außerdem, dass ein Artikel mit Bild ca. zehn Prozent mehr Leser hat als der gleiche Artikel ohne Bild. Siehe dazu auch: http://www.leseforschung.com.

Bilder im Seitenlayout

Ein Bild pro Seite: Diese Vorgehensweise ist vorwiegend bei skandinavischen Zeitungen zu finden. Es ist meist ein großes hochformatiges Bild, mittig auf der Seite platziert. Es kann ein Solobild sein - ein Bild ohne Artikel also - oder dem Aufmacher zugeordnet werden.

Zwei Bilder pro Seite: Dieses Prinzip findet man ausgeprägt bei britischen und niederländischen Zeitungen. Dem großen Aufmacher-Bild wird ein kleines im unteren Teil der Seite hinzugefügt. Der Größen-Kontrast macht die Seite lebendig.

Nicht mehr als drei Bilder pro Seite

Drei Bilder pro Seite: Diese Arbeitsweise findet man überwiegend im deutschen Sprachraum. Das große Aufmacher-Bild wird von zwei kleineren begleitet, die hinsichtlich der Größe und des Formats variiert werden sollten.

Mehr als drei Bilder pro Seite: Davon ist abzuraten, weil keine Hierarchie mehr gewährleistet werden kann.

Weitere Regeln zur Platzierung von Bildern:

- Grundsätzlich gilt, dass Bilder nicht in einer Ecke geballt werden sollen. Sie sollen auf der Seite verteilt werden, um große graue Textflächen zu vermeiden.
- Man sollte keine gleichgroßen und gleichformatigen Bilder verwenden, weil die Seite dadurch zu statisch wird.
- Nicht alle Bilder an den Rand stellen, weil dann die Gefahr besteht, dass in der Mitte graue Textflächen entstehen, die vom Lesen abschrecken.

Platzierung von Bildern

Bildformate

Goldener Schnitt: Die Kleinbildkamera, die normalerweise für Pressefotos verwendet wird, liefert ein harmonisches Seitenverhältnis von 5:8. Das entspricht dem Goldenen Schnitt. Dieses Seitenverhältnis findet man auch immer wieder in der Natur vor. Muscheln, Fische, Pflanzen und auch der menschliche Körper entsprechen in den Proportionen dem Goldenen Schnitt. Daher wurde dieses Format auch auf Architektur, Typografie und Fotografie angewandt. Die Harmonie, die entsteht, ist auch gleichzeitig die Gefahr bei der ständigen Anwendung dieses Seitenverhältnisses: Die Zeitungsseiten werden zu harmonisch, zu ruhig. Darum sollte man öfter mal ein extrem flaches oder extrem hohes Bildformat wählen, weil die Seiten dadurch insgesamt dynamischer, lebendiger werden.

Goldener Schnitt sorgt für Harmonie

Quadratische Bilder: Das Quadrat strahlt Ruhe aus. Daher sind quadratische Bilder für kontemplative Szenen, also Landschaftsaufnahmen, Sonnenuntergänge und Klosterszenen geeignet. Ein Autorennen in einem quadratischen Bild darzustellen, dürfte riskant sein, weil automatisch Ruhe und Bewegungslosigkeit entsteht. Der Dynamik des Autorennens entspricht das extreme Querformat. Dabei kann man sagen: je flacher das Bild, desto schneller das Rennen.

Auf der Zeitungsseite sollten die Formate und die Bildgrößen variiert werden, damit Spannung entsteht.

Bildschnitt

Durch den Bildschnitt hat die Redaktion die Chance, bildwichtige Aspekte herauszuarbeiten, das Bild im Bild zu suchen. Der Fotograf liefert das Rohmaterial, das durch den Bildschnitt erst zur vollen Entfaltung auf der Zeitungsseite kommt.

Gruppenbild

Bei *Gruppenaufnahmen*, die nach wie vor in vielen Lokalteilen zu finden sind, sollte man z. B. links und rechts nah an die Personen herangehen, oben sollte nicht viel von der Hallendecke zu sehen sein und im Vordergrund wenig Fußboden. Wenn es nicht gerade eine Tanzsportgruppe ist, kann man meist auch die Beine wegschneiden. Durch das Redigieren des Bildes kommt es zu einer Konzentration aufs Wesentliche: die Gesichter. Gruppenaufnahmen werden in der Zeitung veröffentlicht, damit sich die Leser darin wiederfinden.

Bei *Porträtbildern*, die oft bei Politikern oder Managern eingesetzt werden, kann man meist die Haare und das Kinn weglassen. Auch hier erfolgt eine Konzentration: auf das Gesicht oder die Augen. Dadurch wird der Leser stärker mit der Person konfrontiert.

Bildaufbau

Aus dem Schulunterricht erinnert man sich noch, dass in berühmte Gemälde alter Meister Linien gelegt wurden und siehe da: man erkannte das Grundprinzip, das der Maler bei der Komposition verwendet hatte, beispielsweise den Goldenen Schnitt. Ähnlich kann man vorgehen bei der Beurteilung des Bildaufbaus bei Fotografien.

Bildaufbau variieren

Wenn ein Foto überwiegend senkrechte oder waagerechte Linien aufweist, wirkt es statisch. Weist es einen großen Anteil an Diagonalen auf, wirkt es dynamisch. Kreisformen wirken ebenfalls dynamisch. Diagonalen und Kreisformen wirken sich auch positiv auf die Gesamtseite aus.

Man sollte bei der Platzierung von Bildern auf der Seite beachten, Bilder mit unterschiedlichem Aufbau einzusetzen. Seiten, die nur Bilder mit Senkrechten und Waagerechten haben, wirken monoton.

Übersicht und Detail

Sowohl Übersichtsbilder als auch Detailaufnahmen sollten sich in der Zeitung finden. Im Redaktionsalltag neigt man dazu, Themen zu allgemein, zu nichtssagend und emotionslos abzubilden. Darum sollte man von einer Veranstaltung Übersichten und Details, Hoch- und Querformate zur Auswahl haben, um das optimale Foto für die Seite auswählen zu können.

Es liegt im Trend, Detailaufnahmen mit extremem Bildschnitt zu wenden, weil so starke Blickfänge auf der Seite erzielt werden können.

Perspektive

Ungewohnte Perspektiven

Die Fotografen lernen es in der Ausbildung: Perspektiven von unten oder oben - also Frosch- oder Vogelperspektive - bringen neue und unerwartete Einblicke in ein Geschehen. Der Leser wird durch ungewohnte Perspektiven noch stärker auf ein Thema aufmerksam gemacht. Darum sollte man öfter solche Perspektiven ins Blatt holen. Die Redaktion sollte mit den Fotografen besprechen, welche Motive bevorzugt ins Blatt kommen. Dadurch können Standardbilder mit geringem Überraschungswert für den Leser vermieden werden.

Visualisierung

Übergang vom Bild zum Text

Bei der visuellen Darstellung von Themen tun sich viele Redaktionen noch schwer. Hier ist ein großer Nachholbedarf.
Beispiel Sonnenenergie. Wie kann man dieses Thema visuell treffend und pointiert darstellen? Soll man

- Sonnenkollektoren auf einem Dach fotografieren,
- Details von Sonnenkollektoren zeigen,
- Arbeiter bei der Montage von Kollektoren fotografieren?

Das alles hat man schon in Zeitungen gesehen. Eine wirklich gute Visualisierung ist es zum Beispiel, ein Foto der Sonne zu nehmen, ein Foto der Erde und dazwischen ein Elektrokabel. Wenn dann die Überschrift lautet "Die Sonne anzapfen", hat man einen guten Übergang vom Bild zum Text.

Foto-Reportage

Logische Reihenfolge der Fotos

Eine Foto-Reportage erzählt eine Geschichte überwiegend mit Bildern. Das bedeutet, dass die einzelnen Aufnahmen insgesamt ein Geschehen in seinen wesentlichen Elementen abbilden müssen. Die Fotos müssen außerdem in einer logischen Reihenfolge platziert werden. Für die Reportage ausschlaggebende Szenen können größer oder im Detail, weniger wichtige am Rand oder kleiner abgebildet werden. Den Bildtexten kommt eine besondere Bedeutung zu, weil hier erst dem Leser klar wird, was das besondere an diesen Fotos ist.

Zusätzlich kann man einen Reportage-Text platzieren. Bei der Foto-Reportage soll die Fotografie dominieren, nicht der Text. In deutschen Zeitungen sind Foto-Reportagen rar. In skandinavischen Zeitungen sind sie hingegen fast alltäglich. Es gibt dort viele Zeitungen - auch Lokalzeitungen - die täglich eine doppelseitige Fotoreportage haben.

Leserverhalten und Fotografie

Man sollte sich darüber im Klaren sein, dass Leser Bilder auf einer Zeitungsseite zuerst betrachten und dass Bilder sehr schnell im

Bild-
gedächtnis

Bildgedächtnis gespeichert werden. Das liegt daran, dass Menschen von jeher visuell geprägt sind. 80% der Informationen nimmt der Mensch über die Augen auf. Wenn man z. B. das Wort "Vietnam" liest, taucht aus dem Bildgedächtnis das Bild eines durch Napalm verbrannten Mädchens auf, das auf den Betrachter zuläuft. Das Bildgedächtnis funktioniert also über viele Jahre. Man kann sich ja auch Erlebnisse aus der Kindheit wieder vor Augen führen, also wie einen Film vor dem inneren Auge abspielen.

Das soll nicht heißen, dass man mehr Bilder in der Zeitung braucht, sondern es werden bessere Bilder benötigt. Bilder, die im Gedächtnis bleiben, weil sie etwas Besonderes, Einmaliges zeigen. Professionelle Pressefotografen können aus einem scheinbar langweiligen Termin ein visuelles Ereignis machen. Davon brauchen wir mehr. Aber es muss natürlich auch Platz da sein für die Standardbilder. Sie sollten nur nicht die Zeitung dominieren, weil sie Ruhe und Langeweile ausstrahlen. Zeitung muss interessant und spannend sein. Dabei können Bilder eine ausschlaggebende Rolle spielen.

Typografie

Der Zeitungstext wird nicht lapidar in einer Schreibmaschinenschrift präsentiert, sondern in Form von speziell für den jeweiligen Zweck angefertigten oder ausgewählten Schrifttypen. Das gesamte Arrangement der Schrift auf der Seite wird als Typografie bezeichnet.

Klassifikation der Schriften

Genauso wie es in der Kunstgeschichte und Architektur verschiedene Stilepochen gibt, gibt es auch beim Schriftentwurf Schriften der Renaissance, des Barock, des Klassizismus usw.

Im Überschriftenbereich kommen bei deutschsprachigen Zeitungen fast alle Stilrichtungen vor. Wenn es einen Trend gibt, dann den, dass alle Zeitungen eine eigene Hausschrift haben wollen. Dadurch kann man nämlich den eigenen Charakter als Markenartikel noch stärker herausarbeiten. Manche Zeitungen wollen eine moderne, zeitgemäße Typografie haben, andere eine besonders traditionelle, konservative und ernsthafte Grundstimmung erzeugen. Die Auswahl der richtigen Schrift unterstützt die jeweiligen Absichten.

Typografie als Marke

Schriften mit und ohne Serifen

Man kann grundsätzlich Schriften mit Serifen und ohne Serifen unterscheiden. Serifen sind die oberen und unteren Abschlussstriche an den Buchstaben. In früheren Jahrhunderten wurden Schriften mit Breitfeder und Tinte zu Papier gebracht. Beim Schreiben entstehen unterschiedliche Strichstärken bei den Buchstaben und die Serifen, die die Buchstaben abschließen. Schriften mit Serifen werden bei den meisten Tageszeitungen Europas für den Text eingesetzt. Sie gelten als sehr gut lesbar.

Serifen-schriften

Erst im neunzehnten Jahrhundert haben Schriftkünstler bei einigen Entwürfen die Serifen weggelassen. Man wollte einfache, klare Buchstabenformen erreichen. Serifenlose Schriften wirken modern, zeitgemäß. Sie spielen bei Überschriften in Zeitungen eine Rolle und bei der Detailtypografie, wie z. B. bei Bildtexten, Vorspännen, Autorenzeilen und Tabellen. Sie werden bis auf wenige Ausnahmen nicht als Grundschrift eingesetzt, weil sie auf einer ganzen Zeitungsseite zu monoton, kühl und technisch wirken. Außerdem fehlen die Serifen als zusätzliche Unterscheidungsmerkmale der einzelnen Buchstaben.

Serifenlose Schriften

Schriftmischung

Es gibt inzwischen tausende von Schriften. Manche kann man auch kostenlos im Internet herunterladen. Gut lesbare Schriften werden aber von Schriftkünstlern in langwieriger Kleinarbeit entworfen. Schriften für Tageszeitungen werden meist von Zeitungsdesignern für das jeweilige Objekt ausgesucht. In manchen Fällen werden sie auch speziell als Hausschrift für eine Zeitung entworfen. Sie sind dann ein ausdrucksstarker Teil des Markenartikels Zeitung.

Schriftkünstler haben in den vergangenen beiden Jahrzehnten Schriften sowohl mit als auch ohne Serifen entworfen. Sie sind harmonisch aufeinander abgestimmt und werden bei Zeitungen gerne eingesetzt, weil sie Kontraste und damit Lebendigkeit auf die Zeitungsseite bringen. Einige Beispiele: Stone Serif und Stone Sans, Scala Serif und Scala Sans, Foundry Serif und Foundry Sans

Überschriftenapparat und Lese-Ebenen

Unterzeile und Dachzeile

Nur die wenigsten Tageszeitungen verwenden ausschließlich die Überschriften als Einstieg in den Artikel. Es kommen meist weitere Informationen hinzu, die in der Unterzeile oder der Dachzeile untergebracht werden. Die *Unterzeile* hat Vorteile: der Leser beginnt beim größten visuellen Element, also bei der Überschrift und sein Blick geht dann nach unten - zur Unterzeile. Die *Dachzeile* hat also den Nachteil, dass sie oft nicht gelesen wird. Ungefähr 80% der deutschsprachigen Zeitungen haben daher Unterzeilen.

Kernaussage in der Überschrift

Es liegt derzeit im Trend, ein Stichwort in die Dach- oder Unterzeile zu stellen, das dem Leser beim Einordnen des Themas helfen soll. Es gibt den Einwand, dass damit oft die Überschrift entkernt wird. Wenn man ein Stichwort benutzt, kann man das gleiche Wort nicht mehr in der Überschrift verwenden. Grundsätzlich sollte man darauf achten, dass die *Überschrift* die Kernaussage enthält. Die Überschrift braucht in deutscher Sprache ca. sechs bis acht Wörter, um einen Sinn zu haben.

Weitere Informationen in der Unterzeile oder der Dachzeile sind sinnvoll, weil von einem einzelnen Leser mit seinen spezifischen Interessen letztlich nur 10% der Artikel vollständig gelesen werden.

Bilder und Bildtexte, der Überschriften-Apparat und der Vorspann bilden quasi eine erste Lese-Ebene. Hier sollte man die Chance nutzen, den Leser intensiv zu informieren. Bei einigen Artikeln - bei denen sein Interesse geweckt wurde - wird er dann die nächste Ebene auch mitnehmen und sogar den Text lesen.

Vorspann

Der Vorspann sollte weitere Details enthalten, die im Überschriften-Bereich und im Bildtext noch nicht vorgekommen sind. Früher hatte der Vorspann die Funktion, den Inhalt zusammenzufassen. Dadurch wurde er aber relativ lang. Heute ist man der Auffassung, dass der Vorspann zusammen mit der Überschrift einen abgeschlossenen Einstieg in den Artikel gibt.

Einstieg in den Artikel

Man achtet darauf, dass sich keine inhaltlichen Wiederholungen ergeben. Im Idealfall ist der Vorspann so formuliert, dass man gezwungen ist, den Artikel zu lesen, weil z. B. die Neugier geweckt wurde. Gestalterisch besteht auch international Einigkeit darüber, dass der Vorspann maximal zehn Zeilen lang sein sollte. Er sollte einspaltig sein. Eine größere oder halbfette Schrift sowie Flattersatz sind sinnvolle Maßnahmen zur Hervorhebung.

Forschungsergebnis: Tests zeigen, dass Artikel mit Vorspann ca. zehn Prozent mehr Leser haben als der gleiche Artikel ohne Vorspann.

Natürlich gibt es auch Textformen, die inhaltlich keinen Vorspann haben. Glossen und Reportagen haben darum auch gestalterisch keine Hervorhebung am Textanfang.

Grundtext

Die gesamte Gestaltung der Zeitung, also die Titelseite, die Anrisse, die Bilder, die Überschriften bilden nur den Auftakt der Zeitungslektüre. Das eigentliche Ziel der Redaktion ist, dass der Text gelesen wird.

Als Grundtext für Zeitungen verwendet man Schriften mit ausgeprägten Serifen, die auf dem Zeitungspapier problemlos wiedergegeben werden können. Einige gängige Namen von Zeitungsschriften sind: Excelsior, Nimrod, Concorde, Charter, Swift, Gulliver, Utopia, Stone Serif.

Diese Schriften wurden speziell für den Zeitungsdruck entworfen oder sie haben sich bei vielen Zeitungen bewährt. Wesentlich ist, dass die Innenformen der Buchstaben offen sind. Die Buchstaben a, b, d, e, g, o, p, q haben z. B. Innenformen.

Man sollte also keine Buchschrift, wie die Garamond, Bembo oder Sabon für eine Zeitung benutzen, weil die Innenräume dieser Schriften zu klein sind. Sie wurden für besseres und weißeres Papier entworfen.

Schriftgröße und Zeilen-abstand

Es liegt im Trend, die Grundschrift zu vergrößern. Früher war sie acht Punkt groß, heute sind es neun bis zehn Punkt. Auch der Zeilenabstand wurde in den letzten Jahren bei vielen Zeitungen deutlich vergrößert. Größere Schrift und mehr Abstand zwischen den Zeilen bedeutet immer bessere Lesbarkeit.

Hervorhebungen

Tests und praktische Erfahrungen zeigen, dass kursive Schriften nicht gut lesbar sind. In der Zeitungsgestaltung sollte man darum möglichst nicht mit Kursiven arbeiten. Namen kann man z. B. halbfett hervorheben.

Unterlegte Texte

Gleiches gilt für farbig unterlegte Texte: am besten lesbar ist schwarze Schrift auf weißem Papier. Gut lesbar ist auch Schwarz auf Gelb oder einem Beigeton. Graue, rote, grüne, blaue Unterlegungen unter Texten reduzieren die Lesbarkeit. Generell ist die Farbe derzeit den Bildern und Infografiken vorbehalten. Farbige Überschriften, farbige Unterlegungen, farbige Kästen werden derzeit nicht eingesetzt.

Blocksatz oder Flattersatz

Wenn man mit der Hand einen Brief schreibt, ist die linke Kante glatt und der Text läuft nach hinten unterschiedlich lang aus. Diese Gestaltung nennt man linksbündigen Flattersatz.

Blocksatz, wie er bei den meisten Zeitungen benutzt wird, entsteht, wenn man die Wortzwischenräume unterschiedlich groß macht. In einer Zeile sind sie breiter, in der nächsten schmaler. Dadurch entsteht links und rechts eine glatte Kante. Forschungsergebnis: Blocksatz und Flattersatz sind gleich gut lesbar. Flattersatz hat leichte Vorteile, weil bei dieser Satzart die Wortzwischenräume immer gleich groß sind.

Spaltenbreite

Es gibt einen Trend zu schmaleren Spalten. Dadurch wird das Seitenlayout zwar lebendiger, aber die Lesbarkeit ist reduziert, weil der Sprung vom Ende der Zeile nach vorne zur neuen Zeile den Lesefluss unterbricht. Außerdem steigt die Anzahl der Trennungen bei kurzen Spalten an, was ebenfalls zu einer schlechteren Lesbarkeit führt. Die schmalste Spaltenbreite liegt bei 44 mm. Das entspricht den Breiten im Anzeigenteil.

Grundsätzlich gilt: Spaltenbreite unter 44 mm vermeiden, Spaltenbreiten über 120 mm ebenfalls vermeiden, weil der Sprung vom Ende der Zeile zur neuen Zeile oft nicht mehr korrekt ist.

Regel für Spaltenbreite

Regel: Spalten von 44 bis ca. 70 mm eignen sich für den Grundtext. Spalten von 70 bis 120 mm Breite eignen sich für Meldungsleisten, wenn die einzelne Meldung maximal sechs bis acht Zeilen lang ist.

Gliederung im Text

Texte sollten für den Leser leicht zugänglich sein und darum gegliedert präsentiert werden. Für die Autoren sollte es selbstverständlich sein, nach ca. 10 bis 15 Zeilen einen Absatz vorzusehen.

Zwischenzeilen und Zitate

Ein klassisches Mittel zur Gliederung sind *Zwischenzeilen*. Sie sollten so formuliert sein, dass der Leser durch den Inhalt motiviert wird, den Artikel weiter zu lesen. Man braucht also meist mehrere Worte. Zwischenzeilen dürfen auch mehrzeilig sein. Sie beziehen sich immer auf den direkt nachfolgenden Absatz.

Zitate sind ebenfalls sinnvoll zur Gliederung. Unter das Zitat stellt man die Quellenangabe. Es kann auch ein Porträtbild über das Zitat gestellt werden. Das Zitat wird unabhängig vom Text platziert. Es bezieht sich auf den gesamten Artikel und sollte dort platziert werden.

Wenn möglich, sollte man die innere Struktur eines Artikels sichtbar machen. Das geht z. B. bei Aufzählungen durch den Einsatz von Gliederungspunkten.

Portionieren

In einer komplexer werdenden Welt kann man eine Zeitungsseite unter Umständen mit einem einzigen Thema füllen, um ausführlich berichten zu können. Man sollte das aber tunlichst nicht in Form eines einzigen Artikels machen, sondern Informationen gegliedert - portioniert in mehreren Artikeln - präsentieren.

Faktenbox

Eine einfache Methode des Portionierens ist die *Faktenbox*, die Fakten zum Thema auflistet. Es können auch Bilder oder Informationsgrafiken in die Box integriert werden. Die Faktenbox steht innerhalb des Artikels.

Bei ganzen Seiten mit mehreren Artikeln zu einem Thema muss man oben eine *Themenzeile* platzieren, die das Thema der Seite angibt.

Bei Katastrophen oder anderen Großereignissen kann man auch mehrere Seiten mit einem Thema füllen und jeweils mit einer Themenzeile kennzeichnen. Es genügt unter Umständen ein Stichwort, z. B. "11. September 2001".

Bildtext

Wesentlich ist, dass bei Zeitungen jedes Bild auch einen eigenen Bildtext hat. Tests zeigen, dass nahezu alle Bildtexte gelesen werden.

Der Bildtext steht normalerweise unter dem Bild. Er kann auch links oder rechts neben dem Bild platziert werden. Bildtexte dürfen aber nie über dem Bild stehen, weil der Leser sie da nicht vermutet und unter Umständen übersieht.

Bildtexte nie über dem Bild

Als Schrift für den Bildtext wird eine andere Schrift benutzt als für den Grundtext. Der Leser könnte sonst versehentlich vom Grundtext in den Bildtext hinüberlesen. Darum werden Bildtexte meist aus einer serifenlosen oder halbfetten Schrift gesetzt.

Solobilder

Solobilder - Bilder ohne Zuordnung zu einem Artikel - haben nur einige Zeilen Bildtext. Auch Solobilder sollten eine Überschrift haben, weil der Leser einen Anreiz haben sollte, den Bildtext zu lesen.

Eine veraltete Methode ist es, die ersten Worte des Bildtextes größer zu setzen. Meist werden unwichtige Worte zur Überschrift aufgeblasen. Besser eine Überschrift getrennt vom Bildtext formulieren.

Tests mit der Blickaufzeichnungskamera zeigen, dass erst das Bild betrachtet wird, dann darunter die Überschrift und dann der Text. Die Reihenfolge von oben nach unten: Bild - Überschrift - Text ist also für den Leser optimal.

Resumee

Zusammenfassend lässt sich feststellen, dass sich modernes Zeitungsdesign an den Bedürfnissen der Leser ausrichtet. Es wird alles getan, um täglich eine gut strukturierte und gut lesbare Zeitung zu machen. Forschungsergebnisse und praktische Erfahrungen werden in der Zeitungsgestaltung berücksichtigt. Das Zeitungsdesign ist somit weniger subjektiv als manche annehmen.

Literatur

Zeitungsdesign

Brielmaier, Peter; Wolf, Eberhard (1997): Zeitungs- und Zeitschriftenlayout. Konstanz.

Küpper, Norbert (2002): Die Ergebnisse des ersten European Newspaper Award. Meerbusch: Büro für Zeitungsdesign.

Küpper, Norbert (2001): Die Ergebnisse des zweiten European Newspaper Award. Meerbusch: Büro für Zeitungsdesign.

Küpper, Norbert (2002): Die Ergebnisse des dritten European Newspaper Award. Meerbusch: Büro für Zeitungsdesign.

Fotografie

Mante, Harald (2002): Das Foto. Gilching bei München.

Kiosk

Lebeck, Robert; von Dewitz, Bodo (2001): Eine Geschichte der Fotoreportage. Göttingen.

Bildkommunikation

Kroeber-Riehl, Werner (1993): Imagerystrategien für die Werbung. München.

Fotopsychologie

Schuster, Martin (1996): Lächeln für die Ewigkeit. Berlin und Heidelberg.

Textdesign

Blum, Joachim; Bucher, Hans-Jürgen (1998): Textdesign - ein Gestaltungskonzept für Text, Bild und Grafik. In: dies (Hrsg.): Die Zeitung: Ein Multimedium. Konstanz.

Schrift

Sauthoff, Daniel; Wendt, Gilmar (1996): Schriften erkennen. Eine Typologie der Satzschriften. Mainz.

Willberg, Hans-Peter (2001): Wegweiser Schrift. Mainz.

Willberg, Hans-Peter; Forssmann, Friedrich (1999): Erste Hilfe in Typografie. Ratgeber für Gestaltung mit Schrift. Mainz.

Blackwell, Lewis (1992): Twentieth-Century Type. London.

Typografie

Kupferschmid, Indra (2002): Buchstaben kommen selten allein. Ein typografisches Werkstattbuch. Weimar.

Gorbach, Rudolf Paulus (2001): Typografie Professionell. Bonn.

Umbruch

Müller-Brockmann, Josef (1981): Rastersysteme für die visuelle Gestaltung. Niederteufen.

Samara, Timothy (2002): Making and Breaking the Grid. A Graphic Design Layout Workshop. Gloucester.

Goldener Schnitt

Elam, Kimberly (2001): Geometry of Design. Studies in Proportion and Composition. New York.

Leseforschung

Schönbach, Klaus (1997): Zeitungen in den Neunzigern: Faktoren ihres Erfolgs. 350 Tageszeitung auf dem Prüfstand. Bonn.

Lesbarkeit

Bosshard, Hans-Rudolf (1996): Typografie, Schrift, Lesbarkeit. Verlag Niggli AG.

Hochuli, Jost (1990): Das Detail in der Typografie. München.

Tinker, Miles A. (1965): Bases for Effective Reading. Minneapolis.

Infografik

Martin Hirsch

Die Infografik ist integraler Bestandteil in der Zeitungsgestaltung, in Fernseh-Nachrichtensendungen sowie in Online-Medien. Wurde zu Beginn der 1990er Jahre die damals noch recht junge Infografik von manchen Verfechtern des geschriebenen Wortes als unseriöses Schmuckelement und als Beiwerk, das wertvolle Textzeilen kostet, angesehen, ist sie inzwischen als vollwertige journalistische Ausdrucksform anerkannt. Die Infografik kann darüber hinaus schon auf eine beachtliche Tradition zurückblicken. So wurden Säulen- und Kurvengrafiken in der bis heute üblichen Weise bereits Ende des 18. Jahrhunderts verwendet, um Zahlenwerte anschaulich zu machen.

Anerkannte journalistische Form

Eine kurze *Definition*: Infografik ist eine journalistische Darstellungsform. Von Illustration oder Formen der Werbegrafik unterscheidet sie sich dadurch, dass die sachliche Information immer im Vordergrund steht. Bei Auswahl und Richtigkeit der verwendeten Daten gelten die üblichen journalistischen Qualitätsmaßstäbe.

Sachliche Information

Um Infografik richtig einzusetzen, sollte man sich zunächst über deren Möglichkeiten im Klaren sein. Viele Themen bieten sich für eine grafische Darstellung an, andere sind dafür nicht geeignet. Grafiken erlauben es dem Leser, sich rasch einen Überblick über einen Sachverhalt zu verschaffen. Diese Schnelligkeit und Leichtigkeit birgt aber auch die Gefahr der Oberflächlichkeit in sich: Bei verzerrender grafischer Darstellung, sei es aus Unwissenheit oder mit Absicht, kann leicht ein völlig falscher Eindruck beim Leser entstehen. Einige der zahlreichen Möglichkeiten, Inhalten grafisch einen gewissen Dreh zu geben, werden später noch erläutert. Umso wichtiger ist deshalb die Richtigkeit der Angaben in der Grafik oder in einer Legende und eine unverzerrte, unmissverständliche Darstellung. Interpretationen eines Sachverhalts, also die Wiedergabe von Meinungen oder Spekulationen, eignen sich nicht für eine grafische Darstellung.

Rascher Überblick

Klarheit ist gefragt

Sorgfalt im Detail

Im Idealfall stellt Infografik einen komplizierten Sachverhalt einfach, klar und verständlich dar. Einem interessierten Leser muss es immer möglich sein, den Inhalt der Grafik ohne spezielles Vorwissen zu verstehen. Diese leichte Zugänglichkeit für den Leser fordert vom Grafiker große Sorgfalt im Detail. Der Leser sollte mittels bewusster Gestaltung durch die Grafik geführt werden. Besonders wichtig ist dabei ein klare inhaltliche Gliederung, die durch die grafischen Elemente noch unterstützt wird. Unverständliche Abkürzungen, Fachausdrücke, die nur Spezialisten geläufig sind, oder Zeichnungen, die nicht eindeutig erkennbar sind, dürfen nicht verwendet werden. Auch dürfen einfache Dinge nicht kompliziert dargestellt werden.

Achtung vor Betriebsblindheit

Infografiker, die sich längere Zeit mit einem bestimmten Thema befasst haben, setzen ihr dabei erworbenes Wissen oft auch bei anderen voraus. Es empfiehlt sich deshalb, Grafiken immer auch von Außenstehenden auf deren Verständlichkeit hin prüfen zu lassen. Dabei gilt die Faustregel: Wenn man nicht innerhalb von fünf Sekunden erkennen kann, worum es in der Grafik geht, dann heißt es "Zurück zum Start" - die Grafik muss neu gestaltet werden.

Arten von Infografik - eine Auswahl

Statistik - "Malen mit Zahlen"

Eine große Stärke der Infografik liegt in der Möglichkeit, Zahlenverhältnisse anschaulich zu machen. Grafische Darstellung erlaubt ein intuitives und schnelles Erfassen "auf einen Blick". Dabei stehen einige "klassische" Möglichkeiten zur Auswahl:

Tortengrafik
Zeigt die Aufteilung eines Ganzen in seine Einzelteile.

Balkengrafik/Säulengrafik
Größenverhältnisse werden anhand unterschiedlich langer Balken dargestellt. Bei senkrechter Anordnung spricht man von Säulen-, bei waagrechter Anordnung von Balkengrafik.

Kurvengrafik
Zeigt die Entwicklung eines Kennwerts über einen Zeitraum. Problematisch wird es dabei, wenn zu viele Einzelwerte in die Grafik verpackt werden sollen, es droht die gefürchtete "Spaghettigrafik".

Wiener Methode oder *Isotype*
Diese Darstellungsweise wurde in den Zwanziger- und Dreißigerjahren des vergangenen Jahrhunderts vom Wiener Philosophen und Soziologen Otto Neurath gemeinsam mit dem Grafiker Gerd Arntz entwickelt. Ziel war es, das Verständnis wichtiger Zahlengrößen und gesellschaftlicher Zusammenhänge einem breiten Publikum zugänglich zu machen. Die Methode basiert auf der Verwendung gut erkennbarer, aussagekräftiger und abzählbarer Bildsymbole und zeichnet sich durch ihre beispielhafte inhaltliche und grafische Klarheit aus.

Über diese relativ einfachen Grundformen hinaus ermöglicht Infografik allerdings auch die Darstellung wesentlich komplexerer Inhalte.

Zusammenhänge, Abläufe

Grafik bietet Übersicht und eignet sich besonders gut für die Darstellung von Zusammenhängen, Wechselwirkungen oder Abläufen. Geeignete Themen: Struktogramme von Firmen oder Institutionen, Entscheidungsabläufe in Organisationen, Erklärung von Naturphänomenen etc.

Landkarten

Die Verwendung von Landkarten bietet ein besonders breites Spektrum an Möglichkeiten. Viele Themen - von regionalen Wahlergebnissen über Wirtschaftsdaten und außenpolitischen Ereignissen bis zur Strecke eines Radrennens - haben einen starken geografischen Bezug und können gut anhand von Landkarten dargestellt werden.

Beispiel Volkszählung
Eine Karte der österreichischen Gemeinden wird nach Bevölkerungsentwicklung von 1991 bis 2001 eingefärbt. Obwohl der Grafik äußerst umfangreiches Zahlenmaterial zugrunde liegt - Österreich hat über 2.300 Gemeinden - bleibt dem Leser der berüchtigte "Zahlenfriedhof" erspart. Stattdessen bietet sich eine übersichtliche Gesamtschau, die auch Interpretationen ermöglicht (Bau-Boom im "Speckgürtel" um die Städte, Bevölkerungsschwund in Grenzregionen).

Featuregrafik
Die Königsdisziplin der Infografik bietet Hintergrundinformation zu einem Thema. Verschiedene grafische Ausdrucksmittel kommen zum Einsatz, der grafische bzw. illustrative Anteil ist meist hoch.

Illustration, Foto

Grafik aufputzen?

In der Frage, ob man Grafiken durch den Einsatz von Illustration oder Foto optisch attraktiver machen sollte, gibt es zwei Extrempositionen. Puristen der reinen grafischen Lehre lehnen jede Art von solchem Beiwerk als unnötigen Schnickschnack ab, der nur vom eigentlichen Inhalt ablenkt. Auf der anderen Seite gibt es Infografiker, die selbst die kleinste Grafik noch mit Illustration oder Foto aufputzen wollen, um die Aufmerksamkeit des Lesers zu erwecken. In der Praxis liegt die Wahrheit wohl zwischen diesen beiden Polen. Je nach Thema der Grafik, Medium und erwarteter Leserschaft muss entschieden werden, wieviel Schmuck die Infografik verträgt. Generell gilt, dass illustrative Elemente niemals den eigentlichen Inhalt überlagern dürfen. Eine elegante Lösung ist es, wenn Zeichnung oder Foto nicht nur als Blickfang dienen, sondern dazu verwendet werden, um weitere Information zu transportieren.

Manipulation mit Grafik

Infografik sollte sich immer auf harte Fakten stützen. Es gibt allerdings Tricks, um auch solche in die gewünschte Richtung zu biegen. Dafür zwei Beispiele:

Wo ist die Nulllinie?

Ein beliebter Kunstgriff bei Kurvengrafik besteht darin, die Nulllinie zu kappen. Auf diese Weise kann beispielsweise eher unspektakulären Zahlenwerten zu höchst dramatischer Darstellung verholfen werden. Zahlenreihen, deren Werte in Wirklichkeit nur in geringem Maß differieren, ergeben in der grafischen Darstellung dann auf einmal wilde Ausschläge nach oben oder unten. Die Beispiele auf der CD zeigen den Effekt.

Generell gilt, dass nur eine Kurvengrafik, deren Raster bei Null beginnt, unverzerrt dargestellt ist - eine Regel, von der es aber natürlich Ausnahmen gibt: so zum Beispiel bei Zahlenwerten, bei denen auch im Verhältnis zur Gesamtsumme geringe Abweichungen gravierende Auswirkungen haben (Börsenkurse, Devisenkurse). Hier ist es nötig, den Raster zu kappen, da man andernfalls die Entwicklung kaum darstellen kann. Die Abwägung, wann dies zulässig ist und wann nicht, muss letztlich im Einzelfall entschieden werden. Auf jeden Fall muss aber die Rasterbeschriftung so sein, dass die Kappung deutlich erkennbar ist.

Datenauswahl entscheidet

Nicht nur durch grafische Tricks, sondern bereits durch Auswahl der Grunddaten kann beeinflusst werden, welcher Eindruck beim Leser entsteht. Das Beispiel auf der CD zeigt die Entwicklung der Zahl der infizierten Personen bei Ausbruch einer Krankheit.

Infografik in der Redaktion

Teamarbeit Redakteur/ Grafiker

Die Konzeption und Gestaltung einer Grafik ist stets Teamarbeit. Durch intensive Diskussion aller Beteiligten - Text- und Grafikredakteure - sollte versucht werden, zur für den Leser besten Lösung zu kommen. Dabei liegt die inhaltliche Kompetenz in der Regel beim Textredakteur, während der Infografiker wissen sollte, wie man diese Inhalte grafisch umsetzen kann. Die Anwesenheit von Grafikredakteuren bei Redaktionskonferenzen sollte selbstverständlich sein.

Planung ist das halbe Leben

Grafikproduktion braucht Zeit. Gerade bei Featuregrafiken ist der Recherche- und Zeichenaufwand sehr hoch. Deshalb ist es entscheidend, mit der Produktion möglichst früh zu beginnen, was nur möglich ist, wenn die Grafikplanung in die redaktionelle Langzeitplanung eingebunden ist.

Checken, Checken, Checken

Infografik muss Daten kompakt und übersichtlich präsentieren, weshalb auch mögliche Fehler oder Unklarheiten sehr augenfällig sind. Aus diesem Grund ist es nötig, jede Grafik einer sorgfältigen Kontrolle zu unterziehen. Folgende inhaltliche und gestalterische Fragen sollten gestellt werden:

- Wurden die richtigen Daten ausgewählt?
- Wurden die Daten richtig übernommen und dargestellt?
- Ist die Grafik leicht verständlich?

Online-Infografik - Bewegung in die Grafik

Die Verwendung von Infografik im Fernsehen, im Internet oder bei der CD-ROM-Gestaltung bietet faszinierende Möglichkeiten. Im

Unterschied zu einer gedruckten Grafik, der immer nur eine begrenzte Fläche zur Verfügung steht, können in einer Online-Grafik beliebig viele Inhaltsebenen untergebracht werden. Abläufe können bewegt und damit noch anschaulicher dargestellt werden. Allerdings gilt auch hier eine Grundregel der traditionellen Infografik: Dem Betrachter muss es durch sinnvolle Gliederung des Inhalts und klar strukturierte Navigation ermöglicht werden, sich in der Grafik zurechtzufinden. Die Internetseiten der spanischen Zeitungen El Pais und El Mundo zeigen beispielhaft, welch großartige Infografiken mittels der neuen technischen Möglichkeiten gestaltet werden können.

Abläufe darstellen

Fazit

Infografik ist ein unverzichtbarer Bestandteil in der Mediengestaltung. Im Zusammenspiel von Grafik mit Text und Foto wird es möglich, Inhalte für Betrachter optimal aufzubereiten. Hierfür bietet die Infografik faszinierende Möglichkeiten und vielfältige Anwendungsmöglichkeiten. Manipulieren dürfen Grafiken aber nicht.

Literatur

Harris, Robert L. (1999): Information Graphics. Oxford.

Herdeg, Walter (Hrsg.) (1974): Graphis Diagrams, the Graphic Visualisation of Abstract Data. Zürich.

Holmes, Nigel (1984): Designer's Guide to Creating Charts and Diagrams. New York.

Jansen, Angela; Scharfe, Wolfgang (1999): Handbuch der Infografik. Berlin.

Knieper, Thomas (1995): Infographiken. Das visuelle Potenzial der Tageszeitung. München.

Liebig, Martin (1999): Die Infografik. Konstanz.

Sullivan, Peter (1987): Zeitungsgrafiken. Darmstadt.

Sullivan, Peter (1994): Informationsgrafiken in Farbe. Darmstadt.

Sprissler, Hanno (1999): Infografiken gestalten. Berlin.

Internet

http://www.snd.org - Society for News Design

http://www.visualjournalism.com

Redaktionsmanagement

Thomas Lünendonk

Arbeitsbedingungen und Arbeitsklima werden in vielen Redaktionen nicht selten als schwierig empfunden. Als Begründung für dieses Faktum muss dann beispielsweise die Aussage herhalten, Journalisten seien Individualisten und daher schwierige Menschen, die schwer in Teams bzw. in Teamarbeit zu integrieren seien. In Wirklichkeit fehlt es in solchen Redaktionen nur an Führungskräften, die mit den Regeln des Führens und Organisierens vertraut sind. Dieser Umstand kann bei Fortbildungsseminaren für leitende Mitarbeiter in den Ressorts vieler Zeitungs-, Radio-, Fernseh- und Online-Redaktionen immer noch und immer wieder festgestellt werden. Es fehlen vielerorts einfache, grundlegende Kenntnisse über erfolgreiche Aufbau- und Ablauforganisation sowie Maßnahmen zur angemessenen Aus- und Weiterbildung von Führungskräften.

Regeln des Führens und Organisierens

Zielsicher in das Dilemma

Der klassische Weg einer journalistischen Karriere führt nicht selten fast zwangsläufig in das Dilemma von Organisationslosigkeit und den Mangel an Führungsqualitäten. Ein Journalist, der als Redakteur gute Recherchen durchführt, Texte vorbildlich redigiert und exzellente Beiträge verfasst, erregt verständlicherweise das Interesse der Vorgesetzten in Redaktion und Verlag oder Rundfunkunternehmen. Nach einer gewissen Zeit wird dieser Journalist in höhere Positionen befördert: zunächst vielleicht nur zum Leiter eines kleinen Teams, später zum Ressortleiter, schlussendlich möglicherweise in die Funktion eines Chefs vom Dienst oder gar des Chefredakteurs. Schwierigkeiten für einen solchen Aufsteiger entstehen dadurch, dass er eine Führungsposition zumeist aufgrund von Fähigkeiten und Fertigkeiten erlangt hat, die er in der neuen Position nur noch wenig einsetzen kann. Denn eine journalistische Führungskraft wird in erster Linie für das Leiten eines Teams bezahlt und nicht mehr so sehr für gutes Recherchieren, Schreiben und Gestalten.

Leiten eines Teams

In dieser Situation steht ein Journalist am Scheideweg. Er muss sich entscheiden, ob er weiter seinen ursprünglichen journalistischen Interessen - dem Recherchieren, Redigieren und Schreiben - treu bleiben will, oder ob er bereit ist, auf diesen Teil seiner Arbeit künftighin weitgehend zu verzichten, um der neunen Aufgabe als redaktionelle Führungskraft gerecht zu werden.

Die Situation eines Redakteurs, der in Führungspositionen gelangt, lässt sich durchaus mit jener eines Mitarbeiters etwa in der Vertriebsabteilung eines Zeitungsverlagshauses vergleichen. Der erfolgreiche Verkäufer, der weitgehend frei und unabhängig im Markt agiert und aufgrund seines Auftretens und seiner Argumente brillieren kann, wird zum Vertriebsleiter befördert. Nun muss er plötzlich vom begeisterten Solisten zum disziplinierten Dirigenten werden. Dass der vergleichbare Umstieg von der normalen Redaktionsarbeit in eine Führungsposition innerhalb der Redaktion für Journalisten eine gravierende Aufgabenstellung ist, zeigen Erfahrungen in Seminaren mit Journalisten aus dem gesamten deutschen Sprachraum. An Aus- und Fortbildungsveranstaltungen zum Thema Redaktionsmanagement nehmen häufig Personen teil, die diese Situation gerade durchleben, erste "Führungsblessuren" hinter sich haben oder sich auf diese neue Aufgabe vorbereiten wollen. Deutlich sichtbar wird dabei stets ein relativ hoher Leidensdruck, weil es darum geht, von einer geliebten und auch erfolgreich praktizierten Fähigkeit, dem Schreiben, zumindest teilweise Abschied zu nehmen. *Es gehört daher zu den maßgeblichen Vorbereitungs-, Lern- und Diskussionsschritten, Journalisten auf diese neue Gewichtung der Tagesarbeit hinzuweisen und einzustellen.*

Erst Selbstorganisation, dann Gruppenführung

Persönliche Zielsetzungen

Bevor Führungsaufgaben wie Delegation, Gruppenmoderation und Organisation angesprochen werden können, muss zunächst die eigene Arbeitssituation des neuen "Redaktionsmanagers" analysiert und optimiert werden. Es ist wichtig, sich als neue Führungskraft - sei es nun Ressortleiter oder angehender Chefredakteur - mit persönlichen Zielsetzungen auseinander zu setzen. Dabei wird deutlich, dass

Organisationsdefizite in der Position des zuvor relativ frei agierenden Redakteurs - möglicherweise sogar allein in einer Außenredaktion - durch das Gesamtsystem Redaktion/Verlag (oder anderer Medienbetrieb) häufig aufgefangen wurden. In der neuen Führungssituation wirken sich jedoch Selbstorganisationsdefizite und Unsicherheiten hinsichtlich der persönlichen und beruflichen Zielsetzung deutlich irritierend auf die Gruppe der geführten Mitarbeiter aus. Redaktionsmanagement heißt daher im ersten Schritt, *die persönlichen und beruflichen Zielsetzungen, Prioritäten und in der Folge die persönliche Organisation kritisch zu untersuchen.* Die Analyse der persönlichen Zeitplanung führt in diesem Schritt meist zu einer wichtigen Erkenntnis der angehenden Führungskräfte: *Die künftigen Arbeiten sind ohne Delegation nicht mehr zu bewältigen.* Ansonsten besteht nämlich die große Gefahr, sich in Interventionismus, Besserwisserei und ständige Überlastung sowie Belastung der Kollegen hineinzubegeben.

Keine Angst vor Delegation

In einem zweiten Schritt geht es dann nicht mehr vorrangig um Selbstorganisation und Zeitplanung des führenden Redakteurs, sondern vielmehr darum, die Gruppe der Mitarbeiter zusammenzustellen, zu leiten, zu inspirieren und - darum kommt man als Führungskraft nicht herum - auch zu kontrollieren.

Disziplin leben - Disziplin fordern

Hier ist eine erste Hürde zu überwinden. Mag der Journalist noch akzeptieren, dass er für eine erfolgreiche Bewältigung der eigenen Arbeitssituation zum Teil mehr Selbstdisziplin aufbringen muss, so hat er in der Regel zunächst erhebliche Schwierigkeiten, diese Disziplin von einem Team und dessen Mitgliedern einzufordern. Dabei spielt es eine nachgeordnete Rolle, ob die neue redaktionelle Führungskraft aus dem Team heraus gewählt oder aber von außen in das Team hineinversetzt wurde. Entscheidend ist in beiden Fällen die Startphase. Hier wird die neue redaktionelle Führungskraft - der Ressortleiter, der Chefredakteur extrem aufmerksam beobachtet, da die Redaktion wissen will, wo es langgeht. Diese Erwartungshaltung bezieht sich sowohl auf inhaltliche als auch organisatorische und per-

Startphase

sonelle Veränderungen, die in solchen Übergangssituationen stets vermutet werden und üblich sind. Häufig werden aufgrund mangelnder Vorbereitung bereits in dieser Phase Fehler gemacht, die sich zum Teil nur schwer, manchmal gar nicht mehr korrigieren lassen. Mangelnde Autorität in der Startphase zieht oft mangelnde Akzeptanz und in der Folge autoritäres Verhalten nach sich.

Mangelnde Autorität

Eine Forderung an die Verlagsleitungen lautet daher, *Journalisten und Redakteure, die in Führungspositionen versetzt werden, auf diese Aufgabe angemessen vorzubereiten.* Der Journalist ist nicht von Haus aus chaotisch, einzelgängerisch oder schwer in Gruppen zu integrieren, es fehlen ihm häufig nur entsprechende Informationen und das entsprechende Training, um einige Defizite auszugleichen und erfolgreich in der Führungssituation zu bestehen.

Zentrale Führungsaufgaben

Der neue Chefredakteur, der neue Ressortleiter, muss sich also nun statt mit Schreiben und Recherchieren mit einer Fülle anderer Aufgaben auseinandersetzen, die im Folgenden kurz beschrieben werden.

Personalauswahl

Das Team analysieren und beurteilen

Der neue Redaktionsleiter wird, selbst wenn er die vorhandene Redaktion voll akzeptiert übernimmt, nicht darauf verzichten können, das Team sorgfältig zu analysieren und zu beurteilen. Als Ergebnisse dieses Führungsprozesses können mehrere Konsequenzen eintreten: Einige Redakteure müssen weiterqualifiziert werden. Beispielsweise fehlt es an fachlichem Know-how oder nach wie vor an grundlegenden journalistischen Fähigkeiten. Hier sind gezielte Personalentwicklungsmaßnahmen gefordert.

Darüber hinaus kann er durchaus zu dem Ergebnis kommen, dass ein Redakteur bzw. eine Redakteurin in der derzeitigen Position überfordert oder falsch positioniert ist. *Hier stellt sich dann die Aufgabe, zum einen durch interne Versetzung oder aber möglicherweise durch Kündigung Platz für eine qualifizierte Kraft zu schaffen.* Dies gehört mit zu den unangenehmsten Aufgaben, die ein Redakteur in einer Führungsposition bewältigen muss. Wer sich ihr jedoch nicht stellt, wird früher oder später durch die Verhältnisse zum Reagieren gezwungen. Möglicherweise besteht dann nicht mehr der in der Startphase gegebene größere Handlungsspielraum.

Versetzung, Kündigung

Weiterbildung, Förderungs- und Führungsgespräche

Hinsichtlich des Themas Personalentwicklung und Weiterbildung steht die redaktionelle Führungskraft vor dem Dilemma, dass einerseits bessere Qualifikation zu besseren Ergebnissen führt, andererseits ein Mitarbeiter, der sich auf Schulungsmaßnahmen befindet, der Tagesarbeit in einer meist "schlanken Redaktion" für Tage, manchmal Wochen entzogen ist. Sich hier nicht immer den Zwängen des Augenblicks unterzuordnen, sondern längerfristig zu denken und zu handeln, gehört zu den zentralen Führungsaufgaben eines "Redaktionsmanagers". Personalentwicklung erschöpft sich jedoch nicht nur in einer Analyse und Beurteilung der Redaktion in der Startphase. Vielmehr stellen sich dem leitenden Redakteur in diesem Zusammenhang folgende zentrale Aufgaben:

Personal-entwicklung

- die ständige *Beurteilung* der Mitarbeiter
- die ständige *Förderung durch Lob und Tadel* in der Tagesarbeit sowie
- die *gezielte Förderung* und der *gezielte Dialog* in regelmäßig statt findenden Beratungs- und Förderungsgesprächen.

Hier sind die Führungsschwächen in - nicht nur deutschen - Redaktionen besonders eklatant. Das sogenannte Beratungs- und Förderungsgespräch findet - sofern es überhaupt bekannt ist und praktiziert wird - meistens unter negativen Voraussetzungen statt: Man ist unzufrieden oder befindet sich möglicherweise bereits in einer Phase, in der die Trennung von einem Mitarbeiter schon beschlossene Sache ist und der Dialog sich mehr zu einem gemeinsamen Blick zurück in Frustration und Zorn entwickelt. Dabei ist es so einfach, den regelmäßigen, zielgerechten Dialog hinsichtlich der individuellen

Den Dialog suchen

Leistung eines Redakteurs und seiner Arbeit in und für die Gruppe zu suchen, ihn zu beurteilen, zu motivieren und durchaus ab und zu auch kritisch zu spiegeln. Wie solche Beratungs- und Förderungs-gespräche gestaltet werden können, ist in einschlägiger Literatur (Stichwort: Management- und Personalentwicklung) nachzulesen beziehungsweise sollte zwingend zum Inhalt entsprechender Seminare gehören.

Allgemeine Führungskommunikation

Ziele und Vorgaben vermitteln

Der leitende Redakteur muss, um mit seinem Team Ziele zu erreichen, diese Ziele und Vorgaben den einzelnen Mitarbeitern vermitteln. Hier gibt es nun eine Fülle unterschiedlicher "Management-by...-Konzepte", die alle mehr oder weniger erfolgreicher sind, weil sie alle mehr oder weniger richtige und falsche Bestandteile beinhalten. Da gibt es Chefredakteure, die wichtige Anweisungen ausschließlich schriftlich ausgeben; da gibt es andere, die selbst wichtige Themen eher beiläufig im Dialog oder in der Redaktionskonferenz ansprechen. Das Feedback ist dann entsprechend unterschiedlich: Redakteure reden dann einerseits von "Vorschriften", vom neuen Ukas des Chefs, oder andererseits davon, dass man die Wichtigkeit einer Information oder Anweisung gar nicht mitbekommen habe, da sie doch nur beiläufig in einem Gespräch gegeben wurde.

"Geheimwissen" ist kein gutes Machtmittel

Dies ist ein wichtiger Erfahrungsschritt für den leitenden Redakteur: Seine Kommunikation wird nicht mehr nur von einzelnen Dialogpartnern, die er früher hatte, beobachtet und bewertet, sondern sehr aufmerksam vom gesamten Team: *Die Augen des Orchesters richten sich auf den Dirigenten. Seine Aussagen werden hinterfragt.* Das "Geheimwissen" als Machtmittel hat immer noch nicht ausgedient, ist aber erfreulicherweise auf dem Rückzug. Nichtsdestotrotz kann durch unbedachte Kommunikation ebensoviel Verwirrung und Unheil gestiftet werden wie durch den Versuch, wichtige Informationen zu lange zu unterdrücken.

Die Führungskompetenz eines leitenden Redakteurs zeigt sich zum einen im Dialog, zum anderen in der Redaktionskonferenz oder auch in Gruppengesprächen und - heute nicht mehr selten - in redaktionsinternen Trainings und Workshops, in denen neues Wissen vermittelt oder neue Ideen und Konzeptionen erarbeitet werden. Der Chefredakteur von heute ist immer weniger der Antreiber oder der "Leithammel", hinter dem alle hertrotten; er wird heute vielmehr als ständiger Trainer und Berater der Tagesarbeit seines Teams gefordert.

Interne Trainings und Workshops

An dieser Stelle ist nicht zu verleugnen, dass die Führung von Journalisten sich bisweilen etwas schwieriger gestaltet als die Führung anderer Teams. Journalisten - und das gehört zu ihren vornehmsten Aufgaben - praktizieren Skepsis, hinterfragen Situationen und Entscheidungen, stellen bestehende Systeme in Frage. Diese für einen erfolgreichen Journalisten unabdingbaren Voraussetzungen seiner Arbeit führen dazu, dass redaktionelle Führungskräfte ein besonderes Geschick in der Vermittlung von Informationen, in der Entwicklung von Motivation sowie in der Durchsetzung von bestimmten Vorgaben und der Behandlung von Konflikten zeigen müssen. Die Beratungspraxis bei Verlagen zeigt jedoch, dass in Redaktionen, in denen sich die leitenden Redakteure dieser Aufgabe bewusst stellen, das Arbeitsklima und auch die Effektivität deutlich zunehmen. Dies liegt unter anderem daran, dass ein Journalist aufgrund seines Denkens die begründete und als richtig erkannte Information akzeptiert und entsprechend umsetzt. Dieser Erfahrung im journalistischen Alltag können Seminarerfahrungen zur Seite gestellt werden, die inzwischen auf Redaktionsmanagement-Trainings- und Beratungsmaßnahmen mit mehr als 1.000 Journalisten aus dem deutschsprachigen Raum beruhen: *Journalisten sind einerseits sehr kritische, sehr skeptische, sehr fordernde Teilnehmer in der Trainings- und Seminarsituation, andererseits sehr aufgeschlossene, sehr diskussionsfreudige Menschen, die einmal als richtig erkannte Informationen und Verhaltensweisen mit hoher Motivation und Begeisterung ausprobieren.* Es ist also - das sei unterstrichen - keine besondere Schwierigkeit, mit Journalisten in der Trainings- und Workshopsituation - sprich: Führungssituation - zu arbeiten, sondern im Gegenteil eine sehr angenehme, herausfordernde Aufgabe.

Informieren, motivieren, durchsetzen

Keine Angst vor Journalisten!

Genau diese Aufgaben - nämlich trainieren, lehren, anleiten, Ziele vermitteln, motivieren - stellen die Erfolgsgrundlage des leitenden Redakteurs in Zeitungs- und Zeitschriftenverlagen dar. Bei dieser

Führungskommunikation spielt auch das Menschenbild eine wesentliche Rolle. Wer Journalisten für chronisch unzuverlässig, chaotisch und schwierig hält, wird keine Probleme haben, Bestätigungen seiner Vorurteile zu finden. Wer jedoch unbefangen an diese Zielgruppe herangeht, wird mit erstaunlich positiver Resonanz und guten Erfolgen rechnen können. Dies scheinen manchmal sogar leitende Redakteure zu vergessen, die noch kurz zuvor selbst erfolgreich als Journalisten und Redakteure gearbeitet haben. In der Führungssituation fallen ihnen dann nur noch die sogenannten negativen Seiten der Kollegen auf. *Exakt an dieser Stelle entscheidet es sich häufig, ob die Spirale des Erfolgs für den leitenden Redakteur nach oben oder unten zeigt.*

Moderator des Redaktionsteams

Führungskommunikation, ob im täglichen Dialog, ob vor der Gruppe, ob im Beratungs- oder Förderungsgespräch, ist nur die eine Seite der Redaktionsmanagement-Aufgaben. Weiterhin gehören dazu die professionelle Leitung der Redaktionskonferenz, die häufig zu lang, zu unstrukturiert, zu ziellos und uneffektiv durchgeführt wird. *Redaktionsmanagement heißt also zu lernen, der Moderator seines Redaktionsteams zu werden.*

Blattkritik als Führungsinstrument

Fester Bestandteil in den Redaktionskonferenzen führender Publikationen ist stets auch die Blattkritik. Sie gilt als ein heißes Führungseisen. Einige halten sie für komplett überflüssig: "Was sollen wir nachher noch über die Fehler von gestern reden, wir müssen halt sehen, dass wir es morgen besser machen." Oder: "Warum soll ich anderen Leuten ständig ihre Fehler vorhalten?" Dahinter steckt nicht selten die Angst "Sie könnten es ja dann auch bei mir tun." Redakteure vergessen dabei meist eines: Sie kritisieren in externen Organisationen - Behörden, Parteien, Unternehmen - mangelnde Qualitätsarbeit. Sie vernachlässigen jedoch ein entscheidendes Qualitätsinstrument für die eigene Arbeit. *Es wird nicht selten übersehen, dass Blattkritik nicht nur ein Instrument der Qualitätsverbesserung und negativen Kritik, sondern ein Führungsinstrument, das es täglich ermöglicht, auch Lob und Motivation zu vermitteln.* Darüber hinaus kann im Vergleich und in der Abgrenzung zu Wettbewerbspublikationen der eigene Stil klarer herausgearbeitet werden. So wird die Definition der eigenen Ziele durch die Untersuchung entsprechender Wettbewerbspublikationen erheblich erleichtert - und das *täglich*. Damit Blattkritik nicht oberflächlich harmlos, andererseits nicht unnötig verletzend wirkt, müssen verbindliche Spielregeln eingeführt und eingehalten werden.

Verbindliche Regeln für Blattkritik

Delegation

In der Führungsaufgabe des Delegierens liegt verständlicherweise ein großes Konfliktpotential. Da redaktionelle Führungskräfte nicht zuletzt aufgrund ihrer journalistischen Fähigkeiten in die Führungsposition berufen werden, neigen sie dazu, stark in die journalistische Tagesarbeit der von ihnen geführten Redakteure einzugreifen. Delegieren fällt ihnen schwer. Der Satz "Bevor ich das lange erkläre, mache ich es schneller und besser selbst" ist ebenso falsch wie oft gebraucht.

Hier gilt es, zwei Aspekten besondere Aufmerksamkeit zu widmen. Zum einen ist dies die Frage des *richtigen* Delegierens. Zu wenig Information und Anleitung kann ebenso von Nachteil sein wie detailgenaues Vorschreiben, was zu tun ist. Im ersten Fall kommt es zu Missverständnissen und unnötigen Konflikten, im zweiten Fall werden Redakteure lediglich zu Erfüllungsgehilfen und nicht zu selbständig und verantwortlich handelnden Teammitgliedern. Die Wahrheit liegt in der Mitte. Der mit einer Aufgabe betraute Redakteur muss wissen, was von ihm erwartet wird. Darüber hinaus muss er sichere Information über Rahmenbedingungen, zum Beispiel Termine oder Budgethöhe, haben. Verbindlich vereinbarte Zwischengespräche helfen hier, gemeinsam und systematisch zu Zielen zu kommen.

Diese Form des *Mitarbeitergesprächs*, des zielorientierten Dialogs, kostet Zeit. Wer sich diese Zeit nicht nimmt, muss mit unbefriedigenden Ergebnissen rechnen. Und damit taucht der zweite Aspekt auf: Wer ordentlich einweisen und anleiten will, muss der Aufgabe Delegation Zeit widmen. *Daraus resultiert zwingend ein Verzicht auf eigene, zeitaufwändige, journalistische Arbeit.* An dieser Stelle wird wieder deutlich, dass redaktionelle Führung mit einem bewussten Verzicht auf liebgewonnene Tätigkeiten einhergeht. Natürlich heißt

Dialog und Delegation kosten Zeit

dies nicht, dass auf jegliches Schreiben verzichtet werden muss. Der Zeitanteil für diesen Teil des Berufs reduziert sich jedoch zugunsten neuer journalistischer Herausforderungen.

Konfliktkommunikation

Das Thema Konflikte gehört zum Alltag jedes Unternehmens. Konflikte sind normal, zeigen Defizite und Chance auf. Entscheidend ist, wie mit Konflikten und Problemen umgegangen wird. Redaktionelle Führungskräfte begeben sich auf dünnes Eis, wenn sie von vornherein die Position eines Kontrahenten im Rahmen von Konflikten einnehmen. Es besteht dann die Gefahr, dass sie für die Ziele anderer instrumentalisiert werden. *Der leitende Redakteur ist in solchen Situationen vielmehr als Konfliktkommunikator und Konfliktmoderator gefordert.* Dies gilt auch für Situationen, in denen Probleme und Konflikte an seiner Person festgemacht werden. Werden solche Situationen unangemessen behandelt, führt dies nicht selten dazu, dass einerseits ein Rückzug erfolgt - die typische "Vereinsamung der Führungskraft" -, andererseits wird aggressiv gegen einzelne "Rädelsführer" vorgegangen. Strukturierte Methoden der Konfliktkommunikation helfen hier, wieder eine Dialogbasis zu entwickeln, um - nicht alle, aber doch manche - Probleme zu lösen. Falls ein Redaktionsleiter an dieser Stelle nicht mehr weiterkommt, bietet es sich an, den externen Moderator einzuschalten. Er ist nicht parteiisch, hat die nötige Distanz, sollte aber selbstverständlich das erforderliche Moderations- und Kommunikationsrüstzeug mitbringen, um den Gruppenprozess konstruktiv gestalten zu können.

Redaktions-Management

Diese Fragen sollte sich ein leitender Redakteur immer wieder stellen:

1. Zu welchen Mitarbeitern habe ich ein positives/negatives Verhältnis? Welche fachlichen und/oder persönlichen Ursachen sind dafür ausschlaggebend? Oder spielen Vorurteile möglicherweise eine Rolle?

2. Welche Mitarbeiter tragen besonders viel/wenig zum Erfolg der Redaktion bei? Erhalten sie die notwendige Anerkennung bzw. konstruktive und motivierende Kritik?
3. Mit welchen Aktivitäten und Beiträgen haben wir den meisten Erfolg?
4. Wo liegen unsere Schwächen im Vergleich zu anderen Medien?
5. In welchen Bereichen der Redaktion besteht Modernisierungs-Bedarf bei den Arbeitsmitteln?
6. Kann die Zusammenarbeit mit den freien Mitarbeitern verbessert werden?
7. Gibt es Möglichkeiten, unser Publikationsorgan in der Öffentlichkeit noch besser darzustellen?
8. Wie kommen wir besser in Kontakt mit unseren Lesern?
9. Welche drei wichtigen Projekte will ich mir für das kommende Jahr vornehmen?
10. Habe ich einen Plan, um durch Selbstorganisation, Zeitplanung und Delegation mehr Zeit für das Wesentliche zu finden? Was ist das Wesentliche für mich?
11. Soll die kommende Zeit der Konsolidierung oder dem Wachstum dienen - z. B. auch personell?
12. Habe ich trotz meiner Aufgaben ausreichend Zeit und Ausgleich im privaten Bereich? Tue ich genügend für meine Gesundheit?

Führungsstil

Kooperativer oder direkter Stil?

Welcher Führungsstil ist erfolgreich? Ist es der *kooperative* Führungsstil, der alles erklärt, viel diskutiert, mit einbezieht, mitentscheiden lässt? Oder aber ist es mehr der *direkte* Stil, der Vorgaben macht, Lob und Tadel verteilt, kontrolliert und immer wieder aktiviert? Die Wissenschaft ist sich hier nach wie vor nicht einig. Großartigen Erfolgen von kooperativ geführten Teams stehen ebensolche Erfolge von "Patriarchenteams", die sehr streng geführt und kontrolliert werden, gegenüber; Misserfolgen der Patriarchen ebenso wie Misserfolge von sehr diskussionsfreudigen Teams, bei denen vor lauter Diskussion und Wohlfühlen die Umsetzung der gemeinsam vereinbarten Ziele manchmal ins Hintertreffen gerät.

Mitunter gegen den Strom rudern

Selbstverständlich will der Mensch von heute mehr in den Entscheidungsprozess einbezogen werden. Das heißt für die redaktionelle Führungskraft jedoch nicht, dass sie sich nur auf Entscheidungen einlassen kann, die mehrheitlich getroffen werden. *Der Mut, mitunter gegen den Strom zu rudern, gehört auch redaktionsintern zu den Voraussetzungen für Wachstum und gemeinsamen Erfolg.* Hier immer wieder neue Entscheidungen zu erarbeiten, gehört zu den Herausforderungen der Führungsaufgabe.

Den eigenen Stil finden

Wie erfolgreich ein Team arbeitet, hängt, so ein Minimalkonsens aller Wissenschafter, damit zusammen, inwieweit Führungskräfte in ihrer Zielsetzung und in ihrem Stil mit den Zielen und Wünschen der Gruppe harmonieren. Dies kann durchaus ein Spannungsverhältnis sein, solange die aufgebaute Spannung in positive Ergebnisse umgesetzt wird. Und egal, wie viele Managementmodelle aus der Vergangenheit und in der Zukunft auf den leitenden Redakteur zurollen, der Aufgabe, den eigenen Stil zu finden, sich mit einem Team zu arrangieren und aktiv und positiv zu führen, kann sich kein Redakteur entziehen, der Führungsverantwortung - und sei es das kleinste Ressort - übernimmt.

Die Freude und der Reiz der Führungsaufgabe liegen darin, anderen Menschen Chancen zu geben, Entwicklungen anzuregen, Wachstum zu ermöglichen und als journalistisches Team erfolgreich zu sein.

Diese Ziele lassen den Sprung in die redaktionelle Führungsposition nach wie vor lohnenswert erscheinen.

So wünschen sich Redakteure/Redaktionsleiter einen Chef:

Der ideale Chef

- Entscheidungsfreude
- Führungsqualität: Aufgaben zuweisen, Zeit für Mitarbeiter
- Abschirmen gegenüber Druck von außen

- Fairness und Verständnis
- Härte haben und zeigen
- Interessen der Redaktion gegenüber Dritten vertreten
- Gedanken über Zukunft der Mitarbeiter machen
- Informationen weitergeben
- Verantwortung abgeben
- Meinung(en) respektieren
- Kontrolle ausüben
- Anerkennung zollen
- Hilfe für Mitarbeiter sein
- Unauffällig agieren
- Personalauswahl vornehmen
- Schildfunktion nach außen
- Mittlerfunktion einnehmen
- Linie garantieren
- Mut zu Veränderung
- Repräsentation wahrnehmen
- Blattmacher sein
- Fachlich kompetent sein
- Konfliktfähigkeit
- Transparente Entscheidungen
- Förderung der Fähigkeiten der Mitarbeiter
- Teamfähigkeit
- Visionen haben und zulassen
- Klare Ziele vorgeben und erklären

Fachlich

- Überzeugende Grundlagen in einem zentralen Bereich
- Berufliche Leistung nachweisen (Erfahrungen)
- Allgemeine journalistische Erfahrungen
- Muss gut schreiben können
- Muss nicht alles können
- Funktion/Management
- Schaffung klarer Strukturen und transparenter Abläufe
- Aufgabenzuordnung und Delegation
- Sanfte Steuerung, aber zielgerichtet
- Alle Betroffenen in Ziel- und Entscheidungsfindung einbeziehen

- Überzeugungsarbeit nach außen, Verbindungen aufbauen
- Vermittlung der gemeinsamen Ziele - interne Überzeugungsarbeit

Persönlich

- Ausgeglichene Persönlichkeit
- (trotzdem) eigener Standpunkt, Ecken und Kanten, "er selbst sein"
- Kommunikativ
- Engagement
- Zuhören können
- Kompetenz - fachlich, menschlich
- Durchsetzungsvermögen
- Marktkenntnis
- Wissen über die Zielgruppe
- Vorbild sein
- Persönlichkeit besitzen
- Repräsentant seines Mediums
- Weitblick
- Überblick
- Nicht verzetteln
- Puffer zwischen Redaktion und Verlag
- Anlaufstelle/offenes Ohr für Mitarbeiter
- Prioritäten setzen - Wer macht was?
- Sensibilität, um auf Veränderungen des Marktes zu reagieren
- Guter Journalist
- Führen durch Beispiel
- Solide, ruhige Autorität
- Prioritäten, klare Ziele
- Entscheidungsfreudigkeit
- Integrationsfigur
- Motivationskünstler
- Zeit für Mitarbeiter
- Kritikfähigkeit
- Um Feedback kümmern
- Muss informieren
- Repräsentant nach außen und innen, Rollenbewusstsein
- Einsatz für Redaktion

Literatur

Arnold, Bernd-Peter (Hrsg.)(1999): ABC des Hörfunks. 2., überarb. Aufl. Konstanz.

La Roche, Walther von (2003): Einführung in den praktischen Journalismus. Mit genauer Beschreibung aller Ausbildungswege. 16., neubearb. Aufl. München.

La Roche, Walther von; Buchholz, Axel (Hrsg.) (2000): Radio-Journalismus. Ein Handbuch für Ausbildung und Praxis. 7., völlig neu bearb. Aufl. München.

Mast, Claudia (Hrsg.)(2000): ABC des Journalismus. 9., überarb. Aufl. Konstanz.

Meier, Klaus (Hrsg.) (2002): Internet-Journalismus. 3., überarb. Aufl. Konstanz.

Meier, Klaus (2003): Ressort, Sparte, Team. Konstanz.

Schult, Gerhard; Buchholz, Axel (Hrsg.) (2000): Fernseh-Journalismus. Ein Handbuch für Ausbildung und Praxis. 6., überarb. Aufl. München.

Weichler, Kurt (2003): Redaktionsmanagement. Konstanz.

Mit Fragen der Redaktions- und Arbeitsorganisation in Hörfunk und Fernsehen befassen sich des weiteren regelmäßig auch die jährlich erscheinenden Jahrbücher von ARD und ZDF, zuletzt:

ARD-Jahrbuch 2003. Hamburg.

ZDF-Jahrbuch 2003. Mainz.

Berufskunde

Ausbildung für Journalisten

Andy Kaltenbrunner, Daniela Kraus

Bereits 1909 empfahl der Nationalökonom und spätere Gründer des ersten deutschen Instituts für Zeitungskunde, Karl Bücher, "dem oft gehörten Satz, daß der Beruf des Journalisten angeboren sein müsse, nicht gerade mehr Bedeutung beizulegen, als er auf jedem anderen Gebiete beruflicher Geistesarbeit beanspruchen kann" (Bücher 1981, 94, zit. nach Weischenberg 1990, S. 12). Doch das Selbst- und Fremdverständnis vom Journalisten als schriftstellerischem Genie, dem schreiberisches Talent und Kreativität als Begabung, Beruf als Berufung in den Genen liege, sollte die Diskussion um Journalistenausbildung über Jahrzehnte dominieren.

Journalist aus Begabung?

Noch im Jahr 2002 werden die Spätfolgen dieser Begabungsideologie für die österreichische Ausbildungslandschaft exemplarisch durch eine regionale, empirische Untersuchung in der Steiermark beschrieben (Bachmayer/Mantl/Schöpfer 2002): Rund jeder zweite Journalist im südlichen Bundesland hatte ursprünglich einen anderen Beruf ausgeübt, nur 39% der steirischen Journalisten verfügen über einen Universitäts- oder Hochschulabschluss, nur rund ein Viertel genoss eine - irgendeine, wenigstens rudimentäre - Ausbildung für Medienberufe. Bei den über 40-jährigen hat nur jeder achte aktive Journalist an einschlägigen Ausbildungsmaßnahmen teilgenommen.

Wenig verwunderlich indes: Anders als in Deutschland, wo schon ab Ende der vierziger Jahre (Deutsche Journalistenschule in München) Ausbildungseinrichtungen gegründet wurden und wo ab den siebziger Jahren ein systematischer Auf- und Ausbau von Angeboten an Universitäten, überbetrieblichen Einrichtungen und Akademien zu verzeichnen war, wurde praxisorientierte Medienausbildung in Österreich lange eher beiläufig behandelt. Erst in den siebziger Jahren wurden nach einer breiten Ausbildungsdiskussion, an der Journalistengewerkschaft, Zeitungsverlegerverband, Zeitschriftenverband, ORF und Publizistik-Institute teilnahmen, Ausbildungsinitiativen gesetzt (Pürer 1980), 1978 wurde das Kuratorium für Journalistenausbildung gegründet. Seitdem ist die Zahl berufsbegleitender und unternehmensinterner Ausbildungseinrichtungen stetig gewachsen, und seit

Gründung des KfJ

einigen Jahren werden auch praxisorientierte Hochschulstudiengänge angeboten.

Mittlerweile herrscht auch in Österreich ein Grundkonsens über die Notwendigkeit von Professionalisierung im Journalismus und über Ausbildung als deren Voraussetzung. Und in ökonomischen und strukturellen Umbruchs- oder gar Krisenzeiten wird von Politik, Medienunternehmen und Journalisten verstärkt wahrgenommen, dass ohne fundierte Kenntnisse weder qualitative noch innovative Potentiale ausgeschöpft werden können. (Kaltenbrunner Medienberatung 2002, S. 49 - 56).

Wachsende Anforderungen

Generalisten oder Spezialisten

Denn die Anforderungen an Journalisten wie an Medienberufe generell haben sich in den letzten Jahren gewandelt und erweitert: durch veränderte Marktverhältnisse, durch neue Technologien und andere Produktionsbedingungen, durch die Neuen Medien und durch Konvergenzen (siehe Deters/Winter 1997; vgl. auch Beitrag "Redaktionen: Strukturen, Organisation und Arbeitsweisen" in diesem Band).

Die Ausbildungsdiskussion, vor allem in der bundesdeutschen Ausbildungslandschaft, hat sich deshalb längst vom "Wozu?" auf das "Wie?" verlagert: Werden Studierende zu Spezialisten für ein bestimmtes Ressort geschult oder soll eine möglichst breite Generalistenausbildung forciert werden? Wie kann das Verhältnis zwischen Theorie und Praxis integrativ gestaltet werden? Müssen Journalisten ökonomisches Verständnis und Managementqualitäten aufweisen oder sind sie die kreativen Köpfe, die von Fragen der Produktion, der Medienökonomie und der Technik unbehelligt bleiben sollen? (Zu Ausbildungsangeboten in Deutschland Hömberg/Hackel de Latour 2000, Kaltenbrunner Medienberatung 2002 sowie die Linksammlung unter http://www.publizistik.net, zur aktuellen Ausbildungsdiskussion Altmeppen/Hömberg 2002).

Soziale Kompetenz

In Ausbildungspraxis und Ausbildungsforschung hat sich ein Modell durchgesetzt, das auf der Vermittlung von Sach-, Fach- und Vermittlungskompetenz sowie auf sozialen Kompetenzen aufbaut (Weischenberg 1990, Weischenberg/Altmeppen/Löffelholz 1994; siehe auch den Beitrag "Journalismus als Beruf" in diesem Band).

Gerade die sozialen Kompetenzen gelten in verstärktem Maß als neue Schlüsselqualifikationen. Gefragt sind Generalisten, die mit Spezialkenntnissen ausgestattet sind und die die Sozialkompetenz für die Übernahme von Führungsaufgaben mitbringen. Besonders bei der Entwicklung von neuen Marken und Formaten gewinnt die Fähigkeit zum Management von Schnittstellen - sei es zwischen Ressorts, sei es zwischen Unternehmensbereichen - an Bedeutung.

Mehrmediale Ausbildung

In der Ausbildung wird diese Erkenntnis genutzt, indem künftige Journalisten auch ökonomische und betriebswirtschaftliche Grundlagen erlernen, um Unternehmensabläufe verstehen und sie nutzen zu können und um in Redaktionen Management-Aufgaben übernehmen zu können. (vgl. dazu die Beiträge "Medienökonomie" und "Redaktionen: Organisation, Strukturen und Arbeitsweisen" in diesem Band)

Gleichzeitig wird der Überschneidung von Print, Online, TV und Radio sowie den daraus abgeleiteten cross-medialen Strategien Rechnung getragen, indem mehrmediale Ausbildungen angeboten werden. Individuelle Spezialisierungen finden dann auf den jeweiligen Berufswegen statt.

Neue Qualifizierungsmaßnahmen

Neue Ausbildungswege

Der österreichische Journalismus macht zu Beginn des neuen Jahrtausends einen weiteren Schritt in Richtung Professionalisierung durch Ausbildung. Neben unternehmensinternen und berufsbegleitenden Aus- und Weiterbildungsangeboten wurden neue Fachhochschul-Studiengänge in Wien, Graz und St. Pölten eingerichtet. Und die traditionell theorieorientierten Universitätsstudien verstärken, unter anderem durch die Einführung von Bakkalaureats-Studien, den Bezug zur Praxis. Auch zahlreiche neue postgraduale Angebote - etwa in Krems - wurden geschaffen. Die neuen Ausbildungswege etwa an Fachhochschulen schreiben mehrmonatige Redaktionspraktika und Übungskooperationen mit (Medien-) Unternehmen als integralen Bestandteil der Curricula vor.

Trotz der neuen Angebote ist für den Berufseinstieg in Österreich, wie auch in Deutschland, weder eine Lehre noch eine andere Form der Ausbildung verpflichtend vorgeschrieben. Der Einstieg in den Journalismus kann weiterhin - wie es in Österreich lange Tradition ist - über freie Mitarbeit, Praktika oder Volontariate stattfinden. Die Volontäre lernen in erster Linie durch learning by doing, Qualität und Ausmaß der Betreuung unterliegen keinen definierten Kriterien und variieren nach Engagement und Ressourcen der routinierten Kollegen. Im Kollektivvertrag für Printjournalisten ist für Berufseinsteiger der Besuch des Österreichischen Journalisten-Kollegs des Kuratoriums für Journalistenausbildung (siehe unten) vorgesehen. Vielfach wird unter dem Begriff "Volontariat" in österrreichischen Printmedien aber weiterhin auch eine mehr oder weniger begleitete, mehrwöchige Ferialpraxis in Redaktionen verstanden. Hunderte Interessenten bewerben sich jedes Jahr um solche Schnupperwochen. Die Auswahlkriterien sind höchst unterschiedlich, vielfach ist Teilnahme von persönlichen Bekanntschaften und Zufälligkeiten abhängig. Einige Unternehmen wie der ORF bieten aber professionellere interne Ausbildungsmöglichkeiten an (s. u.).

Inner-betriebliche Ausbildung

Die ökonomischen Möglichkeiten erschöpfen sich indes bei innerbetrieblichen Aus- und Fortbildungsmaßnahmen meist sehr rasch - und spätestens dann, wenn eigener Nachwuchsbedarf befriedigt ist. So wurde etwa ein 1996 von trend und profil initiiertes und finanziertes Ausbildungsprojekt (redaktionslehrgang magazinjournalismus) nach dreijähriger erfolgreicher Durchführung plangemäß wieder eingestellt. Auf das Intensivprogramm in Theorie-Praxis-Verschränkung hat-ten sich zwar viele junge Journalistenkarrieren begründet - zuletzt aber zwangsläufig immer mehr bei Konkurrenzmedien. Entsprechend entstehen und vergehen auch kleinere und kürzere unternehmensgebundene Ausbildungsangebote zur Nachwuchsrekrutierung sporadisch

Öffentliche Förderung

und sind auf jeweils aktuellem Stand nur direkt in Redaktionen zu recherchieren.

notwendig

Langfristig erfolgreiche Journalistenausbildung bedarf vor allem in Österreich mit seinem kleinen Medienmarkt einer unternehmensunabhängigen Basis und öffentlicher Finanzierung(shilfe).

Sie ist - auch darüber herrscht im Diskurs seit langem Einigkeit - dann aber keinesfalls eine obligatorische, staatliche Eintrittskarte in eine Redaktion. Journalismus bleibt ein freier Beruf. Gute Angebote zu Aus- und Fortbildung schaffen aber neben strukturierten Studienplänen vor allem offene Denkräume. Sie geben Gelegenheit zu dem, was die Theorien der Postmoderne als Selbstreflexion beschreiben. Sie sind eine Grundlage für jenen so gerne beschworenen Qualitätsjournalismus, der als publizistisches und gesellschaftspolitisches Ziel oft mystifiziert wird, in seinen Voraussetzungen von Kennern und Könnern wie Herbert Riehl-Heyse aber ganz einfach beschrieben werden kann.

Ausbildungswege und Berufseinstieg

Um sich für den Beruf des Journalisten zu qualifizieren, gibt es in Österreich zahlreiche Aus- und Fortbildungsmöglichkeiten. Diese reichen von "training on the job" in den Redaktionen über traditionelle berufsbegleitende Ausbildungsformen und redaktionseigene Schulungsmaßnahmen bis hin zu Fachhochschulen und universitätsgebundenen Angeboten.

Berufsbegleitende Ausbildungsangebote und Weiterbildung

Österreichisches Journalisten-Kolleg

1978 wurde von den Mediensozialpartnern, dem Verband Österreichischer Zeitungen (VÖZ), dem Österreichischen Zeitschriftenverband (ÖZV) und der Journalistengewerkschaft das österreichische *Kuratorium für Journalistenausbildung* (KfJ) mit der Österreichischen Medienakademie mit Sitz in Salzburg gegründet. Im Mittelpunkt seines vielfältigen Ausbildungsangebots steht das Österreichische Journalisten-Kolleg, das für jeweils bis zu 24 Teilnehmer einen umfassenden Grundkurs anbietet. Innerhalb von neun Monaten werden in vier mal drei Wochen die handwerklichen Aspekte des Agentur-, Print-, Radio- und Online-Journalismus und die Grundlagen rechtlicher, wirtschaftlicher und technischer Aspekte des Journalistenberufs vermittelt. Darüber hinaus werden Lehreinheiten zum für Journalisten notwendigen Basiswissen im Bereich Politik, Wirtschaft, Soziales, Medien, Recht und Foto abgehalten. Zielgruppe des Kollegs sind in erster Linie Jungjournalisten, die bereits in Redaktionen arbeiten. Der Besuch des Kollegs innerhalb der ersten zwei bis fünf Dienstjahre ist für Anfänger und Jungjournalisten (Redaktionsaspiranten) kollektivvertraglich vorgesehen. Ebenfalls aufgenommen werden freie Journalisten und nach Verfügbarkeit der Plätze auch Berufseinsteiger. Die Kosten betragen für Mitglieder (VÖZ, ÖZV oder Journalistengewerkschaft) 2.910,- Euro, für Nicht-Mitglieder 3.420,- Euro. Darüber hinaus gibt es die Möglichkeit, sich für ein Stipendium zu bewerben.

Das Kuratorium für Journalistenausbildung veranstaltet außerdem zahlreiche Workshops zu Themen wie "Kreatives Schreiben", "Publizieren im Internet", "Moderieren im Radio" u. a. sowie ressortbezogene Spezialseminare. Im Oktober 2001 wurde im KfJ außerdem der Pilotversuch "Online-Akademie" gestartet, bei dem die Teilnehmer in regelmäßigen Abständen Aufgaben erhalten, die über das Netz korrigiert und überarbeitet werden.
Kuratorium für Journalistenausbildung, Karolingerstraße 40, 5020 Salzburg, 0662/834133-0, E-Mail: office@kfj.at
http://www.kfj.at

Die *Oberösterreichische Journalistenakademie*, die von der Oberösterreichischen Rundschau und dem Bildungshaus Schloss Puchberg getragen wird, bietet ähnliche Grundkurse ausschließlich für aus Oberösterreich stammende Berufseinsteiger und Jungjournalisten an. Bis zu 25 Teilnehmer werden in 18 Seminartagen in das österreichische Mediensystem eingeführt und lernen die Grundlagen des journalistischen Handwerks. Die Akademie veranstaltet darüber hin-

aus ein- bis zweitägige Seminare und betreut Redaktionsaspiranten, die in Medien in Oberösterreich arbeiten.
Oberösterreichische Journalistenakademie, Hafenstraße 1-3, 4010 Linz, 0732/7616-300
http://www.journalistenakademie.at

Die *Katholische Medienakademie* in Wien bietet einen dreisemestrigen Kurs mit ca. 60 Seminartagen für Studentinnen und Studenten mit christlicher Grundhaltung an. An den Seminartagen werden neben den handwerklichen Fähigkeiten und praktischer Vertiefung in Workshops Fachwissen in den Bereichen Politik, Wirtschaft und Kirche vermittelt. Im Vordergrund soll auch die Reflexion über die "ethischen Dimensionen journalistischer Arbeit" stehen.
Katholische Medienakademie, Schottengasse 3/7/2/39, 1010 Wien, 01/5320664
http://www.kma.at

Das *polycollege Stöbergasse* in Wien veranstaltet einen dreimonatigen Vollzeitlehrgang "Radio und Internet", der sich als Berufsausbildung vor allem für den Onlinebereich versteht. Außerdem kann am polycollege der Abendlehrgang Radio-Journalismus belegt werden, der 21 Abende und zwei Wochenenden umfasst, an denen eine praxisorientierte Einführung ins Radio-Machen geboten wird. Die Ausbildung ist rein praxisbezogen, hat aber den Anspruch, zur Produktion von Bildungsradio anzuregen. Für die Studierenden steht ein Sendeplatz auf Radio Orange zur Verfügung. Außerdem werden Wochenendseminare z. B. zum Thema Radio-Journalismus angeboten, die sich vor allem an junge Leute richtet, die einen Einblick in die Abläufe der Radioproduktion bekommen wollen.
Volkshochschule Margareten, Stöbergasse 11-15, 1050 Wien, 01/54666-0
http://www.polycollege.ac.at

Die Österreichische *Gesellschaft für Publizistik und Medienforschung* (GESPU) veranstaltet in unregelmäßigen Abständen Fortbildungsseminare, Vorträge u. ä. für berufstätige Journalisten.
GESPU, Maria-Theresien-Straße 11, 1090 Wien, 01/31316-0

Das *Friedrich-Funder-Institut* der ÖVP organisiert einen 56 Seminartage dauernden Grundkurs, in dem ebenfalls die Grundlagen des journalistischen Handwerks vermittelt werden sollen. In den Kursen soll darüber hinaus "Verantwortungsbewusstsein und eine politische Wertebasis" vermittelt werden.
Friedrich-Funder-Institut, Tivoligasse 73, 1120 Wien, 01/8134292
http://www.ffi.at

Das *Friedrich-Austerlitz-Institut* der SPÖ bietet keine eigene Ausbildung an, aber es vergibt Stipendien für dreimonatige Volontariate bei Zeitungen und Magazinen.
Friedrich-Austerlitz-Institut, Löwelstraße 18, 1014 Wien, 01/53427-275

Lehrredaktionen und betriebliche Ausbildungsangebote

Volontariat im Kollektivvertrag geregelt

Die meisten Medienunternehmen vergeben Praktikumsplätze und Volontariate, wobei Bewerber, die bereits als freie Journalisten den einen oder anderen Artikel verfasst haben oder Praktika in Lokal- oder Regionalmedien vorweisen können, meist bevorzugt werden. Das traditionelle "Volontariat" in Redaktionen ist seit einigen Jahren in einer kollektivvertraglichen Vereinbarung zwischen Journalistengewerkschaft und Zeitungsherausgeberverband geregelt. Vorgesehen ist eine dreijährige Ausbildungszeit für Volontäre (Redaktionsaspiranten), die während dieser Lehrzeit im Rotationsprinzip in allen Ressorts arbeiten, um grundlegendes handwerkliches Können und Fachwissen zu erlernen.

Interne Ausbildung bietet etwa die Tageszeitung *Die Presse* an, in deren kostenpflichtiger (1.150,- Euro) Lehrredaktion acht bis zehn Teilnehmer drei Wochen lang in verschiedenen handwerklichen und theoretischen Aspekten unterrichtet werden. Danach werden die Praktikanten für jeweils drei Wochen einem Ressort zugeteilt. Die Lehrredaktion findet für gewöhnlich einmal pro Jahr statt, bevorzugt werden Bewerber mit abgeschlossenem Studium, etwa 50% der Teilnehmer arbeiten danach als freie Mitarbeiter für die Presse.

Die Presse, Parkring 12a, 1015 Wien, 01/51414-0, E-Mail: lehrredaktion@diepresse.com,
http://www.diepresse.com/or/lehrredaktion

Im *Vorarlberger Medienhaus* werden seit 2002 Redaktions-Trainees aufgenommen, die in einem 12monatigen Programm ausgebildet werden. Im Rotationsprinzip durchlaufen die Trainees die Redaktionen der Print-, Online- und Radioredaktionen des Vorarlberger Medienhauses. Die Ausbildung "on the job" wird durch regelmäßige Workshops ergänzt. Voraussetzung für die Bewerbung ist ein Universitäts- oder Fachhochschulabschluss. Die Auswahl erfolgt in einem zweitägigen Auswahlverfahren, in dem ein Wissenstest, eine Recherchearbeit und ein persönliches Gespräch über die Aufnahme entscheiden.
Vorarlberger Medienhaus, Gutenbergstraße 1, 6858 Schwarzach, 05572/501-631
http://trainee.vol.at

ORF mit internem Ausbildungsprogramm

Der *ORF* bietet allen ORF-Mitarbeitern ein internes Ausbildungsprogramm, in dessen Rahmen Weiterbildungsangebote für den redaktionellen Bereich, für Technik und Management angeboten werden. Die Seminare werden von Praktikern aus dem ORF und externen Trainern durchgeführt.

Wer im journalistischen Bereich im ORF arbeiten will, muss ein mehrstufiges Auswahlverfahren durchlaufen. Im ersten Schritt sind schriftliche Aufgaben zu erfüllen; werden diese positiv bewertet, wird der Bewerber zu einem der mehrmals jährlich stattfindenden Assessments in den ORF eingeladen. Am ersten Assessmenttag wird die fachliche, journalistische und persönliche Eignung der Kandidaten in verschiedenen Tests und Gesprächen überprüft. Bewerber, die sich bewähren, werden zu einem zweiten Termin geladen, an dem die endgültige Auswahl vorgenommen wird. Die erfolgreichen Bewerber beginnen als "Lehrlinge" in einer der ORF-Abteilungen. Das "training on the job" wird durch die Ausbildung im journalistischen Grundkurs unterstützt, in dem in vier einwöchigen Blöcken Grundlagenwissen über das journalistische Handwerk, über die Technik und über den ORF vermittelt wird.

ORF - GHR, Würzburggasse 30, 1136 Wien, 01/87878-2296, E-Mail: human.resources@orf.at

Wer neben der Schule erste Erfahrungen mit Medien sammeln will, sollte es mit der Mitarbeit in *Freien Radios* (z. B. Radio Orange in Wien, http://www.orange.or.at) oder Schülerprojekten wie dem in Kooperation mit dem ORF laufenden Schülerradio 1476 (http://1476.orf.at/radiomacher/schuelerradio/schuelerradio.html) oder dem Schüler-Standard (Kontakt: Josef Kirchengast, Der Standard, josef.kirchengast@derstandard.at) versuchen. Weitere Links und Informationen zu Medienprojekten für Schüler sind unter http://www.mediamanual.at (eine Initiative des Bundesministeriums für Bildung, Wissenschaft und Kultur) oder beim wienXtra Medienzentrum unter http://www.wienxtra.at/mz abrufbar.

Fachhochschulen

Seit kurzem auch Fachhochschulen

Mit der Etablierung von Fachhochschulen in Österreich werden nun Hochschulausbildungen mit starkem Praxisbezug angeboten. Die FH-Studiengänge dauern in der Regel acht Semester, das FH-Studium ist verschulter als die Ausbildung an Universitäten, bei den Lehrveranstaltungen besteht Anwesenheitspflicht. Die Studiengebühren betragen 363,36 Euro pro Semester (Stand 2003), die Studien werden mit dem Titel Magister/Magistra (FH) abgeschlossen. Der Anschluss eines Doktoratsstudiums an einer Universität ist möglich.

Mit dem achtsemestrigen *FH-Studiengang Journalismus* an der Fachhochschule Wien gibt es seit Herbst 2003 in Wien die erste hochschulgebundene und praxisbezogene Ausbildung für Medienberufe. Angeboten werden die Spezialisierungsrichtungen "Journalismus und Contentproduktion" sowie "Content- und Medienmanagement", in denen sich die Studierenden für redaktionelle Arbeitsbereiche bzw. für Tätigkeiten im Management und in kaufmännischen Bereichen in Medienunternehmen spezialisieren können. Während der acht Semester werden sachliches, journalistisch-handwerkliches, ökonomisches und technisches Wissen sowie Sozialkompetenzen für die Arbeit in Medien vermittelt. Die Ausbildung ist mehrmedial und praxisnah

konzipiert. Ab dem 5. Semester steht die Projektarbeit im Vordergrund, im 7. Semester wird ein Praktikum in einem Medienunternehmen absolviert, das 8. Semester dient der Anfertigung einer Diplomarbeit zu einem praxisrelevanten Thema. Die Auswahl der 50 Studierenden erfolgt in einem mehrstufigen Auswahlverfahren. Die Bewerber in der engeren Auswahl werden zu einem Assessment eingeladen, wo sie Tests und schriftliche Aufgaben sowie ein Gespräch mit Experten aus Wissenschaft und Praxis erwarten.
FHW, Währinger Gürtel 97, 1180 Wien, 01/47677-0
http://www.fhw.at/Jour

In Graz wird an der Fachhochschule Joanneum der *Studiengang Journalismus und Unternehmenskommunikation* mit 25 Studienplätzen angeboten. Die Absolventen werden für Berufe in PR, Presse- und Öffentlichkeitsarbeit ausgebildet, ein besonderer Schwerpunkt liegt auf Kommunikationsberufen in Wirtschaft, Industrie, Politik, Verwaltung und Non-Profit-Organisationen. Zu den wesentlichen Zielen des Studiums zählen die Aneignung von Medienkompetenz, der gekonnte Umgang mit Sprache und Texten sowie die Gestaltung von Medieninhalten. Im Bereich Journalismus erhalten die Studierenden vertiefende Einblicke in die verschiedenen Tätigkeitsfelder des Print-, TV-, Radio- und Onlinejournalismus. Nach der Einsendung und Beurteilung von Arbeitsproben werden die geeignetsten Bewerber zu einem Reihungstest, einer Klausur und einem persönlichen Gespräch eingeladen.
FH Joanneum, Alte Poststraße 152, 8020 Graz, 0316/5453-8660
http://www.fh-joanneum.at/jkm

Für wirtschaftliche Medienberufe bildet der *FH-Studiengang Medienmanagement* in St. Pölten aus. Die Studierenden erlernen Managementtechniken und Betriebswirtschaft, technische Grundlagen der Medienarbeit und Grundlagen der Medienwissenschaft sowie Sozialtechniken sowie zwei Fremdsprachen. Die Ausbildung zielt auf die Berufe im Management, in der Administration oder im Controlling von Medienbetrieben sowie auf Tätigkeiten als Medienmanager in Unternehmen, Parteien, Verbänden, des Internet-Publishing und e-Commerce und in der Medien- und Marktforschung ab. Die Absolventen sollen befähigt sein, Medienprojekte zu entwer-

fen und ihre technische und wirtschaftliche Durchführung zu leiten. Zur Anmeldung für einen der 75 Studienplätze müssen Anmeldeformular und persönliche Dokumente eingesendet sowie ein persönliches Gespräch und ein Reihungstest durchgeführt werden.
FH-Studiengänge St. Pölten, Herzogenburgerstrasse 68, 3100 St. Pölten, 02742/313228
http://www.fh-stpoelten.ac.at/index_ie.html

Eine Ausbildung mit technischer Ausrichtung für den TV-Bereich bietet der *Studiengang Digitales Fernsehen & Interaktive Dienste* in Salzburg. Die Absolventen sollen über technologisches und gestalterisches Wissen in den Bereichen Film- und Fernsehgestaltung, Video-, Audio- und Broadcastingtechnologien verfügen und die theoretische und praktische Fähigkeit besitzen, Inhalte für diese Bereiche zu konzipieren, zu produzieren und zu managen. Die Schwerpunkte sind digitale und interaktive Fernsehtechnik, TV-Aufzeichnungen, Sendeabwicklung, interaktive Anwendungen, Audiotechnik, Medienproduktion. Für die Bewerbung wird neben Zeugnissen und Anmeldeformular eine Werkmappe eingereicht, die dem Nachweis kreativer und technischer Begabung dient und ein Videoband, eine CD-Rom und eine Dokumentation der Arbeiten enthalten muss. Die Auswahl der 50 Bewerber erfolgt nach einem schriftlichen Reihungstest und einem Bewerbungsgespräch.
FH Salzburg Fachhochschulgesellschaft mbH, Schillerstrasse 30, A-5020 Salzburg, 0662-4665-0
http://www.fh-sbg.ac.at/de/schools/idtv

Universitäten

An drei Universitätsinstituten in Wien, Salzburg und Klagenfurt, wird die Studienrichtung Publizistik- und Kommunikationswissenschaft angeboten. Diese Studienrichtung konzentriert sich auf wissenschaftlich-theoretische Inhalte und beschäftigt sich vorrangig mit der Beforschung, Beobachtung, Reflexion und Analyse von Medien(systemen) und von Kommunikation in historischen, politischen, rechtlichen und gesellschaftlichen Kontexten. Eine Vorbereitung auf den Berufsalltag von Journalisten oder Mitarbeitern in anderen

Medienbereichen wird nicht vorrangig angestrebt. Gleichwohl versucht die Studienrichtung Publizistik- und Kommunikationswissenschaft für eine Tätigkeit in verschiedenen Medien- und Kommunikationsberufen wie Journalismus, Öffentlichkeitsarbeit, Werbung, Medienmanagement, Medienforschung etc. vorzubereiten. Die Studiengebühren betragen 363,36 Euro pro Semester (Stand 2003), das Studium wurde bisher mit dem Titel Magister/Magistra phil. abgeschlossen. Ein Doktoratsstudium kann angeschlossen werden. Neu kommt - in Salzburg und Wien - der Studienabschluss Bakkalaureat hinzu.

Am *Institut für Publizistik- und Kommunikationswissenschaft der Universität Wien* liegt der Ausbildungsschwerpunkt auf Kommunikationswissenschaft, -geschichte, und -politik sowie auf Medientheorie und -forschung. Externe Praktika sind im Studienplan nicht verpflichtend vorgesehen, im zweiten Abschnitt findet eine Spezialisierung auf verschiedene Praxisfelder statt. Ab dem Wintersemester 2003/04 wird auch ein Bakkalaureatsstudium angeboten.
Universität Wien, Institut für Publizistik und Kommunikationswissenschaft, Schopenhauerstraße 32, 1180 Wien, 01/4277/48301
http://www.univie.ac.at/Publizistik

Das Studium der *Publizistik- und Kommunikationswissenschaft am Institut für Medien- und Kommunikationswissenschaft der Universität Klagenfurt* bildet Studierende für Berufsfelder aus, die die Planung, Durchführung und Auswertung wissenschaftlicher Untersuchungen, Kommunikations- und Medienberatung, die Beschaffung, Gestaltung und Veröffentlichung von Informationen und kommunikative Kompetenz erfordern. Im Laufe des zweiten Studienabschnitts ist ein Praktikum im Medien- und Kommunikationsbereich zu absolvieren, das im Regelfall 12 Wochen umfasst.
Universität Klagenfurt, Institut für Medien- und Kommunikationswissenschaften, Universitätsstraße 65-67, 9010 Klagenfurt, 0463/2700-373
http://www.uni-klu.ac.at/mk

Am *Institut für Kommunikationswissenschaft der Universität Salzburg* wird ein sechssemestriges Bakkalaureatsstudium und ein darauf aufbauendes Magisterstudium angeboten. Zu wählen ist zwischen den Schwerpunktfächern audiovisuelle und digital-elektronische Kommunikation, Journalismus, Medienökonomie und internationaler Kulturproduktion oder Public Relations/Unternehmenskommunikation. Das Bakkalaureat wird mit dem Titel Bakk.Komm. abgeschlosssen. Daran kann das 3-semestrige Magisterstudium angeschlossen werden. Ein Praktikum im Ausmaß von acht Wochen ist vorgesehen.
Universität Salzburg, Institut für Kommunikationswissenschaft, Rudolfskai 42, 5020 Salzburg, 0662/80 44-41 50
http://www.kowi.sbg.ac.at

An der *Universität für Musik und Darstellende Kunst in Wien* kann in der Abteilung Film und Fernsehen einer der *Studienzweige Drehbuch, Kamera, Produktion, Regie oder Schnitt* gewählt werden. Der Schwerpunkt der zehnsemestrigen Ausbildung liegt auf theoretischen und künstlerischen Aspekten der Filmgestaltung. Unterrichtet werden die theoretischen und technologischen Grundlagen des Films und des Fernsehens, Bildtechnik und Kamera, Buch und Dramaturgie, Regie und Schnitt, Ton, Rechtskunde, Architektur in Film und Fernsehen, Medienanalyse, Produktionstechnologie.
Universität für Musik und Darstellende Kunst, Institut Film und Fernsehen "Filmakademie Wien", Metternichgasse 12, 1030 Wien, 01/71155-2902
http://www.mdw.ac.at/docs/_parent/start_vorstellung.htm

Spezialisierungsangebote an Universitäten und postgraduale Hochschulausbildungen

Einige Universitätsinstitute bieten im Rahmen anderer Fächer die Möglichkeit zu medienspezifischer Schwerpunktsetzung, die aber vor allem als Ergänzung des jeweiligen Faches zu sehen sind und nicht als Ausbildung zu einem Medienberuf.

So kann etwa am Wiener Institut für Theaterwissenschaften der Abschnitt Medienwissenschaft absolviert werden. An der Universität

Innsbruck können am Institut für Politikwissenschaft Lehrveranstaltungen zum Thema Politik und Medien besucht werden. An der Geisteswissenschaftlichen Fakultät der Universität Innsbruck werden innerhalb eines interdisziplinären Medienschwerpunktes medientheoretische Lehrveranstaltungen geboten.

Die *Rechtswissenschaftliche und die Sozial- und Wirtschaftswissenschaftliche Fakultät der Universität Graz* veranstalten seit 1974 den viersemestrigen *Medienkundlichen Lehrgang*, der "auf gehobener Ebene praxisnahe Ausbildung für Medienberufe" vermitteln soll und eine der ersten Ausbildungsinitiativen war. Die Bewerber müssen keine Matura haben, aber mindestens 17 Jahre alt sein und eine Aufnahmeprüfung bestehen. Neben Lehrveranstaltun-gen zu medientheoretischen und -praktischen Themen, Medienkunde, Medienpsychologie und Vorlesungen über Recht, Politik und Wirtschaft sind Praktika im ORF und in Zeitungsredaktionen Bestandteil der Ausbildung. Jährlich nehmen 50 Studierende an dem Lehrgang teil.
Universität Graz, Medienkundlicher Lehrgang , Universitätsplatz 3, 8010 Graz, 0316/3803400
http://www.kfunigraz.ac.at

An der *Universität Salzburg* wird in Kooperation mit dem Kuratorium für Journalistenausbildung der viersemestrige *Universitätslehrgang Sportjournalismus* angeboten. Die Studierenden werden auf Berufe als Sportredakteur, Sportkorrespondent und Sportmoderator in Print- und elektronischen Medien sowie auf die Organisationskommunikation im Sportbereich vorbereitet.
Universität Salzburg, ULG Sportjournalismus, Akademiestraße 26, 5020 Salzburg,0662/8044-4851
http://www.sbg.ac.at/spo/unilehrgang-sportjournalismus

Unter der Trägerschaft des *Instituts für interdisziplinäre Forschung und Fortbildung*/IFF in Wien wird seit Oktober 2002 der *SciMedia Lehrgang für Wissenschaftskommunikation* für rund 15 Teilnehmer angeboten. Der Lehrgang dauert zwei Semester und bildet für Wissenschaftsjournalismus wie für Wissenschafts-PR aus. Die Teilnahme kostet je Semester 2.000,- Euro. SciMedia soll in Zukunft als Universitätslehrgang geführt werden.

SciMedia, Lehrgang für Wissenschaftskommunikation, Wissenschaftsjournalismus und Wissenschafts-PR, IFF, Schottenfeldgasse 29, 1070 Wien, 01/5224000
http://www.scimedia.at

Am *Internationalen Journalismus Zentrum der Donauuniversität Krems* (IJZ) werden *Lehrgänge zu Qualitätsjournalismus und zu Fernsehjournalismus* angeboten. Der Lehrgang Qualitätsjournalismus kann als postgradualer Lehrgang belegt werden, der mit dem Titel MAS (Journalism) abschließt, oder als Universitätslehrgang (mit reduzierter Stundenanzahl). Beide Lehrgänge dauern 3 Semester und werden von insgesamt etwa 20 Studierenden besucht. Die Studiengebühr beträgt insgesamt 8.720,74 Euro. Die Studieninhalte konzentrieren sich auf die Vermittlung des journalistischen Handwerks im Print-, Radio- und Fernsehjournalismus und der entsprechenden Techniken. Der Universitätslehrgang Fernsehjournalismus dauert ein Semester, die Studiengebühren betragen 3.200,- Euro. Schwerpunkte sind Inhaltsbestimmung und -gestaltung, TV-Dramaturgie, Moderation und Präsentation.

Das IJZ bietet auch Ausbildungen unterschiedlicher Intensität für AV-Medienmanagement, Electronic Publishing und Online-Editing an.
Donauuniversität Krems, Internationales Journalismus Zentrum, Dr.-Karl-Dorrek-Straße 30, 3500 Krems, 02732/893-0
http://www.donau-uni.ac.at

Seit Herbst 2002 wird in Wien das *postgraduale Master-Programm Journalismus und Medienkompetenz* an der *Europäischen Journalismus Akademie* angeboten, das in drei Semestern Studierende verschiedener Disziplinen aus ganz Europa im Print-, Radio-, Fernseh- und Onlinejournalismus ausbildet. Das als Master-Programm konzipierte Studienangebot soll "der zunehmenden Verflachung Richtung Marketingjournalismus gegensteuern". Studiengebühren in der Höhe von 2.950,- Euro pro Semester sind zu bezahlen.
Europäische Journalismus Akademie, Alsterstraße 4/Hof 1, 1090 Wien, 01/4034340
http://www.eja.at

Literatur

Altmeppen, Klaus-Dieter; Hömberg, Walter (Hrsg.) (2002): Journalisten-Ausbildung für eine veränderte Medienwelt. Wiesbaden.

Bachmayer, Wolfgang; Mantl, Wolfgang; Schöpfer, Gerald (2002): "Medienstudie Steiermark". Webpublikation unter http://www.landeshauptmann.steiermark.at/cms/dokumente/10018761/67976011/Medienstudie.pdf

Bücher, Karl (1981): Journalisten-Vorbildung an Universitäten. In: Fischer, Heinz-Dietrich; Minte, H (Hrsg.): Karl Bücher. Auswahl der publizistikwissenschaftlichen Schriften, Bochum, S. 79-98. (Ersterscheinung: 1912)

Deters, Jürgen; Winter, Carsten (1997): Karriere in der Medienbranche. Anforderungen, Schlüsselqualifikationen, Ausbildungssituation. Frankfurt/New York.

Hömberg, Walter; Hackel-de-Latour, Renate (Hrsg.) (2000): Studienführer Journalismus, Medien, Kommunikation. 2., völlig überarbeitete Auflage. Konstanz.

Hufnagl, Herbert (2001): Nach uns die Sintflut. Die konsequente Tradierung der ewig gleichen Dummheiten im österreichischen Journalismus. In: Kaltenbrunner, Andy (Hrsg.): Journalismus: Beruf ohne (Aus-)Bildung? Wien. S. 60-65.

Kaltenbrunner, Andy (Hrsg.) (2001): Journalismus: Beruf ohne (Aus-)Bildung? Wien.

Kaltenbrunner Medienberatung (2002): Medienausbildung in Wien. Modelle zur Etablierung von Qualifikationsmaßnahmen. Eine Studie der Kaltenbrunner-Medienberatung im Auftrag von BM:BWK und Magistrat der Stadt Wien, MA 26, Wien.

Karmasin, Matthias; Winter, Carsten (Hrsg.) (2002): Mediale Mehrwertdienste und die Zukunft der medialen Kommunikation. Eine Fächerübergreifende Orientierung, Wiesbaden.

Pürer, Heinz (1980): Aus- und Fortbildung für Jounalisten in Österreich. Eine Bestandsaufnahme. In: Journalistik, Hefte des Kuratoriums für Journalistenausbildung (Heft 1). Salzburg.

Riehl-Heyse, Herbert (2002): Arbeiten in vermintem Gelände. Macht und Ohnmacht des Journalismus. Wien.

Rühl, Manfred (1987): Journalistenschwemme in einer Kommunikatorendürre: Anmerkungen zur Steuerungsproblematik in der Ausbildung von Berufskommunikatoren. In: Jürgen Wilke (Hrsg.): Zwischenbilanz der Journalistenausbildung. München. S. 65-88.

Weischenberg, Siegfried (Hrsg.) (1990): Journalismus und Kompetenz. Qualifizierung und Rekrutierung für Medienberufe. Opladen.

Weischenberg, Siegfried; Altmeppen, Klaus-Dieter; Löffelholz, Martin (1994): Die Zukunft des Journalismus. Technologische, ökonomische und redaktionelle Trends, Opladen.

Weischenberg, Siegfried; Loosen, Wiebke (2001): Das Drehkreuz der Redaktion. Kompetenz-Dimensionen des "Datenbank-Journalismus". In: Medien- und Kommunikationswissenschaft 50: 2002, Heft 1, S. 93-101.

Wrede, Richard (Hrsg.) (1902): Handbuch der Journalistik. Berlin. Zitiert nach: Weischenberg, Siegfried (Hrsg.) (1990): Journalismus und Kompetenz. Qualifizierung und Rekrutierung für Medienberufe. Opladen. S. 11f.

Ethik und Verantwortung im Journalismus

Engelbert Washietl

Individualethik und Medienethik

Öffentlichkeit funktioniert medial, die Politik ist das Paradebeispiel. Zugleich zeigen Medien, dass sie zwar nicht immer, aber sehr wohl in Einzelfällen massiv in den Gang der Entwicklungen eingreifen können. Dieses mediale Interventionspotenzial veranlasst Machthaber aller Art - demokratische und diktatorische -, sich der Medien und Medienmenschen zu bedienen. Vom italienischen Ministerpräsidenten Silvio Berlusconi bis zum amerikanischen Präsidenten George W. Bush liegen die Beispiele geradezu auf der Hand.

"Ein wahrhaft dialektischer Vorgang", schreibt der Politikwissenschafter Thomas Meyer in der Neue Zürcher Zeitung vom 15. 12. 2001: "Die Politik unterwirft sich den Regeln der Medien, aber nur um auf diesem Wege die Herrschaft über die Öffentlichkeit zu gewinnen. Die Medienregeln und das Darstellungsinteresse der Politik bilden strategische Koalitionen, sozusagen widerspruchsvolle Inszenierungspartnerschaften. Die letzte Inszenierungshoheit allerdings liegt stets im Mediensystem. Die Imagepolitik ist das Scheinereignis auf dem Gebiet der Ethik."

Primat ökonomischer Interessen

Wer heute in einem Medienberuf arbeitet, muss mit Blindheit geschlagen oder in seinem Gewissen beschädigt sein, wenn er nicht sorgenvoll grübelt, wo in dieser beruflichen Doppelmühle aus der undifferenzierten Macht der Medien und der strukturellen Ohnmacht aller Beteiligten noch ein ehrenvoller Standpunkt zu erkämpfen ist. Zu all dem kommen die zudringlich gewordenen Gesetze des Marktes. Aus der alten Zeitungskultur wurde infolge von Radio, Fernsehen, Privatfernsehen und schließlich Internet eine Medienindustrie, die weitgehend nach industriellen Gesetzmäßigkeiten funktioniert. Sie ist ökonomischen Interessen unterworfen und betreibt Gewinnsteigerung nicht nur mit den Praktiken eines herkömmlichem Unternehmertums, sondern in der globalisierten Anonymität verschachtelter Eigentümerinteressen.

Ob junge Menschen, die in journalistische Berufe einsteigen, Gesetzmäßigkeiten dieser Art durchschauen, ist zweifelhaft. Sehr wohl wird ihnen aber der Zwang innerbetrieblicher Regeln und Usancen rasch bewusst, die sie daran hindern, ihre journalistischen Freiheiten auszuleben (vgl. Karmasin 1996, S. 221). Offensichtlich korreliert die Umsetzung ethischer Grundsätze stark mit betrieblichen Vorkommnissen, wie Karmasin bei einer Befragung herausfand. Im News Desk und in den medialen Großraumbüros sind die Kabelanschlüsse für Gewissen, Verantwortung und Ethik nicht leicht zu finden. Sie fordern den Nutzern beträchtliche Eigenleistung ab, denn journalistische Ethik ist kein Vorgang von Plug and Play.

Individualethik

Da die einzelnen Journalisten ihre Aufgaben unter den soeben skizzierten Bedingungen des "Mediensystems" und nicht etwa im luftleeren Raum ausführen, unterscheidet die Fachliteratur zwischen

- *journalistischer Individualethik*, in der sich die einzelnen Journalisten auf Grund ihrer Überzeugungen zu bewähren versuchen;

Systemethik

- und der *Medien(system)ethik*, die den allgemeinen ethischen Rahmen vorgibt, in dem sich die einzelnen Journalisten bewegen.

In der Realität moderner Medienlandschaften ist die Medienethik jedoch sehr oft eine leere, weiße Fläche. Auf ihr kann vieles passieren, auch manches, wofür Journalisten gar nicht die Verantwortung übernehmen möchten, obwohl sie zum Zustandekommen des Ergebnisses beitragen.

Der Einzelne ist immer verantwortlich. Eine Medienethik müsste zusätzlich die im Hintergrund wirkenden Medienpolitiker, Medieneigentümer und Herausgeber und auch manche mächtige, aber anonym bleibende Meinungsmacher in die gemeinsame Verantwortung ziehen. Medienethik soll daran erinnern, dass es in der personellen Hierarchie der Medienhäuser eine abgestufte Zuständigkeit für journalistische Gewissensfragen gibt (vgl. Pürer 1996, S. 372-375, hier S. 374). Es kann ja nicht so sein, dass die berufsethische Unruhe der Journalisten als Absolution derer verstanden wird, die täglich zumeist ungeschriebene, aber um so wirksamere Normen setzen, ohne darüber ein Wort zu verlieren.

Ein fragmenthafter Ausdruck der Medienethik sind Pressegesetze und die Medien-Rechtsordnung. Sehr detailliert finden sich einschlägige Bestimmungen im ORF-Gesetz und im Privatradio-Gesetz (vgl. den Beitrag "Medienrecht für Journalisten" in diesem Band).

Was von der Objektivität bleibt

Über journalistische Ethik und Medienethik sind inzwischen viele Bücherregale mit kommunikationswissenschaftlicher Literatur belastet worden. Diese bringt Licht in eine verschlungene Problematik. Noch mehr scheint sie bisweilen zur Verunsicherung beizutragen, von der Journalisten im praktischen Alltag nicht recht wissen: Ist sie eine heilsame Irritation oder eine stille Aufforderung zur Kapitulation? Vom Anspruch der Objektivität etwa, den Journalisten gerne erheben, bleibt unter der Operationslampe von Kommunikationswissenschaftern nur Schrumpfgewebe. "Wenn die Medien eine eigene Wirklichkeit schaffen, dann erweist sich das Festhalten an ‚der journalistischen Objektivität' als Berufsideologem; dann kann der Maßstab journalistischen Handelns und damit auch einer journalistischen Ethik eben nicht die Abbildung von Wirklichkeit sein, und dann können wir den Journalismus nicht an kategorischen Wahrheitsmaßstäben messen", schreibt der deutsche Kommunikationswissenschafter Siegfried Weischenberg (Weischenberg 1995, S. 157 ff.).

Derartige Erkenntnisse fördern berufliche Bescheidenheit. Da aber anderseits auch die inhaltsreichste Bibliothek eines Publizistikinstituts noch keine journalistische Kommunikation bewirkt und auch keine Medienprodukte zeugt, gilt auch folgendes: Es ist ausgeschlossen, Wahrheit zu finden und Wirklichkeiten zu entschleiern, ohne Fakten freizulegen, zu analysieren und (jetzt ist das Schlüsselwort schon wieder lebendig) zu objektivieren. Hermann Boventer rät: "Das handwerkliche Können und der entschiedene Wille, die Objektivität als Annäherungswert nicht aus den Augen zu verlieren, gehen ein

Objektivität als Annäherungswert

Bedingungsverhältnis ein." (Weischenberg 1995, S. 158). Wenn in Wien zehn Leute mit Fotoapparaten ausschwärmen, um den Stephansdom zu fotografieren, so bringen sie mindestens zehn recht unterschiedliche Bilder nach Hause, denn das Objekt ist sowohl vom Stephansplatz, als auch von der Reichsbrücke oder vom Kahlenberg und vielen anderen Stellen aufzunehmen, schwarz-weiß oder in Farbe, auf Film oder digital. Das "objektive" Foto wird niemand zu Stande bringen, wohl aber wird bei entsprechender professioneller Vorgangsweise jedes Foto objektiv den Stephansdom zeigen.

Journalisten und Journalistinnen, die es ernst meinen, bündeln in ihrem Arbeitsprozess die Anstrengungen von allen zehn Personen. Denn sie recherchieren an mehren Orten, hören herum, holen widersprüchliche Meinungen ein und formen das Mosaik eines Tatbestandes, ein annähernd "objektives" Bild. Besonders sorgfältig arbeiten dabei jene Journalisten, die den Absturz in das eiskalte Gegenteil fürchten - sie haben ein Berufsleben lang Angst, dass sich eines ihrer Produkte als objektiv falsch erweisen könnte.

Berufsethische Normen

Wissentlich keine Unwahrheit, ja nicht einmal ein verzerrtes Bild der Wahrheit zu liefern ist ein Grundmerkmal journalistischer Ethik. In Österreich gibt es einen Ehrenkodex der Österreichischen Presse (zu finden auf www.iq-journalismus.at), in Deutschland den Pressekodex (www.presserat.de/site/pressekod/kodex) und in der Schweiz die Erklärung der Pflichten und Rechte der Journalistinnen und Journalisten (www.presserat.ch/code).

Journalistische Kodizes

Der erste Punkt im österreichischen Ehrenkodex lautet: Journalismus heißt Verantwortung tragen, und zwar gegenüber der Öffentlichkeit, dem betreffenden Medium und dem eigenen Gewissen. Demnach sind Gewissenhaftigkeit und Korrektheit in Recherche und Bericht oberste Verpflichtung des Journalisten. Dies gilt auch für die Beschaffung von Nachrichten, Bildern und sonstigem Informationsmaterial.

Der Ehrenkodex übt eine Leuchtturmfunktion aus. Er ist Mitglied einer großen Familie von Kodizes dieser Art, denn in vielen Ländern wurde versucht, journalistische Berufsnormen auf Gebotstafeln zu schreiben. Weltbekannte Medienhäuser wie BBC arbeiten besonders gründlich und verfassen für ihre Mitarbeiter regelrechte Bibeln.

Eine umfangreiche, vermutlich aber noch immer nicht vollständige Gesamtschau solcher Berufsnormen bietet das an der finnischen Universität von Tampere entstandene EthicNet mit seiner *Databank for European Codes of Journalism Ethics*. Nach dem bisher letzten Update vom Mai 2002 enthält die Liste Codes aus 35 Staaten, verdienstvoller Weise in englischer Sprache: http://www..uta.fi/ethicnet.

Wesentliche Berufsgrundsätze sind Verantwortungsgefühl, journalistische Unabhängigkeit nach innen und außen, Streben nach Wahrhaftigkeit, korrekte Wiedergabe von Information, Respektierung des Privatlebens und der Intimsphäre, Eintreten für Menschenrechte, keine Verherrlichung von Gewalt und Unmoral, keine Diskriminierung rassischer, religiöser oder nationaler Gruppen, keine Geschenk- oder Vorteilsannahme.

Die Einhaltung solcher Codes ist nicht einklagbar, wohl aber durch wache Aufmerksamkeit der leitenden Journalisten abzusichern. Deshalb sagt der österreichische Ehrenkodex im achten und letzten Punkt:

Chefredakteuren, Ressortleitern und anderen redaktionellen Führungskräften kommt eine besondere Verantwortung zu: Sie haben für die konsequente Einhaltung der Grundsätze für die publizistische Arbeit in ihrem jeweiligen Wirkungsbereich zu sorgen.

Diese Formulierung hat Jahresringe angesetzt. Sie stammt erkennbar aus einer Zeit, in der es noch leichter fiel, sich an einem klassischen Berufsbild des Journalisten zu orientieren. Heute ist die solide Rangordnung aus "Chefredakteur, Ressortleitern und anderen redaktionellen Führungskräften" nicht durchwegs erkennbar, oft fehlt sie. In manchen journalistischen Kleingruppen hat sich vermutlich noch nie jemand Gedanken darüber gemacht, wofür man sonst verantwortlich seine sollte als beispielsweise rechtzeitig auf Sendung zu gehen oder die Quote zu erhöhen.

Das ist kein Grund zum Verzweifeln, denn in Zeiten des Umbruchs - und die Medienszene ist seit den neunziger Jahren des vorigen Jahrhunderts unentwegt im Umbruch - wird mit gröberen Werkzeugen hantiert. Berufs- und medienethisch gesehen ist die neue Medienvielfalt mit Steppengebieten durchsetzt, das Ringen um adäquate journalistische Standards muss gewissermaßen von vorne beginnen. Solange es aber um journalistische Leistung im engeren Sinn geht, wird diese weiterhin auf Unparteilichkeit, Glaubwürdigkeit und ähnliche Vorzüge abgeklopft werden. In der Gegenwelt spielen sie hingegen keine Rolle: Man kann mit Informationen handeln, man kann "Contents" durch Suchmaschinen zusammentragen lassen - ohne Bezug, ohne Orientierung, ohne Wertung und somit auch ohne den Anker des verantwortlichen Handelns. Mit Journalismus hat das nichts mehr zu tun.

Medienrecht und Pressefreiheit

Die juristischen Pflöcke, die das Medienrecht einschlägt, sind deutlicher erkennbar und verbindlich. Allerdings: Der Staat beschränkt sich darauf, Schaden zu verhüten. Er versucht, die Einzelperson gegen die Übermacht einer Medienmaschinerie abzusichern. Deren Negativpotenzial hat bereits vor vielen Jahren als früher Investigator Günther Wallraff ("Der Aufmacher") in aufsehenerregender Form dargelegt. Zu erwarten, dass der Staat - also ein Ethik-Hofrat, ein Medienministerium oder das Parlament - die Qualität der Medienprodukte im Einzelnen überwachen oder heben sollte, hieße ihn zur Zensur oder zu noch Dümmerem einzuladen. Es gibt keinen gangbaren Weg dieser Art, weil Qualitätskriterien zwar beschreibbar sind, aber nicht zu definieren. Das wertvolle Gut der Pressefreiheit verlangt den Preis, dass auch purer Schund seine Existenzberechtigung bekommt.

Wer Pressefreiheit für ein Schlagwort hält, dem wird dieser Preis hoch erscheinen. Dabei wird übersehen, dass Zensur nicht etwa nur einzelne Journalisten oder Zeitungsunternehmen trifft, sondern sich wie ein Krebsgeschwür in die Gesellschaft frisst. Es dürfte kein Land der Erde geben, in welchem die Informationsfreiheit ausgeschaltet ist, alle anderen für die Sicherung der Menschenrechte nötigen Instrumentarien aber funktionieren. Wo es keine Pressefreiheit mehr gibt, wird Korruption selbst dann zu keinem öffentlichen Thema, wenn jeder sie bemerkt. Oder es funktionieren die Gerichte nicht mehr ordentlich. Oder es werden wichtige Themen wie beispielsweise Rauschgift, Aids oder Umweltschutz einfach ausgeblendet, wie das während der kommunistischen Herrschaft in Osteuropa mit teils katastrophalen Folgen geschah und in einigen Staaten noch immer geschieht. Oder auch: In Kellern wird gefoltert und niemand wagt öffentlich darüber zu sprechen.

Zensur

Publikumsethik: Ist erlaubt, was gefällt?

Außer dem Gewissen der einzelnen Journalisten und den ethischen Rahmenbedingungen des Mediensystems ist noch ein dritter Ethik-Ansatz zu erwähnen, die die Güte medialer Produkte beeinflusst: die *Publikumsethik* (vgl. Pürer 1996, S. 375f.). Letztlich entscheiden die Käufer am Kiosk, die Zapper vor dem Fernsehschirm und die Surfer im Internet, welche Produkte sich auf dem Markt durchsetzen. Das entschuldigt zwar nicht diejenigen, die diese Freiheit des Marktes bis zum Exzess ausreizen, macht aber die Medien insgesamt zu einem Spiegel. Die Gesellschaft hat die Medien, die sie verdient.

Dem Publikum beibringen zu wollen, welche Medienprodukte es konsumieren soll und welche lieber nicht, wäre ein aussichtsloses und außerdem ein völlig konsensuntaugliches Unterfangen. Wenn sich also Journalisten nicht mit der beruflichen Billigware des "Erlaubt ist, was gefällt" beziehungsweise "Qualität ist, was gekauft wird" zufrieden geben, bleiben sie auf ihr professionelles Geschick und ihr Gewissen verwiesen. Sie müssen ihre Leistung verantworten können und auch so präsentieren, dass sie Gefallen beim Publikum findet.

Quotensucht

Was bei den Boulevardzeitungen seit vielen Jahrzehnten zu beobachten war, gilt für Privatfernsehen und Internetangebote erst recht: Die Quotensucht übt im allgemeinen einen Zug nach unten aus, es geht abwärts mit der Qualität und abwärts mit journalistischen Spielregeln. Marktgesetze können blind zuschlagen. Aber selbst da ist vor Pauschalurteilen zu warnen. Manche Marktmechanismen führen zu höherer Qualität: In zahlreichen Spezialzeitschriften und -sendungen, die sich an interessierte Zielgruppen wenden, müssen Kompetenz und Qualität gesichert sein, weshalb auf journalistische Ausbildung hoher Wert gelegt wird.

Persönlichkeitsschutz

Als das österreichische Medienrecht gründlich reformiert werden sollte (1993 war es dann so weit), gab es einen Aufschrei vor allem in publikumsnahen, dem Boulevard verhafteten Medien: Die Bestimmungen des erhöhten Persönlichkeitsschutzes seien eine untragbare Beschränkung der Presse- und Informationsfreiheit. Mit solchen Argumenten wurde aber lediglich die kurzsichtige Egozentrik mancher Medien getarnt. Denn tatsächlich geht es in dem Gesetz nur darum, grobe Verstöße, etwa üble Nachrede, Verspottung und Verleumdung, oder die Verletzung des "höchstpersönlichen Lebensbereiches" mit zum Teil hohen Geldstrafen zu belegen, weil Medien einen viel größeren Schaden anrichten können als individuelle Ehrabschneider. Auch die Bestimmungen bezüglich der Unschuldsvermutung bei strafbaren Handlungen wurde verschärft. Das Medienrecht stellt zugleich klar, dass öffentlich agierende Personen nicht mit dem gleichen Schutz rechnen dürfen wie Normalbürger. Es kann also ein überwiegendes Interesse der Öffentlichkeit am Bekanntwerden von Fakten bestehen, die normalerweise zum höchstpersönlichen Lebensbereich gehören und tabu sind.

Die Grenzen sind fließend, es gab Musterprozesse bis zur Menschenrechts-Gerichtsbarkeit des Europarates. Die Rechtspflege passt sich schrittweise veränderten Sichtweisen in der Gesellschaft an. Ein Beispiel: Als ein jugendlicher Brandleger nach Verursachung von 13 Bränden in Oberösterreich im Jänner 2000 endlich gefasst wurde, veröffentlichten die Neue Kronen Zeitung und die Kleine Zeitung Fotos des Täters. Die Neue Kronen Zeitung titelte am 12. 1. 2000 über dem Kopf des 16-Jährigen: "Der Feuerteufel: Sein Geständnis".

Der Presserat sah darin einen eindeutigen Verstoß gegen das Pressegesetz. Jedoch: Das Oberlandesgericht Wien gab den Zeitungen nachträglich Recht, weil der Täter über einen längeren Zeitraum ein ganzes Gebiet in Furcht versetzt habe, woraus sich "ein überwiegendes Interesse der Öffentlichkeit" ableite, den Täter und dessen Umfeld zu kennen und auch zu erfahren, wie er aussieht.

Presserat vs. Rechtsprechung

Wie Medien mit Straftätern umgehen, drückt ihre ethisch-journalistische Grundhaltung aus. Die Neue Kronen Zeitung fiel 1997 über Franz Fuchs, den Versender von Briefbomben, regelrecht her, indem sie den kriminellen Einzelgänger durchwegs als "Bombenhirn" bezeichnete. "Das Bombenhirn endlich entlarvt?" (3. 10.) "Das Bombenhirn liebte die Nacht" (5. 10.), "Das Bombenhirn beginnt zu reden" (6. 10.), "Das Bombenhirn im Verhör" (7. 10.), "Die dumpfen Motive des Bombenhirns" (10. 10.), - alles Aufmachertitel, die unterschwellig den Täter entmenschlichen und zu einer Sache machen. Ein Bombenhirn ist ein kriminelles Etwas, ein Es, bestenfalls ein kranker Körperteil. Am 8. Oktober trieb die Massenzeitung ihre Kampagne zum Höhepunkt, indem sie das kolorierte Scharzweiss-Foto mit dem Gesicht des Angeklagten ganzseitig auf der Coverseite unter der Überschrift publizierte: "Ein Bild wie ein Geständnis". Der Bildtext lautete: "Eiskalt, berechnend und ohne jede Reue: Bombenhirn Franz Fuchs im Verhör"

Umgang mit Straftätern

Der Österreichische Presserat, eine wichtige, wenn auch weitgehend ohnmächtige Institution medialer Selbstkontrolle, verurteilte diesen vorsätzlichen Verstoß gegen berufsethische und medienrechtliche Prinzipien noch am gleichen Tag und sprach von einer schweren Schädigung des Ansehens der Presse. Die Affäre eskalierte und hatte Spätfolgen. Zuerst klagte die Neue Kronen Zeitung Mitglieder des Presserates wegen Kreditschädigung und unlauterem Wettbewerb auf die enorme Summe von 220.000,- Euro, kam aber damit nicht durch. Das Handelsgericht Wien gab dem Presserat recht, weil sich die Neue Kronen Zeitung "auf ein Argumentationsniveau begeben habe, das ohne Zweifel verurteilungswürdig ist" (APA vom 24. 1. 1999). Auch der Oberste Gerichtshof folgte dieser Argumentation.

Zeitung verklagt Presserat

Nicht alle Verstöße sind so eindeutig wie der geschilderte. In der Hektik der Tagesarbeit und in der Einsamkeit eines Entscheidungsverantwortlichen kommt es auch zu unüberlegten Handlungen und simplen Pannen. Kein Medium könnte sich als fehlerfrei bezeichnen. Wie viele durch Kriegshandlungen oder ein Flugzeugunglück zerrissene Körperteile sind im Fernsehen tragbar, wie viele Augenblicke darf die Kamera an der Blutlache hängen bleiben? Schaffen es die Regieverantwortlichen, das Auge der Kamera vom persönlichen Leid des Einzelmenschen rechtzeitig wegzuschwenken, achten sie die Würde eines Schwerkranken, an dessen Bett bereits der Tod Platz nehmen möchte? Der ehemalige Präsident des deutschen Bundesverfassungsgerichts Ernst Benda definierte die heikle Grenzlinie im Gespräch mit der Süddeutschen Zeitung am 6. September 1997 in einem Satz: "Die Öffentlichkeit hat Anspruch darauf, über wesentliche Ereignisse unterrichtet zu werden; sie hat keinen Anspruch darauf, beim Tod eines Menschen sozusagen dabei zu sein." Die Journalisten müssen immer wieder entscheiden, oft unter Zeitdruck. Es kann aber überhaupt keinen Zweifel geben, dass journalistische Handlungsfreiheit dort endet, wo Menschenwürde verletzt werden könnte.

Menschenwürde

Im beinharten Konkurrenzkampf der Medien und insbesondere privater Fernsehanstalten werden solche Grenzen nicht nur gedehnt, sondern manchmal gesprengt. Ausgelöscht werden sie keinesfalls. Weltweit erkennen einander Journalisten schon bei der ersten Begegnung und gewissermaßen gegen den Wind, wie sie es mit der Standesethik halten.

Geiseldrama von Gladbeck

Nicht immer werden sich die Verantwortlichen wenigstens der Tatsache bewusst, dass sie in der Hektik einer Stunde versagten. 1988 wurde das mehrtägige Geiseldrama von Gladbeck, Deutschland, zum Klassiker einer unerträglichen Kumpanei zwischen Mördern und denen, die nach Information und Bildern heischten. Für Journalisten gilt auch Verantwortungsethik: Sie müssen die Folgen ihrer Berichterstattung berücksichtigen, müssen überlegen, ob sie durch ihre Berufsarbeit nicht Terroristen eine Plattform geben, wie dies am Beispiel des Geiseldramas Gladbeck/Köln der Fall war.

Todesschüsse im Fernsehen

Im amerikanischen Fernsehen wurde am 28. Februar 1997 live eine Schießerei zwischen fünf Bankräubern und der Polizei übertragen, bei der zwei Täter am Ende durch gezielte Schüsse ins Jenseits befördert wurden. Die Fernsehgesellschaften ließen das Drama stundenlang von Hubschraubern aus filmen. Millionen amerikanischer Fernsehzuschauer hatten nur eine geringe Chance, zwischen Spielfilm und Realität zu unterscheiden. Und der Name des Ortes, an dem dies geschah, war an sich schon ein Symbol: North Hollywood. Ein kurzer Ausschnitt davon, natürlich der mit den Todesschüssen, wurde auch in den Abendnachrichten des ORF-Fernsehens gezeigt.

Selbstmord als Reality-Show

Es gibt Ereignisse, in denen jeder wache Journalist die Grenze seiner Schaffensfreiheit eindeutig ziehen kann. Das sind aber die selteneren Fälle. Im weniger spektakulären Alltag ist nicht immer klar, ob ein Verzicht auf bestimmte Gestaltungsmethoden bloß Zimperlichkeit ist oder ein "Wehret den Anfängen". Als der deutsche FDP-Politiker Jürgen Möllemann 2003 durch vorsätzliches Nichtöffnen seines Fallschirmes in den Freitod sprang (so lautete, wenn auch ohne Gewähr, das Ergebnis aller Untersuchungen), funktionierte die Sicherung gegen Geschmacklosigkeit nicht optimal. Die DPA holte aus ihrem Archiv ein Foto Möllemanns, auf dem er in voller Montur an einem Fallschirm hängt, und schickte es ins Netz; in zahlreichen Redaktionen des In- und Auslands war damit das Foto "im Angebot" - und etliche Zeitungen und TV-Stationen übernahmen es, ohne lang nachzudenken. Geschmacklosigkeit kann allerdings der Einstieg in Pietätlosigkeit sein: Selbstmord als Reality-Show in Printversion.

Fotoarchive verleiten zu Missbrauch

Die gut bestückten Fotoarchive der Zeitungsredaktionen und die Filmarchive der Fernsehanstalten haben eine problematische Wirkung, wenn denen, die auswählen, die Einsicht in die Bedeutung ihrer Handlung fehlt. Sie verleihen dem suggestiven Bildmaterial eine dokumentarische Bedeutung, die es wegen der zeitlichen Distanz seiner Produktion zum späteren Vorfall gar nicht haben kann. Ein aktuelles Ereignis erhält durch die fast unbeschränkt zur Verfügung stehenden Pixel-Konserven die höhere Weihe der Glaubwürdigkeit. Die Fotos und Filme werden ausgewählt, weil sie dazu passen. Jedem Redakteur, der sich aus dem Archiv ein Foto zu seinem Text besorgt, ist die Frage des Fotoredakteurs bzw. -archivars geläufig: "Soll er/sie auf dem Bild freundlich schauen, ernst oder drohend oder ..." Solche Gepflogenheiten sind so verbreitet, dass es gar keinen Sinn mehr macht, Redaktionen über die Hohlheit dieser Praktiken aufzuklären. Der einzige Ausweg ist, das Publikum allmählich darauf aufmerksam zu machen, dass Bildmaterial keinen höheren dokumentarischen Wert hat als Christbaumschmuck. Manipulation? Auf jeden Fall ist die Linie zu ihr dann überschritten, wenn das Auswahlkriterium lautet: "Soll er/sie sympathisch oder unsympathisch wirken?"

Journalismus und Public Relations

Zur Besonderheit der modernen Mediengesellschaft gehört das numerische Übergewicht der Public Relations-Branche in allen ihren Facetten. Die Journalisten sind geradezu umlagert von Spezialisten, die für den Medienauftritt eines Unternehmens, eines Ministeriums, einer Persönlichkeit, eines Theaters oder einer Interessenorganisation wirken.

Journalismus und PR aufeinander angewiesen

Sind Journalisten und die viel zahlreicheren PR-Experten Partner? Ja und nein, jedenfalls ist der Begriff Partnerschaft schillernd. Wer die Augen nicht verschließt, wird einerseits zugeben, dass moderne Medien ohne die mit hohen Kosten verbundene Vorarbeit der Öffentlichkeitsarbeiter nicht mehr auskämen. Die Medien könnten sich die gründlichen Analysen, Studien, Grafiken, die ein Auto-Konzern oder ein mit öffentlichen Geldern operierendes Ministerium oft samt hervorragendem Bildmaterial anbietet, gar nicht leisten. Der Einfluss von der PR-Seite ist also da und in den Medieninhalten eindeutig nachweisbar.

Aber andererseits: Die Grenze zwischen beiden Branchen ist wesentlich. Ein Public Relations-Manager steht im Solde eines Auftraggebers (eines Unternehmens, Ministers, Generaldirektors, einer Interessenorganisation). Der Journalist ist nur sich und seinem Medium verantwortlich und darf keinesfalls zum Kofferträger für die Imagepflegestunden eines Auftraggebers werden.

Medien haben einen hohen Wert, sie verleihen öffentliche Aufmerksamkeit, schreibt der Kommunikationswissenschaftler Stefan Ruß-Mohl in der Neue Zürcher Zeitung (3. 11. 2000) über das Zusammenspiel von Journalismus und Public Relations: "Das Problem besteht indes genau darin, dass seriöser Journalismus Aufmerksamkeit nicht meistbietend versteigern darf, sondern sie unbestechlich nach seinen eigenen professionellen Kriterien, also den Nachrichtenwerten, zuteilen muss."

Grenzen medialer Eigenwerbung

Das gilt auch für die Eigenwerbung. Nichts ist peinlicher, als wenn ein Medium die Werbung für sich selbst mit journalistischem Agendasetting auflädt und den Kurzschluss zwischen journalistischer Leistung und Marketing in eigener Sache herstellt. Dem Spiegel unterlief diese Panne am 15. 3. 1999, als er sich journalistisch für den Internet-Einstieg mit T-Online stark machte und dem Telekom-Unternehmen eine redaktionelle Werbefläche bot, dies noch dazu unter dem verfänglichen Werbeslogan: "Früher oder später gehen alle ins Netz, Spiegel-Leser früher". Der Fall wurde in Deutschland heftig diskutiert, in Österreich würde man ihn vermutlich überhaupt nicht bemerken. Im Wochenmagazin NEWS vom 13. 6. 2002 erschien eine aufmunternde Bademoden-Story zum Sommeranfang, verbunden mit einer Bikini-Geschenkaktion eines Wäschekonzerns für neue NEWS-Abonnenten. Die PR-Sprecherin des Unternehmens gab das dazu passende Interview - wer denkt sich schon viel dabei?

Kriegsberichterstattung

In der Kriegsberichterstattung, die man sich fast nur noch als wohl organisierten Vorgang im Korsett militärischer Öffentlichkeitsarbeit vorzustellen hat, befindet sich der Journalist, die Journalistin zwangsläufig in einer professionellen Grenzsituation. Beim Militärschlag der USA gegen Irak 2003 wurden erstmals einige Hundert Journalisten in die im Feindland Irak operierenden Militärkonvois "eingebettet" (embedded journalists). Über den menschlichen Aspekt dieses Einsatzes nur ein Wort: Die Journalisten müssen sich Rechenschaft darüber geben, dass sie aus der Sicht der betroffenen Bevölkerung keineswegs wie neutrale Beobachter wirken. Sie erscheinen als Teil der Angriffsmaschinerie. Der optische Eindruck einer TV-Kamera und eines Maschinengewehrs ist aus der Perspektive dessen, auf den diese hochtechnischen Geräte zielen, frappant ähnlich.

Instrumentalisierung der Medien

Der zweite wichtige Aspekt: Mehr noch als in den ruhigen Zeiten gesellschaftlicher Entwicklung wird im Krieg versucht, Medien für Kriegsziele zu instrumentalisieren. Nach viel Verwirrung und Überraschung, mit denen die Medien während der Balkan-Kriege der neunziger Jahre nur recht und schlecht fertig wurden, war ihr Misstrauen während des Irakkriegs 2003 bereits geschärft. Viele Medien und Journalisten brachten zumindest eines zu Stande: Sie reflektierten ihre missliche Lage einschließlich des Zensuriertwerdens und teilten ihre Sorge wiederholt dem Publikum mit.

Kampf an der "vierten Front"

Nach dem NATO-Einsatz im Kosovo veröffentlichte die Österreichische Gesellschaft für Landesverteidigung und Sicherheitspolitik eine Studie unter dem bezeichnenden Titel "An der Informationsfront". In dieser von Oberst Wolfgang Schober verfassten Analyse der Medienarbeit der NATO und der USA heißt es ungeschminkt: "Es wird versucht, die Massenmedien für den Transport der zentralen Botschaften (der alliierten Mächte, Anm.) einzusetzen". Und an anderer Stelle: "Derartige Methoden heutiger Kommunikation zeigen aber auch, dass der 'Kampf an der vierten Front' von entscheidender Bedeutung für die Akzeptanz und Legitimation von sicherheitspolitischen Operationen sind. Es ist in Militärkreisen anerkannt, dass eine positive Meinungsbildung in einem Großteil der Bevölkerung die Basis für die Unterstützung des Streitkräfteeinsatzes bildet" (Schober 2003).

Unter solchen Grundvoraussetzungen verbieten sich jegliche journalistische Illusionen. Warum also überhaupt noch weiterdiskutieren? Weil Journalisten sogar unter solchen außergewöhnlichen Belastungen nicht aufgeben dürfen. PR-Professionals wie der während des Kosovo-Konflikts 1999 in NATO-Diensten arbeitende Jamie Shea können Informationen lenken, verweigern, können nach dem Prinzip "If you don't have a story, make a story" Futter für Journalisten abpacken - sie können aber nicht alle Journalisten auf einmal veranlassen, professionelle Regeln zu vergessen und ein Spiel mit gezinkter Wahrheit aktiv mitzuspielen. Wer nach Qualitätsstandards strebt, muss sich vielleicht gefallen lassen, dass sein Handlungsspielraum beschnitten wird. Dann wird er das seinem Publikum ehrlich eingestehen, statt selbst die Spirale Richtung Desinformation zu drehen.

Journalistische Qualität

Was ist eigentlich journalistische Qualität? Auch da zunächst viel Ratlosigkeit, viel Stochern im Nebel. "Qualität im Journalismus definieren zu wollen, gleicht dem Versuch, einen Pudding an die Wand zu nageln", gestand Stephan Ruß-Mohl (Ruß-Mohl 1996, S. 122) ein, nähert sich aber dann doch dem harten Kern. Er meint, dass Journalisten in ihren höchst unterschiedlichen Funktionen und Medienwelten doch eines gemeinsam haben: Sie versuchen, Qualitätsansprüchen gerecht zu werden, selbst wenn diese widersprüchlich sind. Er erinnert an die magischen Dreiecke und Vierecke in der Wirtschaft, in denen wichtige Ziele genannt sind, die niemals gleichzeitig erreicht werden können. So auch bei den Journalisten. Zu ihren Zielsetzungen gehören (vgl. Ruß-Mohl ebd.):

- *Objektivität*: Faktentreue, Bewertung und seriöse Auswahl, Trennung von Nachricht und Meinung, Vielfalt der Blickwinkel, Fairness.
- *Reduktion der Komplexität*: Journalisten vereinfachen, drücken sich verständlich aus, komprimieren und selektieren.
- *Aktualität*, oft verbunden mit Zeitdruck.
- *Originalität*: Journalisten bieten Leseanreize, Eigenrecherche, Hintergrundwissen.
- *Reflexivität*: sie legen die Bedingungen der Berichterstattung offen, leisten sich Quellenkritik.

"Qualitätssicherung ist ein auf Dauer angelegter Vorgang, ist selbst ein Prozess - mit präventiven, mit den Produktionsprozess begleitenden und mit korrektiven Elementen" (Ruß-Mohl, a. a. O.).

Medien-
kritik

Zur Qualitätssicherung gehören Aus- und Weiterbildung, ein redaktionelles Management, Offenheit in eigener Sache. Auch Medienberichterstattung (also Berichterstattung in den Medien über Medien) ist zu erwähnen, weil sie eine öffentliche Diskussion erzeugt. Leider steckt die Medienberichterstattung in den Kinderschuhen, was nicht nur am beschränkten Interesse des Publikums liegt, sondern auch daran, dass es mit der Freiheit der Berichterstattung und auch der Objektivität zumeist in dem Moment aus ist, in dem es um Vorgänge im eigenen Medienhaus geht. Da macht sich bei den einzelnen Journalisten plötzlich eine Mutationsform der Verantwortungsethik breit - sie wissen, woran sie nicht rühren dürfen. Das ist schade und müsste nicht so sein. Nur krisenhafte Erscheinungen führen manchmal dazu, dass Medien auch über sich Klartext reden. Solches geschah beispielsweise 2003 bei der New York Times, die einer journalistischen Betrugsaffäre aufgesessen war. Ihre Chefredakteure traten zurück, die Zeitung bekannte in einem Kommentar am 6. Juni 2003: "Eine Reihe ziemlich spektakulärer Erfolge hat uns vielleicht zu eingebildet gemacht, vielleicht zu sicher, dass die Zukunft immer so sein wird. Nun überprüfen wir wieder einige unserer internen Regelungen und Strukturen."

Umkämpfte
Aufmerk-
samkeit

Die Reduktion der Information kann freilich bis zur Plattheit gehen. Infotainment und auch Emotainment sind die Folge, also eine Art lautstarke Stillbeschäftigung für eine passive Menschenklasse. "Die Folge ist, dass der Journalismus der Mainstream-Medien (in erster Linie Fernsehen und Boulevardpresse) sich weniger um relevante Nachrichten bemüht als um die attraktive Aufbereitung des Info-Mülls, der im Übrigen auch billiger zu haben ist als eine aufwändige Recherche. Das umkämpfte, weil kostbar gewordene Gut ist nicht Information, sondern die Aufmerksamkeit des reizüberfluteten Publikums." (Haller 2002, S. 123)

Was also, um ein Resümee zu ziehen, ist journalistische Ethik? Ganz gewiss nichts, was an irgend einem Ethik-Schalter abzuholen wäre. Journalistische Ethik ist eine Lebensaufgabe für Journalisten in der Auseinandersetzung mit dem Publikum, mit sich, ihrem Beruf, ihren Kolleginnen und Kollegen, ihrem Medienhaus und dem "Mediensystem". Um das moderne Wort "Einbettung" einmal auch positiv anzuwenden: Wohl den Journalisten, die in eine wache, kritische und diskussionsfreudige Redaktion eingebettet sind - sie bleiben leichter auf Kurs. Aber auch Einzelkämpfer gehen nicht notwendigerweise verloren.

Literatur

Debatin, Bernhard; Funiok Rüdiger (Hrsg.) (2002): Kommunikations- und Medienethik. Sammelband zur Jahrestagung 2002 des Netzwerkes Medienethik. Konstanz. (Siehe auch: www.netzwerk-medienethik.de)

Debatin, Berhard (2003): Ethik des Onlinejournalismus - medienethische Kriterien und Perspektiven. In: Beck, Klaus; Schweiger, Wolfgang; Wirth, Werner (Hrsg.): Gute Seiten - schlechte Seiten. Qualität in der Onlinekommunikation. München, S. 80-99.

Fabris, Hans-Heinz; Renger, Rudi; Rest, Franz (Hrsg.) (2001): Bericht zur Lage des Journalismus in Österreich (2001). Ein Qualitäts-Monitoring. Institut für Kommunikationswissenschaft der Universität Salzburg. Salzburg (Siehe auch www.kowi.sbg.ac.at)

Funiok, Rüdiger (Hrsg.) (1996): Grundfragen der Kommunikationsethik. Konstanz.

Haas, Hannes; Jarren, Otfried (Hrsg.) (2002): Mediensysteme im Wandel. Struktur, Organisation und Funktion der Massenmedien. Wien.

Haller, Michael; Holzhey, Helmut (Hrsg.) (1992): Medien-Ethik. Opladen.

Haller, Michael (2002): Zwischen Effekthascherei und Hintergrund. Anmerkungen zur Orientierungsfunktion im Journalismus. In: Presse 2002. Hrsg. vom Verband Österreichischer Zeitungen. Wien.

Hausmanninger, Thomas (Hrsg.) (2002): Grundfragen der Internetethik. München.

Karmasin, Matthias (1996): Journalismus ohne Moral. In: Mast, Claudia (Hrsg.): Markt, Macht, Medien. Konstanz.

Karmasin, Matthias (Hrsg.) (2002): Medien und Ethik. Ditzingen.

Kepplinger, Hans Mathias (1998): Die Demontage der Politik in der Informationsgesellschaft. Freiburg.

Meyer, Thomas (2001): Mediokratie. Die Kolonisierung der Politik durch die Medien. Frankfurt/Main.

Qualitätssicherung im Mediensystem. In: Medien Journal 23:1999, Heft 4. Innsbruck.

Pürer, Heinz (1996): Ethik und Verantwortung im Journalismus. In: Pürer, Heinz (Hrsg.): Praktischer Journalismus in Zeitung, Radio und Fernsehen. 4. Aufl. Salzburg.

Riehl-Heyse, Herbert (1989): Bestellte Wahrheiten. Anmerkungen zur Freiheit eines Journalistenmenschen. München.

Riehl-Heyse, Herbert (2002): Arbeiten in vermintem Gelände. Macht und Ohnmacht des Journalismus. Wien.

Schober, Wolfgang (2003): An der Informationsfront. Die Medienarbeit der Nato im Kosovo-Einsatz. In: Schriftenreihe der Österreichischen Gesellschaft für Landesverteidigung und Sicherheitspolitik. Wien.

Weil, Felix (2001): Die Medien und die Ethik. Grundzüge einer brauchbaren Medienethik. Freiburg.

Weischenberg, Siegfried (1997): Neues vom Tage. Die Schreinemakerisierung unserer Medienwelt. Hamburg.

Weischenberg, Siegfried (1998): Journalistik. Band 1: Mediensysteme, Medienethik, Mediensituationen. Opladen.

Wilke, Jürgen (Hrsg.) (1996): Ethik der Massenmedien. Wien.

Wirkungen der Massenmedien

Roland Burkart

"Wie wirken die Massenmedien?" - Dies ist wahrscheinlich die am häufigsten gestellte Frage in der Geschichte der Massenkommunikationsforschung. Einschlägige Studien gibt es seit mehr als einem halben Jahrhundert, und inzwischen kann die Wirkungsforschung auf breit gefächerte theoretische Annahmen, auf vielfältige Untersuchungsmethoden und auf reichhaltige empirische Ergebnisse verweisen (vgl. Bonfadelli 1999, 2000; Schenk 2002). Dennoch existiert bis heute keine eindeutige Antwort auf diese Frage, weil sie - wie schon vor drei Jahrzehnten im Rahmen einer Literaturexpertise festgestellt wurde - "in dieser globalen Form wissenschaftlich nicht zu beantworten (ist)" (Hackforth 1976, S. 10).

Dies mag auf den ersten Blick enttäuschen und verwundern, besteht doch ein wesentlicher Sinn und Zweck wissenschaftlicher Forschung in der Entwicklung von möglichst allgemeingültigen Erkenntnissen, also von (empirisch gestütztem) theoretischem Wissen. Eine Theorie der Medienwirkung im strengen wissenschaftlichen Sinn gibt es aber nicht. Was läuft also anders in der Massenkommunikationsforschung?

Besonderheiten der Medienwirkungsforschung

Es sind vor allem zwei Besonderheiten, die zum Verständnis der Forschungslage in der Wirkungsforschung vonnöten sind:

Nur Theorien "mittlerer Reichweite"

Zum einen kann Allgemeingültigkeit sozialwissenschaftlicher Forschungsergebnisse vielfach nur unter einschränkenden Prämissen erzielt werden, weil die Erkenntnisobjekte selbst einem ständigen Wandel unterliegen. Sozialwissenschaftliche Aussagen sind häufig bloß mit räumlicher und/oder zeitlicher Einschränkung verallgemeinerbar. In der Regel handelt es sich dabei also um "middle-range-theories" (Merton 1957), um sog. Theorien "mittlerer Reichweite." Für die Medienwirkungsforschung bedeutet dies, dass ihre Ergebnisse selten für "alle" Menschen gelten und vor allem, dass Veränderungen in der medialen Infrastruktur einer Gesellschaft (z. B. Ausbreitung des Radios und Fernsehens, aktuell: des Internets), im inhaltlichen Angebot der Medien, in den Rezeptionsgewohnheiten des Publikums etc. stets auch die Bedingungen verändern, unter denen Medien wirksam werden. Deshalb muss die Wirkungsfrage im Grunde stets neu gestellt werden.

Zum anderen ist die "Wirkungs"-Frage selbst immer wieder als unangemessen klassifiziert worden, weil sie die Komplexität der damit angesprochenen Vorgänge unzulässig vereinfacht und insbesondere das Publikum auf einen mehr oder weniger passiven Faktor reduziert: "Die Begriffe 'Wirkung' und 'Wirkungsforschung' tragen die "Hypothek einer engen, eindimensionalen, theoretisch überholten Perspektive aus der Frühzeit des Forschungszweiges" (Berghaus 1999, S. 181) mit sich.

Interessen politischer Propaganda

Diese Perspektive reicht zurück bis in die 30er Jahre des 20. Jahrhunderts. Als mit dem Aufkommen der modernen Massenpresse und des Radios ein praktisches Verwertungsinteresse an derartigen Erkenntnissen seitens der politischen Propaganda und der Wirtschaftswerbung entstand. Hier ging (und geht) es schlicht um den Wunsch, mittels (Medien-)Kommunikation das Denken und Handeln einer großen Zahl von Menschen zu beeinflussen. Kommunikation wird in erster Linie als "Überredungskommunikation" (persuasive communication) gesehen. Im Lichte der positiven Erfahrungen, die man im Ersten Weltkrieg bei der Mobilisierung von Loyalitäten breiter Bevölkerungsschichten mit Hilfe von Propagandafeldzügen gemacht hatte, bezeichnete einer der Begründer der (angloamerikanischen) Massenkommunikationsforschung, Harold D. Lasswell, die massenmedial vermittelte Propaganda euphorisch sogar als "new hammer and anvil of social solidarity" (Lasswell 1927, S. 221).

Mittlerweile ist allerdings deutlich geworden, dass Medienwirkungen keineswegs so einfach ablaufen, wie man sich das in der ersten Hälfte des 20. Jahrhunderts vorgestellt hatte. Die Schwierigkeiten beginnen bereits beim Wirkungsbegriff.

Was heißt überhaupt "Medienwirkung"?

Dies ist keineswegs einfach zu definieren, ohne zu allgemein (und damit banal) zu werden; und tatsächlich gibt es über den Wirkungsbegriff auch keine einhellige Auffassung in der scientific community, eher ein Netz von Widersprüchen (vgl. etwa Merten 1994). Deshalb wird vielfach dafür plädiert, zwischen verschiedenen Wirkungsphänomenen zu unterscheiden, anstatt eine allgemeingültige und relativ inhaltsleere Definition anzustreben. Unterschieden werden kann z.B. zwischen verschiedenen Wirkungsbereichen (z.B. Wirkungen im Bereich des Verhaltens, des Wissens, der Meinungen und Einstellungen, der Emotionen), Wirkungsphasen, nämlich: Wirkungen vor (präkommunikativ), während (kommunikativ) und nach (postkommunikativ) Empfang einer Aussage; oder Wirkungen im Zeitverlauf wie kurzfristige und langfristige Wirkungen (vgl. dazu Bonfadelli 1999, S. 18ff.).

Üblicherweise meinen wir, wenn wir von Medienwirkungen sprechen, Wirkungen in der postkommunikativen Phase, also Konsequenzen im Wissen, Denken, Fühlen und Handeln von Menschen, nachdem sie eine Botschaft aus den Medien rezipiert haben. Darauf beziehen sich auch die meisten in der Folge angesprochenen Forschungsergebnisse.

Wie wirken die Medien? - Ausgewählte Antworten

Etappen der Forschung

Der Einblick in die Geschichte der Wirkungsforschung lässt erahnen, dass im Folgenden nur sehr selektiv (und damit auch subjektiv) auf bislang vorliegende Ergebnisse eingegangen werden kann. Aus der Fülle der vorhandenen Denkansätze werden (entlang der Forschungsphasen), jene Erkenntnisse ausgewählt und knapp beschrieben, die aktuelle, empirisch abgesicherte Erklärungskraft besitzen und die andererseits auch dazu dienen können, das eigene journalistische Handeln (im Hinblick auf seine potentiellen Konsequenzen) zu reflektieren.

"Kognitive Dissonanz" und "selektive Wahrnehmung" - oder: Warum es in aller Regel zu "schwachen" Medienwirkungen kommt

Gehen wir von einem bekannten Beispiel aus: Eine Person, die gerne und viel raucht, wird in der Zeitung mit einem Bericht über neue Studienergebnisse aus der Krebsforschung konfrontiert, in der wieder einmal nachgewiesen wurde, dass Zigarettenkonsum das Risiko einer Lungenkrebserkrankung drastisch erhöht. Wie wirkt eine solche Aussage auf den (selbst rauchenden) Leser?

Streben nach innerem Gleichgewicht

Dies ist ein typischer Fall für die sog. Konsistenz-Theoretiker unter den Wirkungsforschern. Aus psychologischer Perspektive handelt es sich hier nämlich um einen Zustand der *kognitiven Dissonanz* (oder des *kognitiven Ungleichgewichts*): Bewusstseinsinhalte bzw. Einstellungen und Verhaltensweisen der rauchenden Person sind widersprüchlich, stehen nicht im Einklang zueinander, weil sie unverträgliche Konsequenzen nach sich ziehen: Die positive Einstellung zum Rauchen harmoniert nicht mit den negativen Folgen dieses Verhaltens (Schädigung der eigenen Gesundheit). Die Konsistenzforscher gehen davon aus, dass Menschen danach trachten, ihre Einstellungen untereinander sowie Einstellungen und Verhaltensweisen miteinander in Einklang zu bringen, d. h. einen Zustand der *kognitiven Konsonanz* herzustellen und zu erhalten. Eine solche Situation mobilisiert kognitive Kräfte, die den Leser dazu drängen, diesen Zustand zu beseitigen (und kognitives Gleichgewicht wieder herzustellen).

Selektive Wahrnehmung

Eine Möglichkeit, den konsonanten Zustand wieder herzustellen, wäre die Verhaltensänderung infolge der Medienberichterstattung über Rauchen: die Person hört ab sofort auf zu rauchen. Derart "starke" Medienwirkungen werden allerdings selten vorkommen. In der Regel stellen sich vergleichsweise "abgeschwächte" Wirkungen ein. Die Konsistenztheoretiker prognostizieren für die beim Rezipienten ablaufenden kognitiven Prozesse unterschiedliche Möglichkeiten - im Zentrum steht dabei der Prozess der sogenannten selektiven Wahrnehmung. Damit ist gemeint, dass die Medienrezipienten (bewusst aber vor allem auch unbewusst) eine Auswahl der Medien sowie der Aussagen treffen, denen sie sich zuwenden und die sie rezipieren. Die Theorie der kognitiven Dissonanz liefert Motive für diese Selektion. Folgende Wirkungsprognosen sind denkbar:

Informationsvermeidung und Informationssuche

Möglichkeiten der Dissonanzreduktion

Der passionierte Raucher kann das Entstehen von Inkonsistenzen z. B. schon dadurch vermeiden, dass er den Artikel über die Schädlichkeit des Rauchens überblättert (also gar nicht liest). Er kann aber auch (nach dem Lesen des Artikels oder der Headline) zur Dissonanzreduktion nach zusätzlichen Informationen suchen, die diesen Zusammenhang relativieren: So wird er möglicherweise Berichten über die zunehmende Luftverschmutzung (durch Industrieabgase, durch den Autoverkehr etc.) besondere Beachtung schenken - nach dem Motto: diese Substanzen sind schädlicher, als die paar Zigaretten. Und er wird höchstwahrscheinlich jene Werbebotschaften der Zigarettenindustrie (dankbar) aufnehmen, die Filterzigaretten als Produkte anpreisen, die das Inhalieren gefährlicher Schadstoffe verhindern bzw. mindern.

Differenzierung/ (Um-)Interpretation

Es ist dies eine weitere Möglichkeit der Dissonanzreduktion: Der notorische Raucher kann die Aussage "Rauchen fördert Lungenkrebs" für sich uminterpretieren, indem er ein Einstellungsobjekt (hier: die Zigarette) differenziert - Motto: Zigarette ist nicht Zigarette ... für schadstoffarme Filterzigaretten gilt die Behauptung nicht. Er kann aber z. B. auch den Urheber der Botschaft diskriminieren - Motto: Das ist eine bestellte Studie im Rahmen der Anti-Raucherkampagne ...

Vergessen

Eine weitere Möglichkeit der Reduktion von Ungleichgewicht besteht darin, dass der Raucher aufhört, über den Zusammenhang zwischen Zigarettenkonsum und Lungenkrebs nachzudenken, um ihn schließlich ganz zu vergessen (oder zu verdrängen).

"Opinion-leading" und "opinion-sharing" - oder: Was persönliche Gespräche mit Medienwirkungen zu tun haben

Bleiben wir noch beim Beispiel Raucher: Angenommen, im Bekanntenkreis unseres starken Rauchers befindet sich ein Lungenfacharzt und die beiden unterhalten sich über das erhöhte Krebsrisiko von Rauchern. Im Laufe des Gesprächs kommt es zu einer Diskussion über gesundheitliche Risikofaktoren von Rauchern, und unser Raucher will sich gerne seine positive Meinung über die (Schadstoffe beseitigende bzw. abmildernde) Filterzigarette bestätigen lassen. Doch da verunsichert ihn sein Bekannter: Er wisse aus einer Fachzeitschrift von aktuellen Untersuchungen, die ergeben hätten, dass die krebserregenden Substanzen auch beim Rauchen von Filterzigaretten inhaliert würden.

Die Rolle der Meinungsführer

Abgesehen davon, dass unser Raucher damit neuerlich in einen Zustand kognitiver Dissonanz gerät, verweist diese Situation auf den Stellenwert der interpersonalen Kommunikation im Prozess von Medienwirkungen: Der Lungenfacharzt aus dem Bekanntenkreis unseres Rauchers befindet sich in der Rolle eines typischen Opinion Leaders (Meinungsführers): Er genießt bei seinem Bekannten Expertenstatus (in seiner Kompetenz als Facharzt), rezipiert einschlägige Medieninhalte (Fachzeitschriften), gibt auch Rat in fachspezifischen Fragen und beeinflusst dadurch die Meinung seines Gesprächspartners.

Das Opinion-Leader(OL)-Konzept geht auf Paul F. Lazarsfeld (1944) zurück, der im Rahmen eines amerikanischen Präsidentschaftswahlkampfes ausgewählte Personen mehrmals nach ihren Meinungen über die Kandidaten und nach ihren Wahlabsichten befragte. Lazarsfeld fand heraus, dass Personen, die ihre Meinung im Lauf der Zeit änderten, deutlich häufiger angaben, Gespräche über Politik (mit Verwandten, Freunden, Bekannten, Arbeitskollegen) geführt zu haben, als jene, deren Meinung bzw. Wahlabsicht konstant geblieben war. Im Gegensatz zur Omnipotenz-These (von der die Forscher damals noch ausgegangen waren) entstand also der Eindruck, "dass Menschen in ihren politischen Entscheidungen mehr durch Kontakte von Mensch zu Mensch beeinflusst werden (...) als unmittelbar durch die Massenmedien" (Lazarsfeld/Menzel 1964, S. 120; überblicksartig: Schenk: 2002, S. 320ff.).

Two-step-flow

Das OL-Konzept stand auch an der Wiege der sog. "Diffusionsforschung" (vgl. Pürer 2003, S. 362ff.; Schenk 2002, S. 370ff.), die danach fragt, wie sich Informationen (in ausgewählten Zielgruppen) ausbreiten. Die Antwort lautet: über die Massenmedien und im Rahmen persönlicher Kommunikation. Ursprünglich ging man von einem two-step-flow-of-communication (einem zweistufigen Modell) aus: Nach dieser Vorstellung erreichen die Massenmedien einen Großteil der Bevölkerung nicht direkt, sondern Medienbotschaften gelangen zunächst (erste Stufe) zur den Opinion-Leadern und über diese (zweite Stufe) zu den weniger aktiven Rezipienten.

Opinion-leading

Mittlerweile stellte sich heraus, dass man zwischen Informationsverbreitung und Beeinflussung unterscheiden muss: Der Informationsfluss verläuft häufig eher einstufig, der Beeinflussungsprozess zweistufig, d. h., "dass sich der Wirkungsradius von Meinungsführern insbesondere im Rahmen interpersonaler Kommunikation entfaltet, die durch Mediennutzung ausgelöst wird" (Jäckel 1999, S. 119). Ziehen wir wieder das Beispiel unseres Rauchers heran, wo die Informationsverbreitung zunächst ausschließlich massenmedial abläuft: Aus einem Zeitungsartikel erfährt der Raucher von einer neuen Studie über die Erhöhung des Krebsrisikos durch Rauchen, und er und nimmt auch die Dissonanzen reduzierende Werbebot-schaft (sei es ein Plakat, Inserat, TV- oder Hörfunkspot) von der Filterzigarette wahr, die das Inhalieren der Schadstoffe verhindert. Beide (medial vermittelten) Informationen beeinflussen - und verunsichern - ihn in seiner Einstellung zum Rauchen. Er ist daher empfänglich für weitere Informationen und Meinungen und sucht auch aktiv (als Ratsucher/opinion asker) das persönliche Gespräch darüber mit dem Experten (als Ratgeber/opinion giver) aus seinem Bekanntenkreis.

Doch damit nicht genug: In unserer modernen Mediengesellschaft haben wir es eigentlich immer seltener mit "Massenkommunikation", sondern viel häufiger mit "Zielgruppenkommunikation" zu tun (vgl. dazu näher: Burkart 2002, S. 166ff.). Dies hat im vorliegenden

Zusammenhang dazu geführt, dass die traditionelle Vorstellung vom opinion-leading durch das Bild vom opinion-sharing (Meinungsteilung) zu ergänzen war. Man erkannte, dass die Weitergabe von medial verbreiteten Informationen und Meinungen nicht einseitig, sondern wechselseitig vor sich geht: es gibt praktisch bei jedem Thema eine interessierte Gruppe von Rezipienten, die aktiv nach Informationen suchen, entsprechende Angebote auch (selektiv) wahrnehmen und mit anderen - ähnlich gut informierten - Personen darüber reden, sich wechselseitig beeinflussen und dabei ihre Meinung bilden. Überspitzt könnte man sagen: Sogenannte Opinion-Leaders kommunizieren gleichsam untereinander ... wobei es daneben - ebenfalls bei jedem Thema - eine Gruppe kommunikativ "inaktiver"(IA) Personen (auch: Opinion-Avoiders) gibt, die keinerlei Gespräche mit anderen führen und suchen.

Opinion-sharing

Vom Nutzen der Massenmedien - oder: Warum Medien eigentlich gar nicht "wirken"

Uses and Gratifications

Einleitend ist bereits auf die Problematik der Frage nach den medialen "Wirkungen" hingewiesen worden. Zu Recht, sagen die Vertreter des sog. "Nutzansatzes", der in seiner angloamerikanischen Variante auch als "Uses and Gratifications-Approach" firmiert. Fernsehen, Radiohören, Zeitung lesen und auch das Surfen im Internet erfolgt nämlich deswegen, weil man sich davon einen Nutzen bzw. eine Art Belohnung (eingedeutscht: Gratifikation) erwartet. Diese Belohnungen sind individuell verschieden. Das bedeutet, dass man sie auch weitgehend losgelöst von den konkreten Medieninhalten suchen und finden kann.

Ein Beispiel: Vier Menschen können aus ein und derselben TV-Diskussion zwischen Politikern vier verschiedene "Gratifikationen" beziehen. Der eine hofft auf trickreiche Verbalattacken eines bekannten Oppositionspolitikers; der zweite will Details zum Wahlprogramm einer bestimmten politischen Partei erfahren; der dritte schaut nur zu, damit er am nächsten Tag an seinem Arbeitsplatz mitdiskutieren kann; und der vierte dreht den Fernseher nur deswegen an, um sich dem Gespräch in der Familie zu entziehen.

Natürlich kann eine einzige Person mehrere (dieser erwähnten und auch noch andere) Gratifikationen aus der TV-Diskussion beziehen. Der springende Punkt besteht darin, dass man aus der Perspektive des Nutzenansatzes die Rezeption von Medieninhalten als zielorientiertes Handeln begreift und dem Publikum eine relativ aktive Rolle - vom sog. "aktiven Publikum" ist stets die Rede - im Massenkommunikationsprozess zuschreibt. Medienaussagen dürfen nicht (mehr) als Stimuli begriffen werden, die in ihrer Bedeutung bereits mehr oder weniger vorfabriziert sind; vielmehr gelten sie als interpretationsbedürftige(!) Objekte. Sie sind im Grunde bloß Wirklichkeitsangebote des Mediums, mit denen der Medienrezipient entsprechend seiner aktuellen Bedürfnislage umgeht. Es wird also nicht (mehr) naiv unterstellt, dass zwischen dem Inhalt einer medialen Aussage und ihrer Bedeutung ein eindeutiger Zusammenhang besteht. Vielmehr gilt: nahezu jeder Inhalt kann auf nahezu beliebige Weise vom Rezipienten benützt werden. Entscheidend sind ausschließlich seine individuellen Nutzungsmotive - deshalb wird hier auch vom "motivationalen" Ansatz in der Medienwirkungsforschung gesprochen.

Mediennutzung als zielorientiertes Handeln

Mittlerweile sind verschiedene Gratifikationstypen bekannt, mit denen sich die Frage nach der Mediennutzung beantworten lässt (zur nachstehenden Systematisierung vgl. Burkart 2002, S. 227ff.).

Erwartungs-Bewertungs-Modell

Unterhaltung, Zeitvertreib, Ablenkung und "Eskapismus"

Mit diesem Nutzungstyp ist gemeint, dass man mit Hilfe der Medien versucht, der alltäglichen Routine bzw. der Langeweile zu entkommen und/oder sich einfach entspannen und ablenken will. Was die Ablenkung betrifft, hat das sog. Eskapismus-Konzept eine herausragende Stellung in der Gratifikationsforschung. Danach neigen Rezipienten häufig dazu, Medieninhalte zur Flucht (escape) vor der Last persönlicher Probleme zu benützen, die der Alltag mit sich bringt.

Persönliche Beziehungen

Dazu zählt zunächst die sog. parasoziale Interaktion: Menschen versuchen, quasisoziale Beziehungen mit Medienakteuren einzugehen; sie erleben diese Akteure so, als würden sie persönliche Bekannte treffen.

Vielfach - aber nicht ausschließlich - handelt es sich dabei um Medienrezipienten, die in ihrem Alltag nur über spärliche Sozialkontakte verfügen. Darüber hinaus geht es hier um die sog. soziale Nützlichkeit: man gewinnt als Leser, Hörer oder Zuseher aus der Medienrezeption Gesprächsstoff für spätere Konversationen beispielsweise am Arbeitsplatz, in der Familie, im Freundeskreis etc.; oder es wird möglich, den (Fernseh-)Abend bzw. allfällige soziale Interaktionen (z. B. Diskussionen innerhalb der Familie etc.) zu strukturieren.

Persönliche Identität

Wir alle benützen Massenmedien aber auch, um mehr über uns selbst zu erfahren. Dies geschieht dadurch, dass wir in den medialen Inhalten einen Bezug zu unserem eigenen Leben herstellen - etwa durch Identifikation mit Personen, Handlungen, Situationen oder Ideen (Motto: "Der/die ist ja wie ich" oder "Ich bin in einer ganz ähnlichen Situation"); oder durch Projektion von Wünschen, Träumen oder Sehnsüchten (Motto: "So möchte ich auch sein/handeln" oder "Das möchte ich auch besitzen"); sowie durch Legitimation (Rechtfertigung) der eigenen Lage (Motto z. B.: "Gott sei Dank geht es mir nicht so schlecht" oder "Den anderen geht es ja auch nicht besser").

Umweltkontrolle

Damit ist schließlich die klassische Informationsleistung der Medien gemeint, d. h. wir versuchen, Informationen über unsere Umwelt zu diversen Themen zu erhalten.

Kritik an der Gratifikationsforschung

Es soll nicht unerwähnt bleiben, dass an der methodischen Vorgehensweise der Gratifikationsforschung vielfach Kritik geübt wurde, die im Grunde bis heute nicht zu entkräften ist. In der Regel handelt es sich dabei nämlich um (qualitative) Befragungen, die voraussetzen, dass die Menschen in der Lage sind, über ihre Ziele und Bedürfnisse zu reflektieren sowie die entsprechenden Gratifikationsinstanzen auch zu benennen; beides ist nur in Grenzen der Fall.

Die "wachsende Wissenskluft" - oder: Wie Medien Kommunikationsprivilegien vermehren

Es bedarf kaum näherer Belege, dass sich das Medienangebot ständig ausweitet. Was aber bedeutet diese Tatsache aus einer gesamtgesellschaftlichen Perspektive - und ist man mit dieser Frage möglicherweise Erkenntnissen auf der Spur, die den modernen, von den Massenmedien stark geprägten Demokratien gar kein gutes Zeugnis ausstellen? Die gesellschaftspolitische Brisanz dieser Frage liegt auf der Hand, verbindet man doch üblicherweise die demokratisch wünschenswerte Vorstellung vom "mündigen Bürger" mit dem Aufklärungsanspruch der Massenmedien (vgl. Schulz 1985)

Die These von der wachsenden Wissenkluft ("increasing knowledge gap") behauptet nun, dass der wachsende Informationszufluss von den Massenmedien in die Gesellschaft eine kommunikative Ungleichheit mit sich bringt: Die besser gebildeten Menschen (die in der Regel auch höhere berufliche Positionen innehaben und überdurchschnittlich gut verdienen) können mit diesem Informationszuwachs besser umgehen als die status- und bildungsmäßig niedrigeren Bevölkerungsgruppen. Dies hat zur Folge, dass die Wissenskluft zwischen diesen Bevölkerungssegmengen tendenziell zu- statt abnimmt (Tichenor/Donohue/Olien 1970; überblicksartig: Bonfadelli 2002, S. 568ff.). Mit anderen Worten: die bildungs- und statusmäßig Privilegierten sind auch die kommunikativ Privilegierten. Zwar ist die Mehrheit der Bevölkerung in der Regel durchaus über einzelne herausragende Ereignisse informiert, aber dieses "Wissen" ist "in den meisten Fällen oberflächlich und besteht aus irrelevanten Einzelheiten." (Bonfadelli 2002, S. 573)

Besser Gebildete im Vorteil?

Vor allzu schnellem Kulturpessimismus sei allerdings gewarnt, denn auch diese These erwies sich von sehr eingeschränkter Allgemeingültigkeit. So fand man beispielsweise heraus, dass bildungs- oder statusbedingte Wissensunterschiede nicht unabänderlich vorherbestimmt sind. Als wesentlicher Faktor, der die These von der wachsenden Wissenskluft in ihrer Verallgemeinerbarkeit einschränkte, wurde die Betroffenheit von bzw. das Interesse an Informationen erkannt: Personen, die sich für ein Thema - z. B. aus persönlicher Betroffenheit

These nur beschränkt gültig

heraus - stark interessieren, sind trotz niedrigem Bildungsstand in der Lage, die entsprechenden Informationen aufzunehmen.

Diese und ähnliche Erkenntnisse führten zu weiteren Forschungsimpulsen, und nunmehr lassen sich Bedingungen nennen, unter denen der Informationsfluss gleichmäßig verläuft und die Wissensverteilung in den verschiedenen Gruppen relativ homogen ist:

Weitere Befunde

1. bei konflikthaltigen Themen;
2. im Falle intensiver Medienberichterstattung über ein Thema;
3. wenn das Problem auch Thema von persönlichen Gesprächen ist;
4. wenn starke Betroffenheit und damit ein entsprechendes Informationsinteresse vorhanden ist; sowie
5. wenn die relevante Gruppe (Gemeinde) klein und homogen ist.

"Agenda-Setting" - oder: Worin die eigentliche Macht der Medien besteht

Der Kerngedanke dieses Konzepts besteht in der Annahme, dass die Massenmedien nicht so sehr beeinflussen, was wir denken, sondern *worüber* wir nachdenken. Die Macht der Medien - ihre eigentliche "Wirkung" im ursprünglichen Sinn - besteht darin, dass sie uns gleichsam diktieren, welche (Gesprächs-)Themen wir auf unsere Tagesordnung (Agenda) setzen. Auch mit dieser "Tagesordnungs-" oder auch "Thematisierungsfunktion" werden den Medien - wie schon bei der vorhin besprochenen Wissenskluftthese - vor allem kognitive Effekte zugeschrieben (vgl. überblicksartig: Schenk 2002, S. 399ff.).

Stärkere Effekte durch Tageszeitung?

Wie nicht anders zu erwarten, wurden auch hier längst Faktoren erkannt, die die Allgemeingültigkeit des Konzepts einschränken: So können mitunter von der Tageszeitung stärkere Themenstrukturierungseffekte ausgehen als vom Fernsehen - man vermutet, weil die Zeitung durch Aufmachung und Gestaltung Themen besser hervorheben oder zurückdrängen kann, als das Fernsehen, dem man eher einen kurzfristigen Scheinwerfereffekt attestiert (McClure/Patterson 1976). Außerdem erkannte man, dass unterschiedliche Agenda-Setting-Effekte auch mit unterschiedlichen Eigenschaften der jeweiligen Themen zu erklären waren. So kann man Themen nach dem Grad ihrer Aufdringlichkeit (obtrusiveness) differenzieren. Als aufdringliche Themen gelten solche, die man persönlich und direkt erfahren kann (z. B. Inflation, Kriminalität, lokale Politik), während unter unaufdringlichen (unobtrusive) Themen solche zu verstehen sind, die außerhalb persönlicher Kontaktnahme angesiedelt sind (wie z. B. internationale Beziehungen, nationale Politik). Obwohl diese Unterscheidung sicher diskussionswürdig ist, lassen sich Themenstrukturierungseffekte vor allem für unaufdringliche Themen nachweisen. Letztlich hat sich aber - wie vorher im Bereich der Wissenskluftthese - abermals eine Publikumsvariable als zentraler wirkungsrelevanter Faktor herausgestellt: Das Orientierungsbedürfnis (Need for Orientation) der Medienrezipienten (Weaver 1980). Hohes Orientierungsbedürfnis führt - zusammen mit verstärkter themenspezifischer Mediennutzung - zu ausgeprägteren Agenda-Setting-Effekten und provoziert außerdem persönliche Gespräche über eben diese Themen - ein Umstand, der ja bereits weiter oben im Rahmen des Opinion-Leader-Ansatzes als wirkungsrelevant erkannt worden ist.

Orientierungsbedürfnis des Publikums

Die "Schweigespirale" - oder: Was Medien mit Isolationsangst zu tun haben

Als letzter Erklärungsansatz für Medienwirkungen sei die Theorie der deutschen Publizistikwissenschaftlerin Elisabeth Noelle-Neumann (1982) erwähnt (vgl. zusammenfassend: Kunczik/Zipfel 2001, S. 374ff.; Schenk 2002, S. 498ff.). Unter Rückgriff auf sozialpsychologische Experimente zur Konformitätsforschung geht Noelle-Neumann davon aus, dass Menschen ihre eigene Meinung eher dann verschweigen, wenn sie vermuten, dass die Mehrheit anders denkt. Im Gegensatz dazu wird angenommen, dass Personen, die sich der Mehrheitsmeinung zugehörig fühlen, ihre Überzeugung auch öffentlich zeigen. Die Ursache dafür sieht Noelle-Neumann in einem tief verwurzelten Bedürfnis des Einzelnen nach Zustimmung, das mit einer Furcht vor Missachtung und Unbeliebtheit einhergeht, die letztlich in soziale Isolation führt. Die öffentliche (eigentlich: die öffentlich geäußerte) Meinung ist für Noelle-Neumann so etwas wie unsere "soziale Haut", die uns vor öffentlicher Bloßstellung schützt und von der die Gesellschaft gleichsam zusammengehalten wird.

Macht der Mehrheitsmeinung

Einschätzung des Meinungsklimas

Schweigespirale bedeutet nun: Weil wir Menschen uns nicht isolieren wollen, beobachten wir pausenlos unsere Umwelt und registrieren wie mit einem "quasistatistischen Wahrnehmungsorgan" (Noelle-Neumann 1982, S. 164), das sog. Meinungsklima, d. h. welche Meinungen zu- und welche abnehmen. Die Einschätzung dieses Meinungsklimas speist sich aus zwei Quellen: aus der unmittelbaren Umweltbeobachtung (konkret: aus ihren Signalen von Billigung und Missbilligung) sowie aus den Massenmedien, wobei dem Fernsehen (wenigstens in den Untersuchungen der Autorin) eine herausragende Rolle zuzukommen scheint. "Wer sieht, dass seine Meinung zunimmt, ist gestärkt, redet öffentlich, lässt die Vorsicht fallen. Wer sieht, dass seine Meinung an Boden verliert, verfällt in Schweigen. Indem die einen laut reden, öffentlich zu sehen sind, wirken sie stärker, als sie wirklich sind, die anderen schwächer, als sie wirklich sind. Es ergibt sich eine optische und akustische Täuschung für die wirklichen Mehrheits-, die wirklichen Stärkeverhältnisse, und so stecken die einen andere zum Reden an, die anderen zum Schweigen, bis schließlich die eine Auffassung ganz untergehen kann. Im Begriff Schweigespirale liegt die Bewegung, das Sich-Ausbreitende, gegen das man nicht ankommen kann." (Noelle-Neumann 2002, S. 404)

Meinungsumfragen

Hervorgegangen ist diese Theorie im wesentlichen aus der Interpretation von repräsentativen Meinungsumfragen des deutschen Instituts für Demoskopie Allensbach (dessen Gründerin Noelle-Neumann war) im Rahmen von mehreren Wahlkämpfen zur deutschen Bundestagswahl seit Mitte der 1960er Jahre. Als Ergebnis (insb. der Analyse zur Bundestagswahl 1976, als die SPD stimmenstärkste Partei wurde) glaubt die Verfasserin sogar ein doppeltes Meinungsklima (Noelle-Neumann 1982, S. 240ff.) entdeckt zu haben: Während damals nämlich das politische Klima in der Bevölkerung ausgeglichen war, dominierte bei den Fernsehjournalisten die Meinung, die Wahlchancen der regierenden sozialliberalen Koalition (SPD/FDP) seien wesentlich höher als die der Opposition (CDU/CSU). Als Ursache führte Noelle-Neumann an, dass sich Bevölkerung und Journalisten erheblich in ihren parteipolitischen Überzeugungen unterschieden (sie standen mehrheitlich auf Seiten der SPD/FDP). Anhand von Umfragedaten wurde schließlich auch erkennbar, dass diejenigen, die viele politische Sendungen im Fernsehen gesehen hatten, die Wahlchancen der SPD/FDP höher einschätzten als die Wenigseher solcher Sendungen.

Diese politischen Implikationen aber auch methodische Probleme bei der Messung des Schweigespiraleneffektes (näher dazu: Burkart 2002, S. 268f.) haben dieser Wirkungstheorie viel Resonanz und Kritik eingetragen. Allerdings betont Noelle-Neumann selbst immer die Unfertigkeit ihres Ansatzes und nennt auch die Bedingungen, die vorliegen müssen, damit der behauptete Schweigespiralenprozess überhaupt stattfindet: Es muss sich (1) um Meinungen bzw. Einstellungen handeln, die sich im Wandel befinden. Es muss sich (2) um Meinungen handeln, die moralisch aufgeladen sind, d. h. bei denen sich die Auseinandersetzung nicht um (rational) "richtig" oder "falsch" dreht, sondern um (moralisch) "gut" oder "schlecht" und es muss sich (3) um Prozesse handeln, in denen die Medien eine identifizierbare Position einnehmen. Deshalb sind empirische Tests ohne Einbeziehung der Berichterstattung eigentlich kaum möglich.

Resonanz und Kritik

Fazit: Medienwirkungsforschung - ein Fass ohne Boden?

Der knappe Einblick in den Erkenntnisstand der Medienwirkungsforschung des 20. Jahrhunderts macht dreierlei erkennbar: (1) Medien haben fraglos "Wirkungen", allerdings besteht eine zentrale Schwierigkeit bereits darin, die Frage danach überhaupt in angemessener Form zu stellen. (2) Wie vieles andere, so haben auch Wirkungstheorien ihre Konjunktur: Nach einer Periode starker Zweifel an der medialen Wirkungskraft befinden wir uns im Augenblick in einer Phase, in der den Medien wieder relativ starke Wirkungspotentiale attestiert werden. (3) Befunde über Medienwirkungen teilen das Schicksal aller sozialwissenschaftlichen Erkenntnisse: sie verfügen über eine eingeschränkte Allgemeingültigkeit. Soziale Realitäten sind keine Gegenstände, sondern stets Prozesse und daher immer im Wandel. So gesehen ist Medienwirkungsforschung vielleicht nicht gerade mit einem Fass ohne Boden, aber wahrscheinlich mit einem Fass ohne Deckel zu vergleichen, aus dem sich einmal als gesichert geglaubte Befunde infolge geänderter Umweltbedingungen immer wieder verflüchtigen und neuerlich erforscht werden müssen.

Literatur

Asch, Solomon E. (1973): Änderung und Verzerrung von Urteilen unter Gruppendruck. In: Irle, Martin (Hrsg.) (1973): Texte aus der experimentellen Sozialpsychologie. Neuwied und Darmstadt, S. 57-73.

Berghaus, Margot (1999): Wie Massenmedien wirken. Ein Modell zur Systematisierung. In: Rundfunk und Fernsehen, Heft 2, S. 181-199.

Bonfadelli, Heinz (1999): Medienwirkungsforschung I. Grundlagen und theoretische Perspektiven. Konstanz.

Bonfadelli, Heinz (2000): Medienwirkungsforschung II. Anwendungen in Politik, Wirtschaft und Kultur. Konstanz.

Bonfadelli, Heinz (2002): Die Wissenskluft-Perspektive. Theoretische Perspektive, methodische Umsetzung, empirischer Ertrag. In: Schenk. Michael: Medienwirkungsforschung. 2. Aufl.. Tübingen, S. 568-601.

Burkart, Roland (2002): Kommunikationswissenschaft. Grundlagen und Problemfelder. Umrisse einer interdisziplinären Sozialwissenschaft. 4., überarbeitete u. aktualisierte Auflage. Wien.

Donsbach, Wolfgang (1991): Medienwirkung trotz Selektion. Einflussfaktoren auf die Zuwendung zu Zeitungsinhalten. Köln.

Hackforth, Josef (1976): Massenmedien und ihre Wirkungen. Kommunikationspolitische Konsequenzen für den publizistischen Wandel. Literaturexpertise - Bibliographie. Göttingen.

Irle, Martin (Hrsg.) (1973): Texte aus der experimentellen Sozialpsychologie. Neuwied und Darmstadt.

Jäckel, Michael (1999): Medienwirkungen. Ein Studienbuch zur Einführung. Opladen, Wiesbaden.

Kaase, Max; Schulz, Winfried (Hrsg.) (1989): Massenkommunikation. Theorien, Methoden, Befunde. Sonderheft 30 der Kölner Zeitschrift für Soziologie und Sozialpsychologie. Opladen.

Katz, Elihu; Foulkes, David (1962): On the Use of the Mass Media as "Escape": Clarification of a Concept. In: Public Opinion Quaterly, Vol. 26:1962 S. 377-388.

Kromrey, Helmut (1986): Empirische Sozialforschung. Modelle und Methoden der Datenerhebung und Datenauswertung. Opladen.

Kunczik, Michael; Zipfel, Astrid (2001): Publizistik. Ein Studienhandbuch. Köln.

Lasswell, Harold D. (1927): Propaganda Technique in the Word War. New York.

Lazarsfeld, Paul F.; Berelson, Bernard R.; Gaudet, Hazel (1944): The People´s Choice. How the Voter Makes up his Mind in a Presidential Campaign. New York (deutsche Übersetzung: Wahlen und Wähler. Soziologie des Wahlverhaltens. Neuwied/Berlin 1969).

Lazarsfeld, Paul F.; Menzel, Herbert (1964): Massenmedien und personaler Einfluss. In: Schramm, Wilbur (Hrsg.) (1964): Grundfragen der Kommunikationsforschung. München, S. 117-139.

Maletzke, Gerhard (1963): Psychologie der Massenkommunikation. Hamburg.

McClure, Robert D.; Patterson, Thomas E. (1976): Print. vs. Network News. In: Journal of Communication. Vol 26:1976, S. 23-28

Merten, Klaus (1994): Wirkungen der Medien. In: Merten, Klaus; Schmidt, Siegfried J.;Weischenberg, Siegfried (Hrsg.): Die Wirklichkeit der Medien. Eine Einführung in die Kommunikationswissenschaft. Opladen.

Merten, Klaus; Schmidt, Siegfried J.; Weischenberg, Siegfried (Hrsg.) (1994): Die Wirklichkeit der Medien. Eine Einführung in die Kommunikationswissenschaft. Opladen.

Noelle-Neumann, Elisabeth (1982): Die Schweigespirale. Öffentliche Meinung - unsere soziale Haut. Frankfurt am Main.

Noelle-Neumann, Elisabeth (1996): Öffentliche Meinung. Die Entdeckung der Schweigespirale. Erweiterte Ausgabe. Frankfurt am Main, Berlin.

Noelle-Neumann, Elisabeth (2002): Öffentliche Meinung. In: Noelle-Neumann, Elisabeth; Schulz, Winfried; Wilke, Jürgen (Hrsg.): Das Fischer-Lexikon Publizistik - Massenkommunikation. Frankfurt am Main, S. 392-406.

Noelle-Neumann, Elisabeth; Schulz, Winfried; Wilke, Jürgen (Hrsg.) (2002): Das Fischer Lexikon Publizistik Massenkommunikation. Frankurt am Main.

Palmgreen, Philip (1984): Der "Uses and Gratifications Approach". Theoretische Perspektiven und praktische Relevanz. In: Rundfunk und Fernsehen, Heft 1, S. 51-62.

Palmgreen, Philip; Wenner, Lawrence; Rayburn, J.D. (1980): Relations between gratifications sought and obtained. In: Communication Research Vol. 7:1980, S. 161-162.

Prim, Rolf; Tilmann, Heribert (1973): Grundlagen einer kritisch-rationalen Sozialwissenschaft. Studienbuch zur Wissenschaftstheorie. Heidelberg.

Pürer, Heinz (2003): Publizistik- und Kommunikationswissenschaft. Ein Handbuch. Konstanz.

Renckstorf, Karsten (1989): Mediennutzung als soziales Handeln. Zur Entwicklung einer handlungstheoretischen Perspektive der empirischen (Massen-) Kommunikationsforschung. In: Kaase, Max; Schulz, Winfried (Hrsg.) (1989): Massenkommunikation. Theorien, Methoden, Befunde. Sonderheft 30 der Kölner Zeitschrift für Soziologie und Sozialpsychologie. Opladen, S. 314-336.

Saxer, Ulrich (Hrsg.) (1985): Gleichheit oder Ungleichheit durch Massenkommunikation? Homogenisierung - Differenzierung der Gesellschaft durch Massenkommunikation. München.

Schenk, Michael (2002): Medienwirkungsforschung. 2. Aufl. Tübingen.

Schorr, Angela (2000a): Publikums- und Wirkungsforschung. Ein Reader. Wiesbaden.

Schorr, Angela (2000b): Das geheimnisvolle Publikum, die Transformation der Medien und die künftige Publikums- und Wirkungsforschung. In: Schorr, Angela (2000a): Publikums- und Wirkungsforschung. Ein Reader. Wiesbaden, S. 3-27.

Schramm, Wilbur (Hrsg.) (1964): Grundfragen der Kommunikationsforschung. München.

Schulz, Winfried (1985): Information und politische Kompetenz. Zweifel am Aufklärungsanspruch der Massenmedien. In: Saxer, Ulrich (Hrsg.) (1985): Gleichheit oder Ungleichheit durch Massenkommunikation? Homogenisierung - Differenzierung der Gesellschaft durch Massenkommunikation. München, S. 105-120.

Tichenor, Philip J.; Donohue, George A.; Olien, Clarice N. (1970): Mass Media and the Differential Growth in Knowledge. In: Public Opinion Quaterly Vol. 34:1970, S 159-170.

Weaver, David (1980): Audience Need for Orientation and Media Effects. In: Communication Research Vol. 7:1980, S. 361-376.

Medienrecht für Journalisten

Walter Berka

Die Medienfreiheit - verfassungsrechtliche Grundlagen des Medienrechts

Das österreichische Verfassungsrecht gewährleistet das *Grundrecht der Medienfreiheit* in mehreren Verfassungsbestimmungen. Dabei handelt es sich um die folgenden Rechtsquellen:

- Artikel 13 des aus dem Jahre 1867 stammenden Staatsgrundgesetzes *über die allgemeinen Rechte der Staatsbürger* (RGBl 1867/142) garantiert jedermann das Recht der freien Meinungsäußerung, das freilich nur innerhalb der gesetzlichen Schranken gewährleistet ist. Im Hinblick auf die Presse wird in dieser Bestimmung vor allem das Verbot einer Vorzensur ausgesprochen.
- Der *Beschluss der provisorischen Nationalversammlung* vom 30. 10. 1918 (StGBl 1918/3) gewährleistet die "volle Freiheit der Presse" und bekräftigt das Zensurverbot.
- Zu diesen älteren Grundrechtsquellen ist im Jahre 1958 schließlich Artikel 10 der ebenfalls in Verfassungsrang stehenden *Europäischen Menschenrechtskonvention* (EMRK) (BGBl 1958/210) hinzugetreten, die den Grundrechtsschutz wesentlich ausgebaut hat und eine umfassende Kommunikationsfreiheit verbürgt.

Medienfreiheit als Verfassungsrecht

Die angeführten Bestimmungen ergänzen und überschneiden sich, wobei in der heutigen Praxis dem Artikel 10 der EMRK die größte Bedeutung zukommt; es war gerade das Konventionsgrundrecht, das im Zusammenhang mit der einschlägigen Judikatur des Europäischen Gerichtshofs für Menschenrechte (EGMR) in den beiden letzten Jahrzehnten zu einer bemerkenswerten Liberalisierung des österreichischen Medienrechts (vor allem im Bereich des Ehrenschutzrechts) beigetragen und der Deregulierung des Rundfunks entscheidende Anstöße gegeben hat.

Kommunikationsfreiheit

Wenn man in diesem Zusammenhang von einer *Kommunikationsfreiheit* spricht, wird damit zum Ausdruck gebracht, dass die verschiedenen Seiten des Kommunikationsprozesses grundrechtlich geschützt sind: Während die *Meinungsäußerungsfreiheit* die Freiheit zur ungehinderten Äußerung und die *Informationsfreiheit* die Freiheit zur Entgegennahme von Nachrichten und Ideen garantiert, bezeichnet die *Medienfreiheit* die Freiheit der Massenmedien, denen im Prozess der Massenkommunikation die wesentliche Rolle der Vermittlung zukommt.

Der Schutzbereich der Medienfreiheit

Verfassungsschutz

Die Medienfreiheit ist eine *sachlich umfassende Verfassungsgarantie*, welche die Freiheit der Herausgabe von Printmedien, den Betrieb von Rundfunkanstalten sowie die Herausgabe und Verbreitung sonstiger Massenmedien umfasst. In ihrem Kern ist sie eine Freiheit der Inhaltsbestimmung, d. h. dass hier die Freiheit gewährleistet ist, unabhängig von staatlichen Einflüssen darüber zu entscheiden, welche Informationen und Meinungen öffentlich verbreitet werden. Von der Garantie wird darüber hinaus der gesamte Prozess der Sammlung und Verbreitung von Informationen durch die Medien und ihre Distribution über beliebige Vertriebswege, einschließlich der Verbreitung von Zeitungen an öffentlichen Orten oder der Ausstrahlung von Rundfunk, geschützt. Auf die dafür eingesetzten Technologien kommt es nicht an; der Verfassungsschutz kommt dem klassischen Buchdruck oder der Verbreitung von Rundfunksendungen ebenso zugute wie den vielfältigen Erscheinungsformen der Neuen Medien und den verschiedenen Telekommunikationsdiensten. Auch in inhaltlicher Hinsicht ist die Medienfreiheit eine *umfassende Freiheit*, die alle Nachrichten und Ideen (Tatsachenbehauptungen und Werturteile) unabhängig von ihrem Inhalt, von ihrem Wert, ihrer Richtigkeit und ihrer Form umfasst. Daher kommt der Grundrechtsschutz nach der Judikatur des EGMR auch Nachrichten oder Ideen zu, die andere verletzen, schockieren oder beunruhigen (ständige Rechtsprechung seit dem Fall Handyside; EGMR 7.12.1976, Europäische Grundrechte-Zeitschrift 1977, S. 38).

Mit der Informationsbeschaffung der Medien in engem Zusammenhang steht auch die ebenfalls in Artikel 10 EMRK garantierte *Informationsfreiheit*, die den freien Zugang zu allen öffentlich zugänglichen Informationen verbürgt; sie schützt damit auch die journalistische Recherche. Die gesetzlich nicht gedeckte Zerstörung belichteter Filme, die ein Journalist bei der polizeilichen Auflösung einer Großdemonstration angefertigt hatte, stellte daher beispielsweise einen verfassungswidrigen Eingriff in dieses Grundrecht dar (vgl. Entscheidung des Verfassungsgerichtshofs VfSlg 11.297/1987).

Zugang zu Informationen geschützt

In den Gewährleistungsbereich der Medienfreiheit fällt auch der Schutz des ungehinderten Informationsflusses zu den Medien, wie er vor allem in der Form des *Redaktionsgeheimnisses* (§ 31 MedienG) ausgestaltet ist (s. u.). Der EGMR hat in diesem Zusammenhang wiederholt auf die lebenswichtige Rolle der Medien als "public watchdog" hingewiesen, die einen solchen Schutz der journalistischen Quellen erfordert (vgl. EGMR 27.3.1996, Goodwin, Österreichische Juristenzeitung 1996, S. 795).

Suchseite Gerichtsentscheide

Beschränkungen der Medienfreiheit

Die Medienfreiheit ist nicht schrankenlos gewährleistet. Weil die Ausübung dieser Freiheit Pflichten und Verantwortlichkeiten mit sich bringt, wird der einfache Gesetzgeber durch den in Artikel 10 EMRK enthaltenen Gesetzesvorbehalt zu einer *gesetzlichen Einschränkung* der Freiheit ermächtigt. Gesetzliche Beschränkungen der Medienfreiheit sind aber nur zulässig, wenn sie den in den angeführten Verfassungsbestimmungen enthaltenen Bedingungen entsprechen, d. h. dass in die Medienfreiheit in verfassungskonformer Weise nur eingegriffen werden darf, wenn der Eingriff

- gesetzlich vorgesehen ist, wobei das Gesetz ausreichend bestimmt sein muss,
- der Eingriff nicht gegen ein absolutes Eingriffsverbot verstößt,
- der Eingriff einem der in Artikel 10 Absatz 2 EMRK angeführten öffentlichen Interessen dient, und überdies
- der Eingriff zur Erreichung eines solchen öffentlichen Interesses in einer demokratischen Gesellschaft notwendig ist.

Absolute Eingriffsverbote bezeichnen staatliche Maßnahmen, die jedenfalls verfassungswidrig wären; dazu gehört - abgesehen von heute nicht mehr aktuellen historischen Beschränkungen der Pressefreiheit - vor allem das strikte *Verbot jeder Zensur.* Es erfasst alle präventiven, vor dem Erscheinen eines Mediums ausgeübten Formen einer staatlichen Inhaltskontrolle (Vorzensur) und verbietet neben der Zensur von Druckschriften auch die Zensur von Theater- oder Kinovorführungen. Abgesehen vom absoluten Zensurverbot sind gesetzliche *Schranken der Meinungsäußerung* dann verfassungswidrig, wenn sie keinem legitimen Ziel dienen oder nicht erforderlich sind. Dabei kommt es auf die Wertmaßstäbe einer demokratischen Gesellschaft an, die auf Pluralität, Toleranz und Freiheit beruht, so dass letztlich alle Beschränkungen der Medienfreiheit an dem Grundsatz der Verhältnismäßigkeit zu messen und nur zulässig sind, wenn sie einem zwingenden sozialen Bedürfnis entsprechen.

Verbot jeder Zensur

Die öffentliche Aufgabe der Massenmedien

Für eine Demokratie ist die Medienfreiheit von ganz zentraler Bedeutung. Der EGMR bezeichnet daher die in Art 10 EMRK gewährleistete Freiheit als einen "*Grundpfeiler einer demokratischen Gesellschaft*", wobei vor allem Meinungsäußerungen in politischen Zusammenhängen eine privilegierte Position genießen (ständige Rechtsprechung seit dem Fall Lingens, EGMR 8.7.1986, Europäische Grundrechte-Zeitschrift 1986, 424). Wenn die Medien über gemeinschaftswichtige Angelegenheiten informieren und den gesellschaftlichen Meinungen Raum geben oder als "public watchdog" demokratische Kontrollaufgaben erfüllen, nehmen sie eine wichtige, für die Demokratie geradezu unverzichtbare *öffentliche Aufgabe* wahr. Dieser öffentlichen Aufgabe der Massenmedien ist bei der Beurteilung und bei der Interpretation der medienrechtlichen Vorschriften entsprechend Rechnung zu tragen. Sie kann bestimmte Begünstigungen der Medien rechtfertigen (wie z. B. den Schutz des Redaktionsgeheimnisses oder die Privilegierung der Medien im Ehrenschutzrecht durch die Zulassung des Beweises der Wahrnehmung der journalistischen Sorgfalt); sie kann aber auch die

Medien als "public watchdog"

Auferlegung besonderer Pflichten legitimieren, wie z. B. die Pflicht zur Respektierung der Unschuldsvermutung bei der Kriminalberichterstattung.

Das Recht der Printmedien

Ordnungsvorschriften des Mediengesetzes

Das im Jahre 1981 erlassene und seither mehrfach geänderte Mediengesetz hat das frühere Pressegesetz, das noch in Vielem dem Geist des Obrigkeitsstaats verhaftet war, abgelöst. Ungeachtet seines Titels gelten die Bestimmungen dieses Gesetzes *nur zum Teil für alle Medien*; in erster Linie regelt das Gesetz die Rechtsverhältnisse der Printmedien (Druckschriften), während für den Rundfunk (Fernsehen, Radio) neben einzelnen Bestimmungen des MedienG (z. B. Persönlichkeitsschutz) die entsprechenden rundfunkrechtlichen Rechtsvorschriften ergänzend heranzuziehen sind (dazu unten Rundfunkrecht). Im Folgenden werden zunächst nur die für die Printmedien geltenden Ordnungsvorschriften des MedienG kurz dargestellt; auf andere Regelungen dieses Gesetzes (Persönlichkeitsschutz, Redaktionsgeheimnis) wird in weiteren Abschnitten eingegangen.

Der Rechtsbegriff Medium

Mediengesetz gilt auch für Internet

Nach den Begriffsbestimmungen des MedienG ist ein *Medium* jedes Mittel zur Verbreitung von Mitteilungen oder Darbietungen mit gedanklichem Inhalt in Wort, Schrift, Ton oder Bild an einen größeren Personenkreis im Wege der Massenherstellung oder der Massenverbreitung (§ 1 Absatz 1 Z 1 MedienG). Diese Definition umfasst *jedes Massenmedium*, gleichgültig ob es sich um Druckwerke, um Rundfunksendungen oder um Online-Medien handelt. Daher ist das MedienG trotz einiger Zweifelsfragen auch auf alle jene Internet-Medien anwendbar, die (anders als etwa individuelle E-Mails) an einen größeren Personenkreis verbreitet werden (z. B. Webpages oder Online-Zeitungen). Einzelne Bestimmungen des Mediengesetzes gelten nur für *periodische Medien*, das sind alle

Medienwerke oder Druckwerke, die unter demselben Namen zumindest vierteljährlich oder häufiger erscheinen und die wie Zeitungen oder Zeitschriften in einem inhaltlichen Zusammenhang stehen (§ 1 Absatz 1 Z 5 MedienG).

Medienrechtliche Ordnungsvorschriften

Pflichten zur Offenlegung

Das MedienG respektiert die verfassungsrechtlich garantierte Freiheit zur ungehinderten Herausgabe von Druckwerken und verpflichtet die mit der Herstellung und Verbreitung von Druckwerken befassten Personen lediglich zur Beachtung bestimmter Ordnungsvorschriften. Dazu gehören die *Impressumspflicht* (§ 24 MedienG), die Pflicht zur Ablieferung von *Freistücken* an begünstigte öffentliche Bibliotheken (§ 43 MedienG) und die Verpflichtung zur Veröffentlichung behördlicher *Aufrufe und Anordnungen* in Krisen- und Katastrophenfällen sowie zur Veröffentlichung *gerichtlicher Entscheidungen*, jeweils gegen Vergütung des üblichen Einschaltungsentgelts (§ 46 MedienG). Um die mitunter undurchsichtigen Eigentumsverhältnisse und Verflechtungen auf den Medienmärkten aufzudecken, sieht das Gesetz ferner vor, dass die periodischen Medien jährlich einmal die Eigentumsverhältnisse und medienunternehmerischen Verflechtungen *offen zu legen* haben (§ 25 MedienG). Ebenfalls jährlich zu veröffentlichen ist eine "Erklärung über die grundlegende Richtung des periodischen Mediums", durch die die Leser über die Blattlinie informiert werden sollen und die auch im Zusammenhang mit dem redaktionellen Weigerungsrecht relevant werden kann.

Entgeltliche Ankündigungen (*Anzeigen oder PR-Beiträge*) müssen in periodischen Medien als solche eindeutig kenntlich gemacht werden (§ 26 MedienG). Schließlich unterwirft das MedienG auch noch die Verbreitung von Druckschriften bestimmten Beschränkungen (Hausierverbot, Beschränkung des Vertriebs durch Jugendliche, Preisauszeichnungspflicht, Plakatierungsvorschriften) (§ 47 ff. MedienG); zugleich stellt das Gesetz aber auch sicher, dass die Verbreitung von Zeitungen auf der Straße im Rahmen des Gemeingebrauchs frei zulässig ist. Die Medien ausländischer Medienunternehmen sowie gewisse andere privilegierte Medien (amtliche Medien, Medien fremder Staaten, Medien ohne eigenständige publizistische Funktion) sind von diesen Ordnungsvorschriften ausgenommen (§ 50 MedienG).

Medienrechtliche Verantwortlichkeiten

Die vorstehend dargestellten Pflichten treffen - nach der näheren Regelung des Gesetzes - entweder den *Medieninhaber* bzw. *Verleger* oder den *Hersteller (Drucker)* eines Druckwerks oder den *Herausgeber* eines periodischen Mediums. Übertretungen dieser Bestimmungen sind mit Verwaltungsstrafe sanktioniert. Hinsichtlich der näheren Einzelheiten in Zusammenhang mit diesen Regelungen wird auf die weiterführende Literatur (vgl. w. u.) verwiesen.

Das Rundfunkrecht

Für den Rundfunk (Radio und Fernsehen) gelten neben dem MedienG weitere *besondere Rechtsvorschriften*, wobei die Sonderrechtslage des Rundfunks schon verfassungsrechtlich durch das Bundesverfassungsgesetz über die Sicherung der Unabhängigkeit des Rundfunks (BVG-Rundfunk) in Verbindung mit der in Artikel 10 EMRK angelegten Rundfunkfreiheit vorgezeichnet wird. Für den "Österreichischen Rundfunk" (ORF) gilt das *ORF-Gesetz* (ORF-G). Die Rechtslage der privaten Rundfunkanstalten wird durch das *Privatradiogesetz* (PrR-G), und das *Privatfernsehgesetz* (PrTV-G) bestimmt. Die für die Vollziehung des Rundfunkrechts zuständige Behördenorganisation wurde durch das KommAustria-Gesetz (KOG) geschaffen. Teilbereiche des österreichischen Rundfunkrechts (z. B. Werbung, Jugendschutz) sind unter dem Einfluss der Europäischen Fernsehrichtlinie 89/552/EWG idF RL 97/36/EG neu gestaltet worden, die gewisse Mindeststandards für grenzüberschreitende Fernsehprogramme aufgestellt hat.

Die Rundfunkfreiheit und die öffentliche Aufgabe des Rundfunks

Rundfunk nur durch eigenes Gesetz möglich

Bereits die Verfassungsbestimmung des Artikels 10 EMRK nimmt auf die *besondere Lage des Rundfunks* Bedacht, wenn dort vorgesehen ist, dass die Staaten Rundfunk-, Lichtspiel- und Fernsehunternehmen einem Genehmigungsverfahren unterwerfen dürfen. Dem entsprechend sieht das BVG-Rundfunk auf der Ebene des österreichischen Verfassungsrechts vor, dass die Veranstaltung von Rundfunk nur auf der Grundlage eines besonderen Bundesgesetzes erfolgen darf (*Legalkonzessionssystem*). Solange ein entsprechendes Gesetz nicht ergangen ist - wie das in Österreich lange Zeit im Hinblick auf das terrestrische Privatfernsehen der Fall war - kann die entsprechende Rundfunktätigkeit daher nicht ausgeübt werden. Gleichzeitig legt das BVG-Rundfunk die grundlegenden Anforderungen fest, denen die gesetzliche Rundfunkordnung und damit auch jede in Österreich zugelassene Rundfunktätigkeit entsprechen müssen. In diesem Sinne muss der Rundfunkgesetzgeber gewährleisten:

- die Objektivität und Unparteilichkeit der Berichterstattung im Rundfunk,
- die Berücksichtigung der Meinungsvielfalt,
- die Ausgewogenheit der Programme,
- die Unabhängigkeit der Personen und Organe, die mit der Besorgung des Rundfunks betraut sind.

Dieser verfassungsrechtlich vorgegebene *Programmauftrag*, in dem sich die besondere Gemeinwohlverantwortung des Rundfunks ausdrückt, gilt für den öffentlich-rechtlichen Rundfunk und zumindest im Prinzip auch für die privaten Rundfunkveranstalter. Dabei wird im Kontext des BVG-Rundfunk auch definiert, welche Medien verfassungsrechtlich als "Rundfunk" anzusehen sind. Rundfunk im Sinn dieser *verfassungsrechtlichen Rundfunkdefinition* sind zunächst das klassische terrestrische Fernsehen und das terrestrisch verbreitete Radio, ferner alle Formen der Verbreitung von Radio und Fernsehen mittels Kabel oder durch Satellitenausstrahlung. "One-to-one"-Kommunikation ist dagegen wegen der Beschränkung auf individuelle Kommunikationsbeziehungen nach herkömmlichem Verständnis kein Rundfunk. Die jüngeren Entwicklungen haben freilich Kommunikationsformen (z. B. Video-on-demand, Near-video-on-demand, Internet-Medien) hervorgebracht, deren Einordnung in diese aus dem Jahre 1974 stammende Definition schwierig ist, weil die Grenzen zwischen Individual- und Massenkommunikation fließend geworden sind. Wegen des Fehlens einer eigenen "Darbietung" eines Veranstalters sieht man außerdem die integrale (unveränderte und zeitgleiche) Weiterverbreitung von Rundfunkprogrammen über Kabelnetze (passives Kabelfernsehen) nicht als Rundfunk an, der dem Gesetzesvorbehalt des BVG-Rundfunk unterworfen ist; das hat auch schon vor der Zulassung von Privatradio und Privatfernsehen in Österreich die Weiterverbreitung der ausländischen Fernsehprogramme über die Kabelnetze ermöglicht.

Neue Kommunikationsformen

Ungeachtet des Umstands, dass Rundfunk dem vorstehend geschilderten besonderen Verfassungsregime unterliegt, gilt auch für den Rundfunk das Grundrecht der Medienfreiheit, wobei man in diesem Zusammenhang von der verfassungsgesetzlich gewährleisteten *Rundfunkfreiheit* spricht. Sie läuft darauf hinaus, dass grundsätzlich jedermann das Recht zur Veranstaltung von Rundfunk hat, das der Staat nur im Rahmen des in Artikel 10 Absatz 2 EMRK umschriebenen Gesetzesvorbehalts beschränken darf. Daher darf der Gesetzgeber beispielsweise Regelungen zur Sicherung einer Frequenzordnung erlassen und den Rundfunk, wie jedes andere Medium, zur Wahrung übergeordneter öffentlicher Interessen bestimmten straf- oder zivilrechtlichen Beschränkungen unterwerfen. Darüber hinaus ist es auch anerkannt, dass der Gesetzgeber die besondere Gemeinwohlverantwortung des Rundfunks näher ausformen darf und im Rahmen eines Genehmigungsverfahrens daher auch bestimmte inhaltliche, organisatorische oder finanzielle Rahmenbedingungen für Rundfunkveranstalter vorschreiben darf, wie sie vor allem auch zur Sicherung der Meinungsvielfalt erforderlich sein können.

Rundfunkmonopol

Die verfassungsrechtlich gewährleistete Rundfunkfreiheit konnte in Österreich freilich praktisch solange nicht zum Tagen kommen, als dem ORF ein umfassendes *Rundfunkmonopol* eingeräumt war, weil der Bundesgesetzgeber eben nur diese Anstalt und sonst keinen weiteren Veranstalter gesetzlich zugelassen hatte. Das Ende dieses Monopols ist durch die bekannte Entscheidung des EGMR im "Fall Lentia" herbeigeführt worden, in dem der Gerichtshof feststellte, dass Österreich mit dem Rundfunkmonopol zwar ein im Lichte des Artikels 10 EMRK zulässiges Ziel - die Sicherung der Meinungsvielfalt - verfolgt hatte, dass aber der Ausschluss jeder privaten Aktivität auf einen Verstoß gegen Artikel 10 EMRK hinauslief (EGMR 24. 11. 1993, Juristische Blätter 1994, S. 324). Diese und einige weitere Strassburger Entscheidungen haben der *Liberalisierung des österreichischen Rundfunksektors* entscheidende Anstöße gegeben. Erste Schritte wurden mit der Zulassung von lokalen und regionalen Radioprogrammen durch das Regionalradiogesetz des Jahres 1993 gesetzt, dem das Kabel- und Satellitenrundfunkgesetz des Jahres 1997 folgte, das einen rechtlichen Rahmen für die Veranstaltung von privatem Kabel- und Satellitenrundfunk schuf. Längere Zeit säumig blieb der Gesetzgeber im Hinblick auf die Zulassung terrestrischen Privatfernsehens, wobei auch Beschwerden an den Verfassungsgerichtshof (VfSlg 14.453/1996) keine Abhilfe brachten. Erst die Rundfunkgesetze des Jahres 2001 haben diesen langwierigen Liberalisierungsprozess zu einem Abschluss gebracht, wobei das PrivatfernsehG das vorerst letzte Element zu der sich in Österreich entwickelnden *dualen Rundfunkordnung* hinzugefügt hat, die auf einem Nebeneinander eines öffentlich-rechtlichen Rundfunks mit einem besonderen Programmauftrag und einer Mehrzahl privater Fernseh- und Radioveranstalter beruht.

Liberalisierung 2001 abgeschlossen

Die rechtlichen Rahmenbedingungen für den ORF

Das ORF-Gesetz richtet den Österreichischen Rundfunk (ORF) als vom Staat unabhängigen *öffentlich-rechtlichen Rundfunkveranstalter* ein, der über Rundfunkgebühren finanziert wird. Seit der umfassenden Neufassung dieses Gesetzes im Jahre 2001 (BGBl I 2001/83) ist der ORF eine Stiftung des öffentlichen Rechts mit einem genau definierten öffentlich-rechtlichen Auftrag. Er bezieht sich auf die Versorgung Österreichs mit einer bestimmten Anzahl von Radio- und Fernsehprogrammen, durch die ein anspruchsvoller, auf ein Vollprogramm zielender *Programmauftrag* erfüllt werden soll. Durch

ORF als Stiftung des öffentlichen Rechts

die nähere Ausformulierung von Qualitätskriterien soll dem ORF vor allem auch die "Unverwechselbarkeit" mit kommerziellen Sendern zur Pflicht gemacht werden. Neben der Veranstaltung von Rundfunk darf der ORF damit zusammenhängende Online-Dienste und Teletext anbieten; über den öffentlich-rechtlichen Auftrag des ORF hinausgehende Tätigkeiten müssen organisatorisch und rechnerisch von den Tätigkeiten im Rahmen des Versorgungsauftrages getrennt und ohne Finanzierung aus Rundfunkgebühren abgewickelt werden. Unter den gleichen Bedingungen und mit Zustimmung des Stiftungsrats darf der ORF auch Spartenprogramme veranstalten. Werbesendungen unterliegen strikten zeitlichen Beschränkungen und bestimmten inhaltlichen Werbegrundsätzen. Für die Fernsehwerbung beträgt das tägliche Werbekontingent 42 Minuten pro Programm (im Jahresdurchschnitt); Hörfunkwerbesendungen dürfen im Jahresdurchschnitt die tägliche Dauer von insgesamt 172 Minuten nicht überschreiten, wobei eines der österreichweiten Radioprogramme von Werbesendungen frei zu bleiben hat. Produkt-Placement ist in Kinofilmen, Fernsehfilmen und Fernsehserien zulässig, ansonsten verboten; für Unterbrecherwerbung gibt es gewisse Beschränkungen.

Beschränkung der Werbezeiten

Die wichtigsten *Leitungsorgane des ORF* sind der Stiftungsrat, der Publikumsrat und der Generaldirektor. Der *Stiftungsrat* ist das Aufsichts- und Leitungsorgan, das nach seiner Zusammensetzung auf eine Repräsentation der maßgeblichen politischen und gesellschaftlichen Kräfte in Bund und Ländern angelegt ist. Die Mehrzahl der 35 Mitglieder des Stiftungsrates werden von der Bundesregierung (z. T. auf Vorschlag der im Nationalrat vertretenen politischen Parteien) und von den Ländern bestellt; weitere Mitglieder nominieren der Publikumsrat und der Zentralbetriebsrat des ORF. Der konkrete Bestellmodus führt in der Praxis zu einer relativ gesicherten Mehrheit von Mitgliedern, die der oder den Regierungsparteien zuzuordnen sind. Freilich sind die Mitglieder des Stiftungsrates bei der Ausübung ihrer Funktion im ORF an keine Weisungen und Aufträge gebunden. Die wichtigsten Aufgaben des Stiftungsrats sind die Bestellung des Generaldirektors sowie die Genehmigung der längerfristigen Planungen des Unternehmens für das Programm, die Technik, die Finanzen und die Stellenpläne. In der Einrichtung eines *Publikumsrats* kommt der Gedanke einer gesamtgesellschaftlichen Verantwor-

Stiftungsrat

Publikumsrat

tung des öffentlichen Rundfunks zum Ausdruck. Dieses Organ besteht aus 35 Mitgliedern, die von den unterschiedlichsten gesellschaftlichen Kräften und Einrichtungen (Kammern, Kirchen, Vertreter der Jugend, des Sports, der Konsumenten usw.) nominiert werden. Der Publikumsrat kann vor allem Empfehlungen hinsichtlich der Programmgestaltung abgeben; der Beschluss des Stiftungsrates, mit dem die Höhe des Programmentgelts festgelegt wird, bedarf seiner Genehmigung. Die eigentliche Geschäftsführung des ORF ist dem *Generaldirektor* anvertraut, dem der technische und der kaufmännische Direktor und für jedes Land ein Landesdirektor zur Seite gestellt sind; die Direktoren sind bei der Führung ihrer Geschäfte an Weisungen des Generaldirektors gebunden.

Generaldirektion

Rundfunkgebühren

Neben den Einkünften aus der Vergabe von Werbezeiten für Zwecke der kommerziellen Werbung fließt dem ORF das *Programmentgelt* zu, das gemeinsam mit den Rundfunkgebühren eingehoben wird. Es ist von jedem unabhängig von der Häufigkeit und der Güte der Sendungen oder ihres Empfanges zu zahlen, der eine Rundfunkempfangseinrichtung betreibt oder betriebsbereit hält. Die Einhebung der Rundfunkgebühren ist in einem eigenen Gesetz (RundfunkgebührenG BGBl I 1999/159) geregelt; sie ist der "Gebühreninkasso-Service-GmbH" übertragen.

Rechtsaufsicht

Die *Rechtsaufsicht* über den ORF wird vom Bundeskommunikationssenat ausgeübt. Er kann durch eine Teilnehmerbeschwerde (das sind mindestens 301 Rundfunkteilnehmer) oder von einer Einzelperson mit der Behauptung angerufen werden, dass der ORF durch eine Sendung oder durch Organisationsentscheidungen gegen das ORF-G verstoßen hat. Auch die privaten Mitkonkurrenten des ORF sind, wenn ihre rechtlichen oder wirtschaftlichen Interessen durch eine behauptete Verletzung berührt werden, zur Beschwerde legitimiert. Im Hinblick auf seine finanzielle Gebarung unterliegt der ORF außerdem der Rechungshofkontrolle.

Die rechtlichen Rahmenbedingungen für private Rundfunkveranstalter

Für private *Radioprogramme* gilt das *PrivatradioGesetz*, wenn es sich um die Veranstaltung von Hörfunkprogrammen handelt, die mittels analoger terrestrischer Übertragungstechniken (UKW, Mittel- oder Kurzwellen) ausgestrahlt werden; die Veranstaltung von Satelliten- und Kabelhörfunk ist dagegen im PrivatfernsehG geregelt. Für die Veranstaltung eines Radioprogramms ist eine *Zulassung durch die Regulierungsbehörde* (KommAustria) erforderlich, wobei in einer einheitlichen Bewilligung über die rundfunkrechtlichen und die fernmeldetechnischen Aspekte der Zulassung abgesprochen wird. Dabei hat die Regulierungsbehörde die in einem Frequenzbuch verzeichneten terrestrischen Übertragungskapazitäten öffentlich auszuschreiben, die für die privaten Veranstalter neben denjenigen Frequenzen zur Verfügung stehen, die dem ORF zugeordnet sind. Zur Zeit (Herbst 2003) sind in Österreich zehn regionale und 43 lokale private Radioveranstalter zugelassen. Die Zulassung erfolgt befristet auf die Dauer von 10 Jahren und kann verlängert werden. Bewerben sich mehrere Antragsteller um eine Lizenz, hat die Regulierungsbehörde unter den fachlich, finanziell und organisatorisch geeigneten Bewerbern eine Auswahlentscheidung zu treffen, für welche das Gesetz bestimmte publizistische Kriterien (Sicherung der Meinungsvielfalt, Eigenständigkeit des Programmangebots, Ausmaß eigengestalteter Beiträge) vorgibt. Als Hörfunkveranstalter kommen österreichische Staatsbürger oder juristische Personen (Personengesellschaften) mit Sitz in Österreich in Betracht, denen EU-Bürger bzw. Unternehmen mit Sitz im Europäischen Wirtschaftsraum gleichgestellt sind. Politische Parteien und juristische Personen des öffentlichen Rechts mit Ausnahme der Kirchen und Religionsgemeinschaften können sich nicht um eine Radiolizenz bewerben. Bei wiederholten und schwerwiegenden Rechtsverletzungen durch den Hörfunkveranstalter hat die Regulierungsbehörde die Zulassung zu widerrufen.

Um eine übermäßige Medienkonzentration, vor allem auch in der Form der "cross ownership" zwischen verschiedenen Medien, zu verhindern, sieht das Gesetz *Beteiligungsbeschränkungen für Medien-*

inhaber vor. Die in der Ursprungsfassung des Gesetzes vorgesehene äußerst restriktive Regelung mit strikten Beteiligungsgrenzen wurde im Privatradiogesetz durch ein Modell abgelöst, das sich hinsichtlich der Beteiligungsbeschränkungen an Versorgungsgebieten orientiert. Es beruht auf den folgenden Grundsätzen:

Beteiligungen

- Ein Unternehmer kann Inhaber mehrerer Radiolizenzen sein, solange sich die von der Zulassung umfassten Versorgungsgebiete nicht überschneiden. Dadurch wird ausgeschlossen, dass ein und dieselbe Person bundesweites Radio und regionales oder lokales Radio gleichzeitig betreibt. Eine bundesweite Kette bleibt aber zulässig.

- Ausgeschlossen ist ferner, dass sich ein Unternehmer oder Untenehmen gleichzeitig an mehreren Hörfunkveranstaltern zu mehr als 25% beteiligt oder sonst auf diese einen beherrschenden Einfluss hat, wenn sich ihre Versorgungsgebiete überschneiden.

- Liegt ein Medienverbund vor, bei dem ein Unternehmen bereits das gesamte Bundesgebiet abdeckt, darf sich dieser nur mehr an Unternehmen beteiligen, die maximal vier Millionen Einwohner erreichen.

- Schließlich ist angeordnet, dass an demselben Ort des Bundesgebietes nicht mehr als zwei Programme ausgestrahlt werden dürfen, die zu demselben Medienverbund gehören.

Übergang zum digitalen TV

Das *PrivatfernsehGesetz* regelt die *Zulassung* für die Veranstaltung von analogem und digitalem *terrestrischen Fernsehen* durch andere Veranstalter als durch den ORF; dieses Gesetz hat die Grundlage dafür geschaffen, dass bestehende freie Frequenzen der so genannten "dritten Frequenzkette" zur Veranstaltung eines analogen privaten Fernsehprogramms vergeben werden konnten. Gleichzeitig regelt das Gesetz den schrittweisen Übergang zu einem *digitalen terrestrischen Fernsehen*, indem eine Reihe von Frequenzen dafür reserviert wurden und mit der "Digitalen Plattform Austria" ein Forum geschaffen wurde, das die Einführung des digitalen Fernsehens in Österreich organisieren soll. Für die Verbreitung von Radio und Fernsehen in Kabelnetzen (Kabelrundfunkveranstaltungen) ist keine Zulassung, sondern lediglich eine Anzeige an die Regulierungsbehörde vorgeschrieben, wobei kleinere Kabelnetze (weniger als 100 Haushalte) auch von dieser Anzeigepflicht befreit sind.

Um eine *terrestrische analoge Fernsehlizenz* oder Bewilligung zur Veranstaltung von *Satellitenrundfunk* können sich Österreicher oder juristische Personen mit Sitz in Österreich oder gleichgestellte Unternehmen aus dem EU-Bereich bewerben, wobei auch im Bereich des Fernsehens politische Parteien und juristische Personen des öffentlichen Rechts mit Ausnahme der Kirchen und Religionsgemeinschaften ausgeschlossen sind. Die verfügbaren analogen *terrestrischen Übertragungskapazitäten* werden von der Regulierungsbehörde ausgeschrieben, wobei die bundesweite Zulassung als auch die nicht-bundesweiten Zulassungen gleichzeitig ausgeschrieben wurden; für die Auswahlentscheidung unter den Bewerbern für die bundesweite Zulassung gibt das Gesetz der Regulierungsbehörde einige Kriterien vor (Gewährleistung der größeren Meinungsvielfalt, Umfang an eigengestalteten Beiträgen, Versorgungsgrad, Österreichbezug des Programms). Diese Lizenz wurde mit Bescheid der KommAustria vom 31. Jänner 2002 an die ATV Privatfernseh-GmbH (ATVplus) vergeben. (Zu den einschlägigen Rechtsstreitigkeiten vgl. www.bka.gv.at/bka/medien/bksentscheidungenprivatfernsehen.htm). In bestimmten Ballungsräumen (Wien, Linz und Salzburg) wird nicht-bundesweites Privatfernsehen durch ein so genanntes Frequenzsplitting auf bisher ausschließlich dem ORF zur Verfügung stehenden Frequenzen ermöglicht. Darüber hinaus legt das Gesetz dem ORF einen Kontrahierungszwang hinsichtlich der Mitbenützung seiner Sendeanlagen durch Zulassungsinhaber analoger terrestrischer Zulassungen auf.

Erster privater TV-Sender bundesweit

Auch das PrivatfernsehG sieht im Interesse der Medienvielfalt *Beteiligungsbeschränkungen* für die Veranstaltung von Rundfunk nach diesem Gesetz vor:

- Ein Unternehmen kann Inhaber mehrerer Fernsehlizenzen sein, solange sich die Versorgungsgebiete nicht überschneiden.

- Ein Medienverbund darf denselben Ort nicht mit mehr als einem terrestrischen Radioprogramm und einem analogen terrestrischen Fernsehprogramm versorgen.

- Für Medieninhaber bestehen außerdem noch bestimmte Reichweitenbeschränkungen, d. h. es werden Schwellenwerte definiert, bei deren Überschreiten der Medieninhaber von vornherein von der Veranstaltung von Rundfunk ausgeschlossen ist bzw. er von der Veranstaltung von nicht-bundesweitem terrestrischen Fernsehen ausgeschlossen ist, wenn er in mehr als einem der angeführten Märkte bestimmte Reichweiten überschreitet. Die Schwellenwerte beziehen sich für die Märkte Radio und Tages- und Wochenpresse auf Reichweiten und für Kabelnetze auf Versorgungsgrade und betragen jeweils 30%.

Auch Privatrundfunk zu Objektivität verpflichtet

Für Radioprogramme nach dem PrivatradioG und Fernseh- und Radioprogramme nach dem PrivatfernsehG gibt es zwar keinen dem ORF vergleichbaren *Programmauftrag*. Auch der private Rundfunk ist aber den Geboten der Objektivität und Wahrung der Meinungsvielfalt verpflichtet und er soll in angemessener Weise das öffentliche, kulturelle und wirtschaftliche Leben im jeweiligen Verbreitungsgebiet darstellen. Diese Programmgrundsätze werden ergänzt durch ein Verbot von Gewalt und Pornographie sowie durch die Verpflichtung zur Respektierung der Menschenwürde und der Grundrechte in allen Sendungen der Rundfunkveranstalter. Die *Sendezeit für Werbung* ist bei den Privaten großzügiger bemessen als beim ORF: Für Werbung im privaten Hörfunk liegt die Grenze bei einer täglichen Dauer von 172 Minuten, die Sendezeit für Fernsehwerbung darf 15% der täglichen Sendezeit nicht überschreiten. Inhaltliche Werbebeschränkungen wenden sich dem Schutz der Jugend und der Kunden vor irreführenden oder sonstwie problematischen Werbeformen zu und legen der Unterbrecherwerbung Beschränkungen auf.

Als *Regulierungsbehörde* wird die KommAustria tätig, der auch die Aufsicht über die privaten Rundfunkveranstalter übertragen ist. Sie kann ähnlich wie im Fall des ORF mittels Beschwerde durch Einzelpersonen, durch Wettbewerber, gesetzliche Interessenvertretungen oder durch eine bestimmte Anzahl von Hörern oder Sehern mit der Behauptung angerufen werden, dass der Rundfunkveranstalter gegen Bestimmungen des jeweiligen Gesetzes verstoßen hat.

Der Persönlichkeitsschutz

Überblick über den Persönlichkeitsschutz

Zweck des Persönlichkeitsschutzes im Medienbereich ist es, den einzelnen Menschen vor jenen Übergriffen der Massenmedien zu schützen, die in seine *Persönlichkeitsrechte eingreifen.* Persönlichkeitsrechte schützen die Ehre eines Menschen, sein Recht auf Achtung der Privatsphäre, den Anspruch auf Achtung der Unschuldsvermutung, sein Recht am eigenen Bild oder sein Recht auf Namensanonymität. Allerdings lässt sich der Kreis der Persönlichkeitsrechte nicht abschließend umschreiben, weil es auch ein "allgemeines Persönlichkeitsrecht" (§ 16 Allgemeines Bürgerliches Gesetzbuch - ABGB) gibt, das auch gegen neue Bedrohungen der menschlichen Würde zu schützen in der Lage ist. So hat der Oberste Gerichtshof (OGH) in einer jüngeren Entscheidung ein Persönlichkeitsrecht "an der eigenen Stimme" anerkannt, das dann verletzt sein kann, wenn die menschliche Stimme durch eine Stimmenimitation unbefugt - etwa für Zwecke der politischen Werbung - verwendet wird (OGH 20. 3. 2003, 6 Ob 287/02b, Medien und Recht 2003, S. 92).

Im österreichischen Recht sind die für die mediale Berichterstattung relevanten Persönlichkeitsrechte in unterschiedlichen Rechtsbereichen verankert. Der Schutz der Persönlichkeitsrechte findet im Strafrecht, im Zivilrecht, im Urheberrecht, im Datenschutzrecht und im Medienrecht seine nähere Ausgestaltung, wobei die jeweiligen Rechtsfolgen und die einzuhaltenden Verfahren recht unterschiedlich sind. Das soll mit der folgenden Übersicht angedeutet werden:

- *Strafrechtlicher Persönlichkeitsschutz:* Entsprechende Ansprüche (etwa wegen "Übler Nachrede" nach § 111 Strafgesetzbuch -

StGB) werden im Wege einer Privatanklage vor den Strafgerichten durchgesetzt. Sie führen im Fall eines Schuldspruchs zur Verurteilung des Urhebers der Beleidigung.

- *Zivilrechtlicher Persönlichkeitsschutz:* Die verschiedenen zivil rechtlichen Persönlichkeitsrechte (etwa das "Recht am eigenen Bild" nach § 78 Urheberrechtsgesetz (UrhG) oder Ansprüche wegen einer Kreditgefährdung nach § 1330 ABGB) können durch Klage vor einem Zivilgericht geltend gemacht werden. Es kann auf Unterlassung (auch in Form einer einstweiligen Verfügung) oder auf Widerruf geklagt werden; bei schuldhafter Verletzung solcher Persönlichkeitsrechte kann ein Ersatz des Vermögensschadens (bei einzelnen Tatbeständen auch des nicht-materiellen Schadens, also der zugefügten Kränkung) begehrt werden. Bei entsprechend hohem wirtschaftlichen Schaden können in diesem Rahmen auch höhere Entschädigungssummen anfallen.

Medien-gesetz erweitert Schutz

- *Medienrechtlicher Persönlichkeitsschutz:* Das MedienG ergänzt den strafrechtlichen Ehrenschutz und sieht darüber hinausgehende Tatbestände des Persönlichkeitsschutzes (z. B. bei Verletzung der Privatsphäre oder der Unschuldsvermutung) vor, wobei nach dem MedienG nicht der Journalist, sondern der Medieninhaber für die durch Veröffentlichungen in seinem Medium bewirkten Persönlichkeitseingriffe haftet. Auf Grund dieser Tatbestände kann eine Entschädigung für die zugefügte Kränkung (das heißt für den immateriellen Schaden) verlangt werden, die durch Höchstbeträge begrenzt ist (in der Regel Euro 14.535.-, bei besonders schwerwiegenden Eingriffen bis zu Euro 36.337,-, bei einer Veröffentlichung von Abhörprotokollen oder des Inhalts von Lauschangriffen bis zu Euro 72.673.-).

Schutz der Ehre

Das Ehrenschutzrecht schützt vor ***unwahren beleidigenden Tatsachenbehauptungen*** (z. B. Vorwurf der Korruption) und vor die menschliche Würde beeinträchtigenden ***Beschimpfungen und Beleidigungen*** durch exzessive Werturteile. Beweist der Journalist oder Medieninhaber die Wahrheit des erhobenen Vorwurfs (*Wahrheitsbeweis*) bleibt die üble Nachrede straffrei bzw. entfällt die Haftung. Im Rahmen des im MedienG geregelten Beweises der *Wahrnehmung der journalistischen Sorgfalt* (§ 29 MedienG) entfällt die Sanktion auch dann, wenn zwar nicht die Wahrheit nachgewiesen, aber dargetan werden kann, dass im Rahmen einer Berichterstattung, an der ein öffentliches Informationsinteresse bestand, die gebotene journalistische Sorgfalt an den Tag gelegt wurde. Im Zusammenhang mit kritischen Werturteilen ist es seit der bekannten "Lingens-Entscheidung" des EGMR zu einer Liberalisierung des österreichischen Ehrenschutzrechts gekommen, weil selbst eine beleidigende und scharfe Kritik dann noch zulässig ist, wenn sie auf einer zutreffenden Tatsachenbasis beruht (z. B. Vorwurf des "übelsten Opportunismus", oder des "würdelosen Verhaltens"). Diese *Freiheit zur Kritik* ist besonders dort weit gezogen, wo es um die Auseinandersetzung mit öffentlich bedeutsamen Themen geht, wobei vor allem Politiker und andere im öffentlichen Leben stehenden Personen eine stärkere Einschränkung ihres Ehrenschutzes hinnehmen müssen (sogenannter "public-figures-Standard"). Das *Persönlichkeitsrecht auf Ehre* findet vor allem in den strafrechtlichen Tatbeständen der §§ 111 ff StGB (Üble Nachrede, Beleidigung, Verleumdung), ferner im zivilrechtlichen Ehrenbeleidigungstatbestand des § 1330 ABGB seinen Ausdruck, der mit einem darüber hinaus gehenden Tatbestand der Kreditgefährdung verknüpft ist, der den wirtschaftlichen Ruf schützt. Im Zusammenhang mit Bildveröffentlichungen können Angriffe auf die Ehre auch gestützt auf das in § 78 UrhG geregelte Recht am eigenen Bild bekämpft werden.

Freiheit zur Kritik

Der *medienrechtliche Ehrenschutz* ist in § 6 MedienG verankert, wobei diese Bestimmung auf die strafrechtlichen Tatbestände der üblen Nachrede, der Beschimpfung, der Verspottung und der Verleumdung verweist. Während die zivilrechtlichen Beleidigungstatbestände den Ersatz von Nicht-Vermögensschäden dezidiert ausschließen (§ 1330 Absatz 1 ABGB), sieht das MedienG eine Entschädigung für die mit Ehrangriffen verbundene "Kränkung" vor; es trägt damit dem Umstand Rechnung, dass ein wirksamer Schutz der Persönlichkeitsrechte vor den Übergriffen der Massenmedien auf den Ersatz des immateriellen Schadens nicht verzichten kann. Bestimmte

Entschädigung

Ausschlussgründe lassen den Ersatzanspruch entfallen, so etwa wenn der Wahrheitsbeweis oder der Beweis der journalistischen Sorgfalt erbracht werden kann, ferner dann, wenn die üble Nachrede nur die wahrheitsgetreue Wiedergabe der Äußerung eines Dritten ist und ein überwiegendes Interesse der Öffentlichkeit an der Kenntnis dieser Äußerung bestand (sogenanntes Zitatenprivileg). Die Haftung entfällt auch bei Beleidigungen, die im Rahmen von Live-Sendungen im Rundfunk gefallen sind.

Der Schutz des Rechts am eigenen Bild

Schutz berechtigter Interessen

Das in § 78 Urheberrechtsgesetz geregelte Recht am eigenen Bild stellt ein für die Praxis der Massenmedien äußerst wichtiges Persönlichkeitsrecht dar, das einen umfassenden Schutz vor *Bildveröffentlichungen* bietet, die *berechtigte Interessen des Abgebildeten* verletzen. Nach der Art der beeinträchtigten Interessen können Bildveröffentlichungen rechtswidrig sein, weil sie entweder die Ehre eines Menschen verletzen oder weil sie in seine schutzwürdige Geheimsphäre eindringen oder seinen Anspruch auf Achtung der Unschuldsvermutung beeinträchtigen; auch Abbildungen, die einen irreführenden Zusammenhang herstel-len oder den Abgebildeten ohne seine Zustimmung als Werbeträger oder Träger einer politischen Aussage missbrauchen, können berechtigte Interessen verletzten. Insofern kann § 78 UrhG dem Schutz verschiedener Persönlichkeitsinteressen (Ehrenschutz, Privatsphäre u. a.) dienen, wobei der sachliche Anknüpfungspunkt das Vorliegen eines Personenbildnisses ist. Nach der Judikatur kann sich die Rechtswidrigkeit einer Bildveröffentlichung auch aus dem Zusammenhang mit dem beigegebenen Text ergeben, so dass auch eine an sich nicht weiter beeinträchtigende Abbildung die Ansprüche aus dem Recht am eigenen Bild auslösen kann, wenn sie im Umfeld eines ehrenrührigen oder tendenziösen Textes steht.

Die *Abwägung zwischen den berechtigten Interessen des Abgebildeten* und den entgegenstehenden *Veröffentlichungsinteressen* kann bei "Personen der Zeitgeschichte" zur Zulässigkeit auch einer beeinträchtigenden Bildveröffentlichung führen. In der

Judikatur ändert sich

Vergangenheit war die Judikatur zum Recht am eigenen Bild sehr restriktiv, was vor allem der ***Bildberichterstattung über Straftaten und Strafverfahren*** äußerst enge Grenzen gezogen hat. Den dagegen erhobenen kritischen Einwendungen tragen jüngere Entscheidungen Rechnung, die bei der Beurteilung der Rechtmäßigkeit von Bildveröffentlichungen stärker auf die Kriterien der §§ 7a, 7b MedienG abstellen; nach dieser Judikatur ist die Abbildung eines Tatverdächtigen in der Regel dann zulässig, wenn eine identifizierende Wortberichterstattung gemessen an den Wertungen des MedienG ebenfalls zulässig ist (vgl. vor allem OGH Medien und Recht 23. 9. 1997, 4 Ob 184/97 f, 1997, 302 - Ernestine K.).

Das Recht auf Achtung der Privatsphäre

Verschiedene persönlichkeitsrechtliche Tatbestände schützen die *Geheimsphäre eines Menschen* und seine privaten Zustände und Befindlichkeiten. Für die Praxis sind die Tatbestände des medienrechtlichen Persönlichkeitsschutzes am wichtigsten: § 7 MedienG schützt den "*höchstpersönlichen Lebensbereich*" eines Menschen, der ebenfalls eine Erscheinungsform der Privatsphäre ist, vor Bloßstellung durch die Massenmedien (z. B. Berichte über den Gesundheitszustand, das Sexualleben). Auch der besondere *Identitätsschutz*, den § 7a den Opfern strafbarer Handlungen und - soweit schutzwürdige Interessen überwiegen - den Tatverdächtigen oder Tätern gibt, kann dem Schutz der Privatsphäre dienen; gleiches gilt für den Anspruch nach § 7c, der jene Geheimnisse abschirmen möchte, die beim Einsatz der besonderen polizeilichen Ermittlungsmaßnahmen offenkundig wurden.

Privatsphäre mehrfach geschützt

Die Tatbestände des MedienG werden durch weitere Anspruchsgrundlagen ergänzt, die ebenfalls die Privatsphäre eines Menschen vor einer indiskreten Berichterstattung schützen: Das allgemeine *Grundrecht auf Datenschutz* (§ 1 DSG 2000) schützt vor der ungerechtfertigten Offenbarung geheimhaltungsbedürftiger persönlicher Daten, auch wenn diese auf konventionellen Datenträgern erfasst sind. Im Zusammenhang mit Abbildungen gibt § 78 UrhG dem Privatleben eines Menschen einen effektiven Schutz vor bloßstellenden Bildveröffentlichungen. Schließlich hat der Oberste Gerichtshof auch ein in § 16 ABGB angesiedeltes *Recht auf Achtung der Geheimsphäre* anerkannt.

Die Achtung der Unschuldsvermutung

Medien-
justiz

In den letzten Jahren ist es zu einer allmählichen Sensibilisierung für die Probleme des Persönlichkeitsschutzes im Bereich der Kriminalberichterstattung gekommen. Als Katalysator wirkte der verfassungsrechtliche *Anspruch auf Achtung der Unschuldsvermutung* (Artikel 6 Absatz 2 EMRK). Dieses Grundrecht sollte zwar nach überwiegender Ansicht nicht unmittelbar auf die privaten Massenmedien anwendbar sein, es bildet aber trotzdem nach Ansicht des VfGH einen "die gesamte österreichische Rechtsordnung beherrschenden Grundsatz", der zum Ausgangspunkt für die Begründung von Schranken wurde, die einem "trial by newspaper" entgegen wirken konnten (vgl. VfSlg 11.062/1986, 14.260/1995). Mit der MedienG-Novelle 1992 hat sich der Gesetzgeber der Problematik der "Medienjustiz" angenommen und mit den §§ 7a und 7b MedienG zivilrechtliche Entschädigungsbestimmungen geschaffen. Sie geben den Opfern und den Verdächtigen einer strafbaren Handlung Schutz vor einer beeinträchtigenden Medienpublizität, wenn durch eine identifizierende Veröffentlichung schutzwürdige Interessen verletzt werden und untersagen den Medien jede Form der Veröffentlichung, in der ein noch nicht rechtskräftig verurteilter Verdächtiger als überführt oder schuldig hingestellt oder als Täter einer strafbaren Handlung bezeichnet wird.

Die Gegendarstellung

Eine Art von publizistischer Wiedergutmachung soll das Recht auf Gegendarstellung (früher: Entgegnungsrecht) gewährleisten. Nach den Regelungen des MedienG (§§ 9 ff.) kann jede Person (auch Behörde), die durch eine *unwahre Tatsachenbehauptung* in einem periodischen Medium betroffen ist, verlangen, dass eine unentgeltliche *Gegendarstellung* veröffentlicht wird. Diese Veröffentlichung muss den gleichen Veröffentlichungswert (z. B. Größe) wie die inkriminierte ursprüngliche Veröffentlichung haben; verweigert der Medieninhaber ungerechtfertigter Weise den Abdruck der Gegendarstellung, können ihm Geldbußen auferlegt werden. Nicht "entgegnungsfähig" sind Werturteile, kommerzielle Anzeigen oder bloß unerhebliche Tatsachenbehauptungen. Wenn der Medieninhaber die Wahrheit seiner ursprünglichen Behauptung nachweisen kann (die begehrte Gegendarstellung also falsch wäre), kann die Veröffentlichung unterbleiben. Um der begehrten Gegendarstellung aber nicht jeden publizistischen Wert zu nehmen, muss der Beweis der Unwahrheit innerhalb kurzer Frist erbracht werden; gelingt das nicht, wird dem Medieninhaber die Veröffentlichung der Gegendarstellung aufgetragen. In einem solchen Fall kann der Medieninhaber aber immer noch in einem "fortgesetzten Verfahren" die Unrichtigkeit der Gegendarstellung behaupten; gelingt ihm dieser Nachweis, gebührt ihm ein angemessenes Einschaltungsentgelt für die unberechtigte Gegendarstellung.

Mittel gegen unwahre Behauptungen

Das Redaktionsgeheimnis

Die Massenmedien sind auch auf vertrauliche Informationen angewiesen, wenn sie ihrer gesellschaftlichen Aufgabe als "public watchdog" nachkommen sollen. Da Informanten aus Unternehmen oder Behörden, die als "whistleblower" interne Missstände aufdecken, mit Sanktionen rechnen müssen, gehört die Zusicherung der Vertraulichkeit zu den weitgehend beachteten journalistischen Standesregeln, ohne deren Einhaltung viele Informationsquellen versiegen müssten. Durch § 31 MedienG wird das *Redaktionsgeheimnis* als publizistisches Berufsgeheimnis anerkannt. Kern des Redaktionsgeheimnisses ist ein Recht auf Aussageverweigerung: Danach hat jeder Journalist (Medienmitarbeiter), darüber hinaus aber auch der Medieninhaber, Herausgeber und überhaupt jeder Arbeitnehmer eines Medienunternehmens (z. B. Drucker) das Recht, in einem gerichtlichen Verfahren oder Verfahren vor einer Verwaltungsbehörde die Aussage zu verweigern, wenn sie die Person eines Informanten (Verfassers, Einsenders oder Gewährsmann von

Informantenschutz

Beiträgen oder Unterlagen) betreffen würde. Außerdem erstreckt sich das *Zeugnisverweigerungsrecht* auch auf den Inhalt von Mitteilungen, soweit es sich um eine dem Journalisten im Hinblick auf seine Tätigkeit gemachte Mitteilung handelt. Daher konnte sich der ORF etwa erfolgreich weigern, als ihm im Zusammenhang mit der Affäre Lukona die Herausgabe eines Videobandes mit einem Interview mit dem Kapitän der Lukona aufgetragen worden war.

Hat ein *Journalist selbst* Anteil an einer strafbaren Handlung und wird deshalb angeklagt, weil er z. B. einen Beamten zur Verletzung eines Amtsgeheimnisses angestiftet hat, kann er sich nicht auf das Redaktionsgeheimnis berufen. Er kann aber wie jeder Beschuldigte seine Aussage verweigern..

Grenzen des Redaktionsgeheimnisses

Der Schutz des Redaktionsgeheimnisses könnte durchbrochen werden, wenn sich die Strafverfolgungsbehörden den Namen eines Informanten durch Durchsuchung einer Redaktion und Beschlagnahme von Unterlagen beschaffen könnten. Daher verbietet das Gesetz auch jede *Umgehung des Zeugnisverweigerungsrechts*, so dass z. B. Hausdurchsuchungen bei Journalisten oder in Redaktionen unzulässig sind, wenn dadurch geschütztes Material erlangt werden sollte. Die Überwachung der Telefonanlagen von Medienunternehmen ist nur bei schwereren Straftaten zulässig. Zu gewissen Lücken und der Gefahr der Umgehung des Redaktionsgeheimnisses ist es allerdings im Zuge der neuen technischen Möglichkeiten der optischen und akustischen Überwachung sowie den damit verbundenen Strategien der verdeckten polizeilichen oder nachrichtendienstlichen Ermittlungen gekommen.

Regelungen zur Vermeidung von Medienkonzentration

Der Verfassungsrechtsordnung liegt ein Verständnis von Medienfreiheit zu Grunde, die auf einem *Wettbewerb von wirtschaftlich und publizistisch selbständigen Massenmedien* beruht, die sich wechselseitig ergänzen und kontrollieren und durch die letztlich die Meinungsvielfalt in der Gesellschaft garantiert ist. Dieses Leitbild wird durch die Konzentrationstendenzen auf den Medienmärkten bedroht, wobei in Österreich vor allem die Konzentration bei den Tageszeitungen und am Zeitschriftenmarkt bemerkenswert weit fortgeschritten ist. Die weiteren Entwicklungen unter den Vorzeichen der Konvergenz der Medien- und Kommunikationstechnologien und die Globalisierung der Medienmärkte geben zu der Besorgnis Anlass, dass es zu einem weiteren Schrumpfen der Medienvielfalt kommen könnte. Angemessene Maßnahmen zur Bekämpfung der Medienvielfalt liegen daher im öffentlichen Interesse und sie rechtfertigen auch gewisse Eingriffe in die unternehmerische Freiheit bestehender Medienunternehmen.

Verlust der Meinungsvielfalt

Auf die *rundfunkrechtlichen Instrumente* zur Verhinderung einer übermäßigen Zusammenballung von Medienmacht, vor allem auch in der Form einer diagonalen Konzentration zwischen Medienunternehmen verschiedener Bereiche (cross ownership) wurde schon im Kapitel über den Rundfunk hingewiesen (vgl. oben). Neben diesen Regelungen finden sich im österreichischen Recht noch weitere einschlägige Vorschriften im *Kartellrecht* (Kartellgesetz 1988 - KartG 1988, BGBl I 1988/600 idF BGBl I 2003/33). Sie werden im Folgenden überblicksweise dargestellt.

Zusammenschlusskontrolle

Um Beschränkungen des Wettbewerbs durch eine Zusammenballung wirtschaftlicher Macht zu verhindern, sieht das KartG vor, dass Zusammenschlüsse von Unternehmen, die bestimmte, durch Umsatzgrößen definierte Schwellenwerte übersteigen, dem Kartellgericht anzuzeigen sind (*Zusammenschluss- oder Fusionskontrolle*). Ein Zusammenschluss ist zu untersagen, wenn dadurch eine marktbeherrschende Stellung entsteht oder verstärkt wird oder wenn im Medienbereich zu erwarten ist, dass durch die Fusion die Medienvielfalt beeinträchtigt wird (§ 42c KartG). Beachtenswert ist, dass im Medienbereich die Schwellenwerte wesentlich niedriger als bei anderen Unternehmen sind, so dass die Fusionskontrolle schon bei geringeren Umsätzen greift (vgl. dazu die Regelungen in § 42c KartG).

Fusionskontrolle

Ob ein Zusammenschluss in verbotener Weise durchgeführt wird, hat das Kartellgericht auf Antrag festzustellen; seit einer Novelle zum KartG aus dem Jahr 2002 können solche Anträge einbringen: der Bundeskartellanwalt, die Bundeswettbewerbsbehörde (die im Medienbereich der KommAustria Gelegenheit zur Stellungnahme zu geben hat), Unternehmervereinigungen und jeder Unternehmer, dessen rechtliche und wirtschaftliche Interessen durch den Zusammenschluss berührt werden.

Beeinträchtigung der Medienvielfalt

Unter welchen Umständen die *Medienvielfalt* beeinträchtigt ist, bedarf letztlich einer wertenden Beurteilung. Das Gesetz gibt in § 35 Absatz 2a KartG einen gewissen Anhaltspunkt, wenn dort unter Medienvielfalt "eine Vielfalt von selbständigen Medienunternehmen" verstanden wird, die nicht miteinander verbunden sind und "durch die eine Berichterstattung unter Berücksichtigung unterschiedlicher Meinungen gewährleistet wird". In einer aufsehenerregenden Entscheidung hat das Kartellgericht im Jahre 2001 einen sehr weit gehenden Konzentrationsprozess bei den Druckmedien (Zusammenschluss Format - profil) mit der Auflage gebilligt, dass das Magazin profil als unabhängiges Nachrichtenmagazin zumindest bis zum 31. 12. 2005 fortgeführt wird (zu den Details vgl. die Entscheidung des OLG Wien als Kartellgericht vom 26. 1. 2001, 26 Kt 432 u.a., Medien und Recht 2001, S. 49).

Missbrauchsaufsicht

Wie das zuletzt genannte Beispiel zeigt, kann die Fusionskontrolle nicht jede Konzentration verhindern; gegen eine "Auflagenkonzentration" durch internes Unternehmenswachstum bietet sie schon voraussetzungsgemäß keine Abhilfe. Daher ist es wichtig, dass Unternehmen, die eine marktbeherrschende Stellung auf einem bestimmten Markt ausüben, einer Missbrauchs-aufsicht unterliegen, welche durch das Kartellgericht ausgeübt wird. *Marktmachtmissbräuche* sind in vielen Formen denkbar (z. B. diskriminierende Preise, Ausschluss von bestimmten Aufträgen, Verweigerung der Einbeziehung in Vertriebssysteme, Gratisverteilung von Zeitungen mit dem Versuch der Marktverstopfung, Koppelungsverträge usw.).

Anträge im Rahmen der Missbrauchsaufsicht können wiederum (unter anderem) der Bundeskartellanwalt und die Bundeswettbewerbsbehörde oder Unternehmensverbände bzw. betroffene Unternehmen einbringen. Im Fall des Missbrauchs einer marktbeherrschenden Stellung im Medienbereich eröffnet das Gesetz sogar die Möglichkeit von Entflechtungsmaßnahmen (z. B. Ausgliederung bestimmter Betriebsteile), wenn der Missbrauch geeignet ist, die Medienvielfalt zu beeinträchtigen (§ 35 Absatz 2 KartG).

Kontrolle, Behörden und Verfahren

Die Mediengerichte

Der Schwerpunkt der Vollziehung des MedienG liegt bei den Gerichten, wobei das Gesetz die Zuständigkeit von besonderen *Mediengerichten* (§ 41 MedienG) begründet hat. Dabei handelt es sich um die Landesgerichte in den Landeshauptstädten (bei Rundfunksendungen das Landesgericht für Strafsachen Wien), wo der für Strafsachen zuständige Einzelrichter ("Medienrichter") entscheidet. Diese Zuständigkeit besteht für

Zuständigkeit

- Strafverfahren wegen *Medieninhaltsdelikten*,
- sogenannte *selbständige Verfahren*, das sind Verfahren wegen Medieninhaltsdelikten, in denen nicht ein bestimmter Täter (z. B. Journalist) angeklagt wird, sondern wegen des Tatbestands einer strafbaren Veröffentlichung gegen das Medium selbst auf Einziehung (das ist eine Art von Beschlagnahme) und Urteilsveröffentlichung erkannt werden kann,
- für *Entschädigungsverfahren* bei Verstößen gegen die Bestimmungen des MedienG zum Persönlichkeitsschutz,
- bei Verfahren wegen einer begehrten *Gegendarstellung*.

In allen diesen Verfahren werden die Bestimmungen der *Strafprozessordnung* angewendet, und zwar auch im Zusammenhang mit Entschädigungsverfahren bei Eingriff in Persönlichkeitsrechte, die der Sache nach zivilrechtliche Ansprüche sind. Das MedienG enthält eine Reihe von *strafrechtlichen Sonderbestimmungen*, die auf die besonderen Verhältnisse im Medienbereich zugeschnitten sind (z. B. über abweichende Verjährungsregelungen, über die Urteilsveröffentlichung, über die Haftung des Medieninhabers, über die Beschlagnahme und Einziehung von Medienwerken).

Die Rundfunkbehörden

Durch das KommAustia-Gesetz wurden die *Behörden im Rundfunkbereich*, die für die Zulassung von Rundfunkanstalten und zur Aufsicht über diese zuständig sind, neu organisiert. Eingerichtet sind:

Aufsichtsbehörden

- Die *KommAustria* als eine (weisungsgebundene) Behörde, die als Regulierungsbehörde (Zulassungsbehörde) für die privaten Rundfunkveranstalter tätig wird und die Aufsicht über diese ausübt.

- Der *Bundeskommunikationssenat*, der als eine weisungsfreie Kollegialbehörde (sogenannte Kollegialbehörde mit richterlichem Einschlag) organisiert ist und aus drei Richtern sowie zwei weiteren juristischen Experten besteht; der Bundeskommunikationssenat ist Berufungsbehörde gegenüber der KommAustria (außer in Verwaltungsstrafsachen) und außerdem Aufsichtsbehörde gegenüber dem ORF. Bescheide des Bundeskommunikationssenats können beim Verwaltungsgerichtshof und beim Verfassungsgerichtshof angefochten werden.

- Als Geschäftsapparat der KommAustria fungiert die *Rundfunk- und Telekommunikationsregulierungs-GmbH* (RTR-GmbH), die auch ein Kompetenzzentrum insbesondere für Fragen der Konvergenz von Medien und Telekommunikation aufzubauen und zu führen hat. Die RTR-GmbH ist auch der Geschäftsapparat der für die Telekom-Regulierung zuständigen Regulierungsbehörde.

Weitere Behörden

Für die Vollziehung der Ordnungsvorschriften des MedienG (z. B. Ablieferungspflichten, Einhaltung der Impressumspflicht) sind die *Verwaltungsbehörden* (Bezirksverwaltungsbehörden, Bundespolizeidirektionen) zuständig, welche allenfalls auch die Verwaltungsstrafverfahren durchzuführen haben. Auf weitere Zuständigkeiten der *ordentlichen Gerichte* (Kartellgericht für die Fusions- und Missbrauchskontrolle, Zivilgerichte für den zivilrechtlichen Persönlichkeitsschutz) wurde vorstehend bereits an der jeweiligen Stelle hingewiesen. Beschwerden gegen *Eingriffe in die Medienfreiheit* können an den Verfassungsgerichtshof herangetragen werden, soweit es sich um Entscheidungen von Verwaltungsbehörden handelt; der Verfassungsgerichtshof ist auch zuständig, Gesetze unter dem Gesichtspunkt der Kommunikationsfreiheit auf ihre Verfassungsmäßigkeit zu prüfen. Wegen einer behaupteten Verletzung der in Artikel 10 EMRK gewährleisteten Meinungsfreiheit kann nach Ausschöpfung der innerstaatlichen Rechtsmittel der *Europäische Gerichtshof für Menschenrechte* in Strassburg angerufen werden, der die Entwicklung des Medienrechts in Österreich mit vielen wichtigen Leitentscheidungen nicht unmaßgeblich mit beeinflusst hat.

Literatur

Gesamtübersichten

Holoubek, Michael; Traimer, Matthias; Kassai, Klaus (2002): Grundzüge des Rechts der Massenmedien, 2. Auflage. Wien. New York (Einführung in das Recht der Massenmedien in Form eines Skriptums).

Zu den verfassungsrechtlichen Grundlagen

Berka, Walter (1999): Die Grundrechte. Wien: Springer, S. 313-339 (Gesamtdarstellung zur Kommunikationsfreiheit im Kontext der österreichischen Grundrechtsordnung).

Berka, Walter (1998): Medien zwischen Freiheit und Verantwortung. In: Aicher, Josef; Holoubek, Michael (Hrsg) (1998): Das Recht der Medienunternehmen (1). Wien: Orac (Zum Verfassungsstatus der Medien).

Zum Mediengesetz

Berka, Walter; Höhne, Thomas; Noll, Alfred; Polley, Ulrich (2002): Mediengesetz. Praxiskommentar. Wien: LexisNexis 2002 (Aktuellster umfassender Kommentar zum Mediengesetz unter Berücksichtigung der neuen Medien).

Brandstetter, Ulrich; Schmid, Helmut (1999): Kommentar zum Mediengesetz, 2. Auflage. Wien: Manz (Ausführlicher Kommentar zum Mediengesetz).

Zum Rundfunkrecht

Brugger, Sepp (2001): KommAustria Gesetz und Privatradiogesetz. Wien: Neuer Wissenschaftlicher Verlag (Kommentierte Ausgabe der beiden genannten Gesetze).

Kogler, Michael; Kramler, Thomas; Traimer, Matthias (2002): Österreichische Rundfunkgesetze. Wien: Verlag Medien und Recht (Kommentierte Ausgabe der wichtigsten Rundfunkgesetze mit Abdruck weiterer einschlägiger Gesetze).

Vartian, Claudine (2002): Privatfernsehrecht. Wien: Verlag Österreich (Kurzkommentar zum Privatfernsehgesetz mit Abdruck weiterer relevanter Rechtsvorschriften).

Einen guten Zugang zu den relevanten Rechtstexten und aktuellen medienrechtlichen Entwicklungen bietet die Homepage der Medienabteilung des Bundeskanzleramts: www.bka.gv.at/bka/medien/medien.htm.

Über aktuelle medienrechtliche Entwicklungen und wichtige Entscheidungen der Höchstgerichte informiert die in Wien erscheinende Zeitschrift "Medien und Recht" (www.medien-recht.com).

Urheberrecht für Journalisten

Meinrad Rahofer

Journalisten sind im Wesentlichen auf zwei verschiedenen Ebenen vom Urheberrecht betroffen: Einmal als *Produzenten* von geschützten Werken und zum zweiten als mögliche *Verletzer* derartiger Rechte. Im Folgenden soll versucht werden, einen knappen und dementsprechend nur oberflächenhaften Überblick über das Urheberrecht zu geben. Den aktuellen Entwicklungen, insbesondere auch auf dem Gebiet des Internets und der Rechte der Fotografen, ist ein eigener Beitrag gewidmet (siehe auch Beitrag "Aktuelle Entwicklungen im Urheberrecht" in diesem Band). Der Sonderfall des "Rechtes am eigenen Bild", das ebenfalls im Urheberrecht geregelt ist, meint nicht die Rechte der Hersteller des Bildes, sondern die Rechte der Abgebildeten und wird dementsprechend beim Schutz der Persönlichkeit abgehandelt (siehe auch Beitrag "Medienrecht für Journalisten" in diesem Band).

Journalisten als Täter und Opfer

Das Urheberrecht, geregelt im Urheberrechtsgesetz, schützt geistiges Eigentum, also individuelle Schöpfungen im Bereich der Literatur, der Bildenden Künste und der Filmkunst. Unter die Literatur fällt dabei nicht nur ein Roman oder eine große Reportage, sondern auch ein Computerprogramm, unter die bildenden Künste auch die Fotografie und Architektur.

Um den Schutz des Urheberrechts zu erhalten, muss die Schöpfung "eigentümlich" sein, also nicht etwas, das jeder so und nicht anders machen würde. Ob ein Werk individuell genug ist, um geschützt zu sein, entscheidet das Gericht. Geschützt ist das Werk als Ganzes und in seinen Teilen. Der Schutz entsteht mit der Schaffung, also ohne formelle Anmeldung oder Eintragung. Dieses Recht, Urheber zu sein, kann unter lebenden Personen nicht übertragen, sondern nur vererbt werden und kommt immer einer ***natürlichen Person*** zu. Das Urheberrecht entsteht mit der Schöpfung des Werkes und endet nach einer Schutzfrist von 70 Jahren ab dem Tod des Urhebers. Kürzere und andere Fristen gelten für die verwandten Schutzrechte, also für die einzelnen Nutzungsrechte an dem Werk.

Nur individuelles Werk geschützt

Nutzung von Werken

Die Rechte des Urhebers bestehen darin, sich als Urheber zu bezeichnen und sein Werk zu gebrauchen. So hat der Urheber insbesondere das Recht, sein Werk ganz oder teilweise zu veröffentlichen, zu bearbeiten, zu vervielfältigen, zu verbreiten, zu vermieten und verleihen, zu senden und öffentlich wiederzugeben. Der Urheber kann anderen gestatten, das Werk auf einzelne oder alle der ihm vorbehaltenen Verwertungsarten zu nutzen. Auf *welche Art*, mit *welchen Mitteln* und innerhalb *welcher örtlichen* und *zeitlichen Grenzen* das Werk von einem Werknutzungsberechtigen benutzt werden darf, richtet sich nach dem mit dem Urheber abgeschlossenen Vertrag. Die Werknutzungsrechte sind vererblich und veräußerlich. Für Computerprogramme gelten Sondervorschriften.

Grundsätzlich darf jedermann nur ein Werk benutzen, wenn er das Recht dazu eingeräumt erhalten hat. Allerdings sieht das Gesetz unter bestimmten Umständen auch Ausnahmen vor, die sogenannte *freie Werknutzung*. So dürfen Werke im Interesse der Rechtspflege oder Verwaltung verwendet werden, einzelne Stücke dürfen für den eigenen Gebrauch von jedermann hergestellt (vervielfältigt) werden, zur Berichterstattung über Tagesereignisse dürfen öffentlich wahrnehmbare Werke zum Zweck der Information gesendet werden. Zitate aus der Literatur dürfen verwendet werden, wenn sie als solche mit Quelle erkennbar sind und der zitierte Umfang gerechtfertigt ist. Ebenso erlaubt ist die Nutzung für den Schul- und Universitätsgebrauch für Zwecke des Unterrichts.

Verwertungsgesellschaft

Dem Urheber ist es oft nicht möglich, Verletzungen seiner Rechte weltweit festzustellen. Verwertungsgesellschaften kommt daher die Aufgabe zu, die Rechte ihrer Mitglieder wahrzunehmen. In Österreich gibt es pro Werkkategorie bzw. Nutzungsart nur eine Verwertungsgesellschaft. Für Musikrechte ist die *AKM* (Gesellschaft der Autoren, Komponisten und Musikverleger reg. Genossenschaft m.b.H.) zuständig, für die mechanische Vervielfältigung und Verbreitung die *Austro-Mechana*, (Gesellschaft zur Wahrnehmung mechanisch-musikalischer Urheberrechte Ges.m.b.H.) und die literarischen Urheber haben sich zur Literarischen Verwertungsgesellschaft bzw. *Literar-Mechana* (Literarische Verwertungsgesellschaft reg. Gen.m.b.H) zusammengeschlossen. Die Rechte der Interpreten werden wieder von anderen

Verwertungsgesellschaften wie *LSG* (Wahrnehmung von Leistungsschutzrechten Ges.m.b.H.), *VBT* (Verwertungsgesellschaft für Bild und Ton) u. a. vertreten. (Einen Überblick über die Verwertungsgesellschaften bietet im Internet http://www.akm.co.at). Die Verwertungsgesellschaften dürfen nur mit einer amtlichen Betriebsgenehmigung tätig werden und unterstehen der Aufsicht des Bundeskanzlers. Sie dienen als Bindeglied zwischen Urheber und Nutzer. Dazu lassen sie sich von den Urhebern Rechte zur treuhändigen Wahrnehmung der Rechte einräumen und erteilen dafür gegen tarifmäßiges Entgelt Nutzungsbewilligungen. Die Entgelte und gesetzlichen Vergütungen schütten die Verwertungsgesellschaften an die Rechteinhaber aus.

Literatur

Ciresa, Meinhard (2003): Urheberwissen leichtgemacht. Frankfurt/Main.

Dillenz, Walter (1999): Praxiskommentar zum österreichischen Urheberrecht und Verwertungsgesellschaftsrecht. Wien.

Haller, Albrecht (2001): Music on Demand. Internet, Abrufdienste und Urheberrecht. Wien.

Mayer-Schönberger, Viktor (2000): Information und Recht - Vom Datenschutz bis zum Urheberrecht. Praxisbezogene Perspektiven für Österreich, Deutschland und Schweiz. Wien.

Noll, Alfred (1997): Urheberrecht in der Praxis. Wien.

Walter, Michel M. (2003): Urheberrechtsgesetz 2003. Wien.

Zanger, Georg (1996): Urheberrecht und Leistungsschutz im digitalen Zeitalter. Wien.

Zanger, Georg (1991): Werbung und Urheberrecht. Wien.

Zanger, Georg (1988): Urheberrecht für Fotografen. Wien.

Aktuelle Entwicklungen im Urheberrecht

Heinz Wittmann (unter Mitarbeit von Markus Deisenberger)

Die UrhG-Novelle 2003

Die mit 1. Juli 2003 in Kraft getretene UrhG-Novelle 2003, BGBl I Nr. 32/2003, diente in erster Linie der Umsetzung der EG-Richtlinie "Urheberrecht in der Informationsgesellschaft" (vgl. 2001/29/EG vom 22. 5. 2000). Deshalb stehen auch die Fragen im Bereich der Netzwirtschaft und im Weiteren der digitalen Werkvermittlung im Zentrum der Novelle: Einführung einer neuen Verwertungsart "Zurverfügungstellung"; Einschränkung der freien Werknutzung der Vervielfältigung zum Eigengebrauch auf rein private Nutzung im Bereich digitaler Vervielfältigungen; rechtliche Durchsetzung von Kopierschutzmaßnahmen.

Urheberrecht im Internet

Damit wird die Position der Urheber bzw. Rechteinhaber (z. B. Verlage) gegenüber der Piraterie im Internet und den zunehmenden Missbräuchen in der digitalen Offline-Welt gestärkt. Die Novelle enthält allerdings einige problematische Bestimmungen, die diesen verstärkten Schutz gerade bezüglich Zeitungsinhalten unter dem Titel "Freier Zugang zur Information" aufweichen und daher in ihrer praktischen Handhabung besonders aufmerksam beobachtet werden müssen.

Das interaktive Zurverfügungsstellungsrecht

Schon bisher war in der Fachliteratur und der Rechtsprechung unbestritten, dass die Verbreitung von Werken der Literatur, von Fotos, Musikwerken und Filmwerken im Internet (also in digitalen öffentlichen Netzen, worunter auch größere Behörden- oder Firmennetze fallen können) - also das Ins-Netz-Stellen zum interaktiven Zugriff für die Öffentlichkeit - dem Urheber vorbehalten ist (vgl. Medienprofessor 2001, S. 304ff.). Eine Unsicherheit bestand dabei nur hin-

Ins-Netz-Stellen dem Urheber vorbehalten

sichtlich der Frage, wie diese digitale Werkvermittlung in den bestehenden Katalog der urheberrechtlichen Verwertungsrechte einzuordnen sei, was daher rührt, dass die Verwertungsrechte im österreichischen Urheberrecht taxativ aufgezählt sind.

Ist Einspeichern Vervielfältigung?

Nach einer Auffassung (vgl. Walter 1995, S. 125) war das Einspeichern und Zugänglichmachen von Werken und Leistungen im Internet als Vervielfältigung und Verbreitung zu qualifizieren, nach anderer Meinung (vgl. Dittrich 1997, S. 367) die Internetübertragung vielmehr einer Sendung gleichzuhalten; der OGH enthielt sich einer Stellungnahme zu diesem Theorienstreit.

Mit § 18a UrhG (in der neuen Fassung des UrhG ab 1. 7. 2003) wurde nun, in Umsetzung der EG-Inforichtlinie, dem bestehenden Katalog der Vorbehaltsrechte ein neues - "digitales" - Verwertungsrecht hinzugefügt. Das Recht der "Zurverfügungstellung" umfasst alle Formen der öffentlichen Zugänglichmachung ("making available") von Werken zum interaktiven Zugriff, also in erster Linie das Bereitstellen von geschützten Werken auf einer Website zum Abruf durch die Öffentlichkeit.

Internet - Intranet

Öffentlichkeit liegt in diesem Zusammenhang dann vor, wenn das Werk im Internet/World Wide Web verbreitet wird, aber darüber hinaus auch bei einer Einspeisung in ein Intranet, sofern eine Vielzahl von untereinander persönlich nicht verbundenen Nutzern auf das Werk zugreifen kann (auf eine nähere Definition von "Öffentlichkeit" hat der Gesetzgeber leider auch bei dieser Novelle verzichtet).

Inhalte des Web nur für eigenen Gebrauch straffrei

Werden geschützte Inhalte (Texte, Bilder) ohne Zustimmung der jeweiligen Rechteinhaber ins Netz gestellt, kann die Rechtsverletzung, gestützt auf das neue Vorbehaltsrecht, mit allen urheberrechtlichen Mitteln (auch strafrechtlich) verfolgt werden. Das Vorbehaltsrecht gilt auch für die Weiterverwertung von Inhalten, die im Netz selbst vorgefunden werden (etwa Inhalte aus einer Zeitungs-Homepage) auf einer anderen als der ursprünglichen Website: die im Internet vorgefundenen Inhalte dürfen eben nur zum eigenen Gebrauch genutzt, aber nicht neuerlich an die Öffentlichkeit weiterverbreitet werden; erlaubt wäre dies nur dann, wenn der Rechteinhaber seine Zustimmung zur Weiterverwertung durch einen entsprechenden Hinweis schlüssig zum Ausdruck bringt.

Zeitungsinhalte im Internet

Das Ziel des Piraterieschutzes wurde aber vom Gesetzgeber selbst gerade bezüglich der Zeitungsinhalte mit dem Argument des freien Informationszugangs zu Berichten über aktuelles Tagesgeschehen nicht unwesentlich aufgeweicht: die traditionell für Printmedien geltende, dort aber eher eine Nebenrolle spielende freie Werknutzung des Nachdrucks von fremden Zeitungsbeiträgen ("Nachdruckprivileg") wurde nämlich ohne nähere gesetzliche Einschränkungen auf Internet-Medien erweitert. Ausgangspunkt ist die (unveränderte) Bestimmung des § 44 Abs. 1 UrhG, wonach "einzelne in einer Zeitung oder Zeitschrift enthaltene Aufsätze über wirtschaftliche, politische oder religiöse Tagesfragen" in anderen Zeitungen oder Zeitschriften vervielfältigt und verbreitet, also nachgedruckt werden dürfen. Durch Abs. 2 wurde dieses Nachdruckrecht auf die Zurverfügungstellung im Internet erweitert (es galt schon bisher auch für öffentliche Vorträge und den Rundfunk). Das bedeutet, dass auch Betreiber von Websites einzelne Zeitungsartikel über Tagesfragen ohne Zustimmung der Rechteinhaber ins Netz stellen können; dabei wird allerdings implizit vorausgesetzt, dass beim aufnehmenden Internetmedium selbst eine redaktionelle Auseinandersetzung mit Tagesfragen wirtschaftlicher, politischer oder relgiöser Natur stattfindet, wie dies für herkömmliche Zeitungen und Zeitschriften typisch ist (vgl. Walter 2003, S. 77).

Aufweichung des Piraterie-Schutzes

Es liegt auf der Hand, dass eine solche Regelung missbräuchlich dazu benutzt werden könnte, um Zeitungsinhalte gratis für elektronische Pressedienste im Internet zu verwenden. Im Prinzip könnte die freie Werknutzung nach § 44 UrhG von den Verlegern sehr einfach durch die Anbringung eines förmlichen Rechtevorbehalts am Titel der Zeitung oder direkt beim Artikel ausgeschlossen werden, doch sind solche spezifischen, auf die Nachdruckfreiheit bezogenen Ausschlussklauseln der Verlagspraxis bislang fremd. Den Verlagen ist dennoch anzuraten, von diesem Verbotsrecht Gebrauch zu machen. Zwar müsste nach dem Wortlaut des Gesetzes der Vorbehalt entweder am

Rechtevorbehalt anbringen

Kopf (Titel) der Zeitung oder beim einzelnen Beitrag angebracht werden, doch sollte auch ein permanenter Hinweis im Impressum ausreichen, um das Nachdruckverbot zu bewirken. Judikatur zu dieser Fragestellung fehlt allerdings noch. Trotz eines solchen förmlichen Vorbehalts wäre es den Verlagen selbstverständlich unbenommen, den Nachdruck dennoch auf individueller Basis zu erlauben.

Nachdruckverbot im Impressum

Freie Werknutzung der Eigen-/Privatkopie

In Umsetzung der EG-Urheberrechts-Richtlinie wurde die Stellung der Rechteinhaber auch offline im digitalen Umfeld wesentlich gestärkt. Das betrifft vor allem das Kopieren von geschützten Inhalten zum eigenen bzw. privaten Gebrauch. Eine digitale Vervielfältigung von Werken, also auch Zeitungsartikeln, auf Datenträger (Festplatte, CD etc.) ohne Zustimmung des Rechteinhabers (Verlages) ist nur mehr für den strikt privaten und nicht-kommerziellen Gebrauch zulässig. Der frühere Eigengebrauch, der auch berufliche Nutzungen deckte, wurde somit deutlich eingeschränkt.

Keine Änderung hat sich dagegen im Bereich der klassischen reprographischen Vervielfältigung zum eigenen Gebrauch ergeben. Kopien auf Papier dürfen im bisherigen Umfang zum "eigenen Gebrauch", also auch für berufliche Zwecke hergestellt werden, sofern es sich um einzelne Kopien handelt und nicht eine Verbreitung an die Öffentlichkeit stattfindet. Sollen Zeitungsartikel über den eigenen Gebrauch hinaus - etwa in Form von Pressespiegeln - in einer größeren Anzahl verbreitet werden, so unterliegt diese Nutzung wie bisher der Zustimmungspflicht des Rechteinhabers; solche Lizenzen können im Rahmen des PDN-Systems für Zwecke der Medienbeobachtung sowie der Eigenwerbung erworben werden (Ansprechstelle ist der Verband Österreichischer Zeitungen VÖZ, Wien).

Lizenz im PDN-System

Keine "freie Medienbeobachtung"

Zu unterschiedlichen Auslegungen Anlass bietet der mit der Novelle geschaffene Ausnahmetatbestand zugunsten der freien Medienbeobachtung (§ 42 Abs. 3 UrhG: "Jedermann darf von Werken, die im Rahmen der Berichterstattung über Tagesereignisse veröffentlicht werden, einzelne Vervielfältigungsstücke zum eigenen Gebrauch herstellen, sofern es sich nur um eine analoge Nutzung handelt"). In den amtlichen Erläuterungen zu dieser Bestimmung, die sich in der Fassung der Regierungsvorlage noch auf Vervielfältigun-gen "auf analogen Trägern" bezog, wurde ausgeführt, dass die Beschränkung dieser freien Werknutzung auf analoge Träger nach dem Zweck der Regelung nicht zu eng gesehen werden dürfe und auch das Einscannen von Papiervorlagen (sprich: Zeitungsartikeln) erlaubt sein müsse, da hier ebenso wie beim Ablichten nur das Abbild der Vorlage aufbewahrt und wiedergegeben werden könne. Diese Auffassung steht aber in Widerspruch zur Tatsache, dass eine einmal durch Scannen digitalisierte Vorlage, wenn sie - nicht bloß flüchtig - auf Festplatte oder sonstigem digitalen Medium abgespeichert wird, beliebig oft reproduzierbar ist und in Netzen weitergegeben werden kann. Wenn der Spielraum für eine nationale Ausnahme vom Urheberrechtsschutz von der EU-Info-Richtlinie ausdrücklich auf "analoge Nutzungen" beschränkt wird, dann kann dies nur den Sinn haben, die Erstellung digitaler Abbildungen von geschützten Werken, auch wenn sie "bloß" in einem Bildformat abgespeichert werden, von der freien Werknutzung auszuschließen, weil damit alle mit der digitalen Nutzung verbundenen Gefahren der Piratisierung verbunden sind.

Analoge oder digitale Nutzung

Es ist daher davon auszugehen, dass das Einscannen von Papiervorlagen zum Zwecke der Abspeicherung und Archivierung auf Datenträger - entgegen den Erläuterungen zur Regierungsvorlage - von der freien Werknutzung nicht gedeckt ist. Die digitale Nutzung von Zeitungsinhalten im beruflichen Umfeld, wenn auch nur mittelbar für kommerzielle Zwecke, ist daher bereits ab der ersten Kopie an die Zustimmung der Rechteinhaber gebunden. Das bietet für Verlage die Chance, durch Lizenzerteilung neue Erlöse zu generieren, wobei dies sinnvollerweise auf einer gemeinsamen Plattform - z. B. PDN-System - zu verwirklichen ist.

Zustimmung der Rechteinhaber erforderlich

Presse-
clipping

Für das PDN-Presseclipping-Lizenzsystem der Zeitungsverlage bedeutet das, dass das Herstellen elektronischer Presseclippings nunmehr unabhängig von der Zahl der Nutzer oder der Kopien generell lizenzpflichtig ist, was nach den überarbeiteten PDN-Bestimmungen ab 1. Jänner 2004 auch im Verhältnis zu den Lizenzpartnern umgesetzt ist.

Neuerungen auf dem Lichtbildsektor - "Eurobike" und seine Folgen

Reduzierter Originalitätsbegriff

Schutz
von Fotos
verstärkt

Das Urheberrechtsgesetz unterscheidet generell zwischen Lichtbildern, denen Werkcharakter zukommt - Werke der Lichtbildkunst (Lichtbildwerke) gemäß § 3 Abs. 1 UrhG -, und schlichten Lichtbildern (§§ 73, 74 UrhG). Während erstere den vollen urheberrechtlichen Schutz genießen, bestehen an letzteren lediglich so genannte Leistungsschutzrechte, deren Schutzniveau im Vergleich zu den Urheberrechten niedriger ist. Dies betrifft die Schutzdauer (einfache Lichtbilder: 50 Jahre ab der Aufnahme bzw. Veröffentlichung; Lichtbildwerke: 70 Jahre), aber auch die Persönlichkeitsrechte (Namensnennung, Entstellung). Unterschiede bestehen auch in der Rechtsinhaberschaft und der Möglichkeit der Übertragung solcher Rechte.

Für die Zuerkennung der Werkeigenschaft war es bislang ausschlaggebend, dass das Lichtbild als eigentümliche geistige Schöpfung mit entsprechender Werkhöhe anzusehen ist und sich durch die im weiteren Sinnn künstlerische Gestaltung vom einfachen Lichtbild abhob. Deshalb wurden nur Werke der Fotokunst, die sich vom Alltäglichen, Landläufigen, üblicherweise Hervorgebrachten durch eine besondere gedankliche Bearbeitung abheben, als Lichtbildwerke anerkannt.

Hier ist nun mit der sog. "Eurobike"- Entscheidung des Obersten Gerichtshofes (OGH) vom 12. 9. 2001 eine grundlegende Änderung eingetreten (vgl. Medien und Recht 2001, S. 389). Der OGH hat den reduzierten Originalitätsbegriff des europäischen Urheberrechts (Art. 6 Schutzdauer-RL) ungeachtet des Umstandes, dass diese Bestimmung nicht in das österreichische Recht umgesetzt wurde, auch für das österreichische Recht bestätigt und sich damit von seiner bisherigen Rechtsprechung zur Abgrenzung zwischen "einfachem" Lichtbild und Werk der Lichtbildkunst verabschiedet. Die Latte für das Kunstwerk wurde damit deutlich tiefer gelegt.

Fotografien sind nunmehr schon dann als Lichtbildwerke geschützt, wenn sie das Ergebnis der eigenen geistigen Schöpfung ihres Urhebers sind, ohne dass es eines besonderen Maßes an Originalität bedarf ("reduzierte Originalität"). Entscheidend ist eine individuelle Zuordnung zwischen Lichtbild und Fotograf, sodass dessen Persönlichkeit auf Grund der von ihm gewählten Gestaltungsmittel (Motiv, Blickwinkel, Beleuchtung etc.) zum Ausdruck kommt. Diese Voraussetzungen können auch auf Amateur-, Landschafts-, Personen- oder Urlaubsfotos zutreffen. Es reicht für den Schutz als Lichtbildwerk aus, dass eine bestimmte Fotografie hinsichtlich Motiv, Blickwinkel, Licht etc. so komponiert ist, dass andere Fotografen zu einem anderen Ergebnis gekommen wären. Somit gelten auch schlichte Landschaftsfotografien ohne weiteren künstlerischen Anspruch und sogar ganz normale Urlaubsfotos bei Erfüllung der minimalen Unterscheidbarkeits-Erfordernisse als Lichtbildwerke. Die meisten in der Werbung verwendeten Fotos werden daher als Werke zu betrachten sein, woraus sich wesentliche Änderungen für die dort üblichen Gepflogenheiten ergeben.

Auch Fotos ohne Originalität geschützt

Fotos, die aktuelle Ereignisse nur dokumentieren (Unfallort, Ort des Verbrechens etc.), bei denen der Gestaltungsspielraum daher so gering ist, dass das Einbringen einer persönlichen Note durch den Fotografen eigentlich unmöglich ist, werden dagegen weiterhin als einfache Lichtbilder gelten (vgl. Swoboda 2002, S. 195).

Herstellerrechte - Urheberrechte

Das Leistungsschutzrecht nach § 74 UrhG knüpft an den Hersteller des Lichtbilds als Inhaber der Rechte an. Werden einfache Lichtbilder gewerbsmäßig hergestellt, gilt der Inhaber des Unternehmens als Hersteller. Die Bestimmung ist auch auf im Betrieb eines Verlages hergestellte Lichtbilder anzuwenden; sie bewirkt, dass bei Fotos, die von angestellten Mitarbeitern des Verlags im Rahmen ihrer dienstlichen Tätigkeit hergestellt werden, dem Verlag die Herstellereigenschaft zukommt, das Leistungsschutzrecht also direkt beim Unternehmen entsteht.

Fotograf gilt als Urheber

Aufgrund der neuen Rechtsprechung ist dies jetzt nur noch bei bloßen Dokumentarfotos der Fall. Bei allen anderen Fotos, die die Kriterien des reduzierten Originalitätsbegriffs erfüllen, gilt der angestellte Fotograf als Urheber, der seine Rechte an den Verlag (ausdrücklich oder stillschweigend) einräumen muss, damit dieser sie verwerten kann. Bezüglich der in Zeitungsverlagen angestellten Fotografen wird freilich die Rechtseinräumung zur Nutzung an den Verlag schon aus dem individuellen Arbeitsvertragsverhältnis abzuleiten sein, hilfsweise wird man den § 17 KV Tageszeitungen/Wochenzeitungen, obwohl sich dieser nur auf Textbeiträge bezieht, analog heranziehen können (vgl. Swoboda 2002, S. 195ff, hier S. 197).

Probleme könnten sich bei zugekauften Fotos bzw. Archivfotos ergeben, wenn man unterstellt, dass die früheren Rechtseinräumungen für die einfachen Lichtbilder nunmehr als Werknutzungsverträge gemäß § 33 Abs 1 UrhG einschränkend auszulegen sind.

Fotocredit

Für eine ganze Reihe von Aufnahmen, die bisher als einfache Lichtbilder galten, ergibt sich nun - durch Zuerkennung der Werkeigenschaft - die Änderung, dass der Urheber statt des Herstellers als Fotocredit zu vermerken ist.

Bei den von angestellten Fotografen angefertigten Aufnahmen bedeutet das den Wechsel vom Unternehmens-Credit zum Urheber-(bzw. Angestellten-) Credit (was in der Praxis unabhängig davon auch schon üblich ist). Der Arbeitnehmer kann freilich auch einer anderen Bezeichnung zustimmen bzw. auf seine Nennung verzichten.

Bei der Verwendung nicht von Verlagsmitarbeitern hergestellter Fotos ergibt sich allerdings ein Problem: Hier wird der richtige Fotocredit in Hinkunft einen gewissen Unsicherheitsfaktor darstellen. Wenn sich auf den Fotos nach wie vor ein Herstellervermerk findet, müsste das Medium bei Vorliegen eines Lichtbildwerks vor Verwendung eigentlich nachprüfen, ob der Urheber seine Einwilligung erteilt hat, was im Rahmen der dienstvertraglichen Regelung oft der Fall sein wird, aber nicht zwingend sein muss. In der Praxis wird man diesem Unsicherheitsfaktor daher möglichst mit entsprechenden Haftungsklauseln, die dem fotoliefernden Unternehmen das Risiko für eine Verletzung der Urheberpersönlichkeitsrechte der bei ihnen beschäftigten Fotografen aufbürden, zu begegnen haben (vgl. Swoboda 2002, S. 196).

Unsicherheitsfaktor

Schutzdauer

Eine Folge der Umqualifizierung von "schlichten" Lichtbildern in Lichtbildwerke ist auch die Verlängerung der Schutzdauer von 50 Jahren (für einfache Lichtbilder) ab Aufnahme bzw. der ersten Veröffentlichung auf die urheberrechtliche Regelfrist von 70 Jahren (für Lichtbildwerke) nach dem Tod des Urhebers (§§ 60, 61 UrhG).
Für ältere Aufnahmen ist zu beachten, dass das Foto, um in den Genuss des längeren Schutzes zu kommen, am 1. 7. 1995 als einfaches Lichtbild noch geschützt gewesen sein muss. Die Verlängerung der Schutzdauer spielt allerdings nur bei über eine lange Dauer hinweg verwertbaren und daher zum Gutteil ohnedies künstlerisch orientierten Bildern eine Rolle. Im Rahmen der schnelllebigen Zeitungsfotografie verlieren die Bilder in aller Regel rasch an Wert, was es angesichts kurzer Verwertbarkeit in der überwiegenden Anzahl der Fälle gleichgültig erscheinen lässt, ob die Fotografie nun 50 oder 70 Jahre Schutz genießt.

Freie Werknutzung an Texten und Bildern im Interesse der Meinungsfreiheit

Neue Rechtsprechungstendenzen

In seiner früheren Rechtsprechung (vgl. etwa Entscheidung "Head-Kaufvertrag") hatte der OGH stets den Vorrang des Urheberrechtsschutzes gegenüber der Informationsfreiheit betont (vgl. Walter 1997). Dabei hat der OGH die Auffassung vertreten, dass auch ein massives öffentliches Interesse an dem Abdruck von urheberrechtlich geschützten Werken in Medien zwecks Auseinandersetzung mit deren Inhalt - über das Zitatrecht hinaus - die Verletzung der Urheberrechte an dem Werk nicht rechtfertigen könne, ein Abdruck von Bildern also stets nur mit Zustimmung des Rechteinhabers zulässig sei.

In seiner neueren Rechtsprechung hat der OGH diese strikte Linie aufgeweicht; er anerkennt in bestimmten Fällen das öffentliche Interesse an einer freien Meinungsbildung als Rechtfertigung für Eingriffe in Verwertungsrechte:

Medienfreiheit schlägt Urheberrecht

Nach der Entscheidung "Medienprofessor" vom 12. 6. 2001 (vgl. Medienprofessor 2001, S. 304ff.) schlägt die Abwägung zwischen Urheberrechtsschutz und Meinungsäußerungsfreiheit dann zu Gunsten der Meinungsfreiheit aus, wenn derjenige, der behauptet, Zielobjekt der Medienkampagne einer Tageszeitung gewesen zu sein, die entsprechenden Zeitungsartikel im Volltext samt dazugehöriger Lichtbilder zur Veranschaulichung seiner eigenen Position auf seiner Homepage zugänglich macht.

Der Beklagte hatte Zeitungsartikel, in denen er des Bezugs ungerechtfertigt hoher Monatsgagen und der Anwendung unsauberer finanzieller Geschäftsmethoden bezichtigt wurde, inklusive der dazu gehörigen Lichtbilder von der Printausgabe eingescannt und auf seiner Privathomepage zur Verfügung gestellt. Eine solche Veröffentlichung, um das übernommene Material quasi für sich selbst sprechen zu lassen, sei - so der OGH - im Rahmen des grundrechtlichen Schutzbereichs der Meinungsfreiheit zulässig. Das habe jedenfalls dann zu gelten, wenn die fraglichen Artikel gleichzeitig auch über die Homepage der betroffenen Tageszeitung (und zwar ebenfalls unentgeltlich) abrufbar sind.

Schon zuvor war der OGH in seiner Entscheidung vom 27. 6. 2000 (Schüssels Dornenkrone) von der bisherigen Rechtsprechungs-linie, wonach dem Urheberrecht der Vorrang vor der freien Werknutzung durch Meinungsäußerungsfreiheit einzuräumen sei, abgegangen (vgl. Medien und Recht 2000, S. 373). Im gegenständlichen Fall hatte sich die Wiener Stadtzeitung Falter in mehreren Artikeln kritisch mit der Berichterstattung der Neue Kronen Zeitung auseinandergesetzt. Zur Veranschaulichung waren die kritischen Thesen durch Faksimilieren ganzer Krone-Titelseiten illustriert worden.

Nach dem OGH können auch bei Beiträgen in Zeitungen und Zeitschriften ganze Bildzitate im Interesse einer freien geistigen Auseinandersetzung notwendig sein. Im Sinne einer freien Auseinandersetzung mit anderen Medien könne es durchaus möglich sein, ein ganzes Titelblatt zu zitieren. Die in § 54 Abs 1 UrhG insoweit bestehende Lücke, als diese Bestimmung das Zitieren ganzer Bilder oder Lichtbilder nur im Rahmen des großen wissenschaftlichen Zitats zulässt, sei durch Analogie zu schließen. Das gilt vor allem für Beiträge, die sich mit solchen in anderen Medien auseinandersetzen. Der Umfang des Zitats ist jedoch auf den durch den Zweck gebotenen Umfang beschränkt, wobei das zitierende Werk auch urheberrechtlich schutzfähig sein muss.

Bildzitate erlaubt, Umfang beschränkt

Belegfunktion

Die neue Rechtsprechungslinie hat durchaus praktische Auswirkungen auf den Bereich journalistisch-kritischer Auseinandersetzungen in Medien. Innerhalb enger Grenzen kann es für Zeitungen gerechtfertigt sein, geschütztes Material auch ohne Zustimmung des Urhebers in einem kritischen Artikel als Beleg einzusetzen, sofern die Nutzung durch ein überwiegendes Interesse der Öffentlichkeit an der Kenntnis des Inhalts des geschützten Werks in einem Meinungsstreit gerechtfertigt ist; vorausgesetzt wird dabei, dass die Einholung der

Beleg bei Meinungsstreit

Zustimmung des Berechtigten nicht möglich oder nicht zumutbar ist. Dem Zitierten darf durch die freie Nutzung seines Werks kein wirtschaftlicher Schaden entstehen.

Literatur

Dittrich, Robert (1997): Unkörperliche Verbreitung? - eine Kritik der APA-E. In: Ecolex (Fachzeitschrift für Wirtschaftsrecht) 1997, S. 367.

Medienprofessor 2001. In: Medien und Recht 2001 (OGH 12. 6. 2000, 4 OB 127/Olg), S. 304ff.

Medien und Recht 2000 (OGH 3. 10. 2000, 4 Ob 224/00w), S. 373

Medien und Recht 2001 (OGH 12. 9. 2001, 4 Ob 179/01d), S. 389.

Swoboda, Ernst (2002): Radelnd zum Foto-Kunstwerk. In: Medien und Recht 2002, S. 175ff.

Walter, Michel M. (1995): Zur urheberrechtlichen Einordnung der digitalen Werkvermittlung. In: Medien und Recht 1995, S. 125.

Walter, Michel M. (1997): OHG 17. 12. 1996. In: Medien und Recht 1997 (Entscheidung "Head-Kaufvertrag"), S. 93.

Walter, Michel M. (2003): Urheberrechtsgesetz 2003. Wien.

Arbeitsrecht für Journalisten

Alfred J. Noll

Jeder Versuch einer knappen und instruktiven Einführung ins Arbeitsrecht für Journalisten muss von Vielem absehen und sich in der Kunst der Beschränkung üben. Um den Abschnitt auch für Nicht-Juristen lesbar zu machen, wird im folgenden auf Nachweise und Fundstellen verzichtet - die Literaturhinweise im Literaturverzeichnis und auf der zugehörigen Internetseite ermöglichen aber die zielgerichtete weitere Befassung mit der Thematik.

Das Sonderarbeitsrecht für Journalisten

Den Besonderheiten des Pressewesens ist es geschuldet, dass sich historisch auch ein (eingeschränktes) Sonderarbeitsrecht für Journalisten herausgebildet hat. Die rasche technische Entwicklung der letzten Jahre hat hier allerdings eine Dynamik bewirkt, der das Recht noch nicht in allen Belangen entsprochen hat (vgl. bloß den Bereich der Telearbeit). In vielen Fällen ist daher - abgesehen von den einschlägigen Gesetzestexten - die Rechtsprechung zu berücksichtigen. Bemerkenswert ist überdies eine Zersplitterung der Rechtslage, die es notwendig macht, die betreffenden Regelungsinhalte aus verschiedenen Gesetzen und (Kollektiv- und/oder Gesamt-)Verträgen herauszulesen. Der fürs Arbeitsrecht generell charakteristische Zug, relevante Regelungsinhalte in Form kollektiver Rechtsgestaltung (Kollektivverträge, Betriebsvereinbarungen, Redaktionsstatuten) darzustellen, tut sein übriges, um die Sache unübersichtlich erscheinen zu lassen. Die für das Arbeitsrecht der Journalisten maßgeblichen gesetzlichen Rechtsgrundlagen finden sich deshalb im Journalistengesetz (JournG), im Angestelltengesetz (AngG), im Arbeitsverfassungsgesetz (ArbVG), im Allgemeinen Bürgerlichen Gesetzbuch (ABGB), im Mediengesetz (MedG), im Urheberrechtsgesetz (UrhG) und in einer (weiteren) Vielzahl von arbeitsrechtlichen Sondergesetzen (etwa im Gleichbehandlungsgesetz, im Entgeltfortzahlungsgesetz, im Elternkarenz-Urlaubsgesetz, im Arbeitsplatz-Sicherungsgesetz, im Behinderteneinstellungsgesetz, im Insolvenz-Entgeltsicherungs-Gesetz etc.). Das

Zersplitterung der Rechtslage

präziseste Regelungsinstrument des journalistischen Arbeitsrechts stellen aber die Kollektivverträge zwischen dem Verband Österreichischer Zeitungsherausgeber (VÖZ) auf der einen Seite und der Journalistengewerkschaft auf der anderen Seite dar; es bestehen

Kollektivverträge der Medien

- Kollektivvertrag für die bei österreichischen Tageszeitungen angestellten Redakteure, Redakteursaspiranten und Reporter (KV-TZ);
- Spezialkollektivvertrag zur Regelung der Gehaltstabellen und Quinquennienbestimmungen für die bei österreichischen Tageszeitungen angestellten Redakteure, Redakteursaspiranten und Reporter (SpezialKV-TZ);
- Kollektivvertrag für die bei österreichischen Wochenzeitungen angestellten Redakteure, Redakteursaspiranten und Reporter (KV-WZ); und
- Kollektivvertrag für die bei österreichischen Monatszeitungen und Zeitschriften angestellten Redakteure, Redakteursaspiranten und Redaktionsassistenten (KV-MZ).

Darüberhinaus ist darauf zu verweisen, dass es für den ORF einen eigenen Kollektivvertrag gibt und dass für ständige freie Mitarbeiter in Medienunternehmen seit 1999 ein eigener "Gesamtvertrag" besteht.

Journalistenbegriff und Medienmitarbeiter

Wer ist Journalist?

Für angestellte Medienmitarbeiter sind zunächst das JournG, das AngG und die bestehenden Kollektivverträge für die bei österreichischen Tages- bzw. Wochenzeitungen und Monatszeitschriften angestellten Redakteure, Redakteursaspiranten und Reporter von naheliegender Bedeutung. Als "Medienmitarbeiter" gelten gem. § 1 Abs. 1 Z. 11 MedG jene Personen, die in Medienunternehmen (Unternehmen, von dem die inhaltliche Gestaltung, die Herstellung und die Verbreitung eines Mediums besorgt wird) an der inhaltlichen Gestaltung des Mediums journalistisch mitwirken. Dieser Bestimmung des MedG korrespondiert § 1 JournG: demnach gilt das

JournG für alle Arbeitnehmer, die in einer Zeitungsunternehmung mit festen Bezügen angestellt sind und mit der Verfassung des Textes oder mit der Zeichnung von Bildern betraut sind oder in einer Nachrichtenagentur, einer Rundfunkunternehmung mit der Gestaltung des Textes oder mit der Herstellung von Bildern (Laufbildern) über aktuelles Tagesgeschehen betraut sind; allerdings müssen sie dies als Angestellte des Medienunternehmens oder als freie Mitarbeiter tun und dürfen diese Tätigkeit nicht bloß als wirtschaftlich unbedeutende Nebenbeschäftigung ausüben. Angestellt heisst hier aber nicht, dass ein Dienstverhältnis ausdrücklich vereinbart sein muss; es reicht vielmehr, dass sich die vereinbarte Tätigkeit in ihrer Gesamtheit als die eines Dienstnehmers darstellt.

Ständige freie Mitarbeiter

Gesamtvertrag für freie Mitarbeiter

Personen, die - ohne in einem Arbeitsverhältnis zu stehen - in einem Medienunternehmen oder Mediendienst an der inhaltlichen Gestaltung eines Mediums oder der Mitteilungen eines Mediendienstes journalistisch mitwirken, sofern sie diese journalistische Tätigkeiten ständig und nicht bloß als Nebenbeschäftigung ausüben, im Wesentlichen persönlich erbringen und über keine unternehmerische Struktur verfügen (§ 16 JournG), sind insofern in das JournG miteinbezogen, als dessen 2. Abschnitt seit der Novelle 1999 den Abschluss sog. Gesamtverträge über deren Honorarbedingungen und Aufwandsersätze zwischen kollektivvertragsfähigen juristischen Personen erlaubt (§§ 17 ff. JournG). So enthält der seit 1. November 1999 geltende "Gesamtvertrag für ständige freie Mitarbeiter bei österreichischen Tageszeitungen" (abgeschlossen zwischen dem Verband Österreichischer Zeitungen und der Gewerkschaft Kunst, Medien, freie Berufe - Sektion Journalisten) Bestimmungen über den Geltungsbereich, die Honorargrundsätze, das Honorar für Text- und Bildbeiträge, Entschädigung für Zeitaufwand, Abstandshonorar, Infrastrukturpauschale, Reisespesen, urheberrechtliche Bestimmungen, Regelungen über die Beendigung der Zusammenarbeit und über Informations- und Kontrollrechte des Betriebsrates. Der Gesamtvertrag gilt aber nur für jene Personen, die eine Tätigkeit als freier Mitarbeiter mindestens schon für ein halbes Jahr ausgeübt haben und im Durchschnitt der letzten sechs Kalendermonate unter Zugrundelegung der geltenden Mindesthonorarsätze ein Honorar von mindestens 50% des 1. Redakteursjahres (Euro 908,41) ins Verdienen gebracht haben. Bei Unterschreiten dieser Honorargrenze wird der Gesamtvertrag unanwendbar - und es können dann andere Honorare festgelegt werden.

Gesamtvertrag ergänzt Kollektivvertrag

Der Gesamtvertrag gilt, soweit er nicht die Rechtsbeziehung zwischen den Vertragsparteien regelt, innerhalb seines räumlichen, fachlichen und persönlichen Geltungsbereiches als Bestandteil der Verträge, die zwischen den ständigen freien Mitarbeitern im Sinne des § 16 JournG und dem Medienunternehmen (Mediendienst) abgeschlossen werden (der ORF freilich wurde als Medienunternehmen sui generis ausdrücklich vom Anwendungsbereich des 2. Abschnitts des JournG ausgenommen). Die Rechtswirkungen des Gesamtvertrages treten auch für nichtvertragsangehörige ständige freie Mitarbeiter ein, die von einem vertragsangehörigen Medienunternehmen beschäftigt werden; dies gilt jedoch nur solange, als für diese ständigen freien Mitarbeiter nicht ein anderer Gesamtvertrag abgeschlossen wird. Der journalistische Gesamtvertrag stellt insgesamt eine sinnvolle (wenngleich nicht in jeder Hinsicht unproblematische) Ergänzung der kollektivvertraglichen Rechtsetzung dar, weil er die Gleichbehandlung von "Arbeitnehmer-Urhebern" und "freien Urhebern" garantiert.

Gestaltungsformen journalistischer Arbeit

Der in Österreich herrschende Grundsatz der Vertragsfreiheit überlässt es den Vertragsparteien, ihre Rechtsbeziehung nach Umfang und Intensität autonom zu regeln. Im Bereich journalistischer Arbeit lässt sich nach der größeren oder geringeren persönlichen Selbständigkeit des Journalisten und nach dem Ausmaß seiner Eingliederung in den (redaktionellen) Apparat des Medienunternehmers unterscheiden. Der fest angestellte Journalist schließt mit dem Medienunternehmer einen Dienstvertrag (Arbeitsvertrag gem. § 1151 ABGB), der durch die persönliche und wirtschaftliche Unterordnung des Journalisten unter die betrieblichen, wirtschaftlichen und auch politischen Vorgaben des Unternehmers gekennzeichnet ist. Arbeitszeit, Arbeitsort und Art der

Dienstverrichtung werden durch den Medienunternehmer vorgegeben (vgl. aber unten den für Journalisten geltenden Überzeugungsschutz).

Zwischen Werkvertrag und Anstellung

Neben den fest angestellten Journalisten sind bei Presse und Rundfunk auch (immer häufiger) freie Mitarbeiter auf Honorarbasis tätig. Sie arbeiten auf der Grundlage eines Werkvertrages (§ 1165 ff. ABGB) und haben Anspruch auf Bezahlung eines (zu vereinbarenden) Honorars. In der Praxis besteht häufig ein freies Dienstverhältnis, auf das die arbeitsrechtlichen Vorschriften der §§ 1153 ff. ABGB anzuwenden sind: die laufend zu erbringenden Leistungen werden meist nur gattungsmäßig beschrieben (etwa Erstellung von Reportagen), und der Mitarbeiter hat die Möglichkeit, den Ablauf seiner Arbeit weitgehend selbst zu regeln (so steht es ihm frei, an Redaktionssitzungen teilzunehmen, er kann seine Arbeitszeit frei bestimmen etc.). Freie Mitarbeiter können bestimmte, einem unselbständigen Dienstverhältnis entspringende Vorteile (Kündigungsschutz, Abfertigung, Urlaub) nicht beanspruchen. Aus der Praxis hat sich dennoch die Notwendigkeit ergeben, für die Arbeits- und Honorarbedingungen von ständigen freien Mitarbeitern generelle Regelungen zu treffen, weil sich gezeigt hat, dass in vielen Fällen die Medienunternehmen dazu übergegangen sind, Arbeitsverhältnisse zu schaffen, in denen die "ständige freie Mitarbeit" nur mehr dem Schein nach besteht, es sich aber tatsächlich um unselbständige Erwerbstätigkeit handelt (Stichwort: Scheinselbständigkeit). Besteht bei der dauernden Erbringung von journalistischen Dienstleitungen ein Verhältnis persönlicher (wirtschaftlicher) Abhängigkeit, Weisungsgebundenheit und Einbeziehung in die (redaktionelle) Organisation des Medienunternehmens, dann kann der journalistische Mitarbeiter auf Feststellung des Arbeitsverhältnisses klagen. Eine gesetzliche Lösung dieser Problematik wurde bisher nur für die ständigen freien Mitarbeiter des ORF in Form eines ins ORF-G aufgenommenen Sonderarbeitsrechts geschaffen, das auf die besondere Situation des ORF zugeschnitten ist (§ 32 ORF-G).

Klage auf Feststellung des Arbeitsverhältnisses

Besonderheiten des Journalisten-Gesetzes (JournG)

Das JournG erfasst ansonsten generell die Mitarbeiter von Zeitungsunternehmen (Hersteller von periodischen Schriften, die sich vor allem mit dem aktuellen Tagesgeschehen befassen), Nachrichtenagenturen oder Rundfunk- und Filmunternehmen (ausgenommen den ORF), die mit der Verfassung und Gestaltung von Texten, Zeichnungen oder Filmen betraut sind. Das arbeitsrechtliche Verhältnis zwischen Journalisten (Medienmitarbeiter) und Medieninhaber wird aber nur zu einem kleinen Teil durch das JournG selbst bestimmt; dieses enthält lediglich ein berufsspezifisches Sonderarbeitsrecht, das zu den allgemeinen arbeitsrechtlichen Vorschriften und Regelungen hinzutritt. Insofern gibt es auch kein eigenes "Arbeitsrecht für Journalisten". Für all jene Rechtsfragen, die das JournG nicht regelt, gilt (soweit es sich um angestellte Medienmitarbeiter/Journalisten handelt) das AngG; eine Einschränkung besteht insofern, als journalistische und programmgestaltende Dienstnehmer eines Medienunternehmens nur dann dem AngG unterliegen, wenn das Dienstverhältnis die Erwerbstätigkeit des Arbeitgebers hauptsächlich in Anspruch nimmt (Art. III, BG v. 3. 7. 1975, BGBl. 1975/418): Das AngG findet deshalb auf die Dienstverhältnisse journalistischer und programmgestaltender Dienstnehmer von Medienunternehmen (Printmedienbereich) erst ab einer monatlichen Arbeitszeit von 86 Stunden (4,3 fache der durch Gesetz oder Kollektivvertrag vorgesehenen wöchentlichen Normalarbeitszeit) Anwendung. (Für ORF-Mitarbeiter sind die Sonderregelungen des ORF-G maßgeblich).

Berufsspezifisches Sonderarbeitsrecht

Angestelltengesetz

Der Journalist ist also auch in rechtlicher Sicht ein "Sondertyp des Angestellten", da das AngG günstigere Vorschriften des JournG nicht verdrängt hat (Art. VII AngG) und subsidiär anwendbar bleibt (vgl. auch § 13 JournG). Das AngG ist auf die Rechtsbeziehung zwischen den Zeitungsunternehmungen und ihren Mitarbeitern also überall dort anwendbar, wo das JournG keine abweichende Regelung trifft. Voraussetzung für die Anwendbarkeit des AngG ist freilich, dass es sich bei der Mitarbeit im Medienunternehmen um eine hauptberufliche Tätigkeit handelt (dabei ist die tatsächliche Arbeitsleistung in zeitlicher Hinsicht das maßgebliche Kriterium); in der Praxis besteht eine

Reihe von Abgrenzungsproblemen, insbesondere die Frage nach dem Maßstab für die Bewertung der hauptberuflichen Tätigkeit ist umstritten.

Vor diesem Hintergrund ist das JournG nur im Hinblick auf einige wenige seiner Paragraphen von praktischer Bedeutung: Gem. § 3 hat die Dauer des dem Redakteur zu gewährenden Urlaubs mindestens 30 Werktage, nach mehr als zehnjähriger Dauer des Arbeitsverhältnisses 39 Werktage zu betragen; der Arbeitgeber hat gem. § 4 bei der Auflösung von Dienstverhältnissen mit Journalisten durch Arbeitgeber-Kündigung gegenüber dem AngG längere Kündigungsfristen einzuhalten (mindstens drei Monate Kündigungsfrist, die sich nach fünfjähriger ununterbrochencr Dauer des Arbeitsverhältnisses mit jedem Jahr um einen Monat bis zum Höchstausmaß von einem Jahr erhöht). Gemäß § 8 kann der Erwerber einer veräußerten Zeitungsunternehmung innerhalb eines Monats nach der Veräußerung dem Redakteur gegenüber erklären, dass er in dessen Vertrag mit dem Veräußerer nicht eintritt, dass er also dessen Arbeitsverhältnis lösen will; wird eine solche Erklärung abgegeben, steht dem Redakteur eine Entschädigung zu, die bei weniger als fünfjähriger Dauer des Vertragsverhältnisses ein volles Jahresgehalt, bei fünf- bis zehnjähriger Dauer das 1½ fache des Jahresentgelts beträgt und sich mit je fünf weiteren Jahren der Vertragsdauer um ein weiteres halbes Jahresentgelt erhöht, wobei ein angefangenes Jahrfünft als voll gerechnet wird. Die gesetzliche Abfertigung gebührt jedoch nicht gesondert, sondern wird auf diese Entschädigung angerechnet. Tritt der Erwerber aber in den Vertrag ein oder lehnt er innerhalb der Frist den Eintritt zumindest nicht ausdrücklich ab, so besteht ein Kündigungsschutz von einem Jahr. Für diese Ansprüche haften der Erwerber und der Veräußerer zur ungeteilten Hand (§ 9). Dieselben Ansprüche stehen Redakteuren dann zu, wenn die politische Richtung des Medienunternehmens wechselt, dem Redakteur die Fortsetzung seiner Tätigkeit ohne Änderung seiner Gesinnung nicht zugemutet werden kann und er innerhalb eines Monats, nachdem er vom Wechsel der politischen Richtung Kenntnis erlangt haben musste, den Vertrag deshalb (ohne dass er eine Kündigungsfrist einhalten müsste) löst (§ 11 JournG).

Dienstverträge

Abfertigung

Die Rechte, die den Redakteuren auf Grund des JournG zustehen, können durch den Arbeitsvertrag weder aufgehoben noch beschränkt werden (§ 14).

Arbeitsrechtlich relevante Sondervorschriften im Mediengesetz

Neben den allgemeinen arbeitsrechtlichen Vorschriften im AngG und den besonderen Regelungen des JournG ist es vor allem das MedG, das einschlägiges Berufsrecht für den Journalisten enthält:

Überzeugungsschutz

Gem. § 2 MedG hat jeder Medienmitarbeiter das Recht, seine Mitarbeit an der inhaltlichen Gestaltung von Beiträgen oder Darbietungen, die seiner Überzeugung in grundsätzlichen Fragen oder den Grundsätzen des journalistischen Berufes widersprechen, zu verweigern, es sei denn, dass seine Überzeugung der im Sinn des § 25 MedG veröffentlichten grundlegenden Richtung des Mediums widerspricht. Die technisch-redaktionelle Bearbeitung von Beiträgen oder Darbietungen anderer und die Bearbeitung von Nachrichten dürfen nicht verweigert werden. Aus einer gerechtfertigten Weigerung darf dem Medienmitarbeiter kein Nachteil erwachsen.

Ein ähnliches Recht kommt den Mitarbeitern des ORF zu: Gem. § 32 ORF-G dürfen dessen journalistischen Mitarbeiter (also Personen, die an der journalistischen Gestaltung von Programmen im Radio und Fernsehen mitwirken, insbesondere Redakteure, Reporter, Korrespondenten und Gestalter) in Ausübung ihrer Tätigkeit insbesondere nicht verhalten werden, etwas abzufassen oder zu verantworten, was der Freiheit der journalistischen Berufsausübung widerspricht.

Für die Mitarbeiter privater Radioveranstalter garantiert § 21 PrR-G: "Die Hörfunkveranstalter haben die Unabhängigkeit der redaktionelllen Mitarbeiter zu gewährleisten." Ebenso haben die Kabel- und Satelliten-Rundfunkveranstalter die Unabhängigkeit der redaktionellen Mitarbeiter zu gewährleisten (§ 49 PrTV-G). Im übrigen gelten sowohl für Mitarbeiter privater Radioveranstalter (gem. § 29 PrR-G) als auch von Kabel- und Satellitenrundfunk (gem. § 67 PrTV-G) die Bestimmungen des MedG subsidiär, sodass auch diesen Personengruppen ein entsprechender Überzeugungsschutz zukommt.

Medienmitarbeiter privilegiert

Durch den Überzeugungsschutz gem. § 2 Abs. 1 wird jedem Medienmitarbeiter das Recht gegeben, seine Mitarbeit an der Gestaltung von Beiträgen, die seiner Überzeugung in grundsätzlichen Fragen oder den Grundsätzen des journalistischen Berufes widersprechen, zu verweigern, ohne dass ihm aus einer gerechtfertigten Weigerung ein Nachteil erwachsen darf. Medienmitarbeiter sind daher gegenüber anderen Arbeitnehmern privilegiert: Zwar haben auch andere Arbeitnehmer Überzeugungen, die schutzwürdig erscheinen könnten; deren Gewissensschutz ist aber sehr unterschiedlich ausgeprägt. Das spezielle Benachteiligungsverbot (das dem allgemeinen Rechtsgedanken folgt, dass niemand deshalb, weil er ein Recht ausübt, benachteiligt werden darf), geht über die sonstigen arbeitsrechtlichen Regelungen hinaus. Der Grund liegt darin, dass das durch den Überzeugungsschutz mitgewährleistete Mindestmaß publizistischer Individualentfaltung Ausfluss der institutionellen Komponente der Pressefreiheitsgewährleistung ist. Insofern wird der verfassungsrechtlich gewährleistete Typ der Pressestruktur durch den Überzeugungsschutz mitcharakterisiert. In diesem Umstand liegt die Ursache für die Privilegierung der Medienmitarbeiter gegenüber anderen abhängig Beschäftigten.

Tatsächlich enthält § 2 MedG also nicht nur einen individuellen Überzeugungsschutz (Einräumung von Verweigerungschancen), sondern auch ein Mittel, um die Vielfalt und Ungebrochenheit der öffentlichen Meinung zu sichern (ohne dass jedoch die verlegerische Pressefreiheit gem. Art. 10 EMRK eingeschränkt werden dürfte). Dies ist zu berücksichtigen sowohl bei der Interpretation dessen, was "Überzeugung in grundsätzlichen Fragen oder den Grundsätzen des journalistischen Berufes" heißt als auch bei der Beurteilung, ob eine Weigerung gerechtfertigt ist.

Nicht jede Meinung ist eine Überzeugung

"Überzeugung in grundsätzlichen Fragen" (Überzeugungsschutz im eigentlichen Sinne) ist - in einer freilich noch näher zu bezeichnenden Weise - mehr als bloßes Meinen und weniger als Gewissen. Meinung auf der einen Seite ist vorrangig geprägt durch das Element der Stellungnahme, des Dafürhaltens, der Beurteilung, der Wertung; es handelt sich um die persönliche Auffassung, die sich der einzelne zu Verhältnissen, Ereignissen, Ideen oder Personen bildet. Kennzeichnend ist der ausschließlich subjektive Bezug zwischen dem einzelnen und dem Gegenstand seiner Äußerung: "Meinung ist zunächst Bewusstsein, das seinen Gegenstand noch nicht hat" (Adorno). Sie ist immer subjekt- und wohl auch konkret anlassabhängig, also eine Form der expressiven Selbstdarstellung im jeweiligen Kontext. Meinungen sind nicht wahr oder unwahr, sondern nur wahrhaftig oder unaufrichtig, überlegt oder unbedacht, rational oder emotional, begründet oder grundlos, aber bestimmend ist immer das individuelle Moment des Für-wahr-Haltens. Die Berufung auf eine derartige Meinung soll noch nicht ausreichen für die Inanspruchnahme des Überzeugungsschutzes. Die Grenzziehung zwischen "bloßer Meinung" und rechtlich geschützter "Überzeugung" ist offensichtlich schwierig und fußt letztlich in einer intersubjektiv schwerlich nachvollziehbaren und immer wertgebundenen Dezision des Einzelnen.

Überzeugungen beziehen sich nach der hier vertretenen Auffassung schon ihrer Natur nach auf grundsätzliche Fragen (das gesetzliche Erfordernis einer "Überzeugung in grundsätzlichen Fragen" ist tautologisch) und sind regelmäßig - auch wenn sie natürlich wechseln können - von dauerhafterem Charakter als bloße (kontext- und anlassbezogene) Meinungen. Von Überzeugung lässt sich insbesondere dann sprechen, wenn bestimmten grundsätzlichen Auffassungen vom Überzeugungsträger die Qualität beigemessen wird, dass einer bestimmten Aussage über den bloß subjektiven Bezug hinaus Wahrheitsfähigkeit zukommt. Insofern drückt sich in der Überzeugung das vordem bloß subjektive Meinen nun als prinzipiell anerkennungswürdiges Postulat aus. (Man kann also hinsichtlich eines bestimmten Sachverhaltes eine Meinung haben, ohne noch eine entsprechende Überzeugung zu besitzen.) Überzeugung steht so für durch eigenes Erkennen und Erfahren zur Gewissheit gewordene Ansicht, sie "ist eine Form der Kommunikation, die von einer Person mit der Absicht ausgeführt wird, andere Menschen durch die Modifikation ihrer Einstellungen oder Einstellungskomponenten ... zu beeinflussen" (Zimbardo).

Von der Meinung lässt sich die Überzeugung gleichwohl nicht trennscharf scheiden, denn wo soll der Unterschied liegen zwischen einer Überzeugung und einer (bloßen) Meinung, von der jemand überzeugt ist? Beim Überzeugungsschutz wird also aus praktischen Gründen eher darauf abzustellen sein, ob sich eine - zum Ausdruck gebrachte und nicht bloß als Mentalreservation vorhandene - Überzeugung auf "grundsätzliche Fragen" bezieht oder lediglich auf nebensächliche (Geschmacks-) Fragen oder die Belange persönlicher Vorliebe. Je mehr durch eine bestimmte Überzeugung Fragen der Politik, der Moral oder der Religion betroffen sind, desto eher wird man (ganz unabhängig davon, ob die entsprechende Äußerung Ausdruck einer bestimmten Meinung, Überzeugung oder gar des Gewissens ist) von "Überzeugung in grundsätzlichen Fragen" sprechen müssen.

Blattlinie stärker als Überzeugung

Auf den Überzeugungsschutz kann sich nur stützen, wessen Überzeugung nicht der Blattlinie (grundlegenden Richtung des Mediums) widerspricht. Damit sind nur die grundsätzlichen Bestimmungen der politischen, konfessionellen, weltanschaulichen, künstlerischen, wisssenschaftlichen etc. Ausrichtung eines Mediums gemeint, nicht der durch Art und Weise der Aufmachung eines Mediums gekennzeichnete publizistische Charakter eines Mediums.

Die Prüfung dieser Fragen ist dann schwierig, wenn die Blattlinie durch verwaschene Allerweltsformeln so unbestimmt ist, dass man aus ihr ableiten könnte, ein Medienmitarbeiter dürfe eine gewünschte Mitarbeit niemals ablehnen. Wird die Herausgeberrichtlinie nicht veröffentlicht, so kann sie gem. § 25 Abs. 4 MedG nicht im Sinne des § 2 geltend gemacht werden. Offenlegungspflicht und Überzeugungsschutz sind deshalb gesetzlich untrennbar verknüpft.

Medienmitarbeiter können sich aber nicht nur auf den Überzeugungsschutz in Grundsatzfragen berufen, die Mitarbeit darf auch aus Gründen der journalistische Sorgfalt (wegen Wahrnehmung von Berufspflichten) verweigert werden. Diese jeweils einschlägigen

Ehrenkodex

Berufspflichten ergeben sich vornehmlich aus dem "Ehrenkodex für die österreichische Presse" (Richtlinien des Österreichischen Presserates für die publizistische Arbeit) und den gem. § 23 Abs. 2 Z. 1 ORF-G erlassenen ORF-Programmrichtlinien; für die Mitarbeiter privater Radioveranstalter ergeben sich die Berufspflichten aus den Programmgrundsätzen gem. § 16 PrR-G , für die Mitarbeiter von Kabel- und Satellitenrundfunk sind die §§ 30 und 33 PrTV-G (Programmgrundsätze und Berichterstattung) einschlägig.

Von Bedeutung ist der "Ehrenkodex für die publizistische Arbeit", wie er vom "Österreichischen Presserat" aufgestellt wurde, aber auch noch in anderer Hinsicht: er hat zwar keinen wie immer gearteten rechtsverbindlichen Charakter, ihm kommt aber als Festschreibung der Branchenusancen eine für die Interpretation nicht nur des § 2 Abs. 1 MedG, sondern auch der §§ 6 ff. (Persönlichkeitsschutz), 29 MedG (Wahrnehmung journalistischer Sorgfalt) und der §§ 1330 ABGB und 111 StGB (üble Nachrede) wichtige Bedeutung zu.

Keine Nachteile bei Weigerung

§ 2 Abs. 2 MedG enthält ein generelles Verbot von (Rechts-) Nachteilen für diejenigen Medienmitarbeiter (§ 1 Abs. 1 Z 11), die sich begründet auf Überzeugungsschutz oder Berufspflichten stützen, wenn sie die Mitarbeit verweigern ("gerechtfertigte Weigerung"). "Nachteil" im Sinne des § 2 Abs. 2 meint nicht nur die einseitige Auflösung des Vertragsverhältnisses zum Nachteil des Medienmitarbeiters (Entlassung beziehungsweise Kündigung) aus Anlaß der Verweigerung (welche im Fall der Kündigung gem. § 105 Abs. 5 ArbVG anzufechten wäre). Damit sind auch alle anderen Formen der Diskriminierung gemeint. Unzulässig im Falle der gerechtfertigten Weigerung der Mitarbeit ist daher (analog zu §§ 37 und 115 ArbVG) jede Form der Benachteiligung hinsichtlich des Entgelts, der Aufstiegsmöglichkeiten sowie bei Versetzungen. Eine Benachteiligung ist insbesondere dann anzunehmen, wenn dem betreffenden Medienmitarbeiter eine bisher freiwillig gewährte Zulage entzogen wird, der Mitarbeiter bei besonderen Zuwendungen nicht berücksichtigt oder hinsichtlich der Aufstiegsmöglichkeiten schlechter gestellt wird. Dabei genügt analog zur Anfechtung einer "Motivkündigung" nach § 105 ArbVG die Glaubhaftmachung des Motivs für die Benachteiligung durch den Medienmitarbeiter. Macht dieser glaubhaft, dass die Benachteiligung wegen der Weigerung der Mitarbeit erfolgt, dann ist eine unzulässige Benachteiligung anzunehmen, sofern nicht das Medienunternehmen glaubhaft machen kann, dass ein anderes Motiv mit höherer Wahrscheinlichkeit ausschlaggebend war. Verletzungen des Benachteiligungsverbots sind nicht strafbar, wohl aber treten zivilrechtliche Folgen ein. Jede Vereinbarung oder einseitige Rechtshandlung des Medieninhabers (zum Beispiel Versetzung), die gegen das Benachteiligungsverbot verstößt, ist nach § 879 ABGB rechtsunwirksam; zudem können derartige Benachteiligungen gegenüber dem Medieninhaber Schadenersatzansprüche gem. § 1295 Abs. 2 ABGB auslösen.

Tendenzschutz und innere Pressefreiheit

Fragen des Tendenzschutzes und der sogenannten "inneren Pressefreiheit" werden nicht im MedG geregelt, sondern in Art. 132 Abs. 2 ArbVG. Diesem zufolge sind auf Unternehmen und Betriebe, die unmittelbar Zwecken der Berichterstattung oder Meinungsäußerung dienen, die §§ 108 bis 112 ArbVG insoweit nicht anzuwenden, als es sich um Angelegenheiten handelt, die die politische Richtung dieser Unternehmen und Betriebe beeinflussen. § 99 Abs. 3 ArbVG ist hinsichtlich der Einstellung von Journalisten im Sinne des JournG insoweit nicht anzuwenden, als diese Einstellung die politische Richtung dieses Unternehmens oder Betriebes beeinflusst.

Das an sich prekäre Verhältnis von "innerer Pressefreiheit" (verstanden als Forderungen nach der Existenz von Redaktionsstatuten und nach der Einrichtung von Redaktionsräten sowie nach bestimmten Rechten zur Mitwirkung von Redakteuren durch Unterrichtungs- und Anhörungsrechte bei publizistischen und personellen Entscheidungen) und Art. 10 EMRK (Meinungsfreiheit und insbesondere Pressefreiheit) ist für Österreich nicht endgültig geklärt. Kurz gefasst geht es dabei um die Beantwortung der Frage, ob durch eine besondere (gesetzliche) Ausgestaltung der Weisungsfreiheit von Redakteuren oder durch einschlägige Sondermitbestimmungsrechte die durch Art. 10 EMRK garantierte Pressefreiheit des Verlegers unzulässig beeinträchtigt (eingeschränkt) wird. In den bisher von Konventionsorganen entschiedenen Fällen zur Pressefreiheit war jeweils die Zulässigkeit staatlicher Eingriffe auf den Journalisten zu prüfen, es ging also stets um insoweit kongruente Interessen von

Medieninhaber (Verleger) und Medienmitarbeiter. Ob auch ein spezieller Schutz der Pressefreiheit des Redakteurs gegenüber dem Verleger besteht, war bisher von den Straßburger Organen noch nicht rechtlich zu entscheiden. Man wird zu dem Ergebnis kommen, dass ein weitergehender Schutz der Journalisten gegen ihre Verleger als der aufgrund der Gewissensklausel (Überzeugungsschutz) verbürgte sich vor Art. 10 Abs. 2 EMRK nicht rechtfertigen lässt. Die durch Art. 10 EMRK gewährleistete Pressefreiheit des Verlegers verlangt zwingend den Tendenzschutz; diese verlegerische Freiheit zur Festlegung der Tendenz (Richtung der Blattlinie) darf also nicht über die Grenzen des Art. 10 Abs. 2 EMRK hinaus beschränkt werden. Die Regelung des MedG (§ 2 in Verbindung mit § 25) entspricht diesen Anforderungen.

Weisungsfreiheit von Redakteuren?

Schutz namentlich gezeichneter Beträge

Wird ein Beitrag oder eine Darbietung in einer den Sinngehalt betreffenden Weise geändert, so darf die Veröffentlichung unter dem Namen des Medienmitarbeiters nur mit seiner Zustimmung geschehen. Der Angabe des Namens des Verfassers ist die Bezeichnung mit einem von ihm bekanntermaßen gebrauchten Decknamen oder Zeichen gleichzuhalten (§ 3 MedG).

Kürzungen und Änderungen durch die Redaktion

Der berufliche Schutz der Medienmitarbeiter durch § 3 MedG schützt (anders als der Werkschutz gem. § 21 Abs. 1 UrhG) unverzichtbar Ruf und Ansehen des Medienmitarbeiters, wenn - etwa vom Chefredakteur oder durch einen leitenden Redakteur - ohne Zustimmung inhaltlich in den Beitrag eines Medienmitarbeiters (zum Beispiel durch Streichungen, Ergänzungen etc.) eingegriffen wird; der Schutz ist nicht auf eine bestimmte Form des Beitrages oder der Darbietung beschränkt (insbesondere gilt er nicht nur für sog. Meinungsbeiträge, sondern umfassend für alle Beiträge oder Darbietungen). Unverzichtbarkeit des Schutzes bedeutet jedoch nur, dass ein in seinem Sinngehalt geänderter Beitrag nur noch mit ausdrücklicher Zustimmung des betreffenden Medienmitarbeiters unter dessen Namen veröffentlicht werden darf. Ein genereller Vorausverzicht ist einzelvertraglich möglich, ebenso wie eine Vereinbarung (etwa mit einem Star-Reporter), dass jede Änderung des Sinngehalts an die Zustimmung des betreffenden Medienmitarbeiters gebunden ist. Erfolgen inhaltliche Änderungen mit dem (ausdrücklichen oder konkludenten) Willen des betreffenden Mitarbeiters oder hat der Mitarbeiter selbst (einverständlich) bestimmte Änderungen durchgeführt, kommt der Schutz durch § 3 MedG nicht mehr zum Tragen.

Aussage muss gleich bleiben

Nicht umfasst sind inhaltsneutrale Kürzungen, Ergänzungen und bloße stilistische Änderungen, Veränderungen des Satzbaus oder sonstige Modifikationen des Beitrages wie Korrektur der Rechtschreibung oder die Einbettung des Beitrags in einen anderen Kontext des Mediums. Maßstab dafür, ob sich eine Änderung auf den Inhalt oder lediglich auf Umfang und Stil beziehen, ist der verständige Medienkonsument: ursprünglicher Beitrag und geänderter Beitrag müssen zum selben Ergebnis führen, die Aussage des Beitrages muss gleich bleiben.

Unberührt durch § 3 bleiben der Werkschutz gem. § 21 UrhG, dienstvertragliche Bestimmungen über die Namensnennung und allfällige Regelungen des jeweiligen Redaktionsstatuts (vgl. § 5 MedG). Der durch § 3 MedG gewährte Schutz geht insbesondere über den durch § 21 Abs. 1 UrhG gewährten Schutz hinaus, weil der urheberrechtlichen Bestimmung zufolge Änderungen zulässig sind, "die der Urheber dem zur Benutzung des Werkes Berechtigten nach den im redlichen Verkehr geltenden Gewohnheiten und Gebräuchen nicht untersagen kann, namentlich Änderungen, die durch die Art oder den Zweck der erlaubten Werknutzung gefordert werden". Unverzichtbar gem. § 21 Abs. 3 UrhG ist jedoch der Rechtsanspruch des Medienmitarbeiters, sich gegen "Entstellungen, Verstümmelungen und andere Änderungen des Werkes zu widersetzen, die seine geistigen Interessen am Werk schwer beeinträchtigen". Im Falle einer derart gravierenden Beeinträchtigung seines Werkes (Verletzung seiner geistigen Interessen) kann der Medienmitarbeiter als Urheber auch die Unterlassung der Veröffentlichung seines Beitrages erzwingen.

Kein Veröffentlichungszwang

Veröffentlichung kann nicht erzwungen werden

Der Medienmitarbeiter hat kein Recht, die Veröffentlichung eines von ihm verfassten Beitrages oder einer Darbietung, an deren inhaltlicher Gestaltung er mitgewirkt hat, zu erzwingen (§ 4 MedG). Da die §§ 2 und 3 MedG an sich kein Recht des Medienmitarbeiters statuieren, die Veröffentlichung eines von ihm verfassten Beitrags oder einer von ihm mitgestalteten Darbietung zu erzwingen, war es zwar legistisch wenig zweckmäßig, in einem eigenen § 4 festzulegen, dass ein derartiges Recht nicht besteht. In den Gesetzesmaterialien heißt es aber, durch diese Bestimmung "soll klargestellt werden, dass Überzeugungs- und Namensschutz kein wie immer geartetes Veröffentlichungsrecht in sich schließen". Bei § 4 MedG handelt es sich also um eine authentische Interpretation der §§ 2 und 3 MedG.

Die Klarstellung war notwendig geworden, weil auf Seite der Medieninhaber die Sorge bestand, ein Journalist könne die Veröffentlichung eines seinen redaktionellen Vorgesetzten nicht genehmen Artikels erzwingen. Tatsächlich besteht eine derartige Veröffentlichungspflicht für den Verleger (Medieninhaber) nur im Rahmen eines Verlagsvertrages (§ 1172, letzter Satz ABGB). Die subsidiäre Geltung des AngG für Journalisten und der deshalb auch für Medienunternehmen geltende Grundsatz, dass der Arbeitgeber den Arbeitnehmer zu beschäftigen hat, sofern nicht trifftige Weigerungsgründe entgegenstehen, führt zu keinem "Veröffentlichungsrecht" des Medienmitarbeiters für die von ihm verfassten Beiträge. Für den Fall der bewussten Nichtveröffentlichung von Beiträgen eines bestimmten Medienmitarbeiters gilt, dass sie dann, wenn sie schikanös ausgeübt wird, auch sitten- und damit rechtswidrig werden kann. Auch für diesen Fall kann aber eine Veröffentlichung nicht erzwungen werden; die angesprochenen arbeitsrechtlichen Konsequenzen (in den Raum gestellt wird der berechtigte vorzeitige Austritt gem. § 26 AngG) werden freilich nur dann gezogen werden können, wenn die besonderen Umstände des Falles indizieren, dass durch die bewusste Nichtveröffentlichung von Beiträgen eines bestimmten Medienmitarbeiters gröblichst gegen die allgemeine Fürsorgepflicht des Medieninhabers als Dienstgeber verstoßen wird.

Nicht-veröffentlichung kann sittenwidrig sein

Ob der Medienmitarbeiter abgelehnte Beiträge anderen Medienunternehmen zur Veröffentlichung anbieten darf, ist differenziert zu beurteilen. Manche Autoren wollen für die Dauer des Beschäftigungsverhältnis die Publikation in einem anderen Medium als dem des Medienunternehmens, in dem der betreffende Medienmitarbeiter beschäftigt ist, immer von der ausdrücklichen Zustimmung des Medieninhabers abhängig machen. Das ist in dieser Allgemeinheit verfehlt: Da der Dienstnehmer (Journalist) in der Ausübung nicht vertrags- oder gesetzwidriger Nebenbeschäftigungen auch durch § 7 AngG nicht generell beschränkt ist, ja noch nicht einmal eine Meldepflicht besteht, stünde es jedem Medienmitarbeiter grundsätzlich frei, seine Beiträge auch in anderen Medien zu publizieren. Allerdings wird diese Freiheit für periodische Publikationen (und nur für diese!) durch § 15 KV-TZ und WZ sowie § 38 KV-MZ gravierend eingeschränkt: Ohne ausdrückliche Zustimmung des eigenen Unternehmers wird durch diese Bestimmungen den Medienmitarbeitern jede bezahlte oder unbezahlte Betätigung gleicher oder ähnlicher Art für andere Unternehmer untersagt; auch die Weitergabe von nichtveröffentlichten Nachrichten an ein anderes Medium ist gem. § 16 KV-TZ und WZ sowie § 39 KV-MZ an die schriftliche Zustimmung des eigenen Unternehmens gebunden. Wenn freilich im Einzelfall nachgewiesen werden kann, dass dem eigenen Verlag aus der Weitergabe der Nachrichten kein Nachteil erwächst, entfällt das Zustimmungserfordernis.

Nebenbeschäftigung

Meist enthalten überdies die Dienstverträge für Medienmitarbeiter entsprechende Konkurrenzverbote, so dass die Publikation von abgelehnten Beiträgen in anderen Medien verboten ist. Aus dem Grundsatz der "Treuepflicht" (Schutz betrieblicher Interessen) lässt sich auch für nicht periodische Medien das Verbot für Medienmitarbeiter ableiten, zur Publikation vorgesehene und angenommene Beiträge auch in einem Konkurrenzmedium veröffentlichen zu lassen (Unterlassungspflicht des Medienmitarbeiters).

Konkurrenzverbot und Treuepflicht

Unberührt von dieser authentischen Interpretation bleiben allfällige, einzelvertraglich eingeräumte Rechte von Medienmitarbeitern und freien Mitarbeitern. So kann der Dienstvertrag eines Medienmitar-beiters oder der Werkvertrag mit einem freien Journalisten durchaus die

Bestimmung enthalten, dass ein Beitrag überhaupt nicht geändert werden darf, oder dass dieser zu einem bestimmten Zeitpunkt an einer bestimmten Stelle des Mediums abzudrucken ist. Die Folgen eines allfälligen Verstoßes gegen derartige Vereinbarungen (insbesondere im Hinblick auf sogenannte "freie Mitarbeiter) richten sich nach den allgemeinen zivilrechtlichen Vorschriften.

Redaktionsstatuten

Redaktionsversammlung

Gem. § 5 MedG können für die Medienunternehmen und Mediendienste Redaktionsstatuten abgeschlossen werden, die die Zusammenarbeit in publizistischen Angelegenheiten regeln. Ein Redaktionsstatut wird zwischen dem Medieninhaber (Verleger) und einer Redaktionsvertretung vereinbart, die von der Redaktionsversammlung nach dem Grundsatz der Verhältniswahl zu wählen ist. Die Vereinbarung bedarf zu ihrer Wirksamkeit der Genehmigung der Redaktionsversammlung, die diese mit der Mehrheit von zwei Drittel ihrer Angehörigen erteilt. Der Redaktionsversammlung gehören alle fest angestellten Medienmitarbeiter an. Durch die Bestimmungen eines Redaktionsstatuts dürfen die Rechte der Betriebsräte nicht berührt werden. Allgemeine Grundsätze von Redaktionsstatuten können von den kollektivvertragsfähigen Körperschaften der im Medienwesen tätigen Arbeitnehmer und Arbeitgeber vereinbart werden.

Rechtsnatur unklar

Als Ausgleich zur Einschränkung der allgemeinen Mitwirkungsrechte durch § 132 ArbVG (Medienunternehmen als Tendenzbetrieb) sollten wenigstens den Mitgliedern der Medienredaktionen vergleichbare Informationsrechte eingeräumt werden. Schon in der ersten Hälfte der siebziger Jahre kamen in den meisten größeren österreichischen Tageszeitungen Redaktionsstatuten zustande, die Informations- und Mitwirkungsrechte, etwa bei der Bestellung des Chefredakteurs, und auch Ansätze zur redaktionellen Autonomie enthielten. § 5 MedG sollte die rechtliche Absicherung dieser Statuten bringen und so zum Beispiel den Ausschluss eines Weisungsrechtes von Eigentümervertretern gegenüber Redaktionsangehörigen unter Umgehung des Chefredakteurs und die Einrichtung von innerredaktionellen Schlichtungsstellen für Konflikte in der journalistischen Arbeit legalisieren.

Der Versuch ist freilich nicht ganz gelungen. Insbesondere die juristische Strukturierung von Redaktionsvertretung und Redaktionsversammlung ist überaus mangelhaft; das Verhältnis zum ArbVG bleibt bis heute ungeklärt. Dadurch werden - ganz abgesehen davon, dass die Rechtsnatur der Redaktionsstatuten weitestgehend ungeklärt ist - mehr Probleme geschaffen, als beseitigt. Die Redaktionsstatuten wurden bei der Beratung des MedG schließlich nicht mehr so wichtig genommen. Dieser Umstand drückt sich unter anderem derart aus, dass der für die innere Pressefreiheit wichtige Überzeugungsschutz gem. § 2 deutlich konturierter Eingang ins MedG gefunden hat. Die praktischen Auswirkungen der gesetzlichen Verankerung der Redaktionsstatuten sind deshalb gering.

Redaktionsvertretung

Redaktionsstatuten sind ihrer Natur nach nicht anders zu beurteilen als Betriebsvereinbarungen. Sie sind aber freie Vereinbarungen, deren Zustandekommen von keiner Seite erzwungen werden kann (problematisch daher die gesetzlichen Verpflichtungen gem. § 21 PrR-G und § 49 PrTV-G). Redaktionsstatuten können deshalb für alle Medienunternehmen und Mediendienste auch jederzeit (nach Maßgabe der Vorschriften zu ihrer rechtsgültigen Vereinbarung) durch ein neues Statut ersetzt werden.

Gem. § 5 Abs. 1 MedG regeln Redaktionsstatuten "die Zusammenarbeit in publizistischen Angelegenheiten"; damit ist der (vom Gesetz nicht weiter vorgegebene) Inhalt des Redaktionsstatuts beschrieben. Gemeint ist offensichtlich nicht nur die Zusammenarbeit zwischen Medieninhaber (Verleger) auf der einen und den fest angestellten Medienmitarbeitern als von der Redaktionsvertretung repräsentiertes Kollektiv auf der anderen Seite (Festschreibung kollektiver Rechte), sondern darüber hinaus auch die Organisation innerredaktioneller Belange (Einzelrechte, also etwa die Einräumung von bestimmten Rechten für freie Mitarbeiter oder die Festlegung des Verhältnisses von Journalisten zu redaktionellen Vorgesetzten). Ausgeschlossen ist aber die Regelung eines Einzelfalles durch das Redaktionsstatut.

Redaktionsstatute regeln keine Einzelfälle

Publizistische Angelegenheiten (im Unterschied zu betriebswirtschaftlichen, finanziellen, kaufmännischen etc. Angelegenheiten) betreffen vorrangig Fragen der grundlegenden Richtung des Mediums (vgl. § 25

Anhörungsvorschläge

Abs. 4 MedG) und des journalistischen Niveaus; festgelegt werden können im Hinblick auf Personalfragen und die Annahme oder Ablehnung von Beiträgen unter anderem gewisse Informations-, Anhörungs- und Vorschlagsrechte. Auch die Form der Streitschlichtung kann geregelt werden. Aber schon das festzulegende Verhältnis von redaktionellem Teil und Inseratenteil betrifft sowohl publizistische wie kaufmännische Belange; eben dies gilt auch für die Gesamtaufmachung des Mediums und die Ausrichtung auf bestimmte Gruppen von Medienkonsumenten. Ausgeschlossen von der Regelung durch Redaktionsstatut sind jedenfalls alle diejenigen Bereiche, die durch individuellen Arbeitsvertrag, Kollektivvertrag oder bestehende Betriebsvereinbarungen schon geregelt sind (zum Beispiel Urlaubs- und Entgeltansprüche).

Vertragspartner

Parteien des Redaktionsstatuts sind der Medieninhaber (Verleger) auf der einen und die von der Redaktionsversammlung gewählte Redaktionsvertretung auf der anderen Seite. Der Betriebsrat kann an der Vereinbarung des Redaktionsstatuts mitwirken, seine Mitwirkung ist aber nicht explizit vorgesehen. Die Möglichkeit der Teilnahme des Betriebsrates ergibt sich aus §§ 89 ff. ArbVG.

Die Redaktionsvertretung wird durch die Redaktionsversammlung nach den Grundsätzen der Verhältniswahl (analog zu § 51 Abs. 2 ArbVG nach dem System von d´Hondt) gewählt. Genauere Bestimmungen enthält das MedG nicht. Dessen ungeachtet ist die Wahl auch nach den Grundsätzen des gleichen, unmittelbaren und geheimen Wahlrechts, persönlich durchzuführen, das heißt jedes Mitglied der Redaktionsversammlung hat eine Stimme und wählt direkt (ohne Dazwischentreten von Wahlmännern oder Delegierten) so, dass das Votum des einzelnen Wählers anderen Personen nicht bekannt wird; primär ist wohl persönliche Stimmabgabe, d.h. physische Präsenz beim Wahlakt erforderlich (analog § 56 Abs. 2 ArbVG), Briefwahl ist aber (wiederum analog § 56 Abs. 3 ArbVG) keinesfalls ausgeschlossen, weil persönliches Wahlrecht hier (anders als etwa in Art. 26 Abs. 1 B-VG) nicht vorgeschrieben ist.

Die Vereinbarung eines Redaktionsstatuts zwischen Medieninhaber (Verleger) und Redaktionsvertretung bedarf verpflichtend der

Zustimmung durch die Redaktionsversammlung (gesetzliche Wirksamkeitsvoraussetzung). Die Redaktionsversammlung besteht aus allen fest angestellten Medienmitarbeitern (Redakteuren), also jedenfalls nicht aus den freien Mitarbeitern eines Mediums. Die Zustimmung gilt als erteilt, wenn "zwei Drittel ihrer Angehörigen" dem Redaktionsstatut zustimmen. Maßgeblich für den Beschluss sind die in der Redaktionsversammlung gerade anwesenden Redaktionsmitglieder, ohne dass § 5 Abs. 2 MedG besondere Erfordernisse für die Anwesenheit festlegen würde; die zustimmende Beschlussfassung durch zwei Drittel der anwesenden, fest angestellten Medienmitarbeiter reicht aus. Die gegenteilige Auffassung, dass für einen positiven Beschluss der Redaktionsversammlung zum Redaktionsstatut die Zustimmung von zwei Drittel aller im Medienunternehmen fest angestellten Medienmitarbeiter notwendig wäre, findet gleichwohl im Gesetz ihre Deckung. Es ist deshalb Sache einer allenfalls von der Redaktionsversammlung erlassenen Geschäftsordnung, Entsprechendes festzulegen.

Redaktionsvertretung tangiert Betriebsrat

Nach Abs. 3 darf es durch Redaktionsstatuten zu keiner Einschränkung der Rechte des Betriebsrates kommen. Die Bestimmung ist unklar und stellt eine "unerfüllbare Promesse" dar (so trefflich Mayer-Maly). Schon das Bestehen der Redaktionsvertretung als eine Art gesetzlich anerkannter Vertretung der Medienmitarbeiter tangiert die Rechte des Betriebsrates (wenn auch nur auf einem eingeschränkten Feld). Die Redaktionsvertretung ist Sondervertretung einer bestimmten Arbeitnehmergruppe, eben der fest angestellten Medienmitarbeiter. Damit hat der Betriebsrat in Medienunternehmen sein wichtigstes Instrument, nämlich das Vertretungsmonopol, verloren. Überdies greifen die von den Redaktionsstatuten geregelten Materien notwendig in die Vertretungskompetenz der Betriebsräte oder in den Sektor gem. Art. 132 Abs. 2 ArbVG, der "Tendenzschutz" genießt, ein; § 5 modifiziert dieses Gefüge. Jedenfalls ist durch § 5 Abs. 3 klargestellt, dass durch Redaktionsstatuten keine "Rechte der Betriebsräte" eingeschränkt werden dürfen - "berührt" werden sie allemal.

Für private Radioveranstalter statuiert § 21 PrR-G (bei sonstiger subsidiärer Geltung des MedG): "Soferne im Betrieb des Hörfunkveranstalters dauernd mindestens fünf redaktionelle Mitarbeiter beschäftigt werden, ist innerhalb eines Jahres nach Zulassung des Hörfunkveranstalters ein Redaktionsstatut zu vereinbaren und dieses zu veröffentlichen." Die Regionalradio- und Kabelrundfunkbehörde hätte der unverbindlichen Ansicht des Nationalrates zufolge im Rahmen der Zulassung auch zu berücksichtigen, "inwieweit das vom Zulassungswerber in Aussicht genommene Redaktionsstatut sachgerecht ist" (Entschließung des Nationalrates E 53-NR/XX. GP vom 20. März 1997 betreffend das RRG). Diese Ansicht ist schon deswegen wenig erheblich, da die gesetzliche Pflicht zur Vereinbarung eines Redaktionsstatuts den Hörfunkveranstalter "innerhalb eines Jahres nach Zulassung" trifft. Ein bloß "in Aussicht genommenes Redaktionsstatut" hat aber keinerlei selbstverpflichtende Wirkung, sodass auch eine Bedachtnahme im Rahmen des Zulassungsverfahrens gem. § 5 Abs. 3 PrR-G unzweckmäßig erscheint. Darüber hinaus ist zu berücksichtigen, dass Redaktionsstatuten ihrem Charakter als "freie Vereinbarungen" entsprechend jederzeit (einvernehmlich) geändert werden können.

Statute im privaten Radio

Für Kabel- und Satelliten-Rundfunkveranstalter gilt (ebenfalls unter subsidiärer Geltung des MedG) gem. § 49 Abs. 5 PrTV-G eine ähnliche Verpflichtung: "Sofern im Betrieb des Kabel- und Satelliten-Rundfunkveranstalters dauernd mindestens fünf redaktionelle Mitarbeiter beschäftigt werden, ist innerhalb eines Jahres nach Aufnahme der Kabel- oder Satelliten-Rundfunkveranstaltung ein Redaktionsstatut zu vereinbaren und dieses zu veröffentlichen." Das "geplante Redaktionsstatut" ist gem. § 4 Abs. 4 Z. 7 PrTV-G dem Antrag auf Erteilung einer Zulassung beizulegen.

Statute im privaten Fernsehen

Der Abschluss von Redaktionsstatuten nach dem MedG ist dispositiv und kann von keiner Seite erzwungen werden; dies gilt auch für Internet-Medien. Die inzwischen technisch geschaffene Möglichkeit, auch Filme mittels Oline-Diensten zu verbreiten, führt zu einer sachlich nicht gerechtfertigten Diskrepanz: So ist der Abschluss von "Redakteurstatuten" gem. §§ 33, 34 ORF-G nur für journalistische Mitarbeiter zwingend mit einem gesetzlichen Mindestinhalt (§ 33 Abs. 3 ORF-G) zur Sicherstellung der Grundsätze des § 32 Abs. 1 ORF-G (Freiheit der journalistischen Berufsausübung) vorgeschrieben; nach § 5 sind "Redaktionsstatuten" ohne gesetzlichen Mindestinhalt zwar für alle redaktionellen Mitarbeiter möglich, aber ohne Zielvorgaben nicht zwingend vorgeschrieben; und nach § 21 PrR-G beziehungsweise nach § 49 PrTV-G ist der Abschluss von "Redaktionsstatuten" für alle redaktionellen Mitarbeiter ab 5 dauernd beschäftigten redaktionellen Mitarbeitern zwingend, jedoch besteht beim Zulassungsantrag eine Vorlagepflicht des in Aussicht genommenen Statuts, um die Unabhängigkeit der redaktionellen Mitarbeiter gem. Art. I Abs. 2 BVG-Rundfunk zu sichern. Für die Verbreitung von Filmen durch online-Dienste gelten jedoch nicht die Sondervorschriften des ORF-G, des PrR-G oder des PrTV-G, sondern das MedG - ein Redaktionsstatut ist daher für Internet-Medien nicht zwingend vorgeschrieben. Sie sind überdies nur dann möglich, wenn für das betreffende Internet-Medium ein Medienunternehmer (Mediendienst) identifizierbar ist und diesem eine gewählte Redaktionsvertretung gegenübersteht. Wo dies der Fall ist, können Redaktionsstatuten als freie Vereinbarung abgeschlossen werden.

Statute in Internet-Medien

Literatur

Zum Sonderarbeitsrecht

Auner, Wolfgang (1999): Neuerungen im kollektiven Arbeitsrecht der Journalisten bei Tages- und Wochenzeitungen. In: Medien & Recht 6/1999, S. 318 ff.

Csebrenyak, Erich; Geppert, Walter; Maßl, Wolfgang;. Rabofsky, Eduard (1987): ABGB und Arbeitsvertragsrecht, 4. Aufl. Wien.

Floretta, Hans; Spielbüchler, Karl; Grillberger, Konrad: Arbeitsrecht I (1998): Individualarbeitsrecht (Arbeitsvertragsrecht). 4. Aufl. Wien, S. 82 f.

Klein, Christian (1983): Rechtspolitisches und Rechtsdogmatisches zum "Medienmitarbeiter, IndRME 1983 (Index der Rechtsmittelentscheidungen und des Schrifftums). Festschrift für Hans Floretta. Wien, S. 389 ff.

Kogler, Michael; Kraml, Thomas; Traimer, Matthias (Hrsg.) (2002): Österreichische Rundfunkgesetze. Wien.

Korn, Gottfried; Grießer, Georg (1996): Arbeitsrecht für Journalisten in Österreich. In: Pürer, Heinz (Hrsg.): Praktischer Journalismus in Zeitung Radio und Fernsehen. 4. Aufl. Salzburg, S. 534 ff.

Kuderna, Friedrich (1964): Der Abfertigungsanspruch nach § 8 Abs. 2 JournG. In: Das Recht der Arbeit 1964, S. 341 ff.

Kuderna, Friedrich (1969): Entscheidungsbesprechung zu OGH 11. 6. 1968. In: Das Recht der Arbeit 1969, S. 249 ff.

Kulka, G. (1991): Die Abfertigung der Journalisten. In: Runggaldier, Ulrich (Hrsg.): Abfertigungsrecht. Wien, S. 341 ff.

Martinek, Oswin; Schwarz, Margarethe; Schwarz, Walter (1991): Angestelltengesetz. 7. Aufl.. Wien 1991 (Nachtrag 1994).

Mazal, Wolfgang; Risak, Martin (Hrsg.) (2003): Das Arbeitsrecht. System und Praxiskommentar (Loseblattsammlung, 2. Lieferung, Stand: Mai 2003). Wien.

Ruiss, Gerhard (Hrsg.) (1996): Handbuch für Autoren und Journalisten. Wien.

Runggaldier, Ulrich (1999): Kollektive Normsetzung für "ständige freie Mitarbeiter". In: Recht der Wirtschaft 1999, S. 533 ff.

Schrank, Franz (2000): Arbeitsrecht. Ein systematischer Grundriss. Wien..

Schwarz, Bernhard (1996): Kommentar zu § 132 ArbVG. In: Cerny, Josef; Schwarz, Bernhard;

Trenner, Hans: Arbeitsverfassungsrecht. Bd. 4. Wien, S. 112 ff.

Schwarz, Walter; Löschnigg, Günther (2001): Arbeitsrecht. 9. Aufl. Wien, S. 174 ff.

Steinmaurer, Thomas (2002): Konzentriert und verflochten. Österreichs Mediensystem im Überblick. Innsbruck.

Tomandl, Theodor; Schrammel, Walter (1999): Arbeitsrecht. 2 Bde. 4. Aufl. Wien.

Zum Mediengesetz

Berka, Walter (1992): Rechtsnormen und publizistische Verantwortung. Zur Legalität und Moralität in Österreich. In: Haller, Michael; Holzhey, Helmut (Hrsg.): Medien-Ethik. Opladen, S. 256 ff.

Berka, Walter (2001): Redaktionsgeheimnis und Pressefreiheit. Wien.

Berka, Walter; Höhne, Thomas: Noll, Alfred J.; Polley, Ulrich (2002): Kommentar zum Mediengesetz. Wien.

Brandstetter, Ulrich; Schmid, Helmut (1999): Kommentar zum Mediengesetz. 2. Aufl. Wien.

Dittrich, Robert ; Schrammel, Walter (2003): Kollektivvertrag und Urheberrecht. In: Dittrich, Robert (Hrsg.): Beiträge zum Urheberrecht VIII. Wien, S. 169 ff.

Hanusch, Andreas (1998): Kommentar zum Mediengesetz. Wien.

Machacek, Rudolf (1965): Journalistengesetz und Pressefreiheit. In: Das Recht der Arbeit 1965, S. 257 ff.

Schrammel, Walter (1989): Innere Medienfreiheit und Arbeitsrecht. In: Aicher, Josef; Holoubek, Michael (Hrsg.): Das Recht der Medienunternehmen. Wien, S. 61 ff.

Medienökonomie

Josef Trappel

Einführung

Zwischen den Journalisten auf der einen Seite und der kaufmännischen Direktion von Medienunternehmen auf der anderen Seite herrscht häufig ein verkrampftes Spannungsverhältnis. Weder trauen die Medienschaffenden den "Buchhaltern" über den Weg, noch sind erstere den letzteren aufgrund der meist großen Freiheitsgrade ihrer Tätigkeit ganz geheuer. Mit dem Bindeglied beschäftigt sich die Medienökonomie. Sie stellt in ihrer weitesten Definition die wirtschaftlichen Beziehungen aller Anspruchsgruppen an die Medien dar. In einer engeren Definition untersucht Medienökonomie, "wie die Güter Information, Unterhaltung und Verbreitung von Werbebotschaften in aktuell berichtenden Massenmedien produziert, verteilt und konsumiert werden. Sie untersucht also die ökonomischen Bedingungen des Journalismus" (Heinrich 1994, S. 19).

Spannungsverhältnis Redaktion/ Verlag

Berührungsängste von Journalisten mit dem Gegenstand der Medienökonomie erscheinen nicht nur überflüssig, sondern auch unangemessen. Schließlich stellen die wirtschaftlichen Zusammenhänge bei der Herstellung medialer Güter und Dienstleistungen das Fundament journalistischen Berufsausübung dar. Mehr noch: Die ökonomischen Zusammenhänge bilden ein vielschichtiges und komplexes Geflecht privatwirtschaftlicher, öffentlicher, medienpolitischer und nicht zuletzt nachfragebestimmter Komponenten. Die Beschäftigung mit Medienökonomie lohnt für journalistisch tätige Berufsgruppen also in zweifacher Hinsicht:

Sie fördert einerseits das Verständnis für die wirtschaftlichen Zusammenhänge und Sachzwänge bei der Herstellung medialer Inhalte und Dienste und sie stellt andererseits ein ergiebiges Feld der Wirtschafts- und Medienberichterstattung dar. Kein anderer Bereich des wirtschaftlichen Lebens weist derart enge Verflechtungen zwischen politischer Macht, der Definition von wirtschaftlichen Rahmenbedingungen und dem ökonomischen Unternehmenserfolg auf.

In der breiten Öffentlichkeit tauchen Fragen der Medienökonomie meist nur im Zusammenhang mit spektakulären unternehmerischen Entscheidungen oder Missgeschicken auf. So etwa die Übernahme von Time Warner durch AOL oder die Insolvenz und der darauf folgende Zusammenbruch des Kirch-Imperiums im Frühjahr 2002. Doch die Hintergründe dieser medienökonomischen Verwerfungen bleiben meist im Dunkeln.

Kaufmännische Überlegungen dominieren

Nicht erst seit dem Jahr 2001, in dem der langjährige Wachstumstrend in der Werbewirtschaft sein Ende gefunden hat, gewinnen bei den Medien kaufmännische Überlegungen die Oberhand gegenüber den Anliegen von journalistisch tätigen Mitarbeitenden. Der ökonomische Imperativ bestimmt, so ließe sich eine These vorwegnehmen, in guten wie in schlechten Zeiten in einem überragenden Ausmaß die Produktionsbedingungen in den Redaktionen. Eine eingehende Beschäftigung mit Fragen der Medienökonomie ist allen journalistisch Schaffenden daher wärmstens empfohlen.

Medien und ihre Märkte

Massenmedien sind zumeist auf mehreren Märkten tätig. Printmedien, gemischt finanzierte Rundfunkveranstalter und Online-Medien liefern einerseits Inhalte an ihr jeweiliges Publikum, andererseits liefern sie das erreichte Publikum an die werbetreibende Wirtschaft. Der Medienökonom Jürgen Heinrich spricht von der grundlegenden "Doppelfunktion der Massenmedien als Träger von publizistischer und werblicher Information" (1999, S. 19).

Die von Heinrich zu Recht differenzierten Informationsarten werden auf unterschiedlich strukturierten Märkten gehandelt. Publizistische Informationen sind nicht nur immaterielle Güter, die nach den Regeln der Marktwirtschaft beliebig gehandelt werden können. Sie bilden auch einen unverzichtbaren Kernbestandteil demokratischer Gesellschaftsordnungen. Die Bedingungen, unter denen publizistische Informationen hergestellt, verbreitet und konsumiert werden, strukturieren also nicht nur einen Bereich der Volkswirtschaft, sondern sie legen in erheblichem Umfang den Grad und die Qualität gesellschaftlicher Selbstverständigung fest. Publizistische Informationen stellen daher ein öffentliches Anliegen dar und unterliegen einem wirtschaftlichen und einem politischen Regelkreis.

Information

Werbliche Botschaften hingegen werden auf weitgehend marktwirtschaftlich bestimmten Märkten gehandelt, die sich nach Angebot, Qualität und Nachfrage richten.

Werbung

Aus der Sicht der meisten Medienunternehmen besteht die Herausforderung darin, auf beiden Märkten so erfolgreich zu wirtschaften, dass im Ergebnis zumindest der kostendeckende Betrieb des Mediums gewährleistet werden kann.

Abonnementzeitungen im deutschen Sprachraum finanzieren ihren Aufwand zu rund zwei Dritteln aus Anzeigenerlösen und zu einem Drittel aus Vertriebserlösen. Wochenzeitungen und Magazine finanzieren sich in der Regel ausgewogen, während private kommerzielle Radio- und Fernsehveranstalter und Gratiszeitungen, sowie die meisten Online-Medien zur Gänze durch Werbung finanziert werden. Die Mischfinanzierung aus Verkaufs- und Werbe- bzw. Anzeigenerlösen räumt den Medienunternehmen größere Spielräume bei der betriebswirtschaftlichen Steuerung ein. Verlieren etwa aus konjunkturellen Gründen die Werbe- und Anzeigenmärkte an Schwung, können gemischt finanzierte Medienunternehmen durch eine Erhöhung der Verkaufspreise die Erlösminderung zumindest temporär ausgleichen. Dieser unternehmerischen Strategie setzt die Preiselastizität der Nachfrage Grenzen. Mit steigenden Preisen sinkt die Nachfrage, was die Reichweite des Mediums verkleinert und die Attraktivität für die Werbewirtschaft schmälert. Eine Abwärtsspirale könnte in Gang kommen, die durch steigende Preise, sinkende Reichweiten und abnehmende Attraktivität für die Werbewirtschaft angetrieben wird.

Finanzierung

Unabhängig von der Zusammensetzung der Mischfinanzierung weist Ludwig darauf hin, dass auch jene Medien, die keinen Preis für den Konsum verlangen (können), letztlich durch die Rezipienten bezahlt werden: "Tatsächlich hängen diese beiden Märkte enger zusammen, als den Medienunternehmen und erst recht den Rezipienten bewusst ist. Für die werbetreibende Wirtschaft sind die Werbeinvestitionen Bestandteil ihrer eigenen Preisgestaltung. Konkret gehen die Werbeinvestitionen über die Kostenkalkulation in die (End-)Produktpreise ein. Getragen werden sie von den Verbrauchern" (1994, S. 180).

Ökonomische Besonderheiten der Medien

Neben dem Umstand, dass die Mehrheit der Medien auf mehreren untereinander verbundenen Märkten tätig ist, weisen die Medien eine Reihe von medienökonomisch relevanten Besonderheiten auf.

So ist jedes Medienprodukt ein Unikat, das jeden Tag, mit jeder Ausgabe oder Ausstrahlung von Grund auf neu gestaltet werden muss, um den Anforderungen der Rezipienten gerecht zu werden.

Medien als öffentliche Güter

Die meisten Medien sind als öffentliche Güter zu betrachten. Die einzelnen Mediengattungen lassen sich aufgrund des Ausschließungsgrades von Nicht-Zahlern differenzieren, die Übergänge sind fließend.

Mediengattungen nach Ausschließungsgrad von Nicht-Zahlern

Medienökonomisch ist diese Unterscheidung bedeutsam: Je höher der Ausschließungsgrad ist, desto stärker kann das Geschäftsmodell des Mediums mit direkten Zahlungen der Rezipientinnen und Rezipienten rechnen. In diesem Fall erhält das Medienunternehmen direkte Erlöse für die zur Verfügung gestellten publizistischen Informationen (direkte Finanzierung). Je niedriger der Ausschließungsgrad ist, desto geringer ist die direkte Zahlungsbereitschaft der Rezipientinnen und Rezipienten und desto geringer fallen die Erlöse aus, die aus dem Verkauf publizistischer Informationen resultieren. Zur Kompensation entgangener direkter Einnahmen greifen solche Medien auf den Verkauf der medial erreichten Publikumskontakte an die werbungtreibende Wirtschaft zurück (indirekte Finanzierung).

Damit ändert sich die betriebswirtschaftliche Ausrichtung: Mehrheitlich direkt finanzierte Medien orientieren sich in erster Linie an den (vermuteten) Bedürfnissen der Rezipientinnen und Rezipienten, während mehrheitlich indirekt finanzierte Medien die Ansprüche der werbungtreibenden Wirtschaft zu befriedigen suchen.

Die Herstellung von Medien verursacht hohe Fixkosten und geringe variable Kosten. Zu den Fixkosten zählen die Infrastruktur, Studios, Abschreibungen auf Druckmaschinen etc. Zu den variablen Kosten zählt etwa der Papierverbrauch bei Zeitungen und Büchern. Aufgrund des Unikatcharakters der Medien sind die First-Copy-Costs hoch, während die Herstellung weiterer Exemplare (oder - im Fall elektronischer Medien - weiterer Kontakte) Kosten verursachen, die sehr gering sind, und in Einzelfällen gegen Null tendieren. Außerdem verringert jedes weitere Exemplar (jeder weitere Kontakt) die Durchschnittskosten pro Exemplar bzw. pro Kontakt massiv. Aufgrund dieser stark ausgeprägten Stückkostendegression produziert derjenige Medienbetreiber am rentabelsten, der die größten Vertriebsmengen herstellt und verbreitet (vgl. Altmeppen 1996, S. 265).

Hohe Fixkosten - geringe variable Kosten

Diese Charakteristik ist bei Tageszeitungen so stark ausgeprägt, das sein Monopolist am rentabelsten produziert und das Monopol im Verbreitungsgebiet immer mehr zur Regel wird (vgl. Kruse 1996, S. 35; Heinrich 1992, S. 245).

Medienunternehmen profitieren ferner in einem hohe Ausmaß von Größenvorteilen und Skaleneffekten (economies of scale). Durch die Stückkostendegression entstehen für große Medien mit starker Marktposition zusätzliche Größenvorteile, die sich bei gedruckten Medien in erster Linie auf die Druck- und Vertriebskosten auswirken. Hohe Investitionen im Druckbereich lassen sich über hohe Auflagenzahlen schneller amortisieren, gleichzeitig verbessern moderne Drucktechniken die Leistung für Leserinnen und Leser und senken zudem noch die Kosten (digitalisierte Druckvorstufe, Computer-to-Plate Technologie). Hohe Auflagen rechtfertigen hohe Investitionen in den Aufbau eines eigenen Vertriebsnetzes, das wiederum die Wettbewerbsposition der Zeitung gegenüber den Mitbewerbern stärkt.

Größenvorteile, Skaleneffekte

Bei den elektronischen Medien Radio und Fernsehen entstehen Skaleneffekte vor allem durch die Werbung-Kontakt-Spirale, die den marktführenden Veranstaltern im Werbemarkt größere Reichweiten, mehr Werbekontakte und damit zusätzliches Wachstum ermöglicht.

Martkführer

Die Economies of Scale begünstigen also den Marktführer überproportional. Diese Marktposition ist daher für alle Marktteilnehmer besonders erstrebenswert und führt in der Regel zu horizontalen Fusionen (Altmeppen 1996, S. 262). Durch Fusionen von konkurrierenden Medienunternehmen im gleichen Markt (also horizontal) lässt sich das angestrebte Ziel der Marktführerschaft deutlich schneller realisieren als über den Prozess des homogenen inneren Wachstums.

Verbund-vorteile

Medien profitieren auch von Verbundvorteilen (economies of scope), die von Medienunternehmen realisiert werden, die in mehr als einem Markt und über mehrere Produktionsstufen hinweg tätig sind. Dabei kommen unterschiedliche Aspekte zum Tragen: Zunächst können auf der journalistisch-inhaltlichen Ebene Leistungen mehrfach verwertet werden, was die Kosten der einzelnen beteiligten Unternehmen senkt. Darüber hinaus können bestimmte wiederkehrende Tätigkeiten in Anzeigenakquisition, Vertrieb, Verwaltung, Kundenbetreuung gemeinschaftlich und kostengünstiger betrieben werden.

Verbundvorteile können auch über die Gründung von Gemeinschaftsunternehmen realisiert werden, etwa von Agenturen als Genossenschaften (Modell "Austria Presse Agentur") oder durch die gemeinsame Abwicklung der Vertriebslogistik (Modell "Mediaprint" in Österreich). Mit solchen Modellen kommen auch kleinere und nicht-marktführende Medien in den Genuss von Verbundvorteilen.

Ökonomische Besonderheiten der Medienmärkte

Die Publikums- und Lesermärkte als auch die Werbemärkte haben einen hohen Sättigungsgrad erreicht. Neue Medienangebote können nur noch durch eine weitere Ausdifferenzierung des Angebotes erfolgreich im Markt positioniert werden oder durch die Verdrängung eines bestehenden Angebotes. Neben den hohen Marktzutrittsbarrieren sind die hohen Kosten für die Akquisition von neuen Lesern und von Werbung ein weiteres Kennzeichen gesättigter Medienmärkte.

Die Medienmärkte sind nicht nur gesättigt, sie sind auch von der Trägheit des Publikums und der Leserinnen und Leser geprägt.

Ebenso wie Markenprodukte, die davon profitieren, dass Konsumentinnen und Konsumenten ab einer gewissen Altersstufe ihre Kaufgewohnheiten nur noch eingeschränkt verändern, können Massenmedien mit der Trägheit des Publikums rechnen (Weber 1992, S. 257). Die Leser-Blatt-Bindung bzw. die Kanaltreue sind Ausdruck dieser Publikumsträgheit.

Trägheit des Publikums

Diese beiden zuletzt genannten Faktoren erhöhen die Zutrittsbarrieren zu den Medienmärkten substanziell. Dabei wäre die Offenhaltung des Zugangs zu den Märkten für neue Wettbewerber eines der wichtigsten Kriterien für das Funktionieren marktwirtschaftlicher Mechanismen. Neu eintretende Wettbewerber sind zur Vorfinanzierung einer langen, meist verlustreichen Anlaufphase gezwungen, bevor Nettorückflüsse einsetzen. Diese Erfahrung mussten etwa in der Schweiz die beiden privaten Regionalfernsehveran-stalter Tele 24 und TV 3 machen, die bereits nach rund zwei Geschäftsjahren ihren Betrieb aus ökonomischen Gründen Ende 2001 einstellen mussten. Selbst große Verlage unterschätzen gelegentlich den Aufwand der Markteinführung wie sich bei der Einstellung der Nordrhein-Westfalen-Ausgabe der Süddeutsche Zeitung im Frühjahr 2003 zeigte.

Markteintrittsbarrieren

Am höchsten sind die Markteintrittsbarrieren dann, wenn in einem bestimmten Markt eine Monopolsituation herrscht. In einem solchen Fall ist ein Markteintritt nahezu unmöglich, weil der bestehende Monopolist seine Marktmacht dazu nutzen kann, dem Markterfolg eines neu eintretenden Konkurrenten durch gezielte Strategien - etwa durch eine inhaltliche Offensive oder durch Preissenkungen - entgegenzuwirken (vgl. Kruse 1996, S. 40).

Mit den Eintrittsbarrieren steht ein weiteres bedeutendes Kennzeichen von Medienmärkten in Verbindung, nämlich die Anzeigen-Auflagen-Spirale bzw. die Werbung-Kontakt-Spirale. Ursprünglich wurde das Phänomen bei Tageszeitungen in lokalen und regionalen Märkten beobachtet. Der Mechanismus ist aber auf alle werbefinanzierten Medien übertragbar (vgl. Kiefer 2001, S. 320). Medien unterliegen den Gesetzmäßigkeiten dieser Medienspirale in mehrfacher Hinsicht.

Dynamik der Medien-Spirale

Problem für kleine Medien

Zum einen bewirkt die Medienspirale, dass marktführende Medienunternehmen durch die höheren Einnahmen aus Vertrieb und Werbung bei nur geringfügig höheren Verbreitungskosten höhere Renditen erwirtschaften. Der gezielte Einsatz dieser Ressourcen in ein verbessertes Produkt erweitert erneut den Nutzer- und Publikumskreis, was zu höheren Reichweiten, höheren Verkaufserlösen und verbesserter Werbeleistung führt. Ebenso wie die Spirale nach oben verstärkend wirkt, verschlechtert sie die Position der kleineren und nichtmarktführenden Medien. Verluste im Leser- und Publikumsmarkt reduzieren sowohl Vertriebs- und Verkaufserlöse als auch die Werbeleistung und zwingen zu Sparmaßnahmen, die sich wiederum beim Inhalt des Produkts nachteilig bemerkbar machen, was neuerlich zu Einbußen im Leser- und Publikumsmarkt führt.

Die Medienspirale wirkt aber auch direkt auf den Preiswettbewerb im Anzeigen- und Werbemarkt, lässt sie doch "den Anzeigenpreis pro Tausend Exemplare umso günstiger sein (...), je höher die Auflage (bzw. Reichweite) eines Mediums ist. Das trägt zur Erhöhung der Werbeeinnahmen bei, damit können andere Unternehmensbereiche attraktiver gestaltet werden, womit wieder die Auflage (Reichweite) erhöht werden kann usw. (...)" (Grisold 1996, S. 63). Kruse kommt für Tageszeitungen zum Schluss, dass die Medienspirale zu einem "sich im Zeitablauf selbst verstärkenden Konkurrenzvorteil auf den Leser- und Werbemärkten" führt (1996, S. 39) und Meier/Trappel sprechen von einer "Sogwirkung" der auflagenstärksten Zeitung auf die gesamte werbetreibende Wirtschaft (Meier/Trappel 2001, S. 179).

Medienökonomische Folgen

Medienmärkte neigen zur Monopolbildung und zur Anbieterkonzentration. Sowohl die bedeutenden Größen- und Verbundvorteile als auch die strukturell hohen Fixkosten tragen dazu bei, dass große Unternehmen und solche in einer Monopolsituation gegenüber Konkurrenten übermäßig bevorzugt sind.

Zwar scheint die Konzentrationstendenz ein den Medienmärkten inhärentes Merkmal zu sein, sie ist jedoch steuerbar und keineswegs das Ergebnis unbeeinflussbarer Strukturen. In den meisten Ländern wurde die Tendenz auch wahrgenommen und medienspezifische Kartellrechtsregeln weisen unverträgliche Konzentrationsprozesse in die Schranken .

Eine weitere medienökonomische Folge stellt die untrennbare Verknüpfung von Inhalt und Markterfolg dar. Während andere Produkte und Dienstleistungen im Wettbewerb nur dadurch bestehen können, dass sie durch Preis oder Qualität immer von neuem Konsumenten vom Nutzen des Kaufes überzeugen, können Medien - beabsichtigt oder nicht - die eigene Stellung im Markt durch die Verbreitung von Inhalten beeinflussen. Zwischen dem Erfolg auf den Publikums- und Werbemärkten und der medialen Berichterstattung besteht ein Zusammenhang, der Medien gegenüber anderen Produkten einen Vorteil einräumt (vgl. Heinrich 1994, S. 104). Die mediale Berichterstattung entscheidet über die Bedeutung von Ereignissen und beeinflusst auf diese Weise deren weitere Entwicklung. Besonders illustrativ ist das Beispiel der Medienberichterstattung, die durchaus dazu geeignet sein kann, die Stellung des eigenen Medienunternehmens etwa auf den Aktienmärkten positiv (oder negativ) zu beeinflussen.

Verknüpfung von Inhalt und Markterfolg

Mit der zunehmenden Kommerzialisierung der Medienmärkte nimmt der Anteil der Werbe- und Anzeigenerlöse auf Kosten der Verkaufserlöse zu und verschiebt sich der Wettbewerb von der inhaltlichen Ebene der Berichterstattung auf die kommerzielle Ebene der Werbeleistung, was "den Journalismus mit seinen hohen Produktionskosten" benachteiligt (Altmeppen 1996, S. 272). Der trotz Medienkonzentration verbleibende Wettbewerb sorgt daher immer weniger für journalistische Qualität, dafür aber für immer stärker ausdifferenzierte Formen der Werbeleistung.

Kommerzialisierung benachteiligt Journalismus

In Verbindung mit der Verlagerung des Wettbewerbs weg vom journalistischen Inhalt steht eine Verschärfung des Preis- und Mengenwettbewerbs um Werbeumsätze. Während manche Medien (insbesondere Printmedien mit starker Leser-Blatt-Bindung) auf festen Anzeigenpreisen zu bestehen versuchen, kommen andere Medien den Werbe- und Anzeigenkunden mit Rabatten, Provisionen, Freischaltungen oder Bonussystemen immer weiter entgegen. Dadurch entsteht eine Dynamik, der sich auch preistreue Medien kaum mehr entziehen können. Niedrigere Anzeigentarife bei höherer Werbeleistung begünstigt erneut größere Medien (höheres Volumen) und benachteiligt die kleineren Konkurrenten, die über den Verkaufspreis den Nachteil kaum wettmachen können.

Im Fazit ergibt sich, dass die Marktunvollkommenheiten zur strukturellen Benachteiligung kleiner Wettbewerber und zur Verschiebung des Wettbewerbs von der journalistisch-inhaltlichen Ebene auf die kommerziell-logistische Ebene führen. Sie räumen den Medien gegenüber anderen Produkten den Vorteil ein, das Marktgeschehen zum eigenen Nutzen direkt beeinflussen zu können. Die Souveränität der Rezipienten ist nur eingeschränkt gegeben und setzt somit diese grundlegende marktwirtschaftliche Funktionsbedingung weitgehend außer Kraft.

Finanzierung von Medien

Zwei Grundformen der Finanzierung

In den Medienmärkten lassen sich zwei Grundformen der Finanzierung unterscheiden, die durch die beiden Märkte vorgegeben sind, auf denen Medien angeboten werden. Bei der direkten Finanzierung wird ein Kauf- oder Nutzungspreis entrichtet, bei der indirekten Finanzierung erfolgen Zahlungen durch Dritte, die nicht unmittelbar an der Produktion oder Rezeption medialer Güter und Dienstleistungen beteiligt sind.

Daneben lässt sich eine zweite Differenzierung nach der Art der Rezeption vornehmen. Bei Informationsgütern steigt der zu entrichtende Preis nicht automatisch mit der rezipierten Menge. Wer mehrere Filme im Kino rezipiert, muss mehrmals an der Kinokassa ein Eintrittsbillet erwerben. In diesem Fall ist der Preis unmittelbar an den Konsum geknüpft. Wer hingegen ein Buch kauft, kann dieses beliebig oft lesen, ohne dafür einen höheren Preis zu bezahlen. So lassen sich nutzungsabhängige und nutzungsunabhängige Erlösmodelle von Medien unterscheiden.

Werden diese beiden Differenzierungen kombiniert, ergeben sich vier Finanzierungsquadranten für Medien, die je nach Mediengattung eine unterschiedliche Bedeutung haben.

Finanzierungsmatrix

Auch wenn die einzelnen Erlösformen aus der Sicht der Medien nicht immer trennscharf zuzuordnen sind, erweisen sich die vier verschiedene Quadranten aus betriebswirtschaftlicher Sicht als höchst unterschiedlich.

Direkte, nutzungsabhängige Erlösformen

Nutzer zahlt direkt

Bei den meisten direkten, nutzungsabhängigen Erlösformen besteht eine vergleichsweise enge Beziehung zwischen Anbieter und Nachfrager. Beim Kinobesuch ist die physische Anwesenheit an dem Ort der Leistungserbringung im Kino erforderlich, die Nutzung von Pay-per-View Angeboten auf dem Fernsehbildschirm oder von Paid Content Angeboten im Internet setzt eine wie auch immer geartete vertragliche Vereinbarung zwischen Anbieter und Nachfrager voraus. Die Medienunternehmen kennen ihre Kunden und sind in der Lage, diesen direkten Kontakt für die Optimierung des Produkts bzw. der Preisgestaltung nutzen. In diesen Fällen übernimmt der Preis am ehesten die in der Ökonomik beschriebene Koordinationsfunktion von Produktions- und Konsumentscheidungen.

Die von diesen Erlösformen erzielten Umsätze sind im Vergleich zu anderen Erlösformen und zu den Produktionsaufwendungen gering. Die Herstellungskosten eines Spielfilmes werden längst nicht nur durch die sogenannten Box-Office-Einnahmen (Kinokasse) gedeckt, sondern in erster Linie durch die Verwertung durch Video/DVD und das Fernsehen bzw. durch Förderungsbeiträge der öffentlichen Hand. Auch Paid Content, der von Online-Medien angeboten wird, erzielte bisher kaum relevante Umsätze, von speziellen Nischen wie Adult-Inhalte oder Produkttests einmal abgesehen. Selbst bekannte Marken wie etwa Spiegel.de erzielen nur einen Bruchteil der Umsätze über direkte nutzungsabhängige Erlösformen.

Indirekte, nutzungsabhängige Erlösformen

Einnahmen von Nutzung abgekoppelt

Deutlich höhere Umsätze verzeichnen die indirekten nutzungsabhängigen Erlösformen. Dazu zählen Anzeigen in Zeitungen genauso wie Werbung in den elektronischen Medien. Der Preis dieser Werbeformen hängt direkt und unmittelbar von der Nutzung durch die Rezipientinnen und Rezipienten ab. Über den sogenannten Tausend-Kontakt-Preis geht die Reichweite direkt in die Kalkulation mit ein - und stellt eine enge Verbindung zwischen dem Markterfolg der betreffenden Medien bei den Rezipienten und der Höhe der erzielbaren Einnahmen durch Werbung her.

Die Entwicklung der Werbeeinnahmen der Medien ist in den drei deutschsprachigen Ländern in den letzten Jahren recht unterschiedlich verlaufen. Während in Deutschland die Nettowerbeeinnahmen der Werbeträger zwischen 1991 und dem Jahr 2000 kontinuierlich von 14,5 auf 23,4 Mrd EUR angestiegen sind, verlief die Entwicklung in der Schweiz zwar nicht linear, wohl aber in den 1990er Jahren kräftiges nach oben. Im Jahr 2000 erzielten die Medien in der Schweiz einen Gesamtumsatz mit Werbung von netto 3,1 Mrd. EUR. In Österreich werden keine Netto-Werte der Werbung erhoben, in der Bruttobetrachtung hat sich der Werbeaufwand aber von 849 Mio EUR 1991 auf 2,03 Mrd. EUR im Jahr 2000 mehr als verdoppelt.

Abkühlung der Werbemärkte

Seit Herbst 2000 hat sich die Wachstumseuphorie verflüchtigt. 2001 und 2002 sind in Deutschland zum ersten Mal seit den 1970er Jahren (Währungs- und Ölkrise) die Werbeeinnahmen zurückgegangen. Das erste Halbjahr 2003 versprach keine Erholung. Auch in der Schweiz und in Österreich haben sich die Werbemärkte über alle Mediengattungen hinweg deutlich abgekühlt. Einzig die Online-Werbung konnte zulegen, allerdings auf einem sehr niedrigen Niveau.

Print verliert

In der Struktur der Werbemärkte zeigt sich eine schleichende Erosion der Marktanteile der Printmedien und ein signifikanter Zugewinn beim Fernsehen. Die Tageszeitungen in Deutschland mussten einen Rückgang ihres Marktanteils von 33% im Jahr 1991 auf 26% im Jahr 2001 hinnehmen. In den Jahren 2001 und 2002 verloren die Tageszeitungen 14% bzw. 12,5% gegenüber dem Vorjahr. Von einem

Gesamtvolumen von 6,55 Mrd. EUR im Jahr 2000 waren zwei Jahre später noch 4,94 Mrd EUR übrig.

TV legt zu

Im Gegenzug konnte das Fernsehen im selben Zehnjahreszeitraum seinen Marktanteil von 13% auf 21% steigern, was im Jahr 2002 einem Volumen von 3,96 Mrd EUR entsprach. Gegenüber dem Vorjahr bedeutete dies ein Minus von 12% (Quelle: ZAW).

Eine ähnliche Entwicklung ist auch in der Schweiz eingetreten, wenn auch weniger ausgeprägt: Die Tageszeitungen haben sechs Prozentpunkte verloren (1992: 53%; 2001: 47%; Quelle: WEMF), das Fernsehen hat in diesem Zeitraum von knapp 7% auf 11% zugelegt. Auch in Österreich haben die Tageszeitungen fünf Prozentpunkte verloren (1991: 33%; 2001: 28%), allerdings hat auch das Fernsehen drei Prozentpunkte verloren, von den 26% 1991 blieben im Jahr 2001 noch 23% übrig. In diesem Zeitraum konnten vor allem die Illustrierten und Magazine deutlich zulegen.

Faktoren der Werbemarktentwicklung

Die Werbemarktentwicklung hängt von einer Vielzahl von Einflussfaktoren ab. Die stärkste und bedeutendste Variable ist das Wirtschaftswachstum. Das Verhältnis zwischen dem Bruttoinlandsprodukt und dem Werbeaufwand wird als Werbeintensität bezeichnet. Je höher die Werbeintensität, desto mehr Geld wendet eine Volkswirtschaft für die Werbung auf. In allen drei Ländern ist die Werbeintensität in den 1990er Jahren spürbar angestiegen. In Österreich von 0,60% 1991 auf 0,96% im Jahr 2001, in Deutschland von 0,96% auf 1,05% und in der Schweiz von 1,0 auf 1,09% (Quelle: Prognos).

Allerdings scheint die Werbeintensität im Jahr 2000 einen Höchststand erreicht zu haben, der in den nächsten Jahren kaum übertroffen werden kann. Zu diesem Höhenflug hat die Euphorie der New Economy ebenso beigetragen wie die Kapitalmärkte, deren ungezügelte Investitionsbereitschaft zu der beobachteten Überhitzung der Werbemärkte geführt hat.

Für Medien, die sich ausschließlich aus indirekten nutzungsabhängigen Erlösen finanzieren - wie etwa das frei empfangbare Privatfernsehen - hat ein Einbruch der Werbemärkte dramatische Folgen. Die internen Kostenstrukturen müssen den Erlösen angepasst werden, was wiederum unmittelbar auf die Qualität des Inhalteangebots durchschlägt.

Trans-aktions-erlöse

Eine Sonderform der indirekten nutzungsabhängigen Erlöse stellen die sogenannten Transaktionserlöse dar. Zuschauerinnen und Zuschauer werden eingeladen, sich über das Telefon z. B. an Glücks- oder Quizspielen zu beteiligen. Ein Teil der Erlöse dieser kostenpflichtigen Anrufe fließt dem Medium zu, ein anderer Teil wird von den Telekom-Betreibern einbehalten. Die Rezipienten bezahlen nicht direkt für den Konsum der Quizshow, sondern indirekt über die Beteiligung. Auch Real-People-Formate wie "Deutschland sucht den Superstar" oder "Big Brother", bei denen die Zuschauerinnen und Zuschauer über das Telefon das Geschehen beeinflussen, sind als Generatoren für Transaktionserlöse zu betrachten.

Direkte, nutzungsunabhängige Erlösformen

Die traditionellste Erlösform sind die direkten nutzungsunabhängigen Erlöse, die Medien dann zufließen, wenn die Rezipienten ein haltbares mediales Produkt erwerben oder sich den Zugang zu einem medialen Produkt durch Entrichtung eines Preises eröffnen. Dies ist bei einem Kauf von Büchern in der Buchhandlung ebenso der Fall wie bei einem Zeitungsabonnement oder bei einem Pay-TV Abonnement. Auch eine monatliche Benützungsgebühr für einen bestimmten Online-Dienst oder der kostenpflichtige Zugang zu Datenbanken fällt in diese Kategorie.

Rezipient/ Anbieter

Die Verbindung zwischen Rezipienten und Anbietern von medialen Leistungen ist nur schwach ausgeprägt. Der Kontakt beschränkte sich auf eine meist einmalige Rechnungslegung, ohne dass über den Konsum selbst und die Präferenzen nähere Kenntnis erworben werden können.

Die Preisgestaltung kann sich daher kaum auf die Marktmechanismen stützen. Vielmehr gibt der Wettbewerb zwischen einzelnen Titeln oder

Medien den Spielraum weitgehend vor. Auch über die Preissensibilität liegen nur wenige gesicherte Kenntnisse, dafür umso mehr einzelempirische Befunde vor. So konnte der deutsche Pay-TV-Sender PremiereWorld seinen Abonnementbestand durch tiefe Paketpreise zumindest kurzfristig spürbar erhöhen. Auf der anderen Seite führt eine moderate Preiserhöhung beim Tageszeitungsabonnement erfahrungsgemäß nicht zu einer Kündigungswelle. Medien, die sich ausschließlich durch diese Erlösform finanzieren, können mit einer relativ konstanten Marktentwicklung rechnen, dafür sind spektakuläre Zuwachsraten weitgehend ausgeschlossen.

Indirekte, nutzungsunabhängige Erlösformen

Die vierte Erlösform, die indirekten nutzungsunabhängigen Erlöse, stammen aus zunächst sachfremden Quellen. Medien erhalten aus vielerlei - zumeist medienhistorisch erklärbaren - Gründen Zuwendungen von Dritten, die nicht unmittelbar mit der Rezeption der Inhalte in Verbindung stehen. Von direkten oder indirekten Subventionen (reduzierte Posttarife für Zeitungen, direkte Presseförderung in Österreich, Investitionszuschüsse für den Bau von Druckereien etc.) profitieren fast alle Medien. Diese Zuwendungen des Staates erfolgen unabhängig von der Leistung der Medien, eine enge Verknüpfung würde mit der verfassungsrechtlich geschützten Medienfreiheit konfligieren.

Erlöse aus sachfremden Quellen

Auch die Rundfunkgebühren sind in diese Kategorie zu zählen. Die Gebührenpflicht ist an den Besitz eines Radio- oder Fernsehempfangsgeräts geknüpft - selbst wenn keinerlei Konsum stattfindet, wird die Rundfunkgebühr fällig, die zum größten Teil den öffentlichen Rundfunkveranstaltern zufließt.

Eine dritte Form indirekter nutzungsunabhängiger Medienerlöse sind Spenden, die von Privatpersonen oder Unternehmen entrichtet werden. Der "dritte Mediensektor" der freien Radios und der Community Medien stützt sich in der erster Linie auf diese Erlösform und setzt inhaltlich und formal erfrischende Akzente in einer sonst immer stärker kommerziell orientierten Medienlandschaft.

Insgesamt ist festzuhalten, dass die indirekten nutzungsabhängigen Erlösformen die drei deutschsprachigen Medienmärkte immer stärker dominieren. Dies stellt einen wesentlichen Antriebsmechanismus für eine Entwicklung dar, die in der Medienökonomik als Ökonomisierung oder Kommerzialisierung des Mediensystems bezeichnet wird.

Fazit

"Mit den Begriffen Ökonomisierung wie auch Kommerzialisierung wird zum Ausdruck gebracht, dass ökonomische Prinzipien und Handlungsrationalitäten einen wachsenden Einfluss bei der Institutionalisierung, Diversifizierung, Produktion und Konsumption von Medien bzw. deren Inhalten haben." So beschreiben Meier/Jarren (2001, S. 146) jenen dominierenden Trend, der nicht zuletzt aus den Mechanismen der Medienmärkte im Zusammenwirken mit den Besonderheiten der Medien als publizistische und ökonomische Informationsgüter erwächst.

Am stärksten sind jene Medien betroffen, die einen besonders hohen Umsatzanteil aus indirekten, nutzungsabhängigen Erlösformen beziehen, etwa das kommerzielle Privatfernsehen und die Gratiszeitungen. Auch Online-Medien, die sich zur Gänze aus Werbeerlösen refinanzieren, sind der Ökonomisierung stark ausgesetzt.

Folgen der Kommerzialisierung

Diesem dominierenden Trend können sich auch jene Medien nicht vollständig entziehen, die ihre Finanzierung aus indirekten, nutzungsunabhängigen Quellen beziehen, etwa die nicht-kommerziellen Community Medien des "dritten Sektors" oder die gebührenfinanzierten öffentlichen Veranstalter von Radio und Fernsehen. Der Wettbewerb zwischen den privaten und öffentlichen Veranstaltern auf dem Publikumsmarkt zwingt auch letztere zu einer Anpassung von Programmstruktur und -qualität. Meier/Jarren listen die Folgen der Kommerzialisierung anschaulich auf: Die Dominanz des Kostenwettbewerbs marginalisiert den publizistischen Qualitätswettbewerb, bei der publizistischen Zielsetzung treten vermehrt redaktionelle Autonomie- und publizistische Qualitätsverluste auf, journalistische

Kernaufgaben werden zugunsten von integrierenden Marketingstrategien und -aktivitäten abgebaut und die Kernkompetenzen gehen von Recherche/Selektion zu Unterhaltung, Handel und Verkauf über (vgl. Meier/Jarren 2001, S. 154).

Journalisten sind der Ökonomisierung ausgesetzt

Diesen Folgen der Ökonomisierung sind Journalisten im redaktionellen Alltag ausgesetzt. Vor allem in Zeiten der konjunkturellen Schwäche, wie sie die Volkswirtschaften im deutschsprachigen Europa seit 2001 erleben, stellt sich die Frage, welche betriebswirtschaftlichen Spielräume Medienunternehmen ihren Redaktionen einzuräumen bereit sind. Nicht zuletzt hängen die Glaubwürdigkeit und damit die mittel- und langfristige Zukunftsfähigkeit von Medien kritisch von der Unabhängigkeit der Redaktion ab - Unabhängigkeit vom Staat, aber auch die Unabhängigkeit von einem bedingungslosen Primat der ökonomischen über die publizistischen Ziele.

Literatur

Altmeppen, Klaus-Dieter (1996): Märkte der Medienkommunikation. Publizistische und ökonomische Aspekte von Medienmärkten und Markthandeln. In: Altmeppen, Klaus-Dieter (Hrsg.): Ökonomie der Medien und des Mediensystems. Grundlagen, Ergebnisse und Perspektiven medienökonomischer Forschung. Opladen, S. 251 - 272

Grisold, Andrea (1996): Regulierungsreformen im Mediensektor. Der "Fall" Österreich. Frankfurt/Main, Berlin, Bern, New York, Paris, Wien.

Heinrich, Jürgen (1994): Medienökonomie. Bd. 1: Mediensystem, Zeitung, Zeitschrift, Anzeigenblatt. Opladen.

Heinrich, Jürgen (1999): Medienökonomie. Bd. 2: Hörfunk und Fernsehen. Opladen.

Karmasin, Matthias (1998): Medienökonomie als Theorie (massen-)medialer Kommunikation. Kommunikationsökonomie und Stakeholder Theorie. Graz, Wien.

Kiefer, Marie Luise (2001): Medienökonomik. Einführung in eine ökonomische Theorie der Medien. München, Wien.

Kruse Jörn (1996): Publizistische Vielfalt und Medienkonzentration zwischen Marktkräften und politischen Entscheidungen. In: Altmeppen, Klaus Dieter (Hrsg.): Ökonomie der Medien und des Mediensystems. Opladen, S. 25 - 52.

Ludwig, Johannes (1998): Zur Ökonomie der Medien: Zwischen Marktversagen und Querfinanzierung. Opladen.

Ludwig, Johannes (1994): Medienökonomie - Eine Einführung in die ökonomischen Strukturen und Probleme von Medienunternehmen. In: Jarren, Otfried (Hrsg.): Medien und Journalismus. Eine Einführung. Band 1. Opladen, S. 145 - 209.

Meier, Werner; Otfried Jarren (2001): Ökonomisierung und Kommerzialisierung von Medien und Mediensystemen. Begleitende Bemerkungen zu einer (notwendigen) Debatte. In: Medien & Kommunikationswissenschaft, 50. Jg., Heft 2, S. 145 - 158.

Meier, Werner, Josef Trappel (2001): Medienökonomie. In. Jarren, Otfried; Bonfadelli, Heinz (Hrsg.): Einführung in die Publizistikwissenschaft. Bern, Stuttgart, Wien, S. 163 - 196.

Weber, Bernd (1992): Medienkonzentration, Marktzutrittsschranken und publizistische Vielfalt. In: Rager, Günther; Weber, Bernd (Hrsg.): Publizistische Vielfalt zwischen Markt und Politik. Mehr Medien - mehr Inhalte? Düsseldorf, Wien, New York, Moskau, S. 251-269.

Content Companies und Marketing-Hype

Anmerkungen eines langjährigen Mitgestalters und Beobachters der Medienszene in Österreich

Essay von Hans-Peter Schmidtbauer

Die Verlagswirtschaft und der Inhalt des publizierten Wortes hatten ursprünglich miteinander nichts zu tun. Auf die Journalistenfrage, ob die Veröffentlichung eines bestimmten Themas dem Anzeigengeschäft schaden könnte, antwortete Spiegel-Herausgeber Rudolf Augstein, dass der fragende Kollege gar nicht wissen solle, ob der Spiegel überhaupt eine Anzeigenabteilung habe. Geradezu heilig waren einmal die Redaktionen. Strikt getrennt davon mühten sich einige, vornehmlich aus dem Journalismus ins Wirtschaftsfach gewechselte Menschen darum, dass Zeitungen gedruckt und pünktlich zugestellt wurden. Ihre Ausbildung erhielten diese Menschen jeweils im Verlagshaus.

Hohe Stellung der Redaktion

Tradition war die wesentlichste Richtschnur ihres Geschäfts, in welchem freilich bezahlte Anzeigen immer mehr Raum einnahmen. Diese wurden (damals) vorwiegend in gesonderten Zeitungsteilen gebracht; und man sah den meisten dieser Anzeigen recht deutlich an, dass ihnen wohl nur die zweite Liebe der Zeitungshäuser gehörte. Dieser Befund galt 1975 noch nahezu uneingeschränkt. Selbst die längst professionell geführten Werbeagenturen internationalen Zuschnitts, die schon damals mit Motivforschern im Hintergrund Kampagnen erfanden (und die es zum Teil immer noch gibt), wurden unter der Abkürzung "AE" geführt. Annoncen-Expeditionen hieß das. Selbst die Marketing-Stars aus der Werbewelt wussten das damals nicht.

Sie hätten gelächelt und weiterhin Fußleisten mit Werbe-Inhalten platziert, weil andere Einschaltungen im redaktionellen Teil nicht erlaubt waren. Die wenigen Zeitungsverleger, die in ihren auf Hochdruckrotationsmaschinen erzeugten Blättern Farbanzeigen anboten, blieben auf ihrer Ware meist sitzen. Die Tageszeitung war damals im wahrsten Sinn des Wortes "graue Eminenz". Ihre Beweglichkeit war submaximal, vor allem sofern sich das Journal mit der Bezeichnung

Tageszeitung war graue Eminenz

Qualitätszeitung schmückte. Vereinzelte Bemühungen um sogenannte High-Fidelity-Anzeigen, bei denen die Druckpapier-Rollen vor dem Hochdruckvorgang im Kupfertiefdruck zur Hälfte mit vierfärbigen Anzeigensujets bedruckt, wieder aufgerollt und dann auf den freigebliebenen Stellen im normalen Zeitungsdruck aktuell neu verarbeitet wurden, blieben eine seltene Ausnahme.

Am sogenannten Boulevard und im Illustriertenmarkt ging es freilich in jeder Hinsicht bunter zu. Öffentlich-rechtliches Radio und Fernsehen hingegen unterboten das Tempo der Tageszeitung im medienwirtschaftlichen Bereich noch um ein Beträchtliches.

Das Ende der Trennung von redaktionellem Teil und Werbung

Inhalte heute service-orientiert

Heute werden viele Medienhäuser von Menschen geführt, die alle Sparten des Geschäftes studiert und "on the job" trainiert haben. Marktforscher haben für sie jeden Winkel des User-Interesses ausgeleuchtet. Der produzierte Inhalt ist sehr viel weniger heilig als serviceorientiert, und ein als Herausgeber, Chefredakteur und Geschäftsführer in einer Person wirkender Mensch sieht streng auf wachsende Präsenz in allen Märkten.

Von der Short Message am Handy über den Internetauftritt und die Kurznachricht im eigenen Radio zur Coverage in der Tageszeitung mit grafischer Unterstützung und zu bezahlenden oder gesponserten Fax-Abrufmöglichkeiten fehlt im totalen Medienverbund meist nur das eigene Fernsehunternehmen.

Mehrfachverwertung

Mehrfachverwertungen der Inhalte sind üblich geworden. Die führenden Nachrichten-Ökonomen haben Systeme ersonnen, bei denen der erste Absatz der morgigen Tageszeitungsmeldung vom verfassenden Redakteur im eigenen Radio als Nachricht gesprochen und unmittelbar darauf ohne zusätzlichen menschlichen Arbeitsaufwand automatisch ins Internet gestellt wird. Die ersten drei Absätze derselben Meldung werden dann in einem Gratis-Anzeigenblatt gebracht, das nur jene Haushalte der Region erhalten, die ohnedies nicht zahlende Abonnenten der Tageszeitung sind. Solche Anzeigenblätter sind noch oder schon wieder die Ausnahme. Bei den regionalen Markt-Dominatoren sind flächendeckende Anzeigenblätter mit mittlerweile recht anspruchsvoll gewordenen Inhalten die Regel.

Eine Nachricht für viele Medien

Schließlich wird im - nicht mehr bloß konstruierten - Spezialfall noch eine umfangreiche Aufbereitung derselben Meldung mit allen Hintergründen und grafischen Darstellungen in einem Spezial-Magazin geboten, dessen Verbreitung idealer Weise durch einen Wirtschaftspartner bezahlt wird und das via mitgelieferter CD-ROM mit einem reichen Elektronik-Repertoire und eigenem Zugangs-Code für exklusive Web-Sites ausgestattet ist.

Wandel in den Redaktionen

Hilfreich für eine solche Vernetzung ist die Möglichkeit, die Gestaltung derartiger Inhalte von Redaktionen vornehmen zu lassen, zu deren Aufgabe ausnahmsweise oder normalerweise maximale Rücksichtnahme auf wirtschaftliche Gegebenheiten zählt. Manche Häuser haben eigene Redaktionen für diesen Bereich. Manche haben ein- und dieselbe Redaktion. Wirkliche Profis teilen dem Publikum in allen Fällen exakt mit, ob die inhaltliche Verantwortung mehr oder weniger oder allein beim Auftraggeber liegt. Immer häufiger kommt es vor, dass ein wirtschaftlicher, eindeutig deklarierter Interessent den finanziellen Aufwand für einen solchen Inhalt übernimmt, obwohl oder weil das Medium keinerlei Abstriche an seinen kritischen und auch überkritischen Anforderungen an Inhalte macht.

Verantwortung beim Auftraggeber?

Gesetzliche Vorschriften und die Konkurrenten - sowohl der Medienhäuser als der jeweiligen Produktanbieter - sorgen dafür, dass sich alle Medien in diesem Bereich wie wirkliche Profis verhalten. Es wäre daher denkbar, dass mit der Zahl der Fälle die Entscheidungssicherheit zunimmt, was in solchen Angelegenheiten branchenadäquat ist - und was nicht. Tatsächlich scheinen eher Unsicherheit und

Unschärfen zuzunehmen. Nach erfolgter Grenzdefinition tauchen nämlich in aller Regel sofort ganz neue Tatbestände auf, die (dem Buchstaben nach) exakt innerhalb der Grenzen bleiben, aber gleichzeitig vermuten lassen, dass sie den Sinn der Regeln - vornehm gesagt - zu erweitern versuchen.

Neue Formen

Einnahmen durch neue Medien

Der Vollständigkeit halber sei angemerkt, dass auf der Angebotskarte der Nachrichten-Ökonomen schließlich das Volltext-Archiv, das Bild-Archiv, das Ton-Archiv und das Film-Archiv stehen, die alle wieder kostenpflichtig abgerufen werden können und/oder von Dritten bezahlt werden. Ob diese Dritten pro Abruf eine gesonderte Zahlung leisten oder ob die Sache mit einer Pauschalzahlung vollständig erledigt ist, erscheint nur noch als eine spezielle Feinheit.

Alle Mischformen sind denkbar, viele schon verwirklicht. Einige funktionieren in der Praxis zumindest vorläufig deutlich schlechter, als die Zukunftsforscher angenommen haben. Andere - wie das Handy als solches und insbesondere seine Nutzung als Übermittler von Kurznachrichten (SMS) - haben die kühnsten Prognosen weit überholt.

Medienhäuser als Content-Companies

Für so manches Medienhaus ist das Meiste davon eine Wunschpalette entfesselter Phantasie geblieben. Mehrere Betreiber haben sich nach kostspieligen Versuchen konkret aus dem Fernsehen oder vereinzelt gleich aus der gesamten New Economy vorübergehend oder auf Dauer abgesetzt. Geblieben freilich ist das verhältnismäßig neue Selbstverständnis von Medienhäusern als "Content-Companies", von Inhaltsanbietern also mit breit gefächerten Angebotsformen. Das ist als grundsätzliche Strategie weiterhin die dominierende Leitlinie zu Beginn des 21. Jahrhunderts. Vertikale und horizontale Integration nennt man das gerne. In der Praxis handelt es sich um eine Multifunktionalität, die man beinahe schon als Omnifunktionalität ansehen kann.

Alleinstellung

Alleinstellung in Teilmärkten ist dabei eine wesentliche Zielsetzung. "All business is local" ist ein oft gebrauchtes Schlagwort zum Thema. Das Geschäft spielt sich in der unmittelbaren Lebensumgebung ab. In abgegrenzten Räumen möchte man gerne unumschränkter Inhalts-Kaiser sein. Content ist nämlich nach wie vor der King.

Auf der anderen Seite sehen in der Praxis viele User den Inhalt von Netz-Botschaften als kostenloses, frei verwendbares und sogar veränderbares Allgemeingut. "Content is free" ist nicht Rechtens. Aber dieses Wort ist ebenfalls zum Stehsatz aufgestiegen. Dagegen kämpfen zuvorderst die Nachrichtenagenturen und mit ihnen mehr oder weniger intensiv alle anderen Medienschaffenden. Das Virus von der scheinbaren Unentgeltlichkeit ist (vorerst noch?) jedoch hartnäckig.

Mehrfachverwertung

Klar geworden ist allen, dass sich die Generierung eigenschöpferischer und teurer Inhalte nur dann rechnet, wenn diese Inhalte mehrfach verwertet werden können und wenn sie geeignet sind, direkt Bezugsgelder oder indirekt Werbegelder zu lukrieren. Als Variante bleibt die Zahlung von Beiträgen durch Marktteilnehmer, die an der Verbreitung solcher Botschaften interessiert sind.

Qualität?

Was für diese Inhalte dann als Qualität gilt, unterliegt einem tiefgreifenden Wandel in der Beurteilung. Gilt die Mindestbedingung von Richtigkeit und Überprüfbarkeit von Nachrichten noch ganz allgemein? Oder hat das Infotainment schon wichtige Randplätze erobert? Werden diese Randplätze gar wichtiger als das "alte", das "eigentliche" Angebot? Sicher ist, dass das Angebot an veranstalteter Realität und virtueller Realität nach wie vor stark wächst und vom Publikum zunehmend nachgefragt wird. Reality Shows im Fernsehen schlugen sich in den Quoten messbar positiv nieder. Die Druckmedien zogen nach.

Wenn der Herausgeber eines politischen Nachrichtenmagazins lachend erzählt, sein Magazin würde zum Thema passende Details ab und zu völlig frei erfinden, erntet er keinen Entrüstungssturm mehr. Ist die Grenze zwischen redlicher Berichterstattung und Unterhaltung im Verschwinden? Fiction und Non-Fiction sind einander anscheinend nicht nur in Buch-Bestseller-Listen nahegerückt.

Fiction als normale Nachricht

Sogar die fiktive tägliche Gerichtsverhandlung hielt im Fernsehen Einzug und ihre Nähe zur möglichen und als solche geglaubten Wirklichkeit hat einen Grad erreicht, dass es nicht mehr Wunder nimmt, wenn selbst die New York Times mehrere Monate nichts bemerkte, als sie Fiction als normale Nachrichten brachte.

Wohlgemerkt: Es ist Realität, dass so etwas unter bestimmten Umständen keinem Herausgeber auffällt, keinem Chefredakteur, keinem Chef vom Dienst, keinem Ressortchef, keinem leitenden Redakteur, keinem mitarbeitenden Kollegen, keinem Medienkritiker, keinem Konkurrenzorgan, keiner betroffenen Institution, keinem von Millionen möglichen Lesern!

Das Blattmotto "All the news that fit to print" hat unversehens seinen Bezug zur Wirklichkeit stark verkürzt. Oder - sehr ungewollt - multifunktional erweitert. Scheinbar eignete sich der Inhalt zum Druck. Die Causa (New York Times) ist nur zufällig bekannt geworden. Ob sie die Spitze eines Eisbergs darstellt, mag nach eigenem Belieben unterstellt werden oder eben gnädiger Weise nicht.

Nützlichkeit über alles?

Hier liegt auch eine entscheidende Frage für die wirtschaftliche Zukunft von Medienunternehmungen. Wahrscheinlich ist die Nützlichkeit der Inhalte ein Hauptkriterium für den Erfolg von Medien - was immer auch Einzelne unter Nützlichkeit verstehen. Ebenso wahrscheinlich sind aber diesem Bedarf an Nützlichkeit in der Erwartung einer schweigenden, aber hoch signifikanten Mehrheit traditionellen Werte wie Glaubwürdigkeit, Überprüfbarkeit, Verlässlichkeit, einfach die "Redlichkeit" der Inhalte vorausgesetzt. Wie gesagt: eher stillschweigend vorausgesetzt. Von der Öffentlichkeit ist diese Redlichkeit naturgemäß nicht immer überprüfbar. Die Leser, Hörer, Seher (und Surfer) müssen sich oft auf die Medien verlassen. Und dort fehlt häufig genug schon jene sachkundige und informierte Konkurrenz, die das kontrolliert.

Wettbewerb?

Denn die Tendenz zu monopolartigen Teilmärkten ist unverkennbar. Sie bezieht sich im klassischen Tageszeitungsmarkt auf Regionen. Dieses Thema war und ist in öffentlicher Diskussion. Fast unbemerkt und von solchen Diskussionen wenig beeinflusst haben sich anderswo Alleinstellungen von Medienanbietern herausgebildet, die weitgehend verwirklicht haben, was im Rundfunk oder bei Zeitungen noch ein fernes Ziel - wenn überhaupt - geblieben ist.

Tendenz zu Monopolen

Vorwiegend Fachzeitschriften haben die vertikale und horizontale Integration weit vorangetrieben. Neben der ursprünglichen Herausgabe einer Zeitschrift haben sie sich zur Markterweiterung und Marktabsicherung von der Veranstaltung der jährlichen Branchen-Fachausstellung bis zur Vergabe der einzigen Publikums-Auszeichnung der Branche fast alle Felder ihres Marktsegments erarbeitet.

Einige dieser Medien laden auch exklusiv die führenden Experten ein, regelmäßig die Branche zu bewerten oder zu testen. Schließlich geben die Medienhäuser Jahrbücher und Jahres-CD-ROMs, Einkaufsführer und Service-Handbuch heraus. Selbst die Fach-Akademie ist in Medienhand.

Der Schiedsrichter spielt also gleichsam mit! Damit wird für Medienmacher dieses Genres eine ganz neue Fertigkeit verlangt. Es ist für den Markterfolg unerlässlich, dass sie in ihrer Schiedsrichterrolle dennoch weiterhin anerkannt bleiben. Welche Gefahren derartigen Entwicklungen innewohnt, lässt sich denken. Solche Medieninhaber haben häufig auch eine ganz andere Zielsetzung im Visier. Sie möchten der bestimmende Veranstalter des einschlägigen elektronischen Marktplatzes sein - oder werden.

Im Jahr 2004 steht diese Entwicklung immer noch in den fortgesetzten Anfängen. Sie steht mit gewohnten Traditionen scheinbar im Widerspruch. Nur eine davon ist das Sozialprinzip des Wettbewerbs. Wettbewerbshüter haben freilich nicht nur in Brüssel Verbündete. Sie dürfen mit hoher Erfolgswahrscheinlichkeit auf die globalen Zugänge zum Internet hoffen, die hier absolut marktbeherrschende Systeme wohl verhindern wird.

Einschränkung des Wettbewerbs

Fraglos streben viele Medienhäuser Einschränkungen des Wettbewerbes an. Sie motivieren das mit den hohen Kosten der von ihnen angebotenen Serviceleistungen. Tatsächlich ist das Problem kaum voll befriedigend zu lösen. Viele Märkte geben nicht genug her, um ausreichende Mittel für mehr als ein Medium zu generieren. Eine wettbewerbsfreundliche Alternative gibt es nicht. Im Zeitalter des Shareholders' Value gibt es auf Dauer keine Konkurrenz, so wünschenswert sie aus Sicht der Märkte wäre. Mittelfristig würde das in vielen Fällen zum - wenigstens vorübergehenden - vollständigen Ende des Service führen. Öffentliche Subventionen als Ausweg sind möglicher Weise genauso zweischneidig wie das Fehlen des Wettbewerbs.

Cost Cutters

Hier ist der Ansatz für die Spezialisten des Operations-Research. Solche Fachleute, die Vorgänge genau untersuchen, um sie effektiver zu gestalten, haben in der Medienwelt einen besonderen Platz. Die Kostenschere ist Triebfeder nahezu aller Entwicklungen gewesen, die den Wettbewerb eingeschränkt haben. Diese Spirale dreht sich weiterhin.

Out-Sourcing

Kosten kann man natürlich auch anders herunterfahren, als gleich ganze Medienhäuser zu fusionieren. Out-Sourcing bleibt im Programm. Einzelne Abteilungen werden ausgegliedert, um sie in sich schlanker, schneller, effektiver - eben kostengünstiger - zu machen. Dass beispielsweise Banken ihr Rechnungswesen längst von hausfremden Gesellschaften besorgen lassen, ist den Medienhäusern nicht verborgen geblieben. Angestrebte Begleiterscheinung der Schaffung von kleineren Einheiten sind billigere Gehaltstarife und insgesamt weniger arbeitnehmerfreundliche Kollektivvertragsbedingungen. Manche Out-Sourcing-Programme wurden freilich wieder zurückgedreht. Die Medaille hat offensichtlich zumindest zwei Seiten. Was Erfolg versprechend ist und was die Erwartungen erfüllt, hängt sehr vom Einzelfall ab.

Die Gründung von Serviceabteilungen oder kompletten Service-Gesellschaften, die für mehrere Medienprodukte arbeiten, ist ein anderer Weg, um Kosten zu senken. In der Frühzustellung der Tageszeitungen sind diese Beispiele schon alt und unbestritten. In der Ausprägung Mediaprint, wo Anzeigenverwaltung, Druck und auch sonst fast alles gemeinsam besorgt werden, was unter "Verlag" verstanden werden kann, brauchten sich die Gesellschafter über mangelnde öffentliche Diskussion nicht zu beklagen. Faktum ist, dass die redaktionellen Einheiten von Neue Kronen Zeitung und Kurier strikt getrennt geführt werden, wie das auch für die Zeitungen im Ruhrgebiet gilt, wo das Modell entwickelt wurde. Medienwirtschaftlich hat es international Schule gemacht.

Service-abteilungen

Die Senkung von Kosten gehört zum notwendigen Repertoire jeden Managers. Medienmanager hatten hier noch Etliches mehr zu lernen als viele ihrer Management-Kollegen. Denn mit der Welt der Elektronik hat sich im Zeitungsgeschäft eine ungeheure Fülle von Rationalisierungsmöglichkeiten aufgetan. Setzer, Faktoren, Metteure und Revisoren gibt es längst nicht mehr. Die Zahl der Korrektoren ist auf einen Bruchteil gesunken. Was Stereotypeure und Galvaniseure gemacht haben, wissen nur mehr ganz alte Zeitungshasen. Die Tätigkeit von Reprofotografen und Retuscheuren, Graveuren und Druckformenherstellern kann man sich zur Not vielleicht noch vorstellen. Letztere gibt es noch, wenngleich die Zeitungsherstellung weitgehend direkt automatisiert vom Computer des Redakteurs zur fertigen Druckplatte führt und die Zahl der erzeugten Einheiten auf ein unglaubliches Vielfaches gesteigert wurde. Nur ein Beispiel: 5.000 Zeichen konnte ein sehr guter Maschinsetzer in der Stunde erzeugen. Fotosetzmaschinen kamen auf das Zweihundertfache. In der Praxis der modernen Zeitungsherstellung gibt es auch diese Maschinen nicht mehr. Der gesamte Vorgang inklusive Umbruch geschieht im Produktionssystem, das rationeller Weise gleich auch alle verwaltungsrelevanten Daten verarbeitet.

Elektronik

Aber diese Kostensenkungen allein sind bei weitem weniger als die Hälfte des Manager-Handwerks. Einen entscheidenden Bereich - wahrscheinlich von der Wertigkeit mehr als die Hälfte - stellt die Gewinnung von geeigneten Menschen, ihre Ausbildung und

Human Resources

Weiterbildung dar. Über Human Resources in Unternehmungen gibt es reiche Literatur. Den Rahmen des vorliegenden Buches würde dieses Thema sprengen. Nichtsdestoweniger sei wenigstens darauf hingewiesen, dass trotz aller Kundennähe und Marktbezogenheit dort die erste strategische Aufgabe von Medienmanagern liegt.

Marketing-Hype

Bleibt trotz allem der Markt als zentrales Aufgabengebiet. Hier wurden die Bücher fast völlig neu geschrieben. Ob von Marketing oder von Clienting oder von sonst einer Bezeichnung gesprochen wird, ist nicht von Belang. Entscheidend ist, dass Medienunternehmen den Markt leben. Nicht nur im Markt leben.

Sie tun es. Rund um die neuen Vernetzungen in der Medienwelt ist nicht zuletzt sogar ein umfangreiches Spezial-Vokabular entstanden, das von ganzen Berufszweigen im Feld Medienberatung täglich erweitert wird und das dokumentiert, wie aktuell sich Medien im Werbe- und im User-Markt bewegen.

Die Erwähnungen hier sind nur ein Ausschnitt. Die Wirklichkeit mag auf beinahe jeder Home-Page beinahe jedes Medien-Unternehmens kostenfrei überprüft werden.

Ist alles erlaubt?

Anzeigen und Werbespots haben ein gewaltiges Up-Grading durchgemacht. Public Relations wurden deutlich erweitert. Die gesamte Szene wuchs erheblich in fast jede Breite. Von Patronanzen oder Patenschaften ist beispielsweise die Rede. Charmanter wird so etwas mit "powered by XY-company" beschrieben. Bezahlte Beiträge werden als Advertorial oder Infomercial so gekennzeichnet, wie es zwar nicht im Mediengesetz steht, aber toleriert wird.

Neue Formen von Werbung und PR

Konkrete Vorteilsangebote für den Nutzer füllen gleich die ersten acht Seiten des als Tip-On zur Zeitung erscheinenden Begleitheftes. Internet-Links zum Medium und zum Anbieter sind für User kostenfrei. Das Feedback läuft auch über telefonische oder per Fax funktionierende Pay-Lines. Teilnahmescheine gibt es aus rechtlichen

Gründen in jedem Zeitungsgeschäft oder per Hot-Line, denn der psychologische Kaufzwang ist der Feind der Marketing-Spezialisten.

Die Flappe der hauseigenen Spezial-Zeitschrift lädt oft genug (Budgets sind ja nicht unbegrenzt) auf Kosten einer Event-fremden Gesellschaft per Gewinnspiel zur großen Wochenend-Fernsehgala des TV-Partnerkanals. Dort überreicht der Chefredakteur vor ausgewählten Lesern und den wichtigsten Werbekunden den Publikumspreis laut Umfrage. Showstars halten das Produkt in der Hand und haben einen Song darüber geschrieben, der Chancen hat, in die Charts zu kommen. Zehn Leser oder Leserinnen speisen anschließend mit Star und Chefredakteur. Die Reportage findet sich am Sonntag doppelseitig im Blatt. Der Fernsehgeneraldirektor gibt seine Wortspende in der Begleitkolumne. Der herzergreifend fotografierte Schimpanse, der aus dem Berg der Antwortkarten den Gewinner gezogen hat, lädt per auszuschneidender Sprechblase zum verbilligten Besuch jenes Tiergartens, in dem er üblicher Weise sein - vom örtlichen Lions Club gesponsertes - Futter verzehrt.

Mehr als Content Company

Dass die Tour de France seit Jahrzehnten von einer Zeitung veranstaltet wird, ist kein Geheimnis. Überraschend ist, wie lange es gedauert hat, bis solche Vernetzungen Allgemeingut des Mediengeschäftes geworden sind. Das Medienhaus nicht nur als Content Company schließt mehr oder weniger exklusive Verträge mit Veranstaltern. Von der Formel 1 der Autorennfahrer bis zu Opernhäusern und Oktoberfesten spannt sich der Bogen zu den diversen Top-Ligen des Mannschaftssports und zahllosen Einzelsportlern und Künstlern.

Sponsoring

Simple Anzeigen von anno dazumal haben für Profi-Marketeers nur mehr Erinnerungswert. Mehrstündige Sendungen oder mehrwöchige Serien und ganze Zeitschriften im Dienst von Firmen oder Veranstaltern kennzeichnen das gegenwärtige Bild. Zeitungen wechseln für einen Tag sogar die Farbe, um in der Reizüberflutung der Marketingwelt ihre Dienstleistung des Aufmerksam-Machens an die Leser zu bringen.

Auf der anderen Seite werden den Medien Nachrichteninhalte fast jeder Art verkauft. Das geht weit über Hochzeitsberichterstattungen von Stars hinaus. Zyniker erwarten, dass selbst politische Informationen bald durch Medien zu bezahlen sein werden, wenn diese exklusiv als Erstes berichten wollen. Fest steht aber auch, dass auf der anderen Seite öffentliche Hände kräftig zu zahlen haben werden, wenn sie mäßig interessante Informationsinhalte an Leser, Hörer, Seher oder User heranbringen möchten.

Nachrichteninhalte werden den Medien verkauft

Neue Organisationsformen

Diese Marktgegebenheiten haben zu neuen Organisationsformen geführt. Redaktion, Anzeigenwesen, Vertrieb und Verwaltung als getrennte Abteilungen gehören der - jüngeren - Vergangenheit an.

Geplant wird ressortübergreifend. Wie sich die Dinge nennen, ist nicht mehr wirklich wichtig. Das Medium als Ganzes handelt. Häufige gemeinsame Konferenzen sind das Minimum. Der eingangs geschilderte Multi-Manager mit Omni-Kompetenz ist das obere, nicht mehr seltene Ende der Skala.

Medium als Ganzes handelt

Die Buntheit der Ideen hat anscheinend keine Grenzen. Marketing-Abteilungen der Medienhäuser ersinnen lückenlose Vernetzungen zwischen Medien und Produkten inklusive Eintrittsgeld oder Gratis-Probepackungen, Club-Zugehörigkeit und Merchandising-Artikeln jeder Art. Gewinnspiele mit rund um die Uhr aktuellem Angebot, von einer Art großem Bruder beim Verwenden der richtigen Autorückfenster-Etikette angetroffen zu werden und dann sein Lebtag lang gratis in jener Lotto-Gesellschaft mitspielen zu dürfen, an der das ehemalige Nur-Tageszeitungs-Haus eine kleine Beteiligung hält, gehören längst zum breit gefächerten Repertoire.

Nur mehr Marketing?

Marketing- und Merchandising-Abteilungen sind unverzichtbare Bestandteile von Medienhäusern geworden. Manche Medienhäuser verstehen sich insgesamt als eine Art Marketinginstrument. Wie sehr sie sich durch Auflagenzahlen, Quoten bzw. Reichweiten sowie Pagevisits und Pageimpressions steuern (lassen), ist unterschiedlich. Das Vorhandensein und die Nutzung dieses Instrumentariums ist jedenfalls unerlässlich geworden. Exakte Marktuntersuchungen und Motivstudien sind allgemein gängig. Das schier unerschöpfliche Handwerkszeug wird unter anderen Erfindungen der jüngsten Zeit insbesondere durch Dummy-Produkte und Pilot-Sendungen ergänzt, deren Nutzung und deren Verbesserungsmöglichkeiten mehrstufig untersucht werden. Bevor etwas in den Markt geht, wird es gründlichst abgeklopft. Was im Markt ist, wird regelmäßig hinterfragt. Trends wechseln rasch. Marktlücken verschwinden schnell. Verlegerisches Gefühl allein ist ein zu trügerisches Instrument, um die Millionen des teuer gewordenen Mediengeschäfts zu optimieren.

Markt-
forschung

Der Anzeigenverkauf an Annoncen-Expeditionen hat nichts mehr zu tun mit dem zeitgemäßen Verkauf kompletter, im Medienhaus für bestimmte Kunden maßgeschneidert entworfener Kampagnen. Die Zielgruppenauszählungen, die seinerzeit letzter Schrei eines Zeitungs-Zähl-Service waren und in gelegentlichen Höhenflügen sogar bis zu Leser-Typologien reichten, sind nur mehr einer von vielen Bestandteilen eines kompletten Angebotspakets, das ein potenzieller Werbekunde nebst aus Marzipan gefertigter eigener Büste (für das Mitarbeiterfest) präsentiert bekommt. Auch andere Branchen übergeben solche Angebote gerne rund um das Viertelfinale im Tennis-Mekka Wimbledon mit Gala-Diner im nahegelegenen Queen's Club. Medien-Unternehmer tun das noch lieber. Der Anflug im Privat-Jet ist selbstverständlich.

Ob der Medientheoretiker Marshall McLuhan diese Komplett-Angebote vielleicht schon voraussah, als er sein "The Medium is the Message" formulierte? Die Botschaft jedenfalls ist sehr umfassend.

König Kunde

Die Zusammenfassung ist einfach: Das Medium oder vielmehr das Medienhaus baut eine auf Vertrauen basierende Brücke zu seinen

Treue Kunden als Basis des Erfolgs

Dauerkunden. Diese Basis wird gegen Entgelt (auch) wenigstens für die Bewerbung oder im Extremfall für das gesamte Marketing eines Anbieters zur Verfügung gestellt. Mit entscheidend für den wirtschaftlichen Erfolg von Medienhäusern sind in Zukunft jene treuen Kunden, die sich paketweise Beilagen ins Haus schleppen lassen und Mehrwertnummern wählen. Der Anteil am Werbekuchen - bis gestern sahen das fast alle noch als zu vernachlässigende Randgröße - hängt auch davon ab, wie diese Konsumenten einzelner Medien gelernt haben, mit den transportierten Marketingaktionen umzugehen. Ob und in welchem Maße Mediennutzer gewohnt sind, auf Marketingaktionen zu reagieren, ist ein von gar manchem Experten noch weitgehend ungenütztes Werkzeug bei der Medienauswahl. Hier entwickelt sich ein reicher Bedarf an Medienforschung.

Dauerbindung

Geschenke über alles

Medien-Angebote für die Kunden auf Dauer schmackhaft zu halten, bleibt ein Kernpunkt strategischer Zielsetzungen. Das Probe-Abonnement zu Winzigpreisen mit wertvollen Willkommens-Geschenken, die nach kurzer Zeit zu Treue-Geschenken und Geburtstags-Gaben, Weihnachts-Angeboten und Frühlings-Schnäppchen umgewandelt werden, ist der Einstieg in eine bunte Welt, in der die Zeitung seligen Angedenkens nur noch den Ausgangspunkt bildet. Immer stillschweigend und auf Dauer vorausgesetzt, dass der Inhalt stimmt.

Von den zu gewinnenden Fertighäusern der Siebziger-Jahre hat das Wettbewerbsrecht zu mannigfachen Verzweigungen zwischen Bingo und Toto, Puzzle und Börse, "Mit Herz" und "Rettet welchen auch Wald immer" sowie jedem intellektuellen Höhenflug geführt, der am Ende hellsten Sternenschein in dunkelster Nacht erwarten lässt. Und Medien-Konsum.

Mutige Soft-Storno-Anbieter, die ihr Produkt für so gut und/oder sympathisch halten, dass jederzeitige und kostenfreie Abbestellung erlaubt ist, sind auch in Zeiten des totalen Konsumentenschutzes die Minderheit geblieben.

State of the Art ist eine Mischung aus nicht ganz leichter Abbestellung und einem Füllhorn von positiven Angeboten. Der fast überall vorhandene "Club der Leser" beinhaltet eine hoch attraktive Glückskiste, die zusätzlich zum Medienpaket Billigschokolade und Theateraufführungen, gesponserte Geburtstagsfeste und Niedrigpreisurlaube anbietet. Es ist kein Zynismus sondern Tatsache und teilweise rechtlich verursacht, dass einzelne solche Clubs das Medium im Angebot auf Wunsch des Publikums einfach weglassen.

Füllhorn von Angeboten

Junge Leser

Trotz allen Einfallsreichtums stößt auch die Marketing-Hype zumindest in einem Bereich an immer schwieriger zu überwindende Grenzen. Junge Menschen für den Zeitungskonsum zu interessieren - oder sie überhaupt zur Lektüre zu bringen - wird in keiner Weise einfacher. Elektronik hat hier kein Problem. Das gedruckte, eigene Phantasie verlangende Wort hat alle Probleme.

Dort wird ein wichtiges Match gespielt. Und es wird nur gewonnen, wenn die elektronische Einstiegsschiene hilft, Presse zu transportieren. Strategien dafür sind noch sehr unvollkommen. Die Projekte, Zeitungen in den Schulunterricht einzubinden, sind ein wichtiger, wenngleich nicht hinreichender Ansatz. Weitere Zugänge zu finden wird nicht nur für Medienanbieter wichtig sein.

Selbstkontrolle

Denn das Gesamtkunstwerk Medien ist eine hoch sensible Materie. Seine für Demokratien unseres Zuschnitts grundlegenden Elemente benötigen zu ihrer befriedigenden Funktion ein hohes Berufsethos jener, die auf jeder Ebene an den Schalthebeln der Medien sitzen. Das war zu allen Zeiten so. Es wird in Zukunft noch verantwortungsvoller. Nicht zuletzt deshalb, weil es immer weniger wirksames Controlling von außen gibt. Da reichen auch die theoretisch besten Mediengesetze nur unvollkommen, weil sie das atemberaubende Tempo der Entwicklung niemals halten können.

Für Nicht-Medien-Leute ist es wohl nur schwer vermittelbar, wenn man postuliert, dass in einer - ausschließlich von unabhängigen Richtern zu bewertenden - Demokratie diese Qualitätskontrolle nur von innen geschehen darf. Unausgesetztes effektives Controlling von innen in jedem Haus und in der Branche zu leisten, ist also mehr als nur ein notwendiger Wunsch an die Medien.

Es gibt - gerade angesichts der hier geschilderten denkbaren und praktischen Entwicklungen - nur eine Begründung dafür: Freiheit funktioniert nur in Freiheit.

Quellen

Die Home-Pages aller - nicht nur der im deutschen Sprachraum vertretenen - Medienhäuser. Die Aktualisierung erfolgt bloß in Ausnahmefällen täglich, sonst meist häufiger. Die Angebote stellen im positiven und im negativen Sinne alles in den Schatten, was hier beschrieben wurde.

Autoren

Mag. Karl Amon
Chefredakteur ORF-Radio, Wien

Univ. Prof. Dr. Walter Berka,
Institut für Verfassungs- und Verwaltungsrecht
der Universität Salzburg

Johannes Bruckenberger
Chef vom Dienst der Austria Presse Agentur, Wien

Ao. Univ. Prof. Dr. Roland Burkart
Institut für Publizistik der Universität Wien

Mag. Markus Deisenberger
Jurist und wissenschaftlicher Mitarbeiter der Zeitschrift
Medien und Recht, Wien

Michael Fleischhacker
Stellvertretender Chefredakteur Die Presse, Wien

Dr. Petra Golja
Bereichsleiterin Dr. Fessel+GfK Institut, Wien

Univ. Prof. Dr. Michael Haller
Institut für Kommunikations- und Medienwissenschaft
der Universität Leipzig

Mag. Martin Hirsch
Austria Presse Agentur, Infografik, Wien

Univ. Doz. Dr. Roman Hummel
Institut für Publizistik der Universität Wien

Dr. Kurt Kaindl
Fotograf, Universitätslektor, Salzburg

Dr. Andy Kaltenbrunner
Kaltenbrunner Medienberatung, Wien

Dr. Ambros Kindel
Ressortleiter Außenpolitik der Austria Presse Agentur, Wien

Dr. Daniela Kraus
Historikerin und Medienberaterin, Wien

Norbert Küpper
Office Newspaper Design, Düsseldorf

Thomas Lünendonk
Gesellschaft für Information und Kommunikation, Bad Wörishofen

Wolfgang Mayr
Chefredakteur Austria Presse Agentur, Wien

Univ. Prof. Dr. Klaus Meier
Studiengang Online-Journalismus der Fachhochschule Darmstadt

Prof. Werner Mück
Chefredakteur ORF-Fernsehen, Wien

Univ. Doz. Dr. Alfred J. Noll
Rechtsanwalt, Wien

Univ. Prof. Dr. Heinz Pürer
Institut für Kommunikationswissenschaft und Medienforschung der Universität München

Dr. Meinrad Rahofer
Geschäftsführer des Kuratoriums für Journalistenausbildung, Salzburg

Claus Reitan
Chefredakteur Tiroler Tageszeitung, Innsbruck

Hans-Henning Scharsach
Stellvertretender Chefredakteur und Ressortleiter Außenpolitik
NEWS, Wien

Werner Schima
Chefredakteur NEWS, Wien

Hans-Joachim Schlüter
Langjähriger Chefredakteur von Sonntag aktuell, Stuttgart

Kommerzialrat Dr. Hans-Peter Schmidtbauer
Vizepräsident des Österreichischen Zeitschriftenverbandes,
freiberuflicher Konsulent für Medienfragen, Herzogenburg

Wolf Schneider
Journalist und Autor, Mallorca

Ass. Prof. Dr. Thomas Steinmaurer
Institut für Kommunikationswissenschaft der Universität Salzburg

Dr. Josef Trappel
Leiter des Fachbereichs Medien und Kommunikation,
Prognos-AG, Basel

Dr. Engelbert Washietl
Stellvertretender Chefredakteur WirtschaftsBlatt, Wien

Univ. Prof. Dr. Heinz Wittmann
Herausgeber der Zeitschrift Medien und Recht, Wien

Sachregister

Svenja Hofert
Erfolgreich als freier Journalist
2003, 216 Seiten, broschiert
ISBN 3-89889-364-6

Kurt Weichler
Redaktionsmanagement
2003, 262 Seiten, broschiert
ISBN 3-89669-356-5

Edigna Menhard, Tilo Treede
Die Zeitschrift
Von der Idee bis zur Vermarktung
2004, 364 Seiten, broschiert
ISBN 3-89669-413-8

Jürg Häusermann
Journalistisches Texten
Sprachliche Grundlagen für professionelles Informieren
2001, 220 Seiten, broschiert
ISBN 3-89669-296-8

Jens-Uwe Meyer
Journalistische Kreativität
2003, 168 Seiten, broschiert
ISBN 3-89669-383-2

Johannes Ludwig
Investigativer Journalismus
Recherchestrategien – Quellen – Informanten
2002, 400 Seiten, broschiert
ISBN 3-89669-348-4

Michael Haller
Recherchieren
2004, 338 Seiten, broschiert
ISBN 3-89669-434-0

Ralf Blittkowsky
Online-Recherche für Journalisten
2002, 338 Seiten, broschiert, mit zahlr. Abb.
ISBN 3-89669-310-7

Melanie Wieland, Matthias Spielkamp
Schreiben fürs Web
Konzeption – Text – Nutzung
2003, 304 Seiten, broschiert
ISBN 3-89669-359-X